PUBLIC ACCOUNTABILITY

공공 책무성

박희정 · 오윤섭 · 강민아

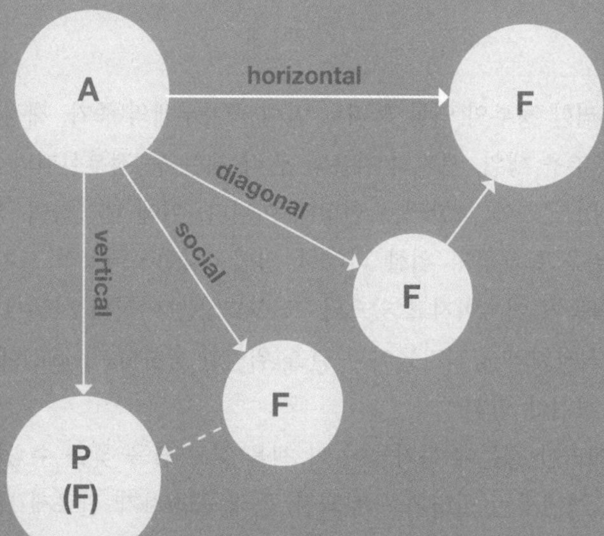

도서출판 대영문화사

Introduction

오늘날 우리는 민주주의의 위기를 우려하고 있다. 그뿐 아니라 가정, 기업, 지방, 국가, 지구 등 위기를 경험하지 않는 곳이 없어 우리는 위기의 시대를 살고 있는 듯하다. 우리 행정학자들도 오래전부터 행정(학)의 위기에 대해 이야기해 왔다. 저마다 위기의 원인을 구명하고 처방을 내리고 있으나 복잡하고 격변적인 사회변화 속에서 우리가 나아가야 할 방향을 찾는 것이 쉽지 않다.

국민들은 정부를 바라보며 이러한 위기 상황을 주도적으로 헤쳐 나가기를 기대한다. 지난 세기 동안 정부는 공익 실현을 목적으로 그 활동 영역을 지속적으로 확대해왔다. 정부실패에 따른 '작은 정부' 주장이 끊이지 않았으나 현대 사회에서 정부의 손이 미치지 않는 영역은 찾아보기가 어렵다. 마추카토(Mariana Mazzucato)의 주장처럼 정부는 이제 시장 보정자(market fixer)가 아니라 시장 형성자(market former)로 적극적인 역할을 수행하고 있는 것이다.

* * *

그러나 이러한 정부의 역할 확대로 인해 국가부채의 증가, 재정 낭비, 공직자의 권한 남용 및 사익 추구 행위, 시민의 자유와 권리 제한 등 정부실패의 징후들이 두드러지고 있는 것은 특정 국가에 국한되는 현상이 아니다. 이에 대응하여 정부 활동을 견제하고 공직자의 행위를 통제하기 위한 다양한 입법 · 사법 · 행정적 조치와 함께 시민사회의 자발적 감시활동이 이루어지고 있으나 그 실효성은 여전히 의문시되고 있다. 이러한 상황 속에서 공직사회와 공직자들이 주권을 위임한 공중(the public)에게 책임을 지도록 하려면 어떻게 하여야 할까?

이 책은 이러한 질문에 독자들이 이 책을 읽고 답을 찾을 수 있도록 할 목적으로 기획되었다. 이 책에서는 설명의무 부과를 통해 공직자가 관료제 내의 상급자에게 만이 아니라 국회, 최고감사기구 등 다수의 포럼에 자신의 행위와 관련한 정보를 제공하고, 정당화하도록 강제함으로써, 그 행위에 대한 책임을 지도록 한다는 의미에서 전통적인 '책임성(responsibility)'보다 민주주의 체제 하에서의 '책무성(accountability)' 개념을 강조하고 있다. 기존의 개념을 대체하여 새로운 책무성 개념을 강조하는 데에는 다음과 같은 배경이 있다.

먼저, 현대 행정에서 요구되는 책임성은 개인의 도덕적 신념에 기초하거나, 비윤리적인 행위에 대한 조직 차원의 대응책 또는 법적 조치만으로는 확보하기 어렵다고 보기 때문이다. 정부의 활동과 관련한 행위자는 실무자뿐 아니라 고위공무원, 장·차관, 위원회 등 주어진 역할별로 다양하게 존재하며, 또한 신공공관리 개혁 이후 일상화된 행정의 수직적·수평적 분업화로 행정권한이 분산되면서 기존의 견제 및 통제 기제만으로는 적정한 책임 추궁에 어려움을 겪고 있다. 우리는 이를 많은 손의 문제(the problem of many hands)라고 부른다.

또한 현대 사회는 정부의 다양한 기능과 역할 수행을 요구하고 있지만, 불확실한 환경 속에서 효율적·효과적 업무 수행에 필요한 정보 부족으로 공직자에 대한 사후적 처벌 차원의 책임 추궁만으로는 정부에 거는 공중의 기대를 충족시킬 수 없다. 즉, 굿거버넌스(good governance)를 위해서는 결과에 대한 책임뿐만이 아니라 새로운 기능과 역할 수행에 필요한 공직사회의 학습 기능을 촉진하고 효과적인 피드백이 가능하도록 하는 책임 추궁 기제가 무엇보다도 절실하다.

그러므로 우리가 희망하는 '책임지는 정부(accountable government)'를 구현하기 위해서는 무엇보다도 설명책임이 중요하며, 영역별로 또는 업무유형별로 다양한 포럼에서 행위의 정당화와 토론을 통해 학습과 개선에 필요한 정보 생산 및 공개, 의견수렴 등이 이루어져야 할 것이다. 이때에 책임 추궁은 행위의 결과에 대한 제재(sanction) 형태의 부담책임(liability)보다는 정당화와 반론, 토론이라는 포럼에서의 문답 과정과 여기서 형성된 새로운 통찰, 설명자(accountor)의 학습 촉진에 초점을 둔다.

최근의 행정관행을 살펴보면 이미 이러한 맥락의 책무성 기제가 다수 관찰된다. 전통적 책임성 개념에서 벗어나 책무성 개념을 통해 기존의 관리적·법적 책무성 기제에 추가하여 새로이 등장하고 있는 다양한 책무성 기제를 파악하여 종합적으로 이해하려는 노력은 '책임지는 정부' 구현을 위한 중요한 시작점이 될 것이다.

Introduction

이 책에서 소개하고 있는 공공부문의 각종 유형의 책무성 기제에 대한 연구자들의 많은 관심이 요구된다. 변동성, 불확실성, 복잡성, 모호성 등으로 특징지어지는 행정환경의 변화에 따라 이에 대응한 정부의 역할 또한 다양한 형태로 발현될 것이기에 각종 상황에 부합하는 책무성 체계를 구축하기 위해서는 설명자와 피설명자(포럼)의 관계, 포럼 유형, 설명 방식, 책임 범위의 설정, 부담책임의 방식 등에 대해 지속적인 논의가 필요한 것으로 보인다.

이러한 맥락에서 공공 책무성에 관한 이론적 고찰과 함께 한국 정부를 사례로 하여 각종 유형의 책무성 체계와 제도적 장치를 포괄적으로 살펴보고 시사점을 도출하였다는 점에서 이 책이 소기의 목적을 달성하였다고 생각한다.

*　　　*　　　*

행정학의 핵심이론으로서 공공가치론이 존재론에 관한 것이라면 공공 책무성 이론은 실천론에 해당한다고 필자는 생각한다. 이 책은 세 분의 학자들이 지난 3년 간 공공 책무성에 대한 연구와 토론을 진행하며 정리한 결과이며 책의 구성은 다음과 같다.

먼저, 제1장에서는 책무성의 개념, 유형, 도구, 그리고 거버넌스와 책무성의 관계를 살피고 책무성 체계의 분석틀을 제시하였다. 여기서 제시한 분석틀은 공공조직 운영 및 정책・사업의 관리와 관련된 책무성 체계를 역할책임, 설명책임, 부담책임 등의 측면에서 분석할 수 있는 프레임워크이다.

그리고 제2장에서는 제도적 장치로서의 공공 책무성을 관리 책무성, 재정 책무성, 성과 책무성 등으로 구분하여 살펴보았고, 이와 관련하여 이슈가 되고 있는 많은 피설명자의 문제('많은 눈'의 문제)도 다루었다.

제3장에서는 부담책임(liability)으로서의 책무성 문제를 다루었는데, 제2장에서 살핀 관리・재정・성과 책무성과 관련된 부담책임에 관한 검토와 함께 권한위임, AI 등 자동화된 의사결정에 따른 부담책임 문제와 많은 설명자의 문제('많은 손'의 문제)를 살펴보았다.

제4장에서는 정부의 책무성 체계를 주요 분야별로 살펴보았는데, 제2장에서 제시한 분석틀을 활용하여 사회복지서비스, 연구개발, 원자력안전, 공공감사 분야 등을 사례로 책무성 관점에서 검토하고 개선방향을 제시해 보았다.

마지막으로, 제5장에서는 공공 책무성의 미래와 관련하여 사회문제의 복잡성, 책무성의 순기능과 역기능 관점에서 살펴보고 향후 과제를 제시하였다.

이 책은 공공 책무성 연구에 뜻을 같이한 학자들이 모여 설립한 책무성연구소의 첫 번째 연구에 해당한다. 앞으로도 공공부문과 민간부문을 가로지르는 의미 있는 책무성 연구주제들을 시리즈로 계속 발간할 것을 약속한다.

2024년 7월

책무성연구소

박희정 · 오윤섭 · 강민아

Contents

Contents

Contents

CHAPTER

01

책무성에 관한 이론적 검토

CHAPTER 01

책무성에 관한 이론적 검토

제 1 절 책무성 개념

1 책무성에 관한 개념적 설명

책무성(accountability) 개념은 영미 국가를 중심으로 광범위하게 논의되었고 높은 규범적 풍미를 지녔으나 아직 명확한 이해에는 도달하지 못하고 있다. 이 개념이 갖는 높은 규범적 의의로 인해 일부 학자들과 정책입안자들은 신뢰할 수 있는 공적 입장을 취해야 할 때마다 엄격한 정의 없이 습관적이고 느슨하게 이 단어를 사용하고 있다.

일반적으로 특정한 개념의 설명방식은 설명 대상과 목적에 따라 명목적 · 서술적 설명과 실제적 · 수정적 설명으로 구분할 수 있다. 전자는 주어진 대상의 의미를 일반언어로 설명하는 것이라면, 후자는 주어진 대상의 본질을 설명함으로써 존재론적 구조를 밝히는 것으로 해당 개념이 결함을 가지는 경우 과학적으로 괜찮은 개념으로 전환하는 것을 포함한다(Greimann, 2012). 현재 책무성 관련 문헌들에서는 이 두 가지 방식의 개념 설명이 혼재되어 있어 일부 학자들은 책무성 개념이 “카멜리온 같고” 혼동스럽다(Dubnick & Frederickson, 2011; Sinclair, 1995)고 말한다.

책무성에 관한 가장 일반적인 명목적 설명은 “행위자들로 하여금 그들의 행위에 책임을 지도록 하는 것”이다. 그러나 이 설명은 전통적인 책임성(responsibility) 개념과 차별성을 갖지 못한다. 책무성이 “책임을 부여한 사람에게 책임의 완수에 관해 설명하고 응답할 법적 책임을 지는(liable) 것”(Gray & Jenkins, 1985: 138)이라거나 “누가 무엇에 대해 어떻게 재무적 또는 기타 여러 측면에서의 책임(헌법적, 계층제적, 계약적 책임)을 완수했는지 드러내어 설명하고 정당화하는 부담책임(liability)”(Normanton, 1971)이라고 정의하는 것은 책무성의 특성을 응답 책임이나 부담책임(liability)으로 설명하는 시도이지만 이 또한 책무성의 특성을 온전하게 드러내지는 못한다. 책무성의 특성을 비교적 상세하게 드러내는 명목적 설명으로 오코너와 모건(O'Connor & Morgan, 2012)은 다음과 같이 적고 있다.

“책무성이란 정치적이면서, 헌법에 근거하며(constitutional), 법에 명시되어 있고(statutory), 계약(contractual)에 근거하여 책임을 다한다는 것을 명확하게 밝히고, 설명하며, 정당화하는 개인 혹은 집단 수준에서 가지는 의무(obligation)라고 할 수 있다”(O'Connor & Morgan, 2012: 20).

한편, 책무성이 갖는 특성을 더욱 분명하게 드러내기 위해 책임성과 비교하는 서술적 설명도 존재한다. 루카스(Lucas, 1995)는 책임성 개념이 책무성 개념의 핵심이라고 주장하였고, 데이와 클라인(Day & Klein, 1987: 5)도 “무엇에 대한 책임을 지고 있지 않는 한 누구에 대해서 책무성을 가질(accountable) 수 없다”고 하여 책임의 유무가 책무성을 가진 행위자의 본질적 요건이라고 지적하였다. 이러한 관점은 책무성 개념이 책임성보다 협의의 개념이고 책무성은 책임성의 핵심적 과정에 해당한다고 본다. 반면에, 책임성과 책무성은 개념적 차이가 존재하며 상호배타적 특성을 갖고 있다는 주장도 존재하는데 그 차이가 유책성(culpability)에 있으며, 책임성에는 비난(blame) 요소가 있고 책무성은 비난 요소가 없다고 주장한다. 책무성의 제한적 형태인 응답가능성(answerability)을 정의하면서 버틀러(Butler, 1973)는 응답가능성을 질문에 답하는 책무 외에 아무 것도 포함하지 않는다고 주장하면서 공직자는 그들의 의무와 관련하여 질문에 답하는 책무를 가지지만 잘못된 것에 대한 어떠한 법적 책임도 받아들이지 않는다고 보았다.[1)]

1) 책무성에 대한 설명요소가 정보요소와 결합되어 있는 때(예컨대, 정책 결정사항에 대한 공개 의무 등)에는 비록 제재가 부과되지 않아도 책무성은 보장된다. 그러한 상황에서 대리인들이 부적절한 논리에 근거한 설명으로 책무성을 뒤엎는 것은 어렵기 때문이다.

그러나 책임성 및 책무성 개념이 각각 단순한 개념이 아니므로 두 개념 간의 관계를 '전체론적(holistic)' 방식으로 비교 설명하는 것은 두 개념의 차이를 명확하게 하기보다 혼란을 가중시킬 수 있다. 이에 따라 복잡한 개념을 분해하는 '분석적(analytic)' 방식으로 개념의 논리적 구조를 분석함으로써 해당 개념의 숨겨진 의미론적 구조를 밝히고자 하는 노력도 꾸준히 이루어지고 있다.

켈젠(Kelsen, 1949)은 책임성이 의무(obligation)-행위(action)-제재(sanction)의 세 가지 기본적 과정 및 요소로 구성된다고 하였다. 여기서 의무는 개인에게 일정한 행위를 명하거나 금지하는 규범이며, 제재는 특정한 행위에 대한 반응으로서 법적·도덕적·종교적 제재를 포함한다. 한편, 여러 학자들은 책무성 과정을 분석적으로 구별되는 단계적 요소들로 구분하고자 하였다(Bovens, 2007; Day & Klein, 1987: 5; Lerner & Tetlock, 1999; Mulgan, 2003: 9; Pollitt, 2003: 89; Romzek & Dubnick, 1998: 6). 책무성 과정은 여러 단계로 구분할 수 있는데 정보(제공) 단계에서는 책임 있는 기관이 행위, 선택, 성과에 대한 성찰적 정보를 제공한다. 토론 단계에서는 책무성 포럼[2]이 자신이 받은 정보를 평가하며, 때에 따라 책임 있는 기관과 대화나 토론을 할 것이다. 마지막인 제재 단계에서 책무성 포럼은 책임 있는 기관의 행동에 대해 결정적인 판단을 하고 해당 기관의 행동을 처벌, 보상 또는 시정할 것이다.

전통적 책임성 개념이 민주화, 신공공관리 도입, 글로벌화, 디지털화 등에 의해 초래된 정부 운영양식의 변화를 제대로 설명할 수 없는 결함을 드러내면서 이 개념을 보다 일관성 있고 유익한 개념으로 전환하고자 하는 노력이 이루어졌다. 이런 차원에서 보면 20세기 말부터 폭넓게 사용되고 있는 책무성 개념은 책임성 개념의 수정적 설명(revisionary explication)이라 할 수 있다. 즉, 정부 거버넌스의 변화에 따라 의무 수행에 따른 설명책임이 중요하게 부각되었으며, 그 결과 책임성 개념의 메커니즘도 의무-행위-정보-토론-제재 등으로 재구성되었던 것이다. 현대 사회에서 책임성 개념이 책무성에 의해 대체되고 있는 것은 책무성 개념이 정부, 시장, 사회의 현상을 더 실재적으로 설명할 수 있기 때문이 아닌가 생각된다.

이처럼 책무성 과정에 기초한 책무성 개념의 설명은 책무성의 본질을 설명한다는 점에서 보다 책무성의 실제적 설명(real explication)에 해당한다고 할 수 있다. 그러나 이러한 실제적 설명이 모든 사회나 국가에서 보편적으로 적용될 수 있다고 볼 수는

2) 여기서 책무성 포럼은 책임 있는 기관으로부터 정보를 제공받고 설명을 요구하고 판단을 하는 개인이나 집단, 즉 피설명자(accountee)를 의미한다.

없다. 후설(Edmund Husserl)에 의하면 실재적인 것은 어떤 특정한 시간적 · 공간적 위치를 점하며 '개체적으로 개별화된 존재'이다. 책무성에 관한 특정 학자의 실제적 설명은 그가 관찰한 사회나 국가의 실재적 현상에 대한 설명일 가능성이 높다. 그렇다면 특정 집단 · 사회 · 국가의 책무성 체계에 대한 실제적 설명은 해당 집단 · 사회 · 국가의 역사, 경험, 환경 등에 의해 결정되는 개별화된 또는 기껏해야 다원적 보편성(pluralistic universalism)을 가진 설명일 것이다.

그렇다면 책무성이 갖는 속성의 존재론적 구조를 밝히는, 즉 책무성의 실제적 설명을 위해서는 무엇이 필요할까? 먼저, 설명 대상이 되는 집단 · 사회 · 국가를 시기 및 장소별로 특정할 필요가 있을 것이다. 그리고 해당 집단 · 사회 · 국가를 둘러싼 행위자들 간 관계의 정의, 즉 각 권한의 위치를 효과적으로 그려내는 것이 필요할 것이다(Day & Klein, 1987: 5). 이를 위해서는 책무성을 구성하는 핵심 요소, 즉 누가 누구에게 책임을 지는가?, 무엇에 관하여 책임을 지는가?, 어떤 과정 및 절차로 책무성을 담보하는가?, 기대에 부합하지 않거나 규범을 위반했을 때 어떤 제재를 가할 것인가? 등을 고려할 필요가 있다.

2 책무성의 구성요소

책무성에 대한 이해는 우리가 어떠한 관점으로 보느냐에 따라 영향을 받는다. 하향적 관점(top-down perspective)은 정부 내 구성원이 수행하는 과업 및 의무의 특성 측면에서 책무성을 바라보는 것으로 정책, 관리 의무, 서비스 전달 및 정책 집행을 포괄한다. 한편, 상향적 관점(bottom-up perspective)은 다양한 대리인이나 책무성 기관(agencies of accountability)이 수행하는 업무 측면에서 책무성을 바라보는 것이다. 이 경우에 분석의 시발점은 의회, 법원, 규제기관, 전문조직, 서비스 소비자인 공중(the public) 등의 기능과 역할이 될 것이다. 또 다른 관점인 과정적 관점(process perspective)은 책무성의 과정 측면, 즉 정보 제공, 질의에의 응답, 실수에 대한 비난의 수용, 다양한 형태의 승인(또는 제재)의 부과 등의 측면에서 이해하는 것이다.

우리가 특정한 대상을 중심으로 책무성이 작동하는 체계를 이해하려면 이러한 관점들을 포괄하는 방식으로 책무성의 구성요소를 살펴볼 필요가 있다. 가장 중요한 요소는 책무성 관계(accountability relationship)인데, 이는 '누가 누구에게 책임을 질 것인가'라는 질문에 답하는 것이다. 책무성 원리를 적용하는 것은 누가 설명을 요구할 권한을 갖는지, 누가 그들의 행위나 조치에 대해 설명할 의무를 가지는지를 규정하는 것이다. 책무성 관계에서는 항상 자신의 행위에 대해 설명을 하여야 하는 설명자(accountor)와 설명을 요구할 권한을 가지고 해당 행위에 대해 판단을 하는 피설명자(accountee; account-holder; forum) 간의 상호작용이 존재한다(Pollitt, 2003). 여기서 설명자는 의무를 인식하고 그에 따라 행동하는 대리인(agent)이고, 피설명자는 대리인의 행위에 대해 심판하고 판단하는 측으로 주인(principal)에 해당한다.[3] 쉐들러 등(Schedler et al., 1999)은 "책무성이 피치자(subjects)가 아니라 대리인에 관련된 것이다. 즉, 권한에 종속된 사람이 아니라 권한을 행사하는 사람에 관련된 것이다"라고 언급한다(Schedler et al., 1999: 20). 이런 맥락에서 공공부문의 책무성 논의는 주어진 의무에 따라 권한을 행사하는 여러 대리인이나 기관들을 살펴보는 것이다. 예컨대, 설명자로서의 장관들은 ① 대통령 및 동료 장관들, ② 더 넓게는 정부 및 국회, ③ 의회대표를 통해 국민에게 책임을 져야 한다. 여타 선출직 및 임명직 행위자와 관련해서도 이와 유사하게 리스트를 작성할 수 있다. 그리고 설명자와 피설명자 간의 관계를 방향성에 따라 수직적 · 수평적 · 대각적 책무성(World Bank, n.d.), 상향적 · 외향적 · 하향적 책무성(Elcock, 1991: 162) 등으로 구분하기도 한다.

그 다음으로 중요한 요소는 설명 대상(accountability for what)으로서 '무엇을 책임질 것인가'라는 질문에 답하는 것이다. 이는 대리인의 역할책임성과 관련되어 있다. 예컨대, 장관의 역할책임성은 ① 부처 내 정책 리더십, ② 부처 관리, ③ 의회에서의 입법 추진, ④ 국무회의에서 부처 이익의 대변 등이다. 그리고 이들은 장관이 책임을 져야 할 일들이다. 그리고 공공부문의 대리인들은 특정한 의무와 관련된 어떤 기능을 수행하는 것뿐만 아니라 법적, 준법률적, 도덕적 관례에 따라 행동할 책임이 있다. 여기서 도덕적 관례는 역할책임성과 다른 개인적 책임성이라 할 수 있다.

그리고 세 번째 요소로는 설명 과정 및 도구(accountability process and tools)로서 '어떤 과정 및 절차로 책무성을 확보할 것인가'라는 질문과 관련된다. 이는 책무성 관계를 분석하거나 그에 대한 개혁을 제안하는 데 핵심적인 두 가지 주요 측면 중에서 응답가능성과 관련된다. 설명 과정은 대리인이 자신의 행동과 그 정당성에 대한 정보를 제공하고 이를 기반으로 주인은 그 행동 및 업무 처리의 정당성을 비판적으로 평

3) 학자들은 이를 각각 행위자(actor)와 포럼(forum)(Bovens, 2007), 책임 대리인(accountable agent)과 책무성 보유자(accountability holder)(Behn, 2001), 권한 보유자(power-wielder)와 책무성 보유자(accountability holder)(Keohane, 2003) 등으로 부르고 있다.

가하며, 이에 대해 처벌, 교정, 보상 등 필요한 공식적・비공식적 제재를 가하는 것으로 구성된다. 즉, 행위 단계-정보 단계-토론 단계-제재 단계를 거쳐 대리인의 응답가능성을 확보할 수 있는 것이다. 그리고 공공부문에는 책무성 유형별로 다양한 책무성 확보도구들이 존재한다. 선출직의 경우에는 가장 순수한 형태로서 선거라는 책무성 확보도구가 존재하고, 임명직의 경우에는 보고 및 통제절차와 함께 성과평가 및 점검시스템이 있다. 이 밖에 중간 수준에서 객관적인 조사를 수행하는 옴부즈맨, 외부감사기구, 각종 규제기관이 존재한다.

책무성을 구성하는 네 번째 요소로서 제재의 효과, 즉 강제집행력(enforcement)이다. 강제집행력이란 행동 자체나 정당화 근거에 불만족한 사람들이 부과하는 결과를 감수해야 한다는 것을 의미한다. 강제집행력은 피설명자(포럼)에 의한 판단과 이에 따른 제재로 구성되는 바, 설명자가 제공한(혹은 이용가능한) 정보와 일반적 판단기준에 비추어 해당 설명의 설득력을 결정하는 평결에 따라 적용가능한 처벌이나 보상을 결정[4]하는 것을 포함한다.

이처럼 책무성을 구성하는 요소들을 분리해 살피는 것은 특정한 정책 행위자나 권한 있는 기관의 역할과 책임을 분석하는 데 특히 유용하다. 왜냐하면 공공부문의 행위자나 기관들은 대개 특정한 상황에 대한 상당히 구체적인 권한과 법령(mandate)을 가지고 있기 때문이다.

3 책무성 과정

많은 학자들은 책무성 과정이 어떻게 분석적으로 구별되는 세 단계로 나눌 수 있는지에 주목했다(Bovens, 2007; Day & Klein, 1987; Lerner & Tetlock, 1999; Mulgan, 2003; Pollitt, 2003; Romzek & Dubnick, 1998). 이 과정은 정보(제공) 단계에서 시작되는데 정보 단계에서는 책임 있는 기관이 행동, 선택 및 성과에 대한 회고적 정보를 제공한다. 그 다음으로 토론 단계에서 책무성 포럼은 자신이 받은 정보를 평가하며, 종종 책임 있는 기관과 대화나 토론을 한다. 마지막 제재 단계에서 책무성 포럼은 책임 있는 기관의 행동에 대해 결정적인 판단을 하고 해당 기관의 행동을 처벌, 보상 또는 시정할 것이다.

4) 이 과정에서는 ① 제재에 따른 미래 제지효과, ② 정의 실현에 대한 일반 공중의 신뢰 여부, ③ 강제집행기관의 역량 등이 중요한 요인으로 작용한다.

여기서는 '어떤 과정 및 절차로 책무성을 확보할 것인가'라는 책무성 (확보)과정을 행위 단계-정보 단계-토론 단계-제재 단계로 구분하고자 한다([그림 1-1] 참조). 그러나 엄밀히 말하자면 공직자와 공공조직의 행위는 법령에 의해 권한과 의무가 부여되었음을 전제로 하고, 토론→제재로 이어지는 과정도 토론→학습→개선으로 이어지는 과정과 토론→판단→제재로 이어지는 과정을 분리할 수 있다.

권한을 가진 자로부터 해당 권한을 선거, 계약, 법령 등을 통해 위임받은 자가 권한 행사를 위한 행위(의사결정 등)를 한 경우에 해당 행위가 위탁자의 기대에 부응하는지 관련 정보를 제공할 도덕적 의무를 지게 된다. 필요한 경우 위탁자가 직접 해당 행위에 대한 정보를 수집할 수도 있다.

그리고 수집된 정보를 바탕으로 해당 행위의 정당성을 다양한 판단기준(합법성, 경제성, 능률성, 효과성, 형평성 등)에 기초하여 토론·평가하게 되는데, 이러한 과정은 통상적으로 복수의 이해관계자, 즉 포럼에 의해 수행된다. 토론 및 평가를 거쳐 해당 행위에 대한 제재 및 보상이 이루어지는 바 이러한 제재 및 보상은 위탁자의 통제행위로서 해당 행위를 한 수탁자에게 직접적으로 영향을 미치게 되고, 또한 수탁자가 특정 행위를 하였을 때 어떠한 제재가 가해질 것인지에 대한 기대를 제공한다.

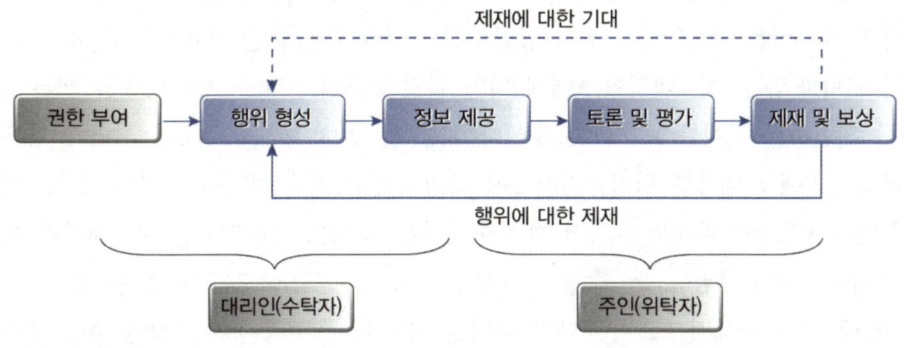

그림 1-1 책무성 과정

제 2 절 책무성 유형

1 책무성의 다양한 측면

책무성이 사회적 관계에서 신뢰와 확신을 주는 중요한 역할을 함에도 불구하고 책무성에 대한 명확한 이해가 어려운 이유는 책무성이 다양한 측면을 가지고 있기 때문이다. 사실 책무성은 모든 관계에서 존재하는데 어떤 영역에서 누가 누구에게 무엇에 대해 어떤 기준으로 책임을 지는지에 따라 책무성의 성격이 달라진다.

첫째, 영역 측면에서 보면 공공부문뿐 아니라 시장이나 사회 영역에서도 책무성은 존재하지만[5] 우리는 공공거버넌스 체제에서 발견되는 책무성에 초점을 맞춘다. 공공부문이라 하더라도 관료제 내부에서 작동하는 책무성 체계와 관료제 외부와 연결된 책무성 체계는 다른 성격을 갖는데, 전자는 관료제적, 계층적, 관리적 책무성으로 불리는 반면에, 후자는 공공적, 민주적 책무성으로 불린다. 보벤스(Bovens, 2007)는 공공(적) 책무성(public accountability)을 관료제 내부의 관리적 책무성(managerial accountability)과 엄격하게 구분하기도 한다.

둘째, 누가 누구에게 책임을 지는지, 즉 책무성 방향에 따라서는 수직적, 수평적, 대각적 책무성을 준별할 수 있다. 공공부문의 책무성은 권한 보유자인 P(principal)가 (경우에 따라 암묵적인) 대리인 A에게 어떤 과업 T(조치, 서비스 또는 행할 수 있는 권한 등)를 위임하는 관계를 보충하는 것이다(Lindberg, 2013; Mulgan, 2003). 그러나 경우에 따라 A는 P에 의해 T를 위임받지만 T에 대해 포럼(F)에게 책임을 질 수도 있다. 이런 상황에서 A와 P의 관계는 수직적 책무성(대리인 → 주인), A와 F의 관계는 대각적 책무성(대리인 → 중간 포럼) 또는 수평적 책무성(대리인 → 포럼)으로 규정할 수 있다.

셋째, 보다 구체적으로 누구에게 책임을 지는지, 즉 책무성의 대상에 따라 상이한 책무성의 유형을 구분할 수 있다. 예를 들어, 로톤과 로즈[Lawton & Rose(1991: 23, Pyper, Miller, & McTavish, 2010에서 재인용)]는 책무성의 유형을 주체나 대상에 따라 정치적, 관리적, 법적, 소비자, 전문가 책무성 등으로 분류하였다.

넷째, 무엇에 대해 책임을 지는지, 즉 책무성의 내용에 따라 다양한 성격의 책무성을 확인할 수 있다. 벤(Behn, 2001: 6-11)은 책무성 주제(subjects)를 재정, 공정성, 성

5) 이에 대해서는 제4절 참조.

과에 대한 책임으로 구분한다. 이 책에서는 책무성의 내용을 개별 거래행위(transaction), 재정 운영, 사업 성과 등으로 정부 업무 및 활동을 구분하여 책무성 확보장치를 살펴보았다.[6)]

이 밖에 책무성의 구성요소인 부담책임의 주체 측면에서 누가 책임을 져야 하는지에 따라 책무성을 구분할 수도 있으며,[7)] 사회변화에 따라 새로운 책무성 관계가 나타나면서 자동적 책무성,[8)] 변혁적 책무성[9)] 등 다양한 책무성 유형이 출현하기도 한다.

2 책무성의 유형화

1) 책무성의 방향에 따른 분류

먼저, 책무성 관계(누가 누구에게 책임을 지는가) 측면에서 보면 공공조직 내부의 관리적 책무성을 확보하기 위한 내부적(internal) 책무성과 주권을 가진 국민에게 책임을 지는 민주적 책무성을 확보하기 위한 외부적(external) 책무성으로 구분할 수 있다.

그리고 외부적 책무성은 다시 대의민주주의 체제 하에서 정부의 대국민 책무성을 확보하기 위한 수직적(vertical) 책무성, 정부를 구성하는 입법부 · 사법부 · 행정부 간의 견제와 균형을 보장하기 위한 수평적(horizontal) 책무성, 그리고 국민을 위한 독립적 감시기구(최고감사기구, 반부패기구, 옴부즈맨 등)들이 제 역할을 할 수 있도록 하기 위한 대각적(diagonal) 책무성 등으로 구분할 수 있다(World Bank, n.d.; Lindberg, 2013).

공공조직 내에서 관리적 책무성(administrative accountability)을 확보하기 위한 내부적 책무성은 다시 상향적(upward), 외향적(outward), 하향적(downward) 책무성으로 구분할 수 있다(O'Toole et al., 2005). 상향적 책무성은 전통적인 관료제적 책무성 유형으로서 주인-대리인 관계가 아니라 위임자-수임(수탁)자 관계로 볼 수 있는데, 정치적 대리인인 최고관리자가 그 권한을 부하 직원들에게 위임한 상황에서 권한 위임을 받은 직원은 관리자에게 해당 권한의 행사와 관련하여 책임을 지는 것이다. 그리고 외향적 책무성은 특정 조직 내 동료 간 또는 여러 관련 조직 간의 협력 관계 속에서 존

---

6) 제3장 참조.
7) 제3장 제1절 참조.
8) 제3장 제4절 참조.
9) 제5장 제2절 참조.

재하는 책무성이다. 하향적 책무성은 시민에게 책임을 지는 관계에 기반하기에 위에서 살핀 수직적 책무성과 중첩된다.

일부 책무성 관련 문헌에서는 공공조직 내 상급자와 하급자 간의 관계를 동등하지 않는 직급의 당사자들 간의 관계이므로 수직적 책무성으로 이해하고 공공조직이나 공직자와 독립적 감시기구 간의 관계를 수평적 책무성으로 표현하기도 한다(O'Donnell, 1998). 상급자와 하급자 간의 관계는 책무성의 방향으로 볼 때 하급자가 상급자에게 책임을 지므로 상향적 책무성으로 보는 것이 옳으며, 수평적 책무성은 수평적 관계를 상정하므로 입법부・사법부・행정부 간이나 부처 간 관계에서 작동하는 책무성으로 이해하는 것이 옳을 것이다.

그리고 대각적 책무성을 공식적인 정치기관 외부에 있는 행위자(예컨대, 시민단체나 언론)에게 정부가 책무성을 갖게 되는 관계로 이해하기도 한다(O'Donnell, 1998). 그러나 대각적 책무성은 직접적인 주인(위임자)-대리인(수임자)의 관계가 아니라 주인을 보조하는 중간 포럼(최고감사기구, 반부패기구 등)과 대리인 간의 관계를 상정하므로, 중간 포럼-대리인 간의 관계에서 발생하는 책무성을 대각적 책무성으로 이해하는 것이 옳다. 다만, 언론이나 시민단체를 국민을 위한 공식적인 중간 포럼으로 본다면 언론(또는 시민단체)-공공기관(또는 공직자) 관계를 대각적 책무성 관계로 볼 수 있으나 학자들은 이를 사회적 책무성(Malena, 2004)이라는 다른 명칭으로 사용하고 있다.

2) 책무성의 대상에 따른 분류

공공조직이나 공직자는 다양한 포럼에게 자신의 행위를 설명해야 하는 여러 다른 책무성 관계에 직면하게 된다. 로톤과 로즈(Lawton & Rose, 1991: 23)는 책무성 포럼의 성격에 따라 정치적, 관리적, 법적, 소비자, 전문적 책무성으로 구분하였는데, 정치적 책무성은 의회에 대해, 법적 책무성은 사법부에 대해, 소비자 책무성은 고객에 대해, 관리적 책무성은 상급관리자에 대해, 전문적 책무성은 소속된 전문가 집단에 대해 책임을 지는 것이다. 여기서는 관리적, 정치적, 법적, 행정적, 전문적, 사회적 책무성을 중심으로 책무성의 대상(포럼)을 살펴보고자 한다.

(1) 관리적 책무성 관계에서의 포럼: 상급자

공공관리자에게 기본적으로 가장 중요한 책임 관계는 조직 내부의 관리적 관계이다. 따라서 공공관리자가 대하는 첫 번째 포럼은 상급자 포럼이다. 행정적・정치적 상급자는 연례적인 성과 점검(performance review) 등 정기적이거나 공식적인 기준에 따라 설명하도록 요구할 수 있을 뿐 아니라 일상적인 비공식 회의에서 자주 공공관리자의 임무를 설명하도록 요청한다.

공공관리자와 상급자 간의 관계는 일반적으로 강력한 계층제적 관계를 포함하며, 설명은 엄격한 지침 및 표준 운영 절차를 기반으로 할 수도 있지만 반드시 그렇지는 않다. 고도로 전문적인 환경에서 일하는 고위공무원이나 프로젝트 관리자는 업무 수행에 있어 상당한 자율성을 가지면서도 조직의 책임에 대한 압박을 강하게 느낄 수 있다.

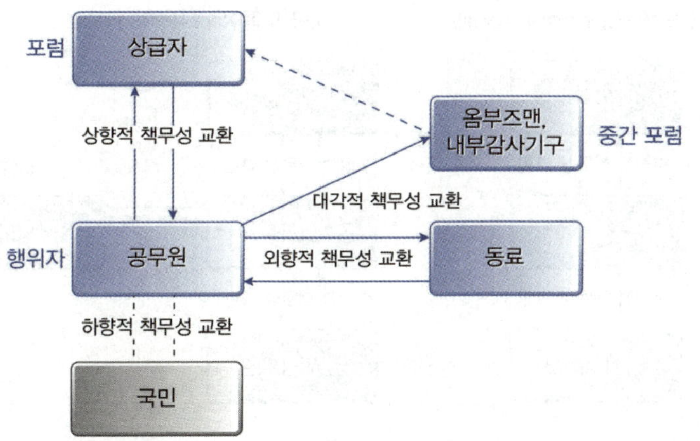

그림 1-2 관리적 책무성 관계에서의 포럼

(2) 정치적 책무성 관계에서의 포럼: 선출직과 정당

대의민주주의 체제에서는 투표 행위를 통해 시민은 주권 행사를 위임하고 선출직 공직자(정치인)는 책무성을 부담하는 교환이 이루어진다. 이에 따라 선출직 공직자는 시민에게 정치적 책임을 지는 것이다. 이와 유사하게 공공관리자는 선출직으로부터 권한을 위임받고 자신의 행위에 대해 설명할 책임을 부담하게 되는데, 이는 관리적 책임의 성격이 강하다. 공공관리자가 직접적으로 시민에 대해 책임을 지는 것은 아니기 때문이다. 영국, 네덜란드 등 의원내각제를 실시하는 국가에서는 공공관리자의 정치적 책무성이 일반적으로 장관을 통해 간접적으로 실행되는데, 이를 장관 책무성(ministerial accountability)이라 부른다. 이러한 정치 체제 하에서는 공공관리자가 장관에 대해 책임을 지고, 장관은 국회에 책임을 지는 책무성 메커니즘이 작동한다.

그러나 작금의 행정 현실에서 공공관리자는 정치적 중립을 요구받는 가운데 정치인 포럼(의회)에 직접 설명하여야 하는 책임을 지는 경우가 증가하고 있다. 영국에서도 공공관리자는 점점 더 빈번하게 의회조사 등에 응하여 의회 위원회에 출두하여야 한다. 미국 등 대통령제 국가에서도 고위공직자(예컨대, 기관장 등)는 종종 의회에 직접적으로 책임을 진다. 이처럼 정치적으로 구성된 내각이나 정치인 포럼과 함께 작동하는 행정 시스템 내에서 공공관리자는 비공식적이고 개별적이기는 하지만 정당 대표(party boss)와 책무성 관계에 있음을 인식하게 된다.

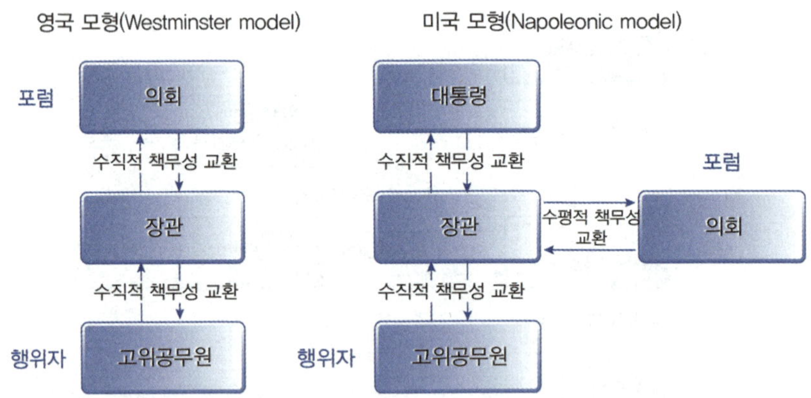

그림 1-3 정치적 책무성 관계에서의 포럼

공공관리자의 정치적 책무성은 공직자들이 자신이 하고 있는 일에 대해 대중에게 알릴 의무와 함께 공공서비스를 남용하는 권력자들에게 제재를 가할 책임 있는 대리인들의 능력까지 포함한다는 주장(Steets, 2010: 15-18)에도 불구하고 선거로 선출된 정치인이나 정당과 같은 정치적 포럼(피설명자)에 대한 책임은 공공관리자의 삶에 매우 중요한 영향을 미치는 것이 현실이다. 그러나 공공관리자가 실제 위협을 느끼지 않는다면 적극적으로 이러한 정치적 책무성 관계에 대응하기 어려운데, 이는 정치적 의제나 규범이 가진 유동적 · 우발적이면서 모호한 특성을 가지고 있어 종종 논쟁의 여지가 있으며 언론 보도, 연합 구축 및 정치적 기회에 따라 상황이 달라질 수 있기 때문이다.

(3) 법적 책무성 관계에서의 포럼: 법원

공공관리자는 법원에서 자신의 행위를 설명하거나 기관 전체를 대신하여 소환될 수도 있다. 이는 영국과 같은 일반적인 민사법원이거나 프랑스, 벨기에 및 네덜란드와 같은 전문 행정법원이 될 수도 있다(Harlow, 2002: 16-18). 프랑스의 Affaire du sang(HIV에 오염된 혈액 제제)이나 이탈리아의 Tangentopoli 사건[10]과 같은 행정적 일탈을 보여주는 일부 극적인 사건에서 공무원도 형사법원에 소환되었다.

대부분의 서구 국가에서 사회적 관계의 공식화 수준이 증가하거나(Friedman 1985; Behn, 2001: 56-58), 의회보다 법원이 더 큰 국민 신뢰를 얻고 있는 경우에 공공관리자에게 법적 책무성의 중요성은 커진다(Harlow, 2002: 18). 특히, 유럽의 공공관리자에게 EU의 지침은 법적 책무성의 추가적 · 핵심적 근원이 되고 있다(Harlow, 2002: 156-157). 법적 책무성은 통상 공식적 또는 법적으로 당국에 부여된 구체적 책무성을 기반으로 한다. 따라서 사법 조사는 민법, 형법 또는 행정 법령 또는 판례에 의해 규정된 상세한 법적 기준에 기초하고 있기에 법적 책무성은 가장 명확한 책무성 유형이라 할 수 있다.

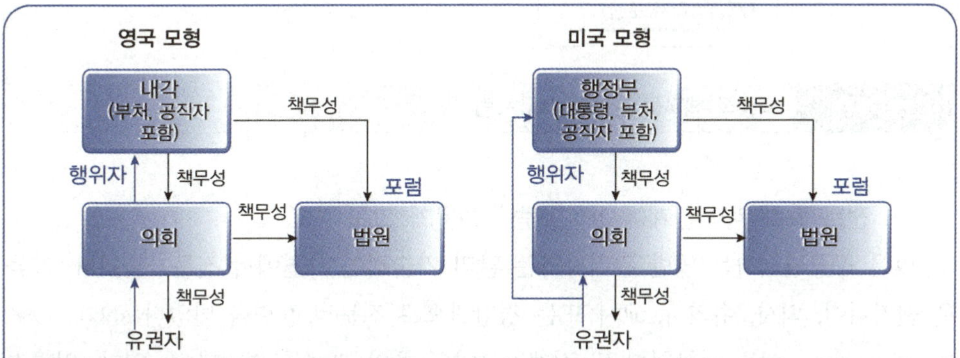

그림 1-4 법적 책무성 관계에서의 포럼

(4) 행정적 책무성 관계에서의 포럼: 감사기구 등

법원 다음으로 독립적 및 외부적으로 행정 및 금융에 대한 감독 · 통제를 행사하는 일련의 준사법적 포럼이 지난 수십 년 동안 설치 · 운영되어 왔다. 일부에서는 이

10) 베르루스꼬니(Silvio Berlusconi)의 장기 집권 과정에 발생한 뇌물 사건(Tangentopoli)이며, 이로 인해 국회의원과 고위공직자들에 대한 면책특권의 변경이 이루어졌다.

러한 포럼의 증가를 심지어 '감사폭발'(Power, 1994)로 언급하기도 한다. 이러한 새로운 행정 포럼은 옴부즈맨 및 감사기구 등 독립적 감시기관, 감찰기구, 부패방지기구, 공인 회계사 등에 이르기까지 다양하다. 또한 여러 국가에서 최고감사기구(SAI)의 권한이 확대되어 공공지출의 실행가능성과 합법성뿐만 아니라 효율성과 효과성을 확보하는 데까지 그 범위가 확장되고 있다(Pollitt & Summa, 1997). 이러한 행정 포럼은 종종 특정 법령이나 규범에 따라 정기적인 재정 및 행정 통제를 행사한다. 이러한 유형의 책무성은 독립적인 공공기관 및 기타 공공기관에서 일하는 공공관리자들에게 매우 중요할 수 있다.

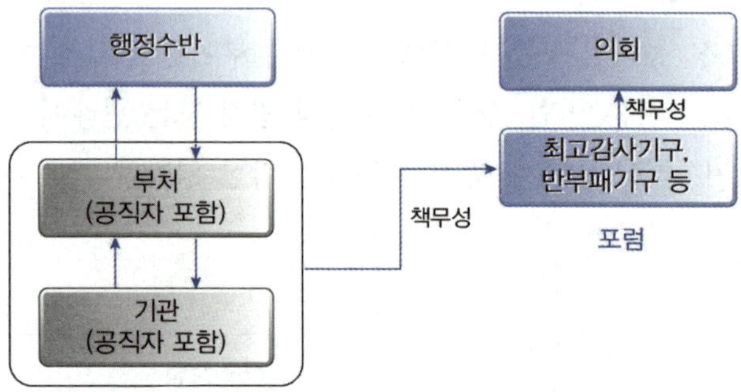

그림 1-5 행정적 책무성 관계에서의 포럼

(5) 전문적 책무성 관계에서의 포럼: 전문가 그룹

많은 공공관리자는 일반 관리자와는 달리 기술적인 측면에서 전문가들이다. 그들은 엔지니어, 의사, 수의사, 교사 또는 경찰관으로 전문적 훈련을 받았다(Abbot, 1988; Freidson, 2001). 이는 전문협회 및 징계기구와의 책임 관계를 의미할 수 있다. 일반적으로 전문기관은 모든 회원을 구속하는 수용가능한 실무에 관한 표준을 규정이나 기준(예컨대, 회계기준)으로 정한다. 이러한 표준의 실행은 동료 검토(peer review)를 기반으로 전문 감독기관의 모니터링을 통해 감시된다. 이러한 유형의 책무성 관계는 병원, 학교, 정신과 진료소, 경찰서 또는 소방소와 같은 전문 조직에서 일하는 공공관리자에게 특히 중요한 관련성을 갖는다.

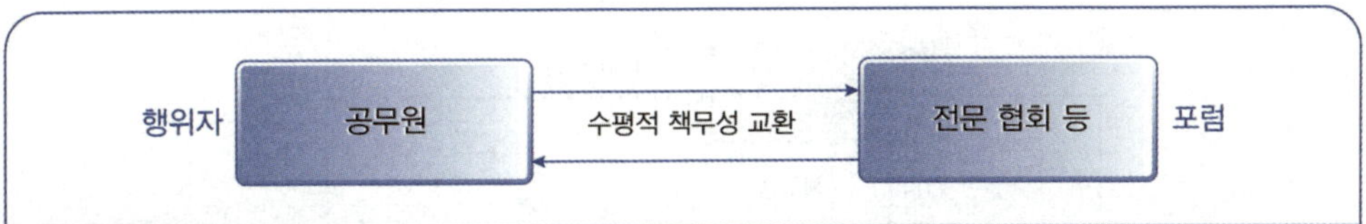

그림 1-6 전문적 책무성 관계에서의 포럼

(6) 사회적 책무성 관계에서의 포럼: 시민사회단체 및 언론

앞서 살폈듯이 대의민주주의 체제에서 선출직 공직자는 시민에게 직접적으로 정치적 책임을 지지만 공공관리자는 직접적으로 시민에 대해 책임을 지는 것은 아니다. 그러나 대의민주주의 체제가 국민의 기대에 부응하지 못하면서 시민의 정치적 참여가 다양한 형태로 나타나고 있고, 따라서 공공 책무성 체계 내에서 시민의 직·간접적 참여를 보장하기 위한 다양한 장치들이 속속 도입되고 있다. 게다가 「헌법」 제7조에서 공무원을 '국민 전체의 봉사자'라고 규정하여 공무원의 전체 국민에 대한 공익 실현 의무를 선언하고 있기에, 공공관리자의 정치적 책무성은 공직자들이 자신들이 하고 있는 일에 대해 대중에게 알릴 의무를 포함한다고 볼 수 있다.

그러나 공공관리자가 국민에 대해 책임을 진다는 것은 공공행정에서 당연하게 받아들이는 공준(公準)이지만 시민사회단체나 언론이 당연히 전체 국민을 대표한다고 볼 수는 없다. 시민운동, 풀뿌리단체, 시민단체, 언론 등은 집회의 권리, 정보의 자유, 언론의 자유 등 각기 다른 정당성의 원천을 갖고 있을 뿐 아니라 시민사회 내의 권력 불평등 때문에 모든 시민사회 조직이 국민의 이익, 필요, 요구를 대표한다고 가정할 수 없다. 실제 많은 시민사회단체들, 특히 전문적인 NGO들이 상대적 소수의 특별이익을 위해 투쟁하는 경우를 자주 목격할 수 있다.[11)]

그러나 시민사회단체나 언론 등 사회 행위자들은 공공관리자의 행위에 대한 자료와 정보를 제공함으로써 정부를 감시하는 국회 등 정치적 기관의 역량을 지원할 수 있다. 또한 국민의 요구를 거리시위와 같은 사회적 활동에 의존하는 것은 비효율적일 수 있기에 정부가 책임을 다하도록 시민이 참여하는 공식적으로 구속력 있는 수단을 강구할 필요가 있을 것이다.

11) 시민사회단체나 언론이 국민의 이익을 위해 행동하는지는 공공관리자를 둘러싼 공공 책무성의 영역은 아니지만 그들의 국민의 이익을 대표한다고 자임한다면 당연히 설명책임을 갖게 되며, 이는 시민단체나 언론의 책무성 논의를 이끌어내게 된다. 그러나 이는 이 책의 수비 범위를 넘어서는 것으로 여기서는 논의하지 않기로 한다.

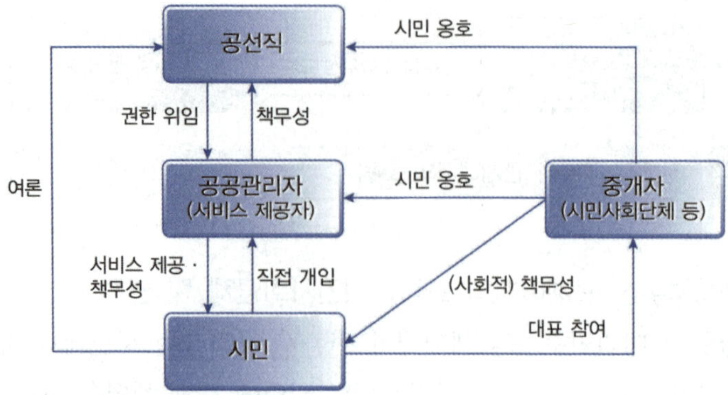

그림 1-7 사회적 책무성 관계에서의 포럼

제 3 절 책무성 도구

책무성 메커니즘은 책무성이 작동하는 방식을 의미하며 설명자와 피설명자 간의 관계에서 설명자에게 책임을 지게 하는 사회적 · 제도적 체계로 정의될 수 있다. 일반적으로 행정학의 분석단위는 조직이나 제도이며, 그 분과 학문인 정책학은 정책이나 사업을 분석단위로 한다. 그러나 책무성 또는 책무성 체계 이론은 행위자들 간의 관계에 초점을 맞춘다. 여기서 설명자-피설명자 관계를 공식적으로 작동시키는 효과적인 수단이나 장치가 필요한데, 이를 우리는 책무성 도구(accountability tools; accountability instrument)라 칭하기로 한다. 공공부문의 책무성 메커니즘은 주로 법적 · 제도적 장치뿐 아니라 비공식적 장치에 의해서도 작동하게 되는데, 이러한 장치들이 책무성 도구인 것이다.

1 책무성 도구 유형화를 위한 논의

책무성 메커니즘이 역할책임-설명책임-부담책임으로 연결되는 설명자-피설명자 간 관계로 특징지어지기에 책무성 도구는 이들 세 가지 유형의 책임을 각각 담보하기 위한 수단 및 장치를 포함한다고 할 것이다. 그러나 기존의 책임성 이론이 역할책임 및 부담책임과 관련된 행정적 · 법적 수단을 주로 다루었기에 책무성 이론에서는 설명책임을 확보하기 위한 수단에 더 관심을 가진다. 따라서 순수한 의미에서 책무성 도구는 자신의 행위에 대해 설명을 하여야 하는 설명자가 설명을 요구할 권한을 가지고 해당 행위에 대해 판단을 하는 피설명자(또는 포럼)에게 지는 설명책임을 강화하기 위한 수단으로 파악할 수도 있을 것이다.

도구나 수단은 사용되는 목적에 따라 달라질 수밖에 없는데, 하울렛(Howlett, 2005)은 정책도구(policy instrument)를 내용(contents)과 과정(process)을 기준으로 유형화하였다. 이를 준용하여 책무성 도구의 경우에도 책무성 구성요소와 책무성 과정을 고려하여 책무성 확보를 위한 수단들을 유형화할 수 있을 것이다. 또한 살라몬(Salamon, 2002)이나 후드(Hood, 1983)는 정책도구를 성격별로 구분하고 있는데, 이를 준용하면 책무성 도구를 자발적 · 비자발적, 직접적 · 간접적, 공식적 · 비공식적, 권력적 · 비권력적 책무성 확보도구 등으로 구분해 볼 수 있을 것이다. 여기서는 책무성 도구를 책무성 관계, 내용, 과정 등에 따라 구분해 보았다.

2 책무성 관계에 따른 분류

공공조직 내에서 관리적 책무성(managerial accountability)을 확보하기 위한 상향적(upward) 책무성은 위임자-수임(수탁)자의 관계 속에서 직원(설명자)의 행위는 통상 관리자(피설명자)의 지시나 승인에 의해 시작된다. 그리고 설명자의 업무 관련 정보는 실무자의 보고나 관리자의 지도 · 감독 및 내부통제기구에 의한 점검 등을 통해 제공된다. 제공된 정보에 대한 토론은 점검 및 평가, 그리고 내부감사기구에 의한 감찰(감사) 등을 통해 설명자의 선택 및 행위를 비판적으로 검토하게 되며, 그 과정에서 설명자는 비판을 학습기회로 활용하기도 한다. 설명자의 선택 및 행위에 관한 최종적 판단은 처벌, 교정 또는 보상을 위한 공식적 · 비공식적 제재에 의존한다. 마지막 단계에서 제재를 통한 보상, 처벌, 개선 등이 이루어진다.

반면에, 외향적 책무성은 직원(설명자)의 행위는 협조 요청에 따른 협의나 협약 체결을 통해 시작된다. 그리고 설명자의 업무 관련 정보는 협력을 위한 정보 공유나 소통(회의 등) 등을 통해 제공된다. 제공된 정보에 대한 토론 또한 협의나 조정을 통해 이루어지며, 이 과정에서 개선이 이루어질 수 있다. 설명자와 피설명자 간 관계는 수평적이기에 설명자의 선택 및 행위에 관한 최종적 판단은 일반적으로 처벌 등 공식적 제재보다는 비난 등 비공식적 제재에 의존하는 것이 일반적이다.

그리고 민주주의 체제 하에서 정부의 수직적(vertical) 책무성 확보도구는 가장 느슨한 형태로서 선거(민주적 책무성의 가장 순수한 형태)가 존재하는데, 이는 실천적 측면에서 볼 때 책무성의 진정한 힘을 상당히 희석시키는 정당정치적 고려에 민감하게 반응한다. 공직자나 공공조직의 의사결정 또는 행위는 법령에 의해 권한 및 의무의 형태로 수행되거나 국민의 요구, 청구, 청원 등 이해관계 또는 가치 표명 메커니즘(values articulation mechanism)에 의해 시작된다. 그리고 설명자의 업무 관련 정보는 법령에 의한 의무적 정보공개 및 통지를 통하거나 공직자나 공공조직의 자발적 정보공개나 출판, 그리고 피설명자 스스로에 의한 모니터링 등을 통해 피설명자 또는 포럼에 제공된다. 제공된 정보에 대한 토론은 담론연합(discourse coalitions)이 형성되어 있는 경우 피설명자들에 의해 이루어지기도 하지만 그렇지 않은 경우 피설명자들이 참여하는 공청회 · 토론회 · 청문회 등에 의해, 아니면 객관적인 제3자에 의한 조사나 감사에 의해 비판적으로 검토된다. 설명자의 선택 및 행위에 관한 최종적 판단은 여전히 불만을 가진 피설명자(들)에 의한 비난, 민원, 시위 등으로 표출되기도 하지만 제도적 장치가 뒷받침되는 경우 고발이나 소환, 그리고 투표 행위 등에 의존한다.

정부의 수평적(horizontal) 책무성은 주로 행정부와 국회 간의 관계에서 발견되는 민주적 책무성을 말한다. 공직자나 공공조직의 선택이나 행위는 국회의 질의, 동의, 승인, 의결 등을 통해 시작된다. 그리고 설명자의 업무 관련 정보는 피설명자의 협조요청이나 요구에 대한 공직자나 공공조직의 자료제출 및 설명 등 자발적 협조와 공식적인 보고 및 청문 절차를 통해 제공된다. 제공된 정보에 대한 토론 단계에서는 설명자에 대한 청문, 조사, 감사 등을 통해 제공된 정보에 관한 비판적 검토가 이루어진다. 설명자의 선택 및 행위에 관한 최종적 판단은 불신임, 탄핵 등 일부 공식적 제재가 존재하기는 하지만 삼권분립을 전제로 대개 비난이나 시정 요구 등 비공식적 통제수단에 의존한다.

정부의 대각적(diagonal) 책무성은 관료제적 관계나 자발적 관계 속에서 발견되기보다 옴부즈맨, 최고감사기구, 반부패기구 등 제3자가 해당 조직의 설립 목적이나 피설명자의 요구에 따라 설명자에 대한 감시활동을 하는 경우와 관련된다. 제3자와 설명자 및 피설명자의 관계는 관료제적 관계가 아니기에, 제3자 기구는 설명자의 선택이나 행위에 대한 직접적인 제재 및 명령 권한을 가지지 못한다. 따라서 이 독립적인 기구는 일반적으로 공직자나 공공조직이 특정 행위를 하도록 지시하거나 요구할 수 없다. 다만, 이미 이루어진 설명자의 행위에 대한 정보를 자발적 공개나 협조, 그리고 비자발적 제출을 통해 제공받는다. 제공된 정보에 대한 토론 단계에서는 설명자에 대한 조사, 감사, 기타 정보활동 등을 통해 취득한 자료나 정보에 관한 비판적 검토가 이루어진다. 설명자의 선택 및 행위에 관한 최종적 판단은 권고 등 비권력적 통제수단에 의존할 수밖에 없으며, 경우에 따라 비협조에 대한 고발이나 국회 보고 등 간접적인 통제수단에 의존한다.

3 책무성 내용에 따른 분류

책무성의 내용(무엇을 책임지도록 하는가) 측면에서는 설명자, 즉 공공조직 및 공직자의 개별 행위에 대한 법적(legal) 책무성 확보장치, 정부 재정 운영의 적정성을 살펴보기 위한 재정(financial) 책무성 확보장치, 정부가 국민 세금을 제대로 사용하고 있는지 살피기 위해 정책·사업의 경제성·능률성·효과성·형평성 등을 살피는 성과(performance) 책무성 확보장치 등으로 구분할 수 있다.

사실, 책무성 도구의 내용별 분류를 위해서는 해당 기관이나 업무의 주요 내용들, 즉 수행하여야 하는 임무나 과업별로 책무성 확보를 위한 도구를 확인하여야 한다. 그러나 정부 수준에서 다양한 업무와 활동이 이루어지기에 업무 및 활동별로 책무성 도구를 확인하기 위해서는 해당 업무 및 활동의 과정을 모두 살펴보아야 하는 한계가 있다. 따라서 여기서는 포괄적으로 개별 거래행위(transaction), 재정 운영, 사업 성과 등으로 정부 업무 및 활동을 구분하여 책무성 확보장치를 살펴보고자 한다.

먼저, 개별 거래행위의 책무성 확보장치는 해당 행위가 법령에 기초하여 이루어지기에 무엇보다도 해당 행위의 합법성을 보장·확인하기 위한 과정이나 도구를 포함한다. 공공조직의 경우 특정 행위의 수행과 관련하여 법령이 규정하고 있는 기준이 존재하고, 이를 준수하였는지 여부를 확인하기 위해 사전에 상급자에게 승인을 얻거나 내부감사기구나 통제기구가 사전에 점검·확인(예컨대, 일상감사)을 하고 있다. 조달, 계약 등의 업무에서 볼 수 있듯이 업무 수행 과정에도 수시·정기·상시 점검이 이루어지는데, 관리자 또는 감시·통제 조직에 의한 점검 형식으로 이루어진다. 그리고 사후적으로는 해당 업무의 산출에 대한 점검이나 합규성(regularity) 관점에서의 감사가 이루어진다.

전통적으로 정부 활동과 관련하여 책무성 확보의 초점은 주로 정부 회계 또는 재정운영에 맞추어져 왔다. 여기서 회계 활동은 오히려 개별 거래행위라 볼 수 있고, 따라서 회계 활동에 대한 책임규명은 주로 합법성 기준에 의한 책무성 확보도구(감사 등)의 적용을 받아왔다. 우리나라의 경우 21세기에 들어 공공부문에 복식부기가 도입이 되면서[12] 재무제표의 적정성을 살피는 재무감사가 이루어지고 있으나 재정 운영의 적정성을 확보하기 위한 책무성 확보도구가 단지 사후적 수단만 존재하는 것은 아니다. 사전적으로는 다양한 법적 기준이 존재하고 재정집행 과정에서도 점검, 승인 등 다양한 책무성 확보장치가 존재한다. 다음 〈표 1-1〉은 현재 우리나라의 재정 책무성 확보도구를 간략하게 정리한 것이다.

표 1-1 재정 분야 책무성 확보도구

<table>
<tr><th rowspan="4"></th><th colspan="2" rowspan="3">외부통제</th><th colspan="6">내부통제</th></tr>
<tr><th colspan="3">중앙통제</th><th colspan="3">조직통제</th></tr>
<tr><th colspan="2">사전</th><th rowspan="2">사후</th><th colspan="2">사전</th><th rowspan="2">사후</th></tr>
<tr><th>사전</th><th>사후</th><th>직접</th><th>간접</th><th>직접</th><th>간접</th></tr>
<tr><td>재정
책무성</td><td>국회
–예산안 심의
–장기재정추계</td><td>감사원
–회계검사
–재무감사
–결산검사
(성과보고서 검사 포함)

국회
–결산 심의</td><td>예산배정/자금배정

예산전용 승인

예비타당성 조사/총사업비 관리</td><td>장기재정 전망

국가재정 운용계획

예산편성지침/예산집행지침/기금집행지침 등

디지털예산회계시스템</td><td>국가결산보고서 작성
(재무제표 포함)</td><td>일상감사

재정회계 통제</td><td>자체 재무회계 정책 및 지침

디지털예산회계시스템</td><td>국가결산보고서 작성
(재무제표 포함)

자체감사</td></tr>
</table>

전통적인 책무성은 주로 재정 데이터와 지출의 정당성에 초점을 맞추었으나 1990년대에 신공공관리의 도입과 함께 보다 혁신적인 책무성 형태로서 성과 책무성이 책무성 확보의 대상으로 관심을 받게 되었다. 특히, 정보기술의 발전으로 특정 조직의 성과를 실시간으로 모니터링할 수 있게 됨으로써 책무성 대상으로서 성과에 대한 관심이 크게 증가하였고, 이에 따라 성과 책무성을 확보하기 위한 다양한 제도적 장치들이 속속 도입되기에 이르렀다. 다음 〈표 1-2〉는 현재 우리나라의 사업 분야의 성과 책무성 확보도구를 간략하게 정리한 것이다.

12) 「국가회계법」(2007.10) 공포로 2009.1.1일부터 정부부문에 발생주의 복식부기 회계제도를 도입하였다.

표 1-2 사업 성과 책무성 확보도구

	외부통제		내부통제					
			중앙통제			조직통제		
			사전		사후	사전		사후
	사전	사후	직접	간접		직접	간접	
성과 책무성	감사원 –지침	감사원 –성과감사 –결산검사 (성과보고서 검사) 국회 –예정처 보고서 등	성과계획서 제출	성과 관련 정책 및 지침	정책사업 점검 성과보고서 제출 핵심사업 평가 재정사업 심층평가	성과계획서 작성/업무 계획 수립	자체 성과관리 정책 및 지침 성과관리 시스템	자율평가/ 성과관리 자체감사

4 책무성 과정에 따른 분류

한편, 책무성의 과정(언제 어떻게 책임지도록 하는가) 측면에서는 사전적 · 형성적(과정적) · 사후적 책무성 확보장치로 구분하거나 책무성의 과정별 구성요소(역할책임-설명책임-부담책임 또는 의무-행위-정보-토론-제재)에 따라 책무성 확보장치를 구분할 수도 있을 것이다. 여기서는 앞서 살핀 책무성의 과정별 구성요소, 즉 의무-행위-정보-토론-제재를 기준으로 책무성 도구를 살펴보고자 한다.

책무성 도구를 책무성 과정별로 구분할 때 권한이나 의무로부터 행위로 이어지는 첫 번째 단계에서는 역할책임을 다하기 위한 정책도구(policy tools)로서 책무성 도구의 역할이 부각된다. 결국 어떤 권한과 역할을 효과적 · 효율적으로 수행하기 위해 어떠한 정책도구 조합(mix)을 사용할 것인가가 관심사인 것이다. 책무성 구성요소로서 '의무'는 부여된 임무와 관련되고 주로 법령에 의해 규정되기에 공직자 또는 공공조직이 이러한 의무를 수행을 위한 도구 내지 기술은 책무성 확보를 위한 도구라기보다 목표 달성을 위한 행정 수단이라고 볼 수 있다. 그러나 이러한 행정 수단에도 책무성 관계의 닻을 내리는 업무분장, 지시나 명령 등 정치적 · 법적 · 관리적 장치들이 존재한다.

그뿐 아니라 이 첫 번째 단계에서도 설명책임이나 부담책임이 작동하는데, 그 이유는 불확실한 상황과 복잡한 문제에 대응하여야 하는 현대 행정에서 협력적 거버넌스를 통한 의사결정이 빈번해졌기 때문이다. 불확실한 상황에서 복잡한 문제의 해결을 위해서는 일상적 업무처리와 달리 담론적(discursive) 접근이 필요한데, 정책 및 사업의 정당성에 대한 사회적 합의 도출을 위한 공론화 등 사전적 설명책임을 공직자나 공공조직이 갖게 된다. 또한 사전타당성 조사, 일상감사와 같이 설령 권한 있는 사업 추진이라 하더라도 제3자나 이해관계자에 의한 판단으로 행위의 수행 여부가 제약을 받을 수 있기에 의무→행위로 이어지는 첫 번째 단계에서도 책무성 확보를 위한 사전적 강제도구가 작동한다고 볼 수 있다.

그리고 정보 제공→토론→(판단)으로 이어지는 두 번째 단계에서는 수탁자로서 공직자나 공공조직은 임무 수행과 관련한 정보 제공 등 과정적 설명책임을 갖는 것이 일반적이며, 이를 위해 공식적·비공식적, 강제적·자발적 설명도구(tools for explainability)가 중요하게 부각된다. '정보 생산(informing) 및 토론(debating)'이 이루어지는 단계에서 책무성 도구는 설명자가 자신의 행위에 관한 구체적인 정보를 피설명자에게 제공토록 하는 직접적·간접적, 자발적·강제적 장치들을 포함한다. 정보 생산 단계에서 책임 있는 기관은 공식적인 평가, 연차 보고서, 구두 커뮤니케이션, 또는 기타 의사소통 수단을 통해 자신의 행동과 성과에 대한 정보를 제공한다. 이 정보의 질은 조직 활동의 성과에 대한 평가뿐 아니라 정책학습에도 영향을 미친다.

그리고 '토론 및 판단(debating and judging)'을 위한 책무성 도구는 설명자가 제공한 정보를 바탕으로 그 성과나 공과를 검증·확인·평가하는 장치들을 포함한다. 책무성의 토론 단계에서 책무성 기관의 행동에 대한 설명은 책무성 포럼에 의해 비판적으로 평가된다. 토론 단계의 책무성 도구는 책무성의 내용, 목적에 따라 상이하지만 이상적인 학습환경에서, 공공조직은 관련 이해관계자들과 함께 과거의 선택과 행동을 비판적으로 재검토할 것이다. 만일 역기능적 조직환경이라면 이해관계자들은 주로 비난의 배분에 초점을 맞추고, 이에 대응해 책임 있는 대리인은 책임을 회피하고 비난을 피하기 위해 최선을 다할 것이다(Hood, 2011).

한편, 정보제공→토론→(판단)으로 이어지는 두 번째 단계에서 공직자, 공공조직 등 설명자들 또한 주어진 역할을 수행하기 위한 절차적 정책도구들(procedural policy tools)을 보유하고 있으며, 업무 추진과정에도 여건 변화나 점검·평가 등을 통해 정책 수정이나 중단이 발생할 수 있기에 과정적 부담책임에서 자유로울 수 없다.

끝으로, 업무 추진에 따른 결과에 대해 (판단)→제재 및 보상으로 이어지는 세 번째 단계는 공직자나 해당 조직이 행위의 결과에 대해 부담책임을 지게 되며, 따라서 통상적으로 결과적 강제도구(enforcement tools)에 초점이 맞추어진다. 제재(sanctions)를 위한 결과적 책무성 도구는 성과에 대한 보상과 처벌이나 해당 행위의 합법성 및 정당성에 대한 판단을 포함한다. 책무성의 제재 단계에서 책임 있는 기관의 업무 처리와 행동은 결과적으로 책무성 포럼에 의해 판단된다. 책무성 포럼은 해당 조직을 처벌, 교정 또는 보상하기 위해 공식적 또는 비공식적 제재에 의존할 수 있다. 제재 단계에서의 책무성 도구는 부담책임(liability)과 관련되며, 이에 대해서는 제3장에서 별도로 다룰 것이다.

포럼에 의한 제재가 이루어지는 책무성 과정의 세 번째 단계에서도 공직자, 공공조직 등 설명자들은 업무 수행과 관련하여 자체적으로 평가, 감사 등을 통해 시정조치를 취하는 등 결과적 정책도구를 보유한다. 그뿐 아니라 자율적이거나 의무적인 점검·평가, 조사·감사를 거치면서 공직자들은 자신의 행위에 대한 소명 등 최종적인 설명기회를 가질 수 있으며, 이는 세 번째 단계에서의 결과적 설명도구로 이해할 수 있다.

표 1-3 책무성 도구의 유형

구분		책무성 과정		
		제1단계: 의무 → 행위	제2단계: 정보 → 토론	제3단계: 판단 → 제재
책무성 요소	역할책임	**사전적 정책도구**	과정적 정책도구	결과적 정책도구
	설명책임	사전적 설명도구	**과정적 설명도구**	결과적 설명도구
	부담책임	사전적 강제도구	과정적 강제도구	**결과적 강제도구**

5 책무성 도구의 중요성

정부 책무성 체계가 제대로 작동하는지 살펴보는 것은 책무성 확보를 위해 매우 중요한 과업이다. 정부 책무성 체계의 비효율은 책무성을 강화하기 위한 메커니즘의 미작동 또는 결여, 즉 책무성 도구의 결함에 기인한 경우가 일반적이라는 점에서 공공부문의 책무성 확보를 위해서는 책무성 도구에 대한 점검이 체계적으로 이루어져야 할 것이다.

그럼에도 불구하고 우리는 책무성 체계를 제도적으로 보장하는 책무성 장치에만 관심을 가지는 경향이 있다. 해당 책무성 장치가 제대로 작동하는지 살펴보려면 더욱 심층적 관찰 및 연구가 필요함에도 그러한 노력을 경시하는 것이다. 책무성 도구의 유형화는 책무성 도구를 준별하기 위해 필요한 절차일 수 있다. 그러나 책무성 도구의 공식적 존재 여부와 관계없이 해당 책무성 도구가 제대로 작동하는지는 별개의 문제이다. 경우에 따라서는 비공식적 책무성 도구가 공식적 책무성 도구를 보완할 수 있기 때문에 우리는 책무성 도구의 효과성을 살피기 위해 다각적인 점검 및 관찰을 하여야 한다.

이러한 탓에 책무성 도구는 해당 도구의 목적·내용·과정이나 성격에 따라 유형화가 가능하지만 실제로 이들 책무성 도구가 효율적·효과적으로 작동하는지에 대해서는 별도의 관찰, 점검, 평가가 필요하며, 이를 통해 책무성 체계의 결함을 개선할 수 있는 것이다.

제 4 절 거버넌스와 책무성의 관계

1 거버넌스와 책무성

가장 일반적인 의미에서 거버넌스(governance)는 다양한 행위자들의 조율과 조정을 다루며, 종종 협력(collaboration)이라는 네트워크 유형의 패턴으로 다루어진다(Kooiman, 2003; Rodes, 1997). '정부 없는 거버넌스'의 경우도 있지만, 일반적으로 어떤 거버넌스 구조는 적어도 하나 이상의 정부기관을 포함한다. 거버넌스는 다양한 의미와 인식을 포함하는 포괄적 용어로서 정부의 계층제적 형태의 조율(steering)도 다루지만 일반적으로 여러 다른 거버넌스 모드, 특히 시장 또는 네트워크와 연관된다(Bevir, 2009).

공공부문 거버넌스는 서비스 제공(예컨대, 서비스 비용 및 품질)에 국한되지 않고 정책이 지역사회나 전체 사회에 미치는 영향(예컨대, 정책결과 또는 재정가치)을 포함하는 공공부문의 특정 목표들과 관련된 책무성 과업과 관련된다. 거버넌스는 조직 관련 다양한 이해관계자의 책임을 명확히 하는 구조, 이러한 책임을 이행하는 능력을 배양하는 접근법, 그리고 내·외부 통제 및 책무성 확보를 위한 시스템 등 다양한 유형의 메커니즘을 포함된다. 고다드(Goddard, 2005: 195)는 거버넌스 개념에 대한 그의 역사적 검토에서 거버넌스의 차원을 부합성(conformance), 성과(performance), 구조(structure)

등 최소 세 가지 차원으로 구분한다.

책무성 메커니즘을 이해하려면 그것이 작동하는 거버넌스의 맥락에서 해당 메커니즘을 살펴보아야 한다. 책무성은 단지 응답가능성(answerability)이나 투명성과 관련된 것에 그치지 않고 책무성을 공식화하기 위한 수단으로서 통제(제재 및 보상)의 필요성을 내포한다. 책무성 개념은 주로 주인으로부터 대리인(관리자)으로의 권한 위임 및 이들 간의 관계를 보장하는 방법과 관련이 있기(Broadbent et al., 1996; Gray & Jenkins, 1993; Sinclair, 1995) 때문이다.

결국 조직 내・외부 관계에서 거버넌스의 변화는 누가 누구에게 무엇을 책임지고 무엇을 대답할 필요가 있는지에 대한 책무성 논의와 직결될 수밖에 없다. 책무성은 상황에 따라 다를 수밖에 없고 조직의 유형뿐 아니라 조직이 책임을 지는 대상에 맞게 조정되어야 한다(Roberts & Scapens, 1985; Romzek & Dubnick, 1987).

2 거버넌스 체제의 세 가지 유형[13)]

거버넌스 체제는 크게 세 가지로 구성된다. 공공 거버넌스와 연결된 체제, 시장을 감시하는 체제, 마지막으로 비정부・비시장・사회 영역에 존재하는 체제가 그것이다(Mashaw, 2006). 자유민주주의 체제에서 이 세 영역에는 완전히 다른 법적 특징이 존재한다. 공무원으로 행동할 때 우리는 제한적 거버넌스와 공적 책무성이라는 복잡한 사상을 온전히 믿는 입헌 문화에서 행동한다. 공무원에게는 정당하게 승인받지 않은 모든 일이 금지라는 기본적인 법원칙(law principle) 주장도 절대 과장이 아니다.

그러나 시장으로 넘어오면 법은 훨씬 촉진적・구조적으로 된다. 우리는 공법과 민법 양편에서 밝히는 게임의 법칙 안에서 활동할 책임이 있다. 그러나 시장 구조를 만드는 규칙은 개인 주도를 장려하고 생산적 성과에 보상을 주도록 설계된다. 행동을 규제하는 것은 대체로 시장 자체, 즉 경제 행위자들이 경쟁 앞에서 거래 협력자의 충성을 유지해야 하는 필요가 있기 때문이다.

마지막으로, 사회 영역에서 법적 제약은 이보다도 약하다. 여기서도 법은 촉진하고 보호하는 역할을 하지만 동시에 사생활과 결사라는 '무법' 지대도 만든다. 현대 언어로 말하자면 이곳은 법령보다는 규범의 장이다.

---

13) 이 내용은 주로 Mashaw(2006) 참조.

1) 공공 거버넌스 체제

공공 거버넌스 체제는 우선 세 가지 주요 장치를 활용한다고 볼 수 있다. 먼저, 선거 과정과 이 밖에 정당성을 부여하는 제도 형태를 가진 정치적 체제가 있다. 하급자를 위계로 통제하여 운영되는 관료제 체제도 있다. 그리고 공식적 심사 권한을 가지고 개별 사안에 법을 적용하는 법 체제가 있다. 이들 각 체제는 '누가, 누구에게, 무엇에 관하여, 어떤 과정으로, 어떤 기준으로, 어떤 결과로'라는 책무성 구성요소 면에서 조금씩 다르게 답한다.

예컨대, 법적 거버넌스 체제 하에서 공무원들이 한 행위는 행정 및 사법 심의의 대상이며 법적 판단에 따라 그 공식 행동에 효력을 부여하거나 무효 처리하는 결과를 초래할 수 있다. 이러한 법적 체계는 누가 누구에게 불만을 제기할 위치에 있고, 누가 공법 규범을 따라야 하는 공공 권력인가, 어떤 주장이 법적 주장이며 따라서 재판에 회부될 수 있는가, 어떤 절차로 행정 혹은 사법 심사를 받을 수 있는가, 또 심사하는 조직의 역량에 어떤 한계가 있는가를 정의하는 여러 정책 및 규칙, 그리고 규범들로 구성된다.

한편, 관료제적 거버넌스 체제 하에서는 하급 공무원이 상급자가 내리는 공식적 지시를 따를 책임이 있다. 또 이런 책무성 관계를 구성하면서 성과를 측정하는 기준을 제공하는 규칙과 정책 또한 수없이 많다. 그러나 관료제는 법 체제와 상당히 달라 법적 조정보다는 위계에 따른다. 같은 조직 내에서 어떤 관료들(누가)이 다른 관료들에게(누구에게) 설명을 요구한다. 책무성 확보(과정)는 법에 의존하기보다는 관리에 의거하며, 단편적 사건으로 발생하지 않고 연속성이 있다. 상급자들은 일탈 행위를 제재할 권한이 있을 뿐 아니라 이를 개조하고, 일탈을 범한 관료를 제거하고, 결정 구조를 재설계할 권한도 있다.

그리고 정치적 거버넌스 체제에서 가장 보편적인 정치적 책무성 형태는 선거이다. 선거 제도에서 선출직 관료들은 정책 선택에 있어 유권자를 대상으로 책임을 지며 그 책임성은 투표로 판명된다. 그러나 정치적 책무성은 선거 과정뿐만 아니라 선출직 및 공선직 관료들이 정치적 기준에 따라 행동할 책무성을 지게 되는 수많은 다른 정치 과정까지를 포함한다.

2) 시장 거버넌스 체제

비정부 또는 민간부문의 거버넌스 활동에도 유사한 책무성 구조를 적용할 수 있다. 그 중 하나는 상품 시장, 자본 시장, 노동 시장 등이 만들어내는 시장적 책무성이다. 다른 하나는 사회적 책무성이며 바로 다음에서 다룬다. 이러한 상품, 자본, 노동 시장도 '누가, 누구에게, 무엇에 관하여, 어떤 과정으로, 어떤 기준으로, 어떤 결과로'라는 책무성 구성요소 관련 질문에 제도마다 각각 다르게 답한다.

예를 들어, 상품(서비스 포함) 시장에서는 품질 및 가격과 관련하여 생산자들이 소비자(또는 해당 부품을 사용하는 다른 생산자)에게 책임을 진다. 여기서의 책무성 과정 또는 기제는 시장 경쟁이다. 이는 경쟁 게임의 법칙을 구성하는 다양한 법 · 제도(공법, 민법)의 제약 안에서 이루어지는 경쟁이다. 그리고 판단기준은 고객 선호도이다. 책무성이 시장에 초래하는 결과는 직접적으로는 소비자들이 제시된 가격에 그 상품을 기꺼이 사려는 의사이며, 궁극적으로는 그 상품이 시장에서 살아남을 수 있는 능력이다.

앞서 말했듯이 시장 책무성은 공공 책무성보다는 훨씬 유동적이다. 유권자들은 특정 지역에서 특정 대표에게만 투표할 수 있지만, 소비자들은 어떤 상품 또는 서비스를 관찰할지 직접 선택한다. 그리고 시장 경쟁 과정은 위력과 부정을 없애고 부정적 외부 효과를 제한하려고 만든 공식적 · 비공식적 요건의 제약을 받으면서도 소비자 선택을 장려하고자 기술 혁신을 장려한다. 이는 사법 과정이나 행정적 의사결정, 입법적 교섭과 같은 제한된 세계가 아니다. 그리고 시장은 시간이 지나면서 점점 커지는 보상 또는 제재를 낳는다. 상품이나 서비스는 집단적 판단이라는 별개 행위가 아니라 개별 소비자 선택이 축적되면서 그 성패가 결정된다.

마찬가지로 금융시장 역시 자본 제공자가 기업 또는 관리자에게 책임을 지게 하며, 노동 시장은 시장에서 나오는 인적 자본의 수준과 급여, 각종 혜택, 근로 조건 등에서 기업과 노동자가 서로 책무성을 갖게 한다. 물론 모든 시장을 구성하고 규제하는 법률 개입의 수준과 형식은 공간과 시간에 따라 확연히 다르다. 시장 행위자들은 늘 공공 책무성 체제가 만든 세계에서 활동한다. 사실 우리가 '규제'라고 할 때는 대체로 민간 당사자들이 국가에 책무성을 지게 하는 행위규제 제도를 말하며, 이것이 일반대중에게 표시자 노릇을 하는데, 이는 시장 책무성 체제로는 달성하기 어렵거나 불가능한 방식이다.

그러나 시장 책무성 체제는 공법 책무성 체제와 매우 다르다. 시장 책무성 체제는 공법과 민법 제약 안에서 운영되기는 하지만, 그 중에는 특히 경쟁 과정이 보다 효과적으로 작동하도록 만든 제약조건들이 존재한다. 게다가 규제는 시장 책무성을 계속 재구성하면서도 민간의 행동이 충분한지 감시하는 분권화된 기제로 그대로 존재한다.

일부 학자는 '책무성' 개념을 사용해 시장 효과를 규율하는 데 반대할지도 모른다. 멀건(Mulgan, 1997)은 "책무성 개념을 소비자에 대한 공급자 반응성에 적용한다면 분명 오용이다. 그러한 반응성은 경쟁 시장이 만들어낸 것이다. 책무성은 본질상 권위 관계와 연결되어 있으며, 소유자 또는 당사자가 그 대리자에게 지시하고 책임을 물을 권리와 관계되어 있다"고 하였다. 멀건이 보기에 시장에는 책무성이 아니라 효율성이 중요하며, 제도를 설계할 때 우리는 책무성과 효율성 사이에 있는 절충 관계를 고민해야 한다. 시장에 어떤 특정한 책무성을 묻게 되면 이러한 절충 관계 조건이 흐려진다.

여기서 관료주의 권위 체계와 시장 행동 체계 사이에는 큰 차이가 없다고 주장하는 것은 아니다. 그러나 이 체제들을 이렇듯 범주로 분류하면 두 체계가 실제로 서로 섞이는 정도, 그리고 공적으로 책임성 있는 행동을 장려한다는 유사한 전체 목표를 추구하는 다양한 경로를 제공하는 정도를 파악하기 어려워진다.

제도적 장치를 분석하려면 시장(및 사회)과 위계 사이에 책무성의 차이가 존재한다는 것도 인식해야 하지만, 아울러 그 차이가 정확히 무엇인지도 파악해야 한다. 결국 시장 또한 비용 통제나 혁신, 생산성 향상, 완전 고용 등 사회적 목적에 쓰이려고 만들어졌을 뿐이다. 업무 위탁이나 공교육 민영화는 책무성 대신 효율성을 옹호하는 행위가 아니라, 실제로 책무성 향상을 추구하는 행위이다. 결국 누가, 누구에게, 무엇에 관하여, 어떤 과정으로, 어떤 결과로 책임을 져야 하는가 묻는 질문을 두고 벌이는 논쟁인 것이다.

3) 사회적 거버넌스 체제

사회적 네트워크 속에서 이루어지는 거버넌스와 사회적 책무성은 매우 유동적인 개념이라 이해하기 어렵다. 물론 개념들이 역동적이고 복잡하다고 해서 실제 현상을 설명하지 않는다는 뜻은 아니다. 사실 다양한 사회 네트워크 속에서 우리가 타인에게 지는 책무성은 어떠한 공공 영역이나 시장에서 하는 행동보다 우리에게 훨씬 의미 있다.

우리는 배우자에게 좋은 남편이나 아내가 될 책무가 있지만, 이외에도 아이들, 처가나 친정의 부모님, 형제자매와 친구들, 지인들, 목사님, 직장 상사, 그리고 훨씬 많은 사람들이 우리와 관계를 맺는다. 우리는 이들과의 관계가 어떤 의미를 가지는지 항상 고민하지만 그 답은 맥락에 따라 너무도 다양해서 이러한 관계 속에서 발생하는 책무성을 명확하게 설명할 수 없다. 그렇지만 이러한 관계가 책무성을 요구한다는 사실을 명확하다.

사회적 책무성 체제는 '공동체와 문화'라는 세계 속에서 작동한다. 끝도 없이 협상 가능하고, 계속해서 수정가능하고, 말로 다할 수 없는 세계, 개인 선택을 대하는 깊은 존중과 집단 규범의 순응을 요구하는 사회적 압력 사이에서 오가는 세계이다. 물론 사회적 책무성 구조에도 경성법적 제약이 있으나 그 제약은 폭넓고 느슨하다. 자유민주주의에서는 개인이 결사할 권리가 인간 존엄과 시민 정체성의 기본이기 때문이다. 가족 · 시민사회 속의 여러 네트워크를 대상으로 하는 법적 규제는 대체로 헌법상 보장되는 사생활, 결사의 자유, 언론 및 집회의 자유에 관한 존중을 강하게 제약하면서 작동한다.

그러나 수많은 사회 네트워크는 훨씬 구조화 · 형식화된 양상이다. 사회 네트워크는 확장하고 공식 구조를 띠면서 목적의식도 구체화된다. 게다가 이 민간 결사체들이 국가 거버넌스 대신, 혹은 국가 거버넌스와 협력하여 규제 기능을 하면 할수록 이들은 법의 침해를 더 받게 된다. 상업 및 전문 단체 등 수많은 민간 조직은 공동의 경제적 이해관계를 중심으로 조직화되어서, 시민사회에서도 친숙한 다양한 집단은 논쟁이 될 만한 혼종적인 법 성격을 띤다.

하지만 사회 네트워크에서 생긴 책무성 체제에는 뚜렷한 성격이 있다. 우선, 구성원들에게만 적용되며(누가), 구성원 간 상호 의무가 중심이다(누구에게). '무엇에 관하여', '어떤 과정으로', '어떤 기준으로'와 관련된 문제들은 대개 법 규칙이나 시장 구조 등 외부에서 부여하기보다는 내부에서 발생한다. 보상과 제재는 고유하게 그 집단과 네트워크 자체와 관계하며, 회원 자격 부여나 박탈, 집단 내 지위 변경 등이 발생한다.

표 1-4 거버넌스 유형별 특성의 차이

구분	계층제	시장	네트워크
상호작용의 기초	권위와 우월적 지위	교환 및 경쟁	협력과 연대
목적	의식적으로 설계·통제된 목표	자연스럽게 만들어진 결과	의도적으로 설계된 목표 또는 자연스런 결과
지침, 통제, 평가	하향적 규범, 기준, 루틴, 감독, 감찰, 개입	수요과 공급, 가격 메커니즘, 이기심, 이익, 법원, 보이지 않는 손	공유 가치, 공통 문제의 분석, 합의, 충성, 호혜성, 신뢰, 비공식적 평가, 명성
정부의 역할	하향적 규칙 제정, 조율, 규율에 의한 통제	시장의 창조 및 보호자, 재화 구매자, 행위자들은 독립적	네트워크 촉진자, 네트워크 관리자, 네트워크 참여자
이론적 기초	베버주의 관료제	신제도주의 경제학	네트워크 이론

자료: Thompson et al.(1991).

3 공공 거버넌스 체제의 변화와 책무성 체계

앞에서는 거버넌스 체제의 유형에 따라 책무성 체계가 상이한 특성을 가지는 것을 살펴보았다. 마찬가지로 공공 거버넌스 체제에 한정하더라도 정치행정의 환경 변화에 따라 정부의 책무성 체계는 변화를 겪어 왔다. 마쇼(Mashaw, 2006)는 공공 거버넌스 체제의 하위 체제를 법 체제, 관료제 체제, 정치 체제로 구분하였고, 공동성·윤기웅(2018)은 법적·관료제적 거버넌스, 성과 기반 거버넌스, 참여적·숙의적 거버넌스로 구분하였다. 전자는 공공부문의 하위 체제를 정태적으로 준별한 것이라면, 후자는 공공부문의 거버넌스를 정부와 시장, 그리고 사회 간의 상호작용 관점에서 동태적으로 구분한 것이다.

역사적 경험에 비추어 볼 때 국가와 사회의 관계 변화는 정부 거버넌스의 변화에 영향을 미친다. 국가가 높은 자율성을 갖는 사회적 조건 속에서 정부 거버넌스는 정부조직 내 권한, 지시, 통제가 주를 이루는 법적·관료제적(legal/bureaucratic) 책무성 체계가 널리 만연하게 된다. 이는 우리나라가 해방 이후 발전국가 시기를 거치면서 목격한 것으로 행정부 내부의 관리적 책무성이 국회와의 수평적·정치적 책무성이나 국민과의 수직적·민주적 책무성을 압도하였다.

그리고 시장이 국가 자율성에 영향을 미치는 사회적 조건 속에서는 전통적인 관료제적 거버넌스에 성과 기반(performance-based)의 거버넌스 방식이 도입되거나 경우에 따라 책무성을 희생시켜 효율성을 제고하는 방식의 변화가 일어나기도 한다. 이는 우리나라가 IMF 사태를 극복하는 과정에서 신공공관리를 공공부문에 적극 도입하면서 겪었던 책무성 체계의 변화 양상이다. 공공 거버넌스 체제 하에서는 시장 책무성 체계가 궁극적으로 공공 책무성 체계를 대체할 수 없는 한계가 존재하므로, 민간 위탁, 민영화 등을 통해 얻은 실익에 비해 책임의 모호성만 가중시킨 결과를 초래하였다는 비판에 직면하게 되었다.

또한 시민사회의 성장과 함께 시민사회가 높은 자율성을 갖는 조건 하에서는 정부 거버넌스가 상호작용과 조정을 강조하는 참여적·숙의적(participatory) 거버넌스 방식을 도입하게 된다. 이는 사회가 그만큼 복잡해지고, 이에 따라 정부가 다양한 이해관계자 간의 가치 갈등이 상존하는 '사악한(wicked)' 문제를 해결해야 하는 경우가 증가한 탓도 클 것이다. 이에 따라 정부가 사회문제를 해결하기 위해 법령이나 지침, 즉 제도적 아키텍처에 의존하기보다는 구속력이 적고 덜 권위적인 규칙이나 위계에 의한 소프트 거버넌스에 의존하는 경향이 증가하고 있다.

공공 분야의 책무성은 그 시대적 조건에 의해 규정되는 바람직한 거버넌스(good governance)와 관계가 있고, 정부 책무성 체계는 어떤 방식으로든 주어진 사회적 조건 하에서 바람직한 거버넌스를 구현하는 방향으로 끊임없이 변화할 수밖에 없다. 그리고 역으로 이러한 거버넌스의 변화는 정부의 책무성 체계의 변화에 영향을 미칠 수밖에 없다. 특히, 작금의 공공 거버넌스는 시장 및 사회적 거버넌스 체제와 혼종화(hybridization)되면서 이와 관련한 책무성 체계도 여러 차원을 아우르는 이질적이고 복잡하며 다면적인 형태로 변화하고 있다. 싱클레어(Sinclair, 1995)는 공공부문에 대한 훨씬 광범위한 책무성 형태를 설명하면서 점차 책무성 체계가 다중적이고 분절적인 것으로 되면서 "한 가지 형태로 책임을 지려면 종종 다른 종류의 책무성에 대한 타협이 필요하게 되는" 등 책무성은 환경 변화와 이에 따른 거버넌스 변화와 연동하여 지속적으로 구축되고 있다(Sinclair, 1995: 231)고 한다.

제 5 절 책무성 체계의 분석틀

1 책무성 체계 분석틀의 필요성

공공 책무성(public accountability)은 공직자 및 공공조직이 자신의 행동과 결정에 대해 주권자인 공중(the public)에게 책임을 져야 할 의무를 말하며, 자신의 행동이나 결정을 공중에게 기꺼이 정당화하고 설명해야 하며 책임이나 의무를 이행하지 못한 경우 책임을 져야 한다는 것을 내포한다. 일반적으로 책무성 확보에 관한 논의에서 다양한 파라미터(parameters)와 차원들이 고려될 수 있는데, 책임성(responsibility), 투명성(transparency), 참여(participation), 응답가능성(answerability), 강제력(enforcement) 등이 그것이다. 이는 공직자와 공공조직이 자신의 행동과 결정에 대해 공중에게 책임을 지도록 하기 위해서는, 즉 책무성을 확보하기 위해서는 공직자와 공공조직이 투명하고 책임감 있게 업무를 수행하여야 하고, 그 과정에서 이해관계자의 참여를 보장하며 자신의 행위나 결정에 대해 설명하여야 하고, 해당 행위와 결정에 문제가 있는 경우 강제 메커니즘(enforcement mechanism)에 의해 책임을 지도록 하여야 한다는 것이다.

표 1-5 책무성 판단기준

구분	내용
책임성 (responsibility)	이는 특정 업무나 임무를 수행할 의무에 관한 것이다. 책임은 특정 행위나 결정에 대한 책임을 할당하고 개인이나 조직이 자신의 행동에 대해 책임을 지도록 보장하는 것을 포함한다.
투명성 (transparency)	공직자와 공공조직은 그들의 행동과 결정에 있어 투명해야 하며 대중에게 그들의 활동에 대한 명확하고 접근가능한 정보를 제공해야 한다.
참여 (participation)	의사결정 과정과 책무성 메커니즘에 대한 이해관계자의 참여를 의미한다. 책무성은 이해관계자들이 의사결정 과정에서 발언권을 갖고 성과를 모니터링하고 평가하는 데 참여할 수 있도록 하는 것을 요한다.
응답가능성 (answerability)	공직자나 공공조직이 그들의 행위나 결정에 대한 설명이나 정당성을 밝히도록 요구하는 것을 말한다. 즉, 개인이나 조직이 자신의 행동에 대해 책임을 지도록 하고 잘못되었을 때 답변을 제공하도록 요구하는 것이다.
강제력 (enforcement)	공직자나 공공조직이 그들의 행동에 대해 책임을 지게 하기 위해 사용되는 강제 메커니즘을 말한다. 이에는 제재, 법적 절차 또는 다른 형태의 처벌이 포함될 수 있다.

하지만 책무성 체계가 제대로 작동하는지 파악하는 것은 쉬운 일이 아니다. 현재의 책무성 체계가 어떤 결함(deficiency)을 가지고 있는지 파악하기 위해서는 책무성을 구성하는 요소들과 책무성을 확보하기 위한 절차를 포함하는 분석틀이 마련되어야 한다. 또한 책무성 체계 분석틀이 마련되었다 하더라도 해당 분석틀의 구성요소별로 적정성을 판단할 수 있는 기준들이 없으면 책무성 결함(accountability deficiency)을 드러내는 것이 용이하지 않을 것이다.

따라서 여기서는 연구자들이 공직자나 공공조직이 행한 결정이나 행위를 책무성 관점에서 분석·평가할 수 있는 책무성 체계 분석틀을 제시해 보고자 한다.

2 분석틀 설계를 위한 접근방법

1) 내용적 접근

공공 책무성을 확보하기 위한 시스템, 즉 공공 책무성 체계는 공직자와 공공조직의 책무성을 확보할 수 있도록 설계된 일련의 메커니즘, 과정 및 구조를 의미한다. 공공 책무성 체계는 공직자나 공공조직의 업무 수행과 관련하여 책무성 확보를 위한 구체적인 요소들을 포함하는데, 이에 대해서는 선행 연구를 검토할 필요가 있다. 먼저, 세이너와 윌슨(Saner & Wilson, 2003)은 책무성과 유사한 스튜어드십 체계에 대하여 ① 역할 및 책임(스튜어드는 누구인가?, 정부, 산업계 및 시민(단체)의 개별적 역할은 무엇인가?, 그리고 그들의 책임은 무엇인가?), ② 집행 메커니즘(가이드라인, 법령, 규정, 인센티브 또는 제재 등 효과적인 스튜어드십을 달성하기 위해 어떤 도구를 사용할 것인가?, 참여는 자발적인가 아니면 의무적인가?), ③ 초점(이해관계자의 참여, 감독 메커니즘, 점검 시스템 등을 포함한 광범위한 프로세스를 개발하는 데 초점을 맞추고 있는가? 아니면 단순히 일련의 실무를 집행하는 데만 초점을 맞추고 있는가?)을 고려하여야 한다고 주장하였다.

그리고 스테판허스트와 오브라이언(Stapenhurst & O'Brien, 2005)이 제시한 책무성 체계의 네 가지 요소는 책무성 관계, 과업의 수행, 감시·지시·요구, 정보 제공 및 정당화 등인데, 이는 책무성 과정에 초점을 맞춘 것이다. 보벤스(Bovens, 2005)는 공공 책무성을 제도적 장치로서의 책무성과 비난 기제로서의 책무성으로 구분하여 설명하였는데, 이는 책무성 관계와 부담책임에 초점을 둔 것이다. 또한 마쇼(Mashaw, 2006)는 책무성 관계, 역할책임, 책무성 과정, 부담책임으로 책무성 체계의 구성요소를 제시하였다. 그리고 임석진(2009)은 책무성(책임성) 구성요소로 행위자(책임을 지는 자),

중요 대상(책임을 묻는 자), 책임성 판단기준을 제시하고 책임성 확보를 위한 행정통제를 별도로 언급하고 있다. 강민아와 박희정(Kang & Park, 2020)은 공공 책무성 체계의 기본적 요소로 무엇에 대해 책임을 지는가?, 누구에게 책임을 지는가?, 그리고 어떻게 책임을 지는가? 등 세 가지 요소를 제시하고 있다.

이 책에서는 제1장 제1절에서 책무성 체계의 구성요소로 책무성 관계(누가 누구에게 책임을 질 것인가), 설명 대상(무엇을 책임질 것인가), 설명 과정 및 도구(어떤 과정 및 절차로 책무성을 확보할 것인가), 강제집행력 등 네 가지를 제시한 바 있다.

2) 과정적 접근

'어떤 과정 및 절차로 책무성을 확보할 것인가'라는 관점에서 책무성 체계를 분석적으로 살피려면 책무성 (확보)과정을 보다 세분화할 필요가 있다. 제1장 제1절에서는 책무성 과정을 전통적 책임성 개념을 보완하여 행위 단계-정보 단계-토론 단계-제재 단계로 구분하였는데, 보다 엄밀하게 말하자면 공직자와 공공조직의 행위는 법령에 의한 권한과 의무가 부여되었음을 전제로 하고, 토론→제재로 이어지는 과정도 토론→학습→개선으로 이어지는 과정과 토론→판단→제재로 이어지는 과정을 분리할 수 있다.

법령(mandate)에 의해 권한을 보유한 자나 선거, 계약, 법령 등을 통해 권한을 위임받은 자가 권한 행사를 위한 행위(의사결정, 사업 수행 등)를 한 경우에 해당 행위가 위임(탁)자의 기대에 부응하는지 관련 정보를 제공할 도덕적 의무를 지게 된다. 필요한 경우 위임(탁)자가 직접 해당 행위에 대한 정보를 수집할 수도 있다.

그리고 수집된 정보를 바탕으로 해당 행위의 정당성을 다양한 판단기준(합법성, 경제성, 능률성, 효과성, 형평성 등)에 기초하여 토론·평가하게 되는데, 이러한 과정은 통상적으로 복수의 이해관계자들, 즉 포럼에 의해 수행된다.

마지막으로, 토론 및 평가를 거쳐 자체적으로 개선을 하거나 해당 행위에 대한 제재 및 보상이 이루어지는 바, 이러한 제재 및 보상은 위임(탁)자의 통제 활동으로서 평가대상이 되는 행위를 한 수탁자에게 직접적으로 영향을 미치게 되고, 또한 수탁자가 특정 행위를 하였을 때 어떠한 제재가 가해질 것인지에 대한 기대를 제공한다.

3 책무성 체계 분석을 위한 통합모델의 구축

여기서는 앞서 살펴본 책무성 체계의 구성요소(내용 모형)와 책무성 확보과정(과정 모형)을 결합한 책무성 체계 분석모델을 [그림 1-8]과 같이 제시하였다.

먼저, 공공 책무성 확보를 위한 역할책임은 법적 프레임워크 내에서 규정하고 있는 이해관계자들의 권한과 의무로부터 출발한다. 법령에 의해 공직자와 공공조직의 의무가 규정되고, 이는 설명자-피설명자(포럼)로 나타나는 책무성 관계를 구성하게 된다. 이러한 책무성 관계를 따르는 것은 법적·도덕적 요구사항인 것이다.

그 다음으로 설명책임을 가진 설명자의 행위는 책무성 체계 내에서 설명자의 권한 범위 내에서 이루어져야 하지만 민주적 거버넌스가 작동하는 상황에서는 권한을 위임한 주권자에게 정보 제공을 통해 설명되어야 한다. 책무성 관계 속에서 정보 제공은 포럼을 대상으로 의무적, 공개적, 구체적으로 이루어져야 한다.

이러한 대리인의 행위에 관한 정보를 기반으로 하여 피설명자 또는 포럼은 토론에 임하게 되는데, 여기서 토론을 통해 무엇보다도 정책 및 사업, 조직 운영 등을 개선시키기 위한 상호학습이 촉진되어야 한다. 물론 포럼의 판단에 의해 대리인의 불

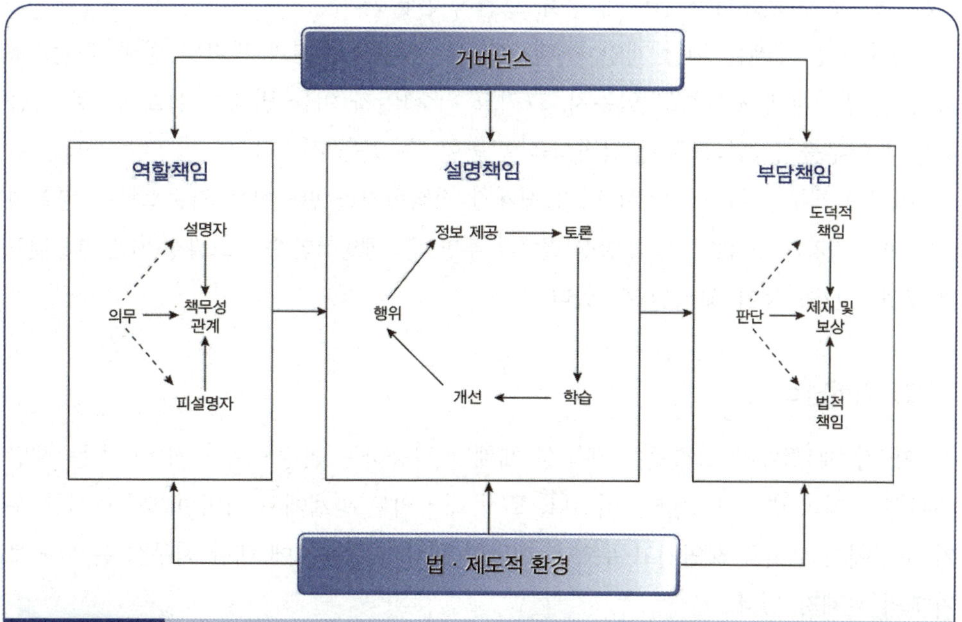

그림 1-8 책무성 체계 분석모델

법행위나 과실에 대한 제재를 가하거나 대리인의 성과에 대해 보상할 수도 있을 것이다.

4 책무성 체계 분석모형의 세부 요소

책무성 체계는 개인, 조직 또는 제도 등이 자신의 행위과 결정에 대해 책임을 지도록 하는 것을 목표로 하는 체계이다. 이 책무성 체계의 효율성을 분석하기 위해 고려하여야 할 핵심 변수들은 상황에 따라 달라질 수 있으나 여기서는 포괄적으로 책무성 체계 분석을 위한 고려 요소들을 살펴보았다.

1) 법 · 제도적 환경

먼저, 책무성 체계가 제대로 작동하려면 공중이 공직자나 조직에 기대하는 것에 대한 명확한 기대가 설정되어야 한다. 이는 책무성 체계를 명시적으로 드러내는 법 · 제도적 환경과 관련된다. 따라서 책무성 관계의 법적 정당성을 표명하는 관련 법령 체계가 갖추어져야 한다. 이 밖에도 책무성 확보를 위해서는 기준이나 절차에 관한 기본 프로토콜과 규칙이 관련 법령을 보완하여야 한다.

관련 법령 체계는 해당 개인, 조직, 제도의 행위나 운영과 관련된 정책, 기준, 절차 등을 명확하게 포함하고 있는지, 그리고 더 나아가 이들 법령이 실효적으로 작동하는지 여부를 살펴봄으로써 적정성을 판단할 수 있을 것이다.

여기서 책무성 확보를 위한 법령 체계가 적정한지를 판단하는 기준으로는 명확성(기준이나 절차가 명확한가?), 개방성(절차가 투명하고 개방적인가?), 포괄성(기준이나 절차가 포괄적인가?) 등이 고려될 수 있다.

2) 거버넌스

제1장 제4절에서 살폈듯이 책무성 체계가 작동하는 환경으로서 거버넌스는 해당 책무성 체계의 변화에 영향을 미친다. 조직 내 · 외부 관계에서 거버넌스의 변화는 누가 누구에게 무엇을 책임지고 무엇을 대답할 필요가 있는지에 대한 책무성 논의와 불가분의 관계가 있다.

그러나 책무성 체계를 분석할 때 거버넌스를 고려 요소로 제시한 것은 바람직한 거버넌스(good governance) 관점에서 거버넌스 체계를 점검하라는 의미라기보다 해당 책무성 체계가 어떤 거버넌스 하에서 작동하고 있는지 염두에 두어야 한다는 것이다. 예컨대, 재정 책무성의 경우 회계 관리는 관료제적 거버넌스, 재정 건전성 관리는 성과 기반 또는 숙의적 거버넌스가 책무성 체계에 더 영향을 미칠 것이다.

그렇지만 우리가 설명자-피설명자 관계 하에서 민주적 책무성을 확보하기 위해서는 공공 참여(public participation)를 보장하는 제도적 구조 또한 중요한 요소이다. 일반 공중이 의사결정 과정에 참여하고 피드백을 제공하며 공직자들에게 책임을 물을 기회를 가져야 하기 때문이다. 더 나아가 정치적 리더 또는 최고관리자의 리더십 또한 민주적 책무성 문화를 정착시키는 데 영향을 미친다. 리더십은 명확한 기본 규칙을 설정하고 유지하고, 신뢰를 구축하며, 대화를 촉진하고, 상호 이익을 모색하는 데 중요할 뿐 아니라 표명능력이 낮은 이해관계자에게 권한을 부여하고 이들의 이익을 대표하는 데 기여하기 때문이다.

따라서 책무성 체계의 환경으로서 거버넌스가 어떤 특성을 가지고 있는지 판단하는 기준으로는 거버넌스 유형(어떤 유형의 거버넌스가 영향을 미치는가?), 참여성(공공 참여가 실질적으로 보장되고 있나?), 리더십(리더가 책무성 문화 정착에 관심이 있는가?) 등이 고려될 수 있다.

3) 역할책임

역할책임(role responsibility)은 의무를 수행하는 개인의 책임을 말하며(Hart, 1968: 212), 여기에는 두 가지 의미가 포함되어 있는데 무엇에 대해 책임을 지는지(accountable for what)와 누구에 대해 책임을 지는지(accountable to whom)이다. 책무성 체계에서 역할책임에 관한 검토는 결국 책무성 관계를 명확하게 하는 것이다.

전통적 책임성 논의에서 역할책임은 주로 권한에 관한 것이었다면 책무성 관점에서 볼 때 역할책임은 개인의 지위와 관련하여 특정한 '의무'에 방점을 둔다. 공직자와 공공조직이 어떤 업무를 수행할 권한을 가지고 있는가도 중요하지만 해당 업무의 수행과 관련하여 누구에게 설명할 책임을 지는가, 즉 책무성 관계에 초점을 맞추고 있는 것이다.

한편, RASCI 모델은 조직의 역할책임을 4~5개 유형으로 구분하여 역할배분이 어떻게 이루어졌는지 보여주는 메트릭스를 제공한다.[14] 역할 유형 중에 R(Responsible)

은 누가 수탁받은 해당 업무를 수행할 책임을 지는지? 즉, 업무책임자(행위자)를 의미하고, A(Accountable or Approver)는 누가 그 결과에 대해 책임을 지는지? 즉, 최고승인권자(피보고자)를 의미하며, S(Support)는 누가 해당 업무를 수행하는 동안 지원을 제공하는지? 즉, 지원자를 의미하고, C(Consulted)는 누가 해당 업무에 대해 조언이나 컨설팅을 제공하는지? 즉, 조언자를 의미하며, 마지막으로 I(Informed)는 누가 해당 업무의 진행 상황이나 결과에 대해 정보를 제공받는지? 즉, 정보수요자를 의미한다. 여기서 정보 수요자는 해당 업무와 관련된 고객뿐 아니라 수혜자, 일반 공중 등을 포함하는 것이다. 우리가 공직자나 공공조직이 수행하는 업무나 활동에 대한 역할책임을 RASCI 모델을 적용하여 분류하게 되면 책무성 관계를 특징짓는 내부적 · 외부적 책무성 라인을 확인할 수 있다.

따라서 책무성 체계를 구성하는 역할책임이 내 · 외부적으로 적정하게 배분되었는지 판단하기 위해서는, 먼저 책무성 관계의 유형(관리적 · 민주적, 수직적 · 수평적 · 대각적 · 사회적 등)을 준별하여야 하며, 역할 명확성(주어진 역할이 명확한가?), 업무분장 명확성(업무분장이 명확한가?), 독립성(임무 수행과 관련하여 외부의 영향으로부터 자유로운가?) 등을 살펴보아야 한다.

4) 설명책임

설명책임은 공직자 또는 공공조직이 자신의 행위나 결정을 포럼, 즉 이해관계자나 일반 공중에게 설명하거나 정당화하는 의무와 능력을 의미한다. 이러한 설명책임이 반드시 공식적 제재를 포함할 필요는 없을 뿐 아니라 엄격한 제재가 동반된다면 정보 제공 → 토론 → 학습을 통한 성찰적 논쟁의 기회를 얻기는 어렵다(Behn, 2001; de Bruijn, 2002; Lonsdale, 1999; Neale & Anderson, 2000).

따라서 공직자와 공공조직의 설명책임은 행위의 설명 및 정당화를 통해 개인 및 조직의 실제 행동에 의미 있는 방식으로 영향을 주어야 한다. 그리고 이러한 설명 과정은 [그림 1-8]에서 제시하였듯이 지속적인 학습을 창출하기 위해 일정한 주기에 일정한 이벤트를 발생시키는 순환적 프로세스여야 한다.

설명책임의 수준을 점검 · 평가하기 위해서는 설명도구의 적정성(설명 과정이 투명한가?, 설명책임을 확보하기 위한 수단이 적정한가? 등), 설명 내용의 적정성(제공되는 정보

---

14) https://managementmania.com/en/rasci-responsibility-matrix 참조.

가 정보이용자 맞춤형인지?), 책무성 정보의 질(설명이 명확하고 논리적이며 증거에 기반한 것인지?), 토론의 질(담론이 개선에 초점을 맞추고 있는지?) 등을 고려하여야 할 것이다.

먼저, 설명책임을 확보하는 도구나 과정이 적정하여야 한다는 판단기준은 정보의 가용성(접근성), 공개 논평 기회의 부여 등을 포함한다. 책무성 과정의 정보 단계에서 책임 있는 개인이나 조직은 공식적인 평가, 연차 보고서, 구두 커뮤니케이션, 또는 기타 의사소통 수단을 통해 자신의 행동과 성과에 대한 정보를 제공한다. 이러한 정보에 쉽게 접근할 수 있고 이에 대해 공개적으로 의견을 제시할 수 있는지는 설명 과정의 투명성이나 적정성을 판단할 수 있는 중요한 준거기준이 될 수 있다.

그리고 설명 내용의 적정성은 제공되는 정보의 내용이 정보이용자를 위해 맞춤형으로 제공되는지 여부와 관련된다. 먼저, 설명은 무작위로 제공되어서는 안 되고 특정 피설명자(포럼)를 대상으로 해야 한다. 설명할 내용은 설명하여야 할 행위나 결정이 무엇인지, 누구에게 설명할 것인지, 단순히 법률에 따라 행하는 것인지 등 여러 요인에 따라 결정되겠지만 정보이용자의 니즈에 부합하여야 한다.

또한 조직이나 개인이 제공하는 책무성 정보의 질은 설명자의 책무성 수준을 결정하는 핵심 요소이다. 제공되는 정보는 정확성, 적시성 및 명확성의 기준에 부합함으로써 포럼의 토론 및 판단을 이끌어내고 학습 촉진에 기여하여야 한다(Bovens et al., 2008).

이 밖에 책무성 확보를 위한 토론 단계에서 이루어지는 담론의 질도 중요한 고려요소이다. 이를 통해 공공조직의 관리자나 공공 포럼이 집단적으로 문제를 파악하고 상호작용적 담론을 통해 정책대상 영역에 대한 개선 결정을 할 수 있기 때문이다. 토론 단계의 담론은 성찰적이며 개선에 초점을 맞추어야 한다(Schillemans, 2011). 이를 위해 토론환경은 공직자와 공공조직이 이해관계자들과 함께 과거의 선택과 행동을 비판적으로 재검토할 수 있는 학습적 환경이어야 한다. 책무성의 위협을 느끼게 되면, 공직자나 공공조직은 비판을 학습 기회로 이용하기보다 부정하려 할 것이기 때문이다(Ron, Lipshitz, & Popper, 2006).

5) 부담책임

책무성 메커니즘은 조직이나 개인이 자신의 행동이나 결정에 대해 책임을 지도록 보장하는 시스템과 프로세스이다. 따라서 책무성 과정은 응답을 제공하는 의무 이상의 실제적 표명(real manifestation)으로서 응답이 불만족스럽거나 문제가 있을 때 제재의 가능성을 함축한다.

책무성 과정의 제재 단계에서, 책임 있는 기관의 업무처리와 행위는 결과적으로 책무성 포럼에 의해 판단을 받게 된다. 책무성 포럼은 해당 조직을 처벌, 교정 또는 보상하기 위해 공식적 또는 비공식적 제재에 의존할 수 있다.

부담책임의 수준을 점검하는 경우 판단의 적정성(포럼의 판단이 적정한가?), 제재의 효과성(부과되는 제재가 효과적인가?) 등이 고려될 수 있을 것이다. 이미 밝혔듯이 제재가 위협적이라면 제재를 통해 학습을 촉진할 수 없기 때문에 포럼에 의한 판단은 관련 이해관계자들의 경험을 종합적으로 고려하고 개선을 위한 교훈을 도출하는(Rose, 2005: 22) 방식으로 이루어져야 한다. 제재의 효과성은 제재권자가 효과적인지와 제재의 결과가 개선으로 이어졌는지를 포함한다. 모든 포럼이 효과적인 제재권자인 것은 아니기에 판단을 통한 제재가 업무 수행이나 조직 운영에 다시 반영되어 개선을 이끌어낼 수 있을 때 제재권자가 효과적이라 판단할 수 있다. 더 나아가 제재의 효과성은 업무 수행이나 조직 운영의 개선에 긍정적인 영향을 미쳤는지에 따라 판단될 수 있다.

CHAPTER 02

제도적 장치로서의 책무성

CHAPTER 02

제도적 장치로서의 책무성

제 1 절 관점: 사회적 관계로서의 책무성

1 책무성에 대한 두 가지 관점

책무성(accountability)이란 용어는 앞에서 본 바와 같이 학계에서만 다양한 의미로 사용되는 것은 아니다. 정치권, 정부기구, 비영리단체, 민간부문에서도 사용자에 따라 각기 다르게 이해되고, 각기 다른 용도로 사용되고 있다. 그러나 책무성은 대부분 관료나 공공기관 또는 기업이 갖추어야 할 자질, 즉 덕목(virtue) 또는 사회적 관계에 기초한 설명책임을 실행하는 기제(mechanism)로 이해되고 사용된다(Bovens, 2007, 2010, 2014).

책무성은 단어가 함축하고 있는 투명성과 신뢰의 이미지 때문에 정치권이나 공공부문에서는 거리낌 없이 사용하는 경향이 있다. 책무성은 굿거버넌스의 이미지를 제공하며, 지지자들을 향한 일종의 정치 수사학적 구호로도 사용되면서(McGee, 1980), 상징적인(iconical) 역할을 한다. 알고리즘 책무성 법안(Algorithmic Accountability Act of 2022), 디지털 책무성 및 투명성 법(Digital Accountability and Transparency Act of 2014) 등과 같이 의회 의원들이 상정한 법률안 제목으로 자주 등장하며, 주로 바람직하지 않은 행위를 정의하거나 예방하는 것과 관련하여 언급되는 경향이 있다.

책무성이 국가, 정부기관, 기업, 또는 관리자의 바람직한 자질로 이해될 때(Dubnick, 2007), 책무성은 행위자의 행위기준들의 집합 또는 바람직한 상태와 같은 개념으로 이용된다. 책임 있는(accountable) 공공관리인, 정부의 책임지는(be accountable) 자세 등과 같은 표현에서 책무성은 어떤 상태를 "책임짐(being accountable)"으로써 공공관리자와 공공기관이 갖추어야 하는 덕목으로 이해된다. 이 같은 광의의 의미로서 책무성은 어떤 사태나 행위자의 행위를 긍정적으로 판단하기 위해 사용되며, 행위자의 행동 규범을 의미한다. 같은 맥락에서 공공서비스가 품질이 높고 저비용으로 친절하게 제공되면 책무성이 확보되었다고 한다(O'Connell, 2005: 86). 또한 책무성을 투명성, 법적 책임, 조종가능성, 책임성, 반응성 등 적어도 다섯 가지의 차원으로 구분하기도 한다(Koppell, 2005). 명석함, 투명성, 책임성뿐만이 아니라 관여, 숙의, 참여 등과 같은 보다 넓은 개념과도 동일시되기도 한다. 그러나 이러한 의미로서 책무성은 책임 있는 행위기준에 대한 일반적 합의 도출이 어렵고, 합의된 행위기준에 대해서도 행위자의 역할, 제도적 맥락, 정치적 관점에 따라 판단이 다를 수 있으므로 논란의 소지가 많아 분석적 목적에는 부적합한 개념이다.

이와는 대조적으로 책무성 개념은 설명 제공(giving an account)이라는 어원적, 역사적 기원에 기대어 "설명을 제공하고 행위를 정당화하는 의무적 행위"와 관련한 개념으로서 사회적 관계에 기반한 제도적 장치 관점으로 접근할 수 있다(Day & Klein, 1987: 5; Goodin, 2002: 7-14; Mulgan, 2002: 7-14; Romzek & Dubnick, 1988: 6; Pollit, 2003: 89).

사회적 관계 관점의 책무성 접근에서는 설명과 정당화를 "누가", "누구에게", "어떻게" 하는가에 초점이 맞추어진다. "누가-누구에게"는 설명과 정당화가 일어나는 설명자(행위자)와 피설명자(포럼)와의 관계, 즉 책무성 관계를 의미한다. 사회적 관계에서 설명자로서 공공기관이나 공공관리자는 다양한 피설명자에게 차별적인 방식으로 문제가 된 행위 등 관련된 사안에 대해 설명하고, 정당화하도록 요구받는다. 책무성 관계는 설명자가 자신의 의무 완수에 대한 정보를 제공할 의무와 이러한 정보를 요구할 피설명자(포럼)의 권리라는 두 가지 상호 연관된 요소로 구성된다. 이때 설명자의 의무는 어떤 행위나 의무이행 정보를 피설명자에 제공하는 것뿐만 아니라, 과업과 책임이 특정 방식으로 이행되었는지에 대한 이유를 설명하고, 지금까지 진행되어 온 상태를 정당화하며, 향후의 계획을 설명하고, 활동들이 피설명자가 바라는 대로 수행되었음을 피설명자에게 보증하는 것을 포함한다. 따라서 피설명자의 정보요구 권리는 설명자로부터의 정보와 답변 요구권을 의미한다.

2 제도적 장치로서 책무성의 구성요소

보벤스(Bovens, 2007)에 따르면 제도적 실천(장치)으로서 책무성은 설명자-피설명자 관계 설정, 설명에 대한 의무감, 특정한 피설명자를 향한 설명, 피설명자의 토론과 판단의 가능성, 제재를 포함한 결과 등 다섯 가지 요소를 충족해야 한다.

1) 설명자와 피설명자의 관계

보통의 사회적 관계와는 다르게 공공부문에서 설명자가 누구인지를 정하는 것은 복잡한 사안이다. 법적 기관으로서 한 기관이 설명의 주체가 되는 경우도 있고, 장관이나 어떤 기관의 최고관리자가 설명을 해야 하는 경우도 있다. 또한 실제 행위의 주체와는 무관하게 조직구성원 전부가 설명할 것을 요구받는 경우도 있다. 자신의 행위나 조직의 행위에 대해 책임이 있는 개인들이 설명책임을 지기도 한다. 일반적으로 행위자가 설명자가 되지만, 공공행정에서는 행위자의 소속기관, 기관장, 기관구성원 전체, 개인 단위로 설명책임을 추궁할 수 있기 때문이다.

헌정 민주주의 국가에서 공공관리자나 공공조직은 다양한 피설명자에 직면한다. 피설명자와 설명자 간의 관계는 주인-대리인 관계에서 출발할 수도 있지만, 그렇지 않은 경우도 많다. 정치권을 대상으로 설명하는 경우에는 투표권자, 의회의 구성원 및 다른 정치대표자, 정당 등이 피설명자가 된다. 관료제에서는 관료조직 내 지휘계통상의 상관, 이사회, 최고관리자, 장관이 피설명자의 위치에 서며, 행위자가 속한 관료조직 외부의 타 행정기관, 규제자, 최고감사기구, 옴부즈맨, 감찰기구도 피설명자가 될 수 있다. 법률적 사안에 대해서는 법원, 검찰, 판사가 피설명자가 되며, 전문 영역에서는 동료집단(peer group), 전문 감시기구가 피설명자가 된다. 또한 이외에도 고객, 이익집단과 같은 다양한 특성을 가진 그룹들도 피설명자가 될 수 있다. 이처럼 사정에 따라 다양한 그룹과 그 구성원이 책무성 관계의 피설명자가 되며, 그들을 대상으로 설명의무가 이행되고, 토론이 행해진다는 의미에서 피설명자는 "포럼"이라는 용어로 사용되기도 한다.

각각의 피설명자는 여러 다른 종류의 정보를 활용하여 공공기관이나 공공관리자의 행위에 대해 각자의 기준에 근거하여 판단을 내릴 수 있다. 피설명자가 행위자의 행위를 판단하는 기준은 피설명자가 속한 포럼의 성격, 역할, 설명을 하게 되는 전후 맥락에 따라 다양하다. 관료제에서는 규정과 절차의 준수, 정치적 또는 조직 상관에 대한 복종이, 법원을 포럼으로 하는 경우에는 법적 규범 및 공정한 절차와 같은 규칙이, 전문가그룹을 포럼으로 하는 경우에는 전문가 규범 및 기준이, 그리고 정치인을 포럼으로 하는 경우에는 정치적 요구가 주요 판단기준이 된다. 이처럼 포럼의 유형에 따라 판단기준의 역할, 맥락 그리고 관점이 각각 다르므로 다수의 판단기준이 존재하고 적용된다.

2) 의무감의 성격

설명자의 설명의무는 설명자와 피설명자 관계의 본질과 관련된다. 책무성은 피설명자의 보충적 권리와 설명자의 의무 간에 사회적 상호작용과 교환이 이루어지는 일종의 관계로, 이 관계는 불평등 관계이다(Mulgan, 2003). 책무성 관계에서는 최종적 도덕적 권위가 피설명자에 있고, 피설명자의 권익이 책무성의 근거가 되고, 설명자는 피설명자에게 책무성 의무를 이행해야 한다. 피설명자의 최종적 권위를 인정하지 않는다면, 책무성은 단지 선심성 보고나 정보제공에 지나지 않는다.

설명자의 의무감은 계층적 관계, 주인-대리인 관계, 법적인 관계, 또는 설명자의 자발성에서 비롯될 수 있다. 행정기관의 공공관리자는 상급관리자 혹은 장관에게 소관 업무와 지시 사항의 진행 상황과 결과를 보고할 의무가 있다. 부처의 장관과 소속 공직자는 정기적으로 또는 의회 의원의 요구에 의해 의회에 출두하여 보고하거나 설명한다. 또한 공공관리자는 감독기관 또는 감사실과 같은 특정 포럼에 정기적으로 또는 요구에 따라 설명을 제공할 의무가 있다. 행정상의 일탈, 정책 실패, 재난 등의 경우에 공공관리자는 행정심판대나 법정에 서야 하며, 또는 의회의 각종 위원회에서 선서를 해야 한다.

보통 사회에서 다양한 이해관계자에게 설명하는 행위는 보통 자발적으로 이루어진다. 이렇듯 설명의무가 자발적인 경우도 존재한다. 종종 정부가 설명자를 강요하여, 자기규제와 설명 제공을 하도록 하는 경우도 있다. 또한 설명자가 정부의 규제에 앞서 스스로 자기규제를 하면서 설명책임을 부과하는 경우도 있는데, 이는 준자발적인 예에 해당한다. 한편, 설명자가 느끼는 의무는 공식적일 뿐만 아니라 비공식적일 수 있다. 기자회견, 비공식적 브리핑, 공개 자백 등은 비공식적인 예이며 자발적으로 하는 것일 수도 있다.

3) 설명 제공

설명 제공은 구체적으로 설명과 정당화, 토론, 판단 및 제재를 포함하는 과정으로 구성된다. 먼저, 설명을 제공하고, 정당화하는 과정에서 설명자는 행위자의 과업, 절차, 성과 또는 효과에 대한 다양한 정보를 피설명자에게 제공한다. 실패나 사고가 발생한 경우에는 그 사태에 대한 정당화를 위한 설명의무가 있다.

책무성 관계에서 설명은 재정적, 절차적, 의사소통적 내용을 중심으로 이루어지며, 행위자의 행위와 실행과 관련한 다양한 측면에 초점을 맞춘다. 피설명자는 제공된 정보를 넘어 자체적으로 추가적인 정보를 수집할 수도 있다. 설명 제공 방식은 보고, 보고서 제출, 조사, 회의 참석, 청문회 등 다양하다.

4) 판단과 결과

한편, 피설명자는 확보한 정보에 기초하여 설명자를 심문하고, 정보의 적절성 또는 행위의 정당성 등에 대한 질문을 한다. 이 과정을 통해 책무성(accountability)과 응답가능성(answerability)의 밀접한 의미론적 연결성이 확보된다. 그리고 피설명자는 행위자의 행위에 대한 판단을 내린다. 결산을 승인하고, 정책을 비난하고, 관리자나 기관의 행태를 공개적으로 비난할 수도 있다. 부정적 판단이 내려지면 설명자에게 제재조치가 내려지기도 한다. 제재는 벌금, 징계, 형사상의 처벌 등과 같은 공식적인 제재일 수 있다. 또한 TV에 출연하여 설명을 하거나, 그 과정에서 발생한 부정적 언론 보도에 따른 대중의 이미지나 경력상의 심각한 손상 등과 같은 암묵적 또는 비공식적인 제재도 있다. 제재는 구체적인 제제, 암묵적 제재, 그리고 비공식적 제재를 포괄하는 의미로 결과(consequence)라는 용어를 사용하기도 한다(Bovens, 2010).

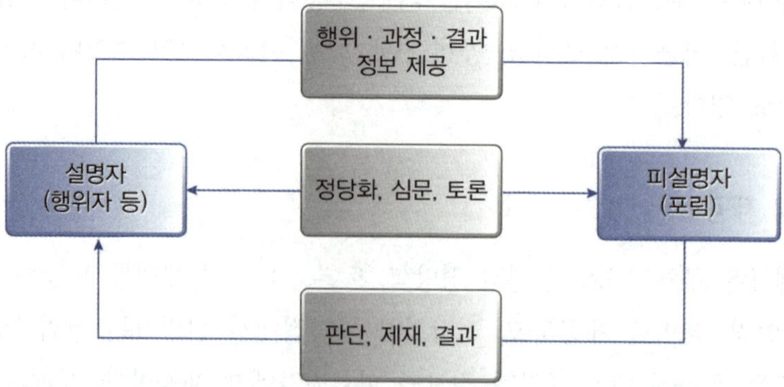

그림 2-1 책무성 관계

3 책무성 관계의 다변화 추세와 책무성 이슈

1) 많은 눈과 많은 손의 문제

책무성 관계에서는 설명자는 자신의 행위에 대한 설명의무가 있으며, 피설명자는 최종적으로 판단에 따른 부담책임을 부과한다. 이때 설명자가 다수의 포럼을 대상으로 설명책임을 져야 하는 많은 눈(many eyes)의 문제와, 피설명자가 다수의 설명자를 대상으로 판단을 내려야 하는 많은 손(many hands)의 문제에 직면한다.

보통 설명자로서 공공관리자는 복수의 책무성 관계를 맺고 있어, 자신의 행위의 여러 요소에 대해 다양한 피설명자에게 설명을 제공해야 한다. 이때 각 포럼은 관리자 행위의 적절성에 대해 서로 다른 기대를 하며, 각각 다른 기준에 근거하여 다른 판단을 내릴 수 있다. 따라서 공공관리자는 '많은 눈'의 문제에 직면한다. 현대 민주주의 사회에서는 조직 내 상사, 국회의원 또는 정당, 사법기관, 감사 및 감찰기구, 전문가 단체 등 다양한 포럼이 있으며, 이들 포럼의 규범과 기대감은 각각 다르다.

피설명자는 복수의 잠재적 설명자, 즉 '많은 손'의 문제에 직면한다. 공공관리자의 입장에서 설명책임을 요구받는다는 것은 일이 잘 처리되었을 경우에는 문제가 되지 않지만, 사안이 잘못되었을 경우 비난과 제재를 예상해야 한다. 따라서 공공관리자는 책무성을 처벌로 인식하는 경향이 있다. 책임을 진다는 것은 비난을 감내한다는 것을 의미하는데, 그렇다면 누가 설명자 자격을 가져야 하며, 책임은 누가 져야 하며, 어떤 기준에 의해서 그렇게 되는가의 문제가 제기된다. 즉, 기관 외부인에게는 기관의 행위에 기여한 사람은 누구이며, 그 행위에 대한 책임을 누구에게 어느 수준으로 어떤 방식으로 지워야 할지 등의 사안은 판단하기가 쉽지 않다. 보통 많은 손의 문제를 해결하기 위한 전략으로 사안에 따라 기관, 기관장, 조직구성원 전체, 개인 등을 단위로 책임을 추궁할 수 있다.

2) 복합적 책무성 문제

지난 수십 년에 걸쳐 공공부문에 자리잡고 있던 계통적 관계에 기초한 전통적·수직적 책무성 관계는 많은 변화를 겪으면서, 다양하고(diversified) 다원적인(pluralistic) 책무성 관계가 형성되고 있다. 보벤스(Bovens, 2007: 196-200)는 새로운 책무성 관계를 다음과 같이 요약하고 있다.

첫째, 옴부즈맨, 감사, 독립적 감찰관 제도 등이 마련되면서 새로운 행정적 책무성(administrative accountability) 관계가 등장하고 있다. 새로운 포럼들은 의회와 부처의 장에게 직·간접적으로 보고를 하지만, 공공관리자와 계층적인 관계에 있거나, 의회와 주인-대리인 관계에 기반을 둔 책무성 관계는 아니다. 대각적(diagonal) 책무성 관계로 분류되어 책무성 체계에서 보조적인 포럼으로 여겨졌으나, 점차 자체적 정당성을 획득하면서 독립적인 포럼으로 성장하고 있다.

둘째, 독립적인 준 공공기관이 등장하면서 부처의 장을 통한 정치적 통제의 정당성이 약해졌다. 부처의 장은 이들 독립기관의 운영과 성과에 대해 의회에 응답하게 되어 있으나, 제한적인 감독 및 통제 권한만을 보유하고 있다. 많은 경우 부처의 장은 정책과 제도 설계에 대한 형식적인 책임만을 보유하며, 운영책임은 이들 독립기관의 장에게 넘어갔다. 이러한 정치적 책무성의 약화는 이를 보완하는 법적 책무성(legal accountability) 관계와 행정적 책무성 관계의 등장을 낳는다. 그 결과 독립기관의 장은 직접 의회에 설명책임을 지거나 최고감사기구와 같은 기관의 통제를 받는다.

셋째, 신공공관리의 등장으로 공공부문에 더욱 수평적인 책무성 관계가 도입되었다. 공공서비스는 민간기업 또는 준 공공사업자에게 위탁되었고, 집행기관은 중앙정부와는 일정한 거리를 두게 되었다. 이로써 계층적, 관료주의적 논리가 수평적 관계를 강조하는 계약 논리로 대체되었다.

넷째, 정부에 대한 신뢰가 점차 약해지면서 한편으로는 공공관리자, 다른 한편으로는 고객, 시민, 그리고 시민사회 사이에 더욱 직접적이고 명시적인 책무성 관계가 형성되어야 할 필요성이 대두되었다. 고객, 시민, 시민단체가 정치적 책무성의 여러 포럼들 중 일부를 구성하게 되면서, 공공기관과 개별 공공관리자들은 대중, 이익단체, 자선단체, 고객집단 등에 직접 설명할 의무감을 갖게 된다. 이 경우 관료의 계층적 관계를 뛰어넘어, 부처의 장과 공공기관 또는 공공관리자가 시민에 직접 책임을 지기 때문에 진정한 의미의 수평적 책무성 관계가 나타날 수 있다.

다섯째, 책무성 포럼은 점차 개인을 대상으로 한 책무성 전략을 택하고 있다. 의회의 각종 위원회는 부처의 공식적 견해에 만족하지 않고, 청문회에 개별 공무원을 소환하는 데 주저하지 않는다. 그들은 정부부처 또는 그 장에게 책임을 묻는 데에 만족하지 않고, 개별 관료로 눈을 돌리고 있다. 이러한 추세는 책무성 관계에 있어서의 변화와 밀접한 관계가 있는 것으로 보인다.

4 제도적 장치로서 책무성 연구 추세

책무성 연구는 공공대리인의 행태가 아니라, 제도적 장치가 공공대리인의 행위에 작용하는 방식을 그 대상으로 삼는다(Bovens, 2014: 13). 즉, 책무성 연구 초점은 대리인이 책임 있는 방식으로 행동하는지가 아니라, 책무성 포럼이 대리인에게 업무처리 과정이나 사후적으로 설명을 요구할 수 있는지와 어떻게 설명을 요구하는지에 둔다. 예를 들면, 대리인 주위의 공식적, 비공식적 책무성 제도 현황과 그 제도의 작동 방식을 묘사하고 분석한다. 제도로서 책무성을 논할 때는 설명 제공의 의무감, 설명 제공의 적절성을 조사하고 질문하는 과정, 설명에 관한 판단 등 설명 제공의 구체적 구성요소를 살펴보는 것은 도움이 된다. 이처럼 제도로서 책무성에 관한 연구는 설명자와 포럼 간의 관계에 초점을 맞추어 공공행위자를 둘러싼 복잡한 책무성 제도를 살펴보고, 이 제도들이 어떻게 작동하며 어떤 효과를 가지는지를 논한다. 이때 법학자들은 피설명자의 설명자로부터의 독립성, 피설명자의 조사권과 재제권, 피설명자의 중립성, 법적 절차의 공정성 등 특정 책무성 제도 또는 구체적인 책무성 과정의 적절성에 관심이 있다. 반면에, 정치학자와 행정학자는 이러한 제도가 공공관리자의 운영방식에 미치는 영향에 관심이 있어 책무성 제도와 행정에 대한 민주적 통제와의 관계, 견제와 균형 상태, 공공조직의 성과 개선에 미치는 효과와 같이 주로 제도에 대한 평가를 통한 제도의 긍정적 · 부정적 효과에 대한 탐색에 초점을 두는 경향이 있다.

제 2 절 관리 책무성

1 관리 책무성의 개념

공공 책무성은 공적 책임을 가진 자가 그들의 의무수행에 대하여 국민에게 응답할 수 있어야 한다는 신념의 표현이다. 그리고 공공 책무성에 관한 상이한 견해는 서로 다른 역사, 경험, 관심사를 반영한 것으로 우리는 일련의 상이한 맥락 속에서 책무성을 경험한다. 따라서 공공 책무성의 특성을 이해하기 위해서는 피치자(subjects) 관점, 국가 제도의 개념적 설계자 관점, 시민참여자 관점, 상호작용하는 인격체 관점 등 상이한 관점과 경험 간의 통섭이 요구된다. 국가별 경험의 편린화된 특성은 이들 경험이 가진 그 나름의 논리와 인식론을 보유하고 있기에 공공 책무성의 통일적 이론(unified theory)을 구하는 것은 다소 심리적 안정을 줄지 모르나 우리 존재의 진정한 실제를 반영할 수 없다(Dowdle, 2006)고 한다.

그럼에도 불구하고 20세기 대부분을 관료제적(bureaucratic) 책무성은 다른 공공 책무성 양식들과 갈등하게 되었을 때 대체로 특권적 지위를 누려왔다. 비교적 최근의 공공 책무성 양식들(예컨대, 열린 정부, 탈규제화, 민영화, 위탁 등)도 공공부문 통제의 주 패러다임인 관료제의 우월성에 심각한 도전이 되지는 못하고 있다. 그렇다고 관료제적 책무성에 변화가 없었다는 말은 아니다. 정부 관료제가 누구에게 책임을 져야 할 것인가라는 관점에서 관료제적 책무성을 이해한다면 단지 공공조직 내부의 책임 관계, 즉 조직적 책무성(organizational accountability)에 머물지 않고 정치적 책무성, 법적 책무성, 행정적 책무성, 전문가적 책무성을 포함한다(Bovens, 2007)고 볼 수 있다.

한편, 관료제적 책무성을 정부 관료제가 무엇에 대해 책임을 질 것인가, 즉 책무성의 내용 관점에서 이해한다면 관리적, 재정적, 사업적 또는 과정적 책무성 등과 같은 구분으로 연결된다(Day & Klein, 1987: 26; Sinclair, 1996; Behn, 2001: 6-10). 자금, 자산, 인력 및 기타 자원의 사용에 있어 효율성과 경제성에 초점을 둔 관리(적) 책무성(managerial accountability), 공공 자원에 대한 효율적이고 효과적인 관리책임에 초점을 맞춘 재정(적) 책무성(financial accountability), 정부 운영의 성과(결과)에 관심을 갖는 사업 책무성(program accountability), 운영 절차와 방법을 강조하는 과정 책무성(process accountability) 등이 관료제적 책무성의 내용적 측면을 구성한다.

지금까지의 논의에 기초할 때 행정적 책무성(administrative accountability)은 공공관리자가 준 법적(quasi-legal) 포럼에 대해 설명책임을 지는 것으로, 그리고 관리(적) 책무성(managerial accountability)은 자금 · 자산 · 인력 · 기타 자원의 효율적, 경제적 사용에 대해 책임을 지는 것으로 구분하여 볼 수 있다.

그러나 관리(적) 책무성을 정부조직(관료제)의 업무와 성과에 대한 관리자의 책무성으로 정의하는 OECD(Klaas et al., 2018)의 문건에서는 관리 책무성이 계획으로부터 보고, 위임으로부터 통제에 이르는 공공부문 관리의 모든 측면에 대한 책임을 내포한다고 주장한다. 그리고 관리 책무성은 규칙과 절차의 준수(compliance)와 결과(performance)에 대해 명확하게 초점을 둔다고 주장하고 있다. EU 회원국의 공공 내부통제체계 개요서(Compendium of the public internal control systems in EU Member States)에서는 관리 책무성을 "모든 수준의 관리자가 자신이 관리하는 조직의 목적을 달성하기 위해 취한 결정과 조치에 대해 책임을 지고 설명하도록 요구받을 수 있는 어떤 과정"으로 규정한다(European Commission, 2017). 그리고 관리 책무성이란 적절한 조직, 절차 및 결과 보고 등 모든 수준에서의 건전한 재정관리 책임을 포함한다고 하였다.

더 나아가 OECD(Klaas et al., 2018)는 관리 책무성을 공적자금 관리, 공정성, 그리고 성과의 모든 측면을 포함하여 공공기관 내의 각 개인들이 자신의 결정과 행동에 대한 책임을 지는 개념으로 이해하는 경우, 관리 책무성은 분명히 재무적 관리 측면보다 훨씬 더 확장된 개념이라고 하였다. 그리고 좋은 관리 여건(good conditions for management)이 뒷받침되지 않고는 재무 관리 및 통제(financial management and control: FMC)도 제대로 작동할 수 없다는 것이 입증되었다고 하였다. 결국 관리 책무성이 재정적 책무성을 포함하는 개념일 뿐 아니라 재정(적) 책무성을 확보하기 위한 전제조건이기도 하다는 의미이다.

한편, 공공관리자들이 다양한 책무성 확보 장치(통제 및 감사 활동)에 의해 점검되는 법적 요건, 규정, 절차, 기준을 철저하게 따라야 하는 경우 관리자가 자율성을 가지는 전략적 공간(strategic space)이 거의 없을 수 있다. 반면에, 더 넓은 전략적 공간을 가진 관리자는 기대한 결과를 달성할 수 있는 최선의 방법을 결정할 수 있는 더 큰 자율성을 갖게 된다. OECD는 이처럼 공공관리자들이 행정적(administrative) 책무성과 관리(적) 책무성의 혼재에 직면하게 된다고 하면서 자율성에 의해 만들어진 전략적 공간이 거의 없는 행정적 책무성과, 자율성이 증가할 때의 관리(적) 책무성을 구분하고 있다.

여기서는 관리 책무성이 자금, 자산, 인력 및 기타 자원의 사용의 효율성과 경제성에 초점을 맞춘 것이든 공적자금 관리, 공정성, 그리고 성과의 모든 측면을 포함하는 것이든, 공선직 행정수반[1] 또는 임명직 최고관리자에게 해당 조직구성원들이 자신의 결정과 행동에 대한 책임을 지고 설명하도록 요구받을 수 있는 과정을 의미하는 것으로 규정한다. 따라서 관리 책무성의 기본모형은 [그림 2-2]에서 볼 수 있듯이 직원 또는 조직의 행위가 기준, 계획, 목표 등에 부합하는지 그 성과를 측정하고 교정하는 과정으로 제시할 수 있으며, 책무성 확보를 위한 수단으로는 절차, 감독 및 보고체계, 평정시스템 등이 존재한다.

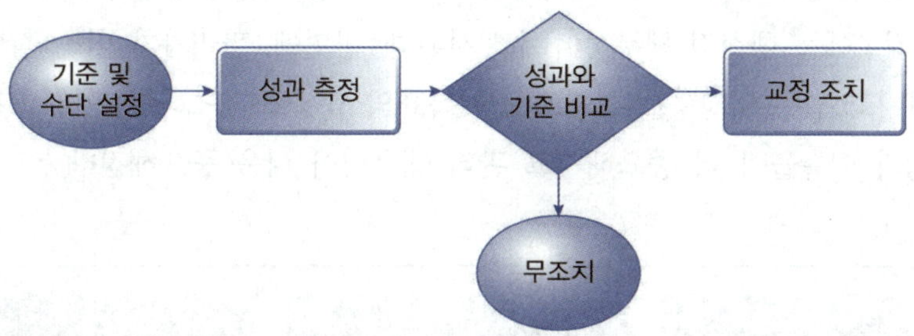

그림 2-2 관리 책무성의 기본모형

2 관리 책무성의 구성요소와 변화요인

1) 관리 책무성의 구성요소

OECD(Klaas et al., 2018)는 관리 책무성의 핵심 구성요소로 책임, 권한, 자율성을 제시하고 있다. 즉, 관리 책무성은 모든 수준의 행정 및 공공기관에서 책임, 권한(의결권) 및 자율성 정도 간의 상관관계와 일관성을 가정한다. 적절한 권한이 없는 책임은 관리자와 직원 사이에 불만을 야기하듯이 권한 없이 어떠한 책임도 받아들일 수 없

1) 행정학 문헌에서는 관료제가 공선직에 의해 효과적으로 통제될 때에만 관료제와 민주주의가 양립할 수 있다고 주장한다(Pearson & Wigginton, 1986). 의원내각제를 채택하는 경우 각 정부부처의 최고관리자는 선출된 공선직 관리이지만 대통령제를 채택하는 경우 공선직인 행정수반이 임명한 장관들이 관리 책무성 체계 내에서의 1차적 피설명자이고, 대통령과 장관 간 정치적 책무성 관계에서 대통령이 최상위 수준의 피설명자가 된다.

다. 반면, 책임 없는 권한은 직권남용(misuse of authority)으로 이어질 수 있다. 따라서 책임성(responsibility)은 책무성(accountability)과 함께 가는 것이다.

조직 자원을 효율적으로 사용하기 위해서는 조직 내부에 책임이 적절히 배분되어야 한다. 이를 위해서는 세 가지 측면, 즉 조직 내 모든 업무의 명확한 구분, 해당 업무와 관련하여 책임과 권한이 명확하고 공식화된 방식으로 위임되는 위임 프레임워크, 보다 높은 수준의 관리자에게 재무 및 성과 정보를 제공하는 보고시스템 등이 중요하다. 그리고 공공관리자는 일정한 규칙 내에서 예산과 자원을 정확히 사용하는 방법을 결정할 수 있어야 한다. 자율성에 의해 만들어진 전략적 공간은 공공부문 관리자가 단순한 집행자가 아닌 창조자가 될 수 있는 공간이다. 일부 관리자들은 세부 규정, 표준 및 절차를 따라야 할 때 영향을 미칠 수 있는 전략적 공간이 거의 없을 수 있다. 이 경우에는 행정적 책무성이 우선시된다. 반면에, 관리자가 어느 정도 전략적 공간을 가지고 업무에 영향을 미치고 정책목표의 달성에 기초하여 평가 또는 판단을 받으면 성과 이슈들이 더 중요해지고 관리 책무성이 더욱 중요해진다.

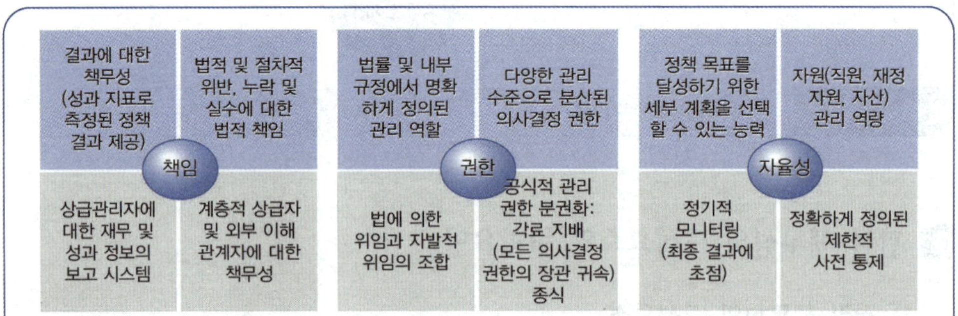

그림 2-3 관리 책무성의 핵심 구성요소

자료: Klaas et al.(2018: 12).

2) 관리 책무성의 변화요인

OECD는 관리 책무성에 영향을 미치는 요인으로 행정적 전통 및 조직문화, 관리자의 역량, 법적 프레임워크 등 세 가지를 제시하고 있다.

(1) 행정적 전통 및 조직문화

행정적 전통이 다르면 관리자의 책임과 그들의 주요 의무가 무엇인지에 대한 서로 다른 인식을 낳는다. 법률존중주의(legalism)에 더 중점을 둔 행정 전통은 공공행정개혁(PAR)에 부정적 역할을 하는 바, 개혁 과정을 새로운 법 제정으로 간주하는 경향이 강하며 시스템의 깊이 있는 재구성에는 충분한 주의를 기울이지 않는다.

정부가 시민들이 기대하는 성과를 내려면 전반적인 공공 가치에 초점을 맞출 수 있는 실무관행이 위축되어서는 안 된다. 법적 요구사항 그 자체가 목적이 아니라 바람직한 결과를 위한 행동을 합리화하는 수단이라는 것을 관련자들이 이해한다면 법적 책무성에 중점을 둔 행정적 전통 내에서도 이는 달성될 수 있다. 따라서 더 나은 사회적 결과로 책임을 이동시키는 것은 공공부문 관리자들도 필요에 따라 규제를 개선할 방법을 찾도록 권한을 부여할 수 있다.

조직문화는 조직 내에서 개인의 공유된 태도와 가치에 기초한 불문율 및 기대치이다. 과거에 효과가 입증된 기본 가정을 포함하므로 조직 내에서 상식적으로 받아들여지기 때문에 변화하기가 매우 어렵다. 그것들은 가치, 행위 규범, 행동 패턴을 포함하며, 리더십에 의해 크게 좌우된다. 이는 법적으로는 가능하지만 조직의 상부에서 실행하지 않는 한 결정 권한의 위임이 이루어지지 않는 이유 중 하나이다.

조직 문화뿐만 아니라 개인 취향도 개별 기관의 관리(적) 책무성을 형성하는 데 역할을 할 수 있다. 장관들과 여타 기관장들은 적어도 이론적으로는 항상 고위공무원의 '전략적 공간'을 제한하고 권한을 집권화 하는 위치에 있게 될 것이다. 이러한 집권화는 부하 직원에의 신뢰 부족, 내부통제 시스템 및 관리기술의 이용가능성에 대한 신뢰 부족의 결과이며, 조직 목표 달성에 부정적 영향을 줄 가능성이 있다.

반면에, 직원들 스스로 더 많은 자율성과 권한을 갖는 것을 꺼릴 수도 있다. 이것은 더 많은 책임(responsibility)을 내포하기 때문이다. 더 높은 수준의 조직이 주요 의사결정을 내리는 관리환경에서는 관리자가 책임을 지지 않고 편안한 영역에 머물며 위에서 결정한 것을 충실히 수행하고자 할 것이다. 특히, 책임의 증대가 적절한 교육이나 인센티브를 제공하지 않거나 행정 및 예산에 대한 감찰조직과 외부감시기관의 운영 방식이 주로 합규성 측면에 초점을 맞추고 있는 경우에는 실질적인 인센티브가 없기에 자율성과 권한의 확대를 기꺼워하지 않는다. 개별 관리자의 개인적 선호와 승진 욕구는 단기적으로 도움이 될 수 있지만, 모든 공공부문 조직에서 행정환경이 자율성과 권한 확대를 뒷받침하고 이에 대해 충분한 인센티브가 제공되지 않는다면 관리적 책무성은 체계적으로 발전하지 못할 것이다.

(2) 관리자의 역량

유능한 관리자는 관리 책무성을 개선하기 위한 또 다른 전제 조건이다. 이를 위해서는 고위공무원 임용 과정이 경쟁적이면서 성과주의에 기반하여야 한다. 최고위 공직을 위한 경쟁은 진정으로 경쟁적이어야 하며 잠재력 있는 강력한 관리자, 즉 변화를 일으키고 자신의 업무 영역에 대한 책임을 받아들이기를 원하는 사람들을 유인해야 한다. 실적이 아닌 연공서열이나 기술지식 등의 요인들이 관리직 승진을 결정하게 되면 새로 부임한 관리자들은 전략적 공간이 넓어져도 불안정을 느껴 관리역량을 발휘하기를 꺼릴 수 있다.

기관장들(대부분의 경우 정치인)은 그 하위의 관리자들이 권한을 제대로 행사할 수 있을 만큼 충분히 유능하다고 개인적으로 확신하지 않는 한, 자신의 권한을 위임하기를 꺼릴 것이다. 결국 책무성은 기관장들에게 달려 있다고 할 수 있다. 그리고 하급 관리자들이 더 많은 권한과 자율권을 가질수록, 그들의 역량 수준이 정부 정책목표의 성취와 정부에 대한 국민신뢰에 더 많은 영향을 미칠 것이다. 당리당략적 충성도에 기초하여 임명된 정치적 인사들로 채워지는 조직에 비해 유능하고 경험이 풍부한 관리자들로 고위직이 채워지는 경우 더 큰 조직적 성과 및 충실성(integrity) 수준을 시현할 수 있다는 증거가 많다(Klaas et al., 2018: 22).

고위공무원 직위들은 정치권과 공직(civil service)의 접점에서 기능하기 때문에 전문적인 고위공무원 체제를 수립하기 위한 가장 큰 과제 중 하나는 정치적 대응성 및 신뢰와 중립적 전문성 간의 균형을 유지하는 것이다. 정치적 책무성을 가지는 장관들과 고위 행정관리자들 간의 신뢰 관계가 잘 작동하기 위해서는 고위공무원의 정치적 대응성이 요구된다. 정치인들이 관리자들의 전문성, 기술, 능력을 더 신뢰할수록 그들은 더 기꺼이 그들의 권한을 관리자들과 공유하려고 할 것이다.

(3) 법적 프레임워크의 영향

관리 책무성은 법률 행위(legal act)와 문서화된 절차에 의존해서 도입될 수 있는 개념이 아니다. 그럼에도 불구하고 법률 조항은 관리(적) 책무성의 성공적인 구현을 촉진하거나 방해할 수 있으며 때로는 도입 자체를 가로막을 수도 있다. 후자의 예로서 행정부에서 권한을 위임하는 것을 특별히 불가능하게 하거나(예: 특정 문서에 대해 장관이 개인적으로 서명해야 한다고 요구하는 경우) 중요한 도구를 무용지물로 만드는 경우(예: 진행 보고서를 기밀로 만드는 경우)가 있다.

행정 및 공공기관의 관리(적) 책무성 도입 및 강화를 위해서는 보편적으로 인정되는 전제 조건, 즉 조직에 대한 정확한 법규 명령, 명확한 조직 구조, 내부 의사결정 과정 및 보고라인, 조달 프로세스와 인적자원관리에 대한 관리자의 영향, 예산 책정 · 기획 · 집행에의 관리자 관여, 재무 정보의 가용성, 그리고 성과목표와 효과적인 성과 보고체계의 활용 등이 있다.

3) 관리 책무성의 변화 방향

국가별로 공공부문의 관리 책무성은 이상에서 제시한 세 가지 요소의 영향을 받아 책임, 권한, 자율성 수준의 변화를 겪게 되는데, 궁극적으로 [그림 2-4]와 같이 합법성 중심의 행정적 책무성 체계로부터 경제성, 능률성, 효과성 중심의 관리(적) 책무성 체계로 이행하는 것이 바람직할 것이다. 그러나 관리 자율성을 제한하는 엄격한 규제적 통제(regulatory controls)를 부과하지 않고서도 공공관리자들이 성과지표, 품질 개선 계획 또는 감사에 대한 자료를 제공함으로써 바람직한 방식으로 행동할 것이 기대되어야 한다. 이는 내부 조사 활동 및 문서 작성의 증가와 같은 바람직하지 않은 부작용을 초래할 수 있지만, 의사결정과 진행에 대한 체계적 데이터 제공 없이는 정부가 개별 관리자의 행동을 감시할 수 없을 뿐 아니라 투명성 확보가 제한적일 수밖에 없을 것이다.

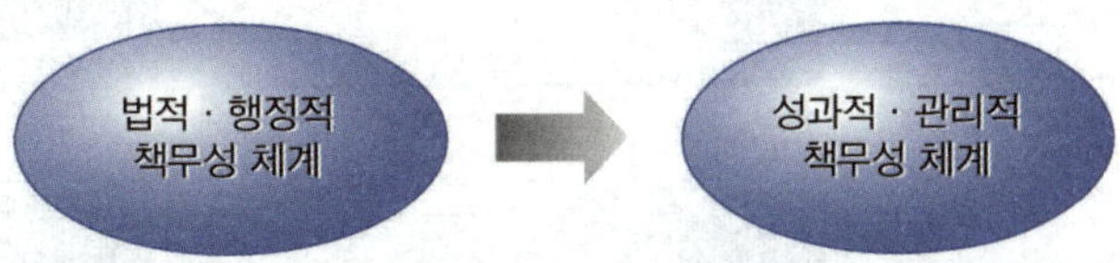

그림 2-4 관리 책무성의 변화 방향

3 한국 중앙정부의 관리 책무성

관리 책무성의 내용은 두 가지 측면에서 살펴볼 수 있다. 먼저, 관리 책무성이 자금, 자산, 인력 및 기타 자원의 사용에 있어 효율성과 경제성을 확보하는 것이라고 협의적으로 정의한다면 관리 책무성의 핵심적 내용은 인사, 재무, 사업관리 등의 분야에서 책무성 확보를 위한 제도적 아키텍처가 어떻게 구성되었는지일 것이다. 그러나 OECD의 정의에 따라 관리 책무성이 공적자금 관리, 공정성, 그리고 성과의 모든 측면을 포함한다고 하면 제3절과 제4절에서 다룰 재정 책무성 및 성과 책무성과 상당 부분 중복이 불가피하다. 따라서 여기서는 인사관리, 재무관리, 사업관리 등의 분야를 중심으로 행정부 또는 행정기관 내부의 관리 책무성을 살펴보고자 한다.

1) 인사관리 분야

인사관리 분야의 책무성 메커니즘은 개별 행정기관 차원과 전체 행정부 차원으로 구분하여 살펴볼 수 있다. 기관 차원의 인사관리 책무성 메커니즘은 [그림 2-5]에서 제시한 바와 같이 직원-인사부서-기관장으로 연결되는 수직적(상향적) 책무성 라인, 직원・인사부서-내부감사기구로 연결되는 대각적 책무성 라인, 직원・개별 부서-동료・타 부서로 연결되는 수평적(외향적) 책무성 라인으로 구성된다. 기관장의 인사권을 보좌하는 인사부서의 역할과 인사 기능의 독립성 측면에서 수평적 책무성 교환(exchange)은 상대적으로 활발하지 않은 편이다.

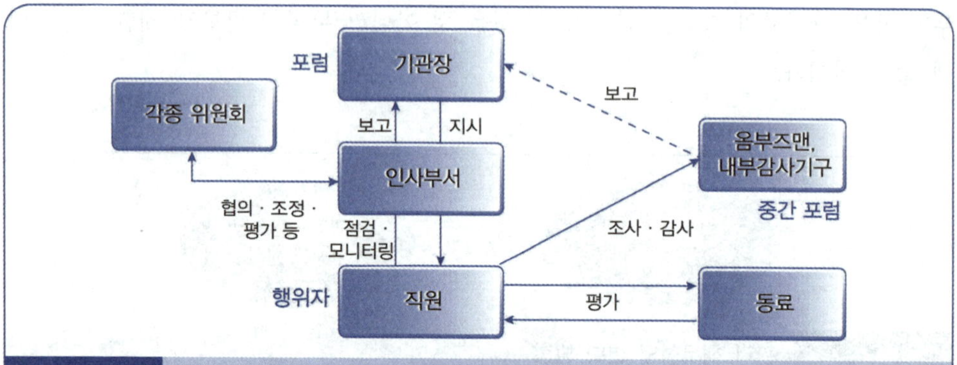

그림 2-5 기관 차원의 인사관리 책무성 메커니즘

그리고 행정부 차원의 인사관리 책무성 메커니즘은 기관 단위 책무성 라인을 확장한 것으로 [그림 2-6]에서 제시한 바와 같이 산하기관-부처-인사혁신처-대통령으로 연결되는 수직적(상향적) 책무성 라인, 부처-감사원・권익위로 연결되는 대각적 책무성 라인, 개별 부처-관련 부처로 연결되는 수평적(외향적) 책무성 라인으로 구성

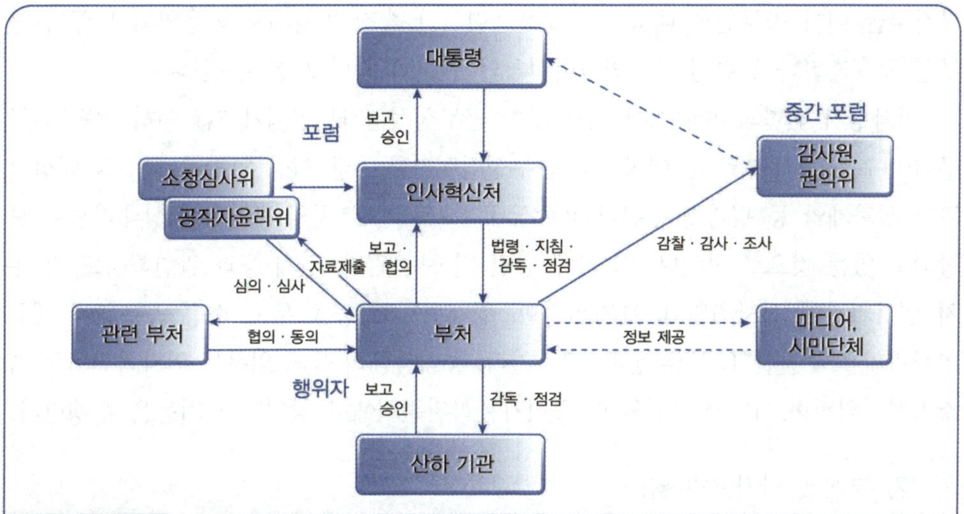

그림 2-6 행정부 차원의 인사관리 책무성 메커니즘

된다.

(1) 인사혁신처의 활동

먼저, 공정성 및 통일성을 중시하는 인사행정의 특성상 행정기관의 자율적 인사관리 필요성을 인정하면서도 행정부의 인사관리 권한은 중앙인사기관에 집중되어 있는 모습을 띠고 있다. 중앙인사기관인 인사혁신처장은 인사행정에 관한 기본 정책의 수립과 시행 · 운영에 관한 사무는 관장하며, 각 부처 인사기관은 인사관리계획 수립 및 소관 부처 인사업무를 관장한다. 인사혁신처는 「국가공무원법」, 「공무원임용령」, 「공무원 임용규칙」, 「고위공무원단 인사규정」 등 인사행정 관련 법령과 규칙을 통해 각 부처 인사기관에 가이드라인을 제시하고 이를 준수하는지 감시 · 감독한다.

그뿐 아니라 5급 이상 공개 · 경력채용을 관장하고 있으며 고위공무원 적격심사를 주관함으로써 장관의 인사권에 제약을 가하고 있다. 사실 「국가공무원법」상에는 5급 이상 공무원 임용권과 고위공무원임용권을 대통령이 갖는다고 규정하고 있기에 3급 이하 임용권이 위임된 상황에서도 부처 인사기관의 고위직 임용권한은 제한적일 수밖에 없다.

그리고 공무원 교육의 경우 기본교육은 국가공무원인재개발원 및 인사혁신처장이 정하는 공무원 교육훈련기관에서 실시하도록 하고 있고, 인사혁신처 지침에 의거 일반직 4급 이하 공무원을 대상으로 교육훈련시간 승진 반영제도가 운영되고 있어 공무원 교육훈련과 관련해서도 인사혁신처의 권한이 적다고 할 수 없다.

인사평가 권한과 관련해서는 각 부처 근무성적평가위원회가 5급 이하 일반직 공무원(연구, 지도직 포함)을 대상으로 근무성적평가를, 4급 이상 일반직 공무원 대상으로는 성과계약 등 평가를 주관하기에 상대적으로 각 부처의 자율성이 상대적으로 보장되고 있는 것으로 보인다. 이 밖에 승진 및 보직관리, 징계 등과 관련해서도 각 부처 인사기관이 심사위원회, 평가위원회, 징계위원회 등을 두고 소속 공무원에 대한 인사관리를 주관한다. 물론 징계, 고충처리, 공직자윤리 등의 업무는 인사혁신처 소속 소청심사위원회, 고충심사위원회, 공직자윤리위원회에서 상위평가 기능을 수행한다.

(2) 부처 인사기관의 활동

각 부처 인사기관의 인사관리 활동은 [그림 2-7]과 같이 과정별로 살펴볼 수 있다. 먼저, 기획 단계에서 부처 인사기관은 소속 공무원의 채용, 승진배치 및 경력개발 등을 포함하는 인력관리계획(5년 중장기)을 수립・집행한다. 각 부처 및 기관은 인력관리계획을 매년 인사혁신처에 제출하여 조정을 거쳐 확정한다. 직위분류제를 시행하

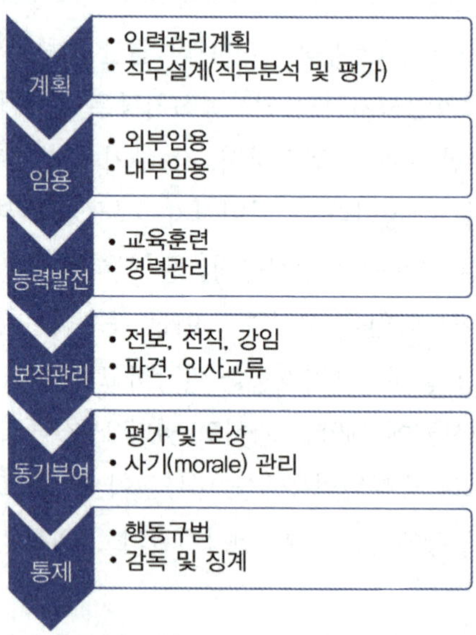

그림 2-7 행정기관 내부의 인사관리 활동

는 경우에는 조직 내 직무의 분석 및 평가를 통해 각 직무의 난이도와 책임을 고려한 등급을 정하고 보수와 연결시킨다.

임용 단계에서는 외부임용(신규채용)과 내부임용(승진, 전보, 전직, 파견, 강임, 휴직 등)을 통해 공무원을 일정 직위에 근무하도록 한다. 장관은 고위공무원을 제외한 직위에 대한 임용권을 가지며, 소속기관장에게 일정 범위에서 임용권(전보권 포함)을 위임할 수 있다. 그리고 과장급 이상에 대해 능력과 자질을 평가(역량평가)하여 인사관리에 활용할 수 있다. 각 부처와 기관은 6급 이하 공개경쟁시험(인사혁신처가 실시하는 시험 제외), 경력경쟁채용시험(인사혁신처가 직접 실시하는 시험 제외)을 직급별 또는 직류별로 실시한다. 경력경쟁채용시험의 경우 인사혁신처와 사전협의하여야 한다. 상위 직급으로의 승진은 대상자 결정, (보통)승진심사위원회 심사, 대상자 결정, 승진 임용의 순서로 이루어지며, 고위공무원의 경우 승진임용에 앞서 임용 제청을 하여야 한다.

능력발전 단계에서 각 부처 인사기관은 6급 이하 공무원에 대한 기본교육을 부처 교육훈련기관에서 실시하고, 소속 공무원을 대상으로 한 전문교육은 직장교육, 교육훈련기관, 위탁교육 등에 의하여 실시한다. 공무원 교육훈련시간은 승진에 반영되며 국외훈련의 경우에는 '국외훈련심의위원회'를 구성하여 사후에 그 결과를 평가한다. 능력발전을 위한 파견은 파견받을 기관의 요청에 따라 내부공모를 통해 '직무파견심의위원회'의 심의와 인사혁신처와의 협의(파견 및 결원보충)를 거쳐 전보권자가 파견 발령한다. 그리고 소속 공무원을 위한 경력관리를 위해 부처 인사기관은 멘토를 지정하는 등 필요한 조치를 할 수 있다.

보직관리 단계에서 각 부처인사기관은 3급 이하 공무원을 전문 분야별로 양성·관리하기 위하여 각 부처의 조직을 업무 분야별로 구분하고 지정된 전문분야 내에서 전보 등 인사관리를 실시한다. 이를 위해 재직기간이 3년 이상인 자를 대상으로 개인별 1개 전문 분야를 지정(필요시 2개까지 허용)하되 특정 분야에 편중되지 않고 균형있게 분포되도록 구분한다. 각 기관의 직위를 일정한 기준에 따라 유형별로 구분(장기근무유형, 순환근무유형)하고, 그 유형에 따라 보직관리를 차별화하는데 장기근무유형은 담당급 필수보직기간이 4~8년, 순환근무유형은 4~5급 이하 3년(과장 이상 2년)으로 필수보직기간을 정해 소속 공무원의 전문성을 제고하도록 한다. 전직의 경우 전직 예정기관의 요구로 소속 장관이 시험을 실시한 후 전직 임용한다.

동기부여 단계에서 각 부처 인사기관은 소속 공무원을 체계적이고 정기적으로 평가하여 각종 인사관리의 기초자료로 활용한다. 성과계약 등 평가는 고위공무원, 4급

(상당) 이상 공무원, 5급(상당) 이하 공무원 중 성과계약 등 평가가 적합하다고 인정하는 공무원을 대상으로 소관 업무에 대한 성과목표 달성도 등을 감안하여 평가한다. 5급 이하 일반직 공무원(연구직, 지도직 포함)의 경우에는 근무실적, 직무수행능력을 기본으로 근무성적평가를 실시한다. 평가결과는 승진후보자명부 작성, 성과급 지급, 각종 인사관리에 반영된다.

또한 각 부처 인사기관은 소속 공무원의 신분 및 권익보장을 위해 휴직, 정년, 고충처리 등의 업무를 수행한다. 휴직사유가 발생하거나(직권휴직) 휴직신청을 접수한 경우(청원휴직) 임용권자를 휴직 여부를 판단하여 휴직 발령하고, 휴직사유(기간) 소멸(만료) 시 30일 이내 신고하면 지체 없이 복직조치한다. 그리고 직무수행능력 부족, 근무성적 불량 등의 사유로 직위해제 조치를 할 수 있으며, 교육훈련 등을 통해서도 직무능력 및 근무성적이 향상되지 않을 경우 직권면직을 할 수 있다. 징계처분 등에 대해 소속 공무원이 소청심사를 청구하는 경우 해당 부처에서 이를 직접 다루지는 않으며 소청심사위원회에서 심사 · 결정한다. 단, 지방공무원의 경우에는 각 시 · 도 지방소청심사위원회에서 소청심사를 실시한다. 그리고 근무조건, 인사관리, 기타 신상문제에 대하여 불만이 있는 소속 공무원이 고충심사를 청구한 경우 부처 단위의 보통고충심사위원회(6급 이하)를 거쳐 인사혁신처 소청심사위원회(5급 이상)에서 적절한 해결책을 결정한다.

마지막으로, 통제 단계에서 부처 인사기관은 연가, 휴가, 출장, 당직 등 복무관리와 함께 공무원의 명령 위반, 의무 위반, 직무 태만 등에 대하여 행정상 제재를 과함으로써 공직기강을 바로 세우기 위한 징계 관련 업무를 수행한다. 공무원의 징계처분 등은 반드시 징계위원회의 의결을 거쳐 위원회가 설치된 소속기관의 장이 하되 중앙징계위원회(5급 이상)의 의결에 대해서는 중앙행정기관의 장이 행한다. 이 밖에 부처 인사기관은 재산등록 · 공개 · 심사, 주식의 매각 및 신탁, 선물 신고, 퇴직공직자 재취업 등 공직자 윤리와 관련된 업무를 직접 또는 공직자윤리위원회와 협력하여 수행한다.

2) 재무관리 분야

재무관리(financial management) 또는 재정관리(fiscal management)는 조직의 자금을 조달하고 자금의 운용을 관리하는 행위를 일컫는다. 다만, 재정관리는 주어진 자금의 효율적 집행에 초점이 맞추어져 있다면 재무관리는 재정관리를 포함하는 개념으로 1년 단위 예산을 넘어 공공자금의 합법적·효율적 관리에 초점을 맞춘다.

역사적으로 공공부문의 재무관리는 예산 자금을 그 시기의 법 체계 및 규정에 따라 정해진 목적으로만 사용하는 것을 보장하는 데 관심이 있었다. 이러한 조건은 현대의 재정관리 및 통제 시스템에도 여전히 유효하지만, 현대에는 모든 계층의 공공관리자들이 합법성을 넘어 공적 자금을 효율적·효과적으로 사용하였음을 보여줄 '관리적 책임(managerial responsibility)'을 지고 있다. 따라서 재무관리는 관리자의 책임이며 별도의 관리자 집단에서 수행하는 활동이 아니다. 이러한 관리적 요구사항으로 인해 현대적 재정관리 시스템은 전적으로 프로그램 예산 목표에 의존한다. 재정 관련 결정들은 완전히 문서화되어야 하며, 이러한 결정의 재정적 영향은 내부 및 외부 감사와 제3자에 의해 점검될 수 있도록 분명히 기록되어야 한다. 이러한 공공부문 재정관리(Public Financial Management: PFM)의 전체 과정은 [그림 2-8]과 같다.

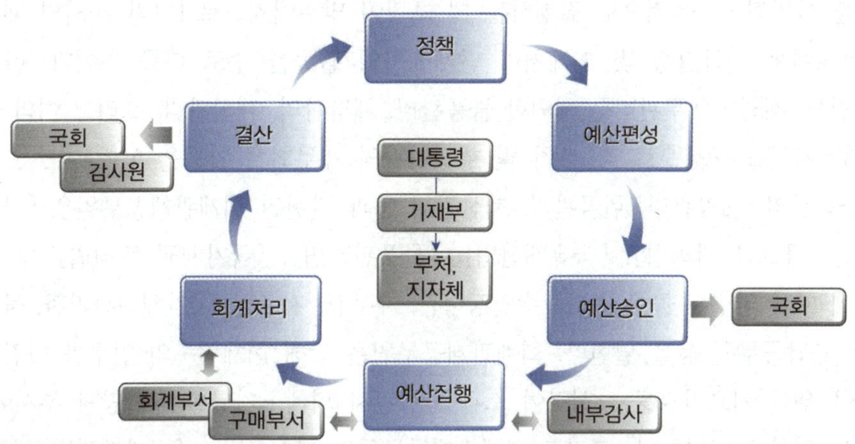

그림 2-8 **공공부문 재정관리 과정**

그리고 이러한 공공부문 재정관리 과정에 입각하여 우리나라 행정부의 재정관리 책무성 메커니즘을 종합적으로 도식화하여 제시하면 [그림 2-9]와 같다. 제3절에서 우리나라 공공부문 재정관리 전반에 대한 검토가 이루어질 것이므로 여기서는 기관 및 부처 단위의 재무관리에 초점을 맞추고자 한다. 기관 단위의 재무관리는 배정된

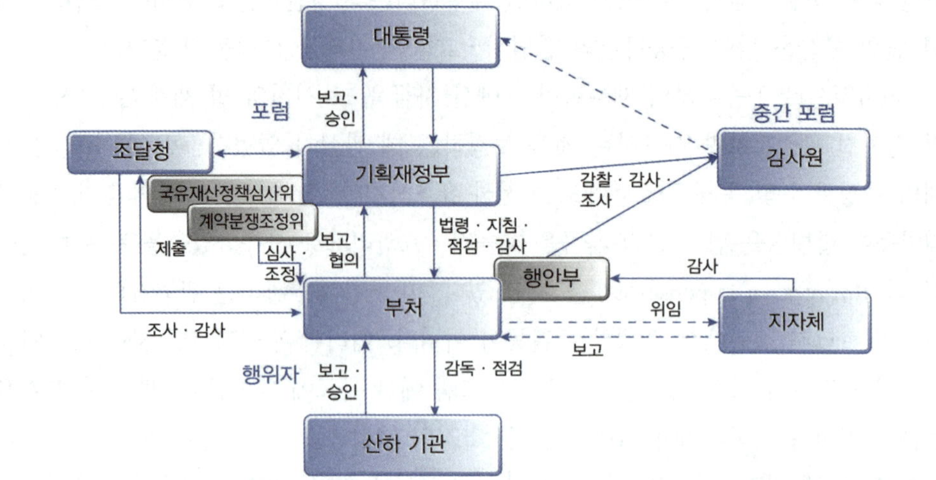

그림 2-9 행정부 재무관리의 책무성 메커니즘

예산을 합법적 · 효율적으로 집행하는 데 초점이 맞추어지므로 [그림 2-8]의 재정관리 과정에서 예산집행 및 회계처리 단계에서의 활동을 주로 다룰 것이다. 따라서 예 · 결산, 채권 · 채무관리를 제외한 물품관리, 계약관리, 재산관리, 그리고 이와 관련된 회계처리를 중심으로 각 부처 및 행정기관의 재무회계 활동을 살펴본다.

물품관리, 계약관리, 현금관리, 재산관리 등과 관련된 회계관계공무원은 「국가재정법」, 「국고금 관리법」, 「국유재산법」, 「물품관리법」, 「국가채권 관리법」 등 관계법령에 따라 임명된 공무원으로 수입징수관, 재무관, 지출관, 국가채권관리관, 물품관리관, 출납공무원 등을 말한다. 회계관계공무원은 당해 회계연도의 업무를 마감하고 결산을 위한 기초자료를 작성하여 소관 중앙관서 회계 · 기금별 결산담당 부서에 보고하는 역할을 담당한다. 그리고 회계관계공무원의 회계처리는 「국가재정법」에 의한 '예산 및 기금운용계획 집행지침'을 따르고, 회계관계공무원은 「회계관계직원 등의 책임에 관한 법률」에 따라 자신이 행한 회계관계행위에 대해 변상책임을 진다.

각 부처에서는 '회계직 공무원 관직 지정 및 회계사무 취급에 관한 규정'을 제정하여 회계사무 취급을 위한 업무를 처리함에 있어 세입예산은 수입징수관 · 분임징수관, 세출예산은 지출관 · 지출원 · 출납원, 결산은 검사위원을 두어 체계적으로 관리하고 있다.[2] 수입징수관은 각 중앙행정관서의 장으로부터 수입징수 업무에 관한 사무를 위임받은 공무원으로서 관련 법령의 규정에 따라 수입금을 조사 · 결정하여 납입

고지할 수 있는 권한을 가진다. 지출관은 각 중앙관서의 장이 소속 공무원 중 국고금 지출과 관련하여 임명한 회계직 공무원으로 계약 등의 지출원인행위를 하는 공무원인 재무관으로부터 지출원인행위 관계 서류를 송부받아 국고금 지출행위를 수행한다.

부처 차원의 재무회계관리는 이러한 업무분장에 따라 물품구매, 계약 등의 업무를 담당하는 부서에서 업무 담당자가 지출품의를 하면 해당 업무팀장이 이를 승인하여 지출원인행위가 이루어지면 재무회계 부서에 지출결의 요청을 하고, 이에 따라 지출관이 지출결의서를 작성하고 지출원이 대금을 지급하는 방식으로 업무가 수행된다. 물품 및 현금관리와 관련해서는 각 부서에서 재무회계 관련 업무를 일부 담당하지만 계약, 재산관리 등과 관련해서는 재무회계를 담당하는 운영지원부서(행안부의 경우 운영지원과)에서 부처 내 관련 업무를 총괄하고 있음을 알 수 있다([그림 2-10] 참조).

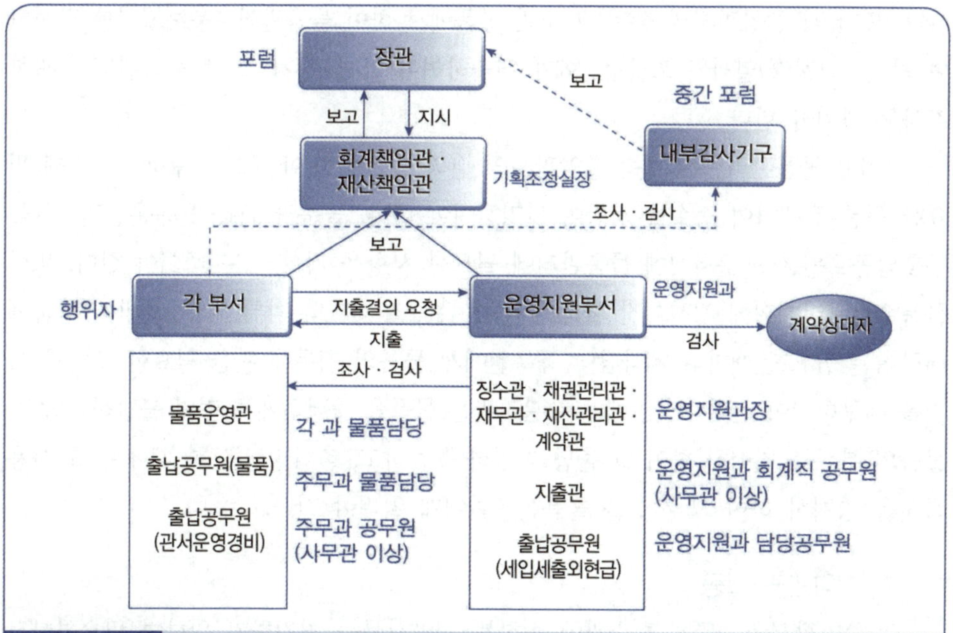

그림 2-10 부처 차원의 재무관리 책무성 메커니즘

자료: 행정안전부 사례.

2) 지방자치단체의 경우도 이와 유사하게 회계관리 업무분장이 이루어지고 있는데, 징수관은 세입업무 담당 국장, 분임징수관은 세입업무 담당 과장이나 세외수입업무를 담당하는 각 실 · 과장, 재무관은 회계업무 담당 국장, 분임재무관은 회계부서에 국장 직제가 있는 시 · 도의 회계업무 담당 과장, 통합지출관은 회계업무 담당 과장, 지출원은 재무 · 지출업무 담당이 해당 업무를 책임지고 있다.

(1) 물품관리 활동

물품은 국가가 소유하는 동산과 국가가 사용하기 위하여 보관하는 동산을 의미하며(물품관리법 제2조), 물품관리에 대한 총괄·조정은 조달청장의 권한에 속한다. 따라서 행정부 차원에서의 물품관리를 위한 책무성 체계는 기재부장관(물품관리의 제도와 정책에 관한 사항 관장)과 조달청장(각 중앙관서의 장이 수행하는 물품관리에 관한 업무를 총괄·조정)을 총괄기관으로 하고, 각 중앙관서의 장은 소관 물품관리에 관한 사무를 소속 공무원(물품관리관)에게 위임하여 관리케 하며, 물품관리관은 다시 물품출납공무원, 물품운용관에게 물품의 출납 및 보관업무와 물품의 사용 및 관리를 위임하는 방식으로 물품관리가 이루어지고 있다.

각 중앙관서의 장은 물품수급관리계획 작성지침에 따라 매년 '물품수급관리계획'을 수립·제출하여야 하고, 연 1회 그 소관 물품에 대한 정기재물조사를 실시하여야 한다. 또한 각 중앙관서의 장은 그 소관 물품에 관하여 물품관리운용보고서를 작성하여 익년도 2월 20일까지 조달청장에게 제출하여야 하며, 정기적으로 물품관리에 관한 검사를 하여야 한다.

그리고 물품관리관은 소속 중앙관서의 장의 승인을 받아 주요 물품과 그 밖에 필요한 물품에 대하여 정수를 정하여 관리하여야 한다. 물품관리관·물품운용관 및 물품출납공무원은 표준서식에 물품관리에 필요한 사항을 기록·유지하여야 한다. 또한 물품수급관리계획에 정하여진 물품에 대하여는 그 계획의 범위에서, 그 밖의 물품에 대하여는 필요할 때마다 계약담당 공무원에게 물품의 취득에 관한 필요한 조치를 할 것을 청구하여야 한다. 이 밖에 물품관리관은 물품을 출납하게 하려면 출납하여야 할 물품의 분류를 명백히 하여 그 출납을 명하여야 하고, 출납명령을 한 때에는 그 사용 목적을 명백히 하여 그 사실을 물품운용관에게 알려야 한다.

(2) 계약관리 활동

각 중앙관서의 장은 그 소관에 속하는 계약사무를 처리하기 위하여 필요하다고 인정하면 그 소속 공무원 중에서 계약에 관한 사무를 담당하는 공무원을 '계약관'으로 임명하여 그 사무를 위임할 수 있다(국가를 당사자로 하는 계약에 관한 법률 제6조). 중앙관서의 장 또는 계약담당 공무원이 계약을 체결하려면 일반경쟁에 부쳐야 하며, 다만 계약의 목적, 성질, 규모 등을 고려하여 필요하다고 인정되면 지명경쟁에 부치거나 수의계약을 할 수 있다. 그리고 경쟁입찰을 하는 경우에는 입찰에 관한 사항을 공고

하거나 통지하여야 하며, 미리 해당 규격서 및 설계서 등에 따라 예정가격을 작성하여야 한다. 계약을 체결할 때에는 계약의 목적, 계약 금액, 이행 기간, 계약보증금, 위험부담, 지체상금 등 필요한 사항을 명백하게 기재한 계약서를 작성하여야 한다. 또한 각 중앙관서의 장 또는 계약담당 공무원은 청렴계약을 지키지 아니한 경우 해당 입찰·낙찰을 취소하거나 계약을 해제·해지하여야 한다.

공사, 제조, 용역 등의 계약을 체결한 경우에 그 계약을 적절하게 이행하도록 하기 위하여 필요하다고 인정하면 계약서, 설계서, 그 밖의 관계 서류에 의하여 직접 감독하거나 소속 공무원에게 그 사무를 위임하여 필요한 감독을 하게 하여야 하고 감독하는 자는 감독조서를 작성하여야 한다. 그리고 계약상대자가 계약의 전부 또는 일부를 이행하면 이를 확인하기 위하여 계약서, 설계서, 그 밖의 관계 서류에 의하여 검사하거나 소속 공무원에게 그 사무를 위임하여 필요한 검사를 하게 하여야 하고 검사하는 자는 검사조서를 작성하여야 한다. 그리고 중앙관서의 장 또는 계약담당 공무원은 공사, 제조, 구매, 용역, 그 밖에 국고의 부담이 되는 계약의 경우 검사를 하거나 검사조서를 작성한 후에 그 대가를 지급하여야 한다.

해당 중앙관서의 장 또는 계약담당 공무원의 부당한 행위로 불이익을 받은 자는 그 행위를 취소하거나 시정하기 위한 이의신청을 할 수 있으며, 국가를 당사자로 하는 계약에서 발생하는 분쟁을 심사·조정하게 하기 위하여 기획재정부에 국가계약분쟁조정위원회를 둔다. 그리고 특별한 사유가 없으면 심사·조정청구를 받은 날부터 50일 이내에 심사·조정하여야 한다.

(3) 재산관리 활동

국유재산관리의 총괄청은 기획재정부장관으로 국유재산 사무의 총괄과 관리, 국유재산 관리처분, 국유재산 사용승인 등을 총괄 관리한다. 그리고 조달청은 국유재산 실태조사를, 자산관리공사는 일반재산 관리처분을 담당한다. 그러나 행정재산의 관리·처분에 관한 총괄청의 사무 일부를 중앙관서의 장에게 위임할 수 있다.

중앙관서의 장은 소관 국유재산의 관리·처분 업무를 효율적으로 수행하기 위하여 그 관서의 고위공무원으로서 기획 업무를 총괄하는 직위에 있는 자를 국유재산책임관으로 임명하여 그 사무를 위임할 수 있다. 국유재산관리관은 소관 국유재산의 관리·처분에 관한 계획과 집행계획에 관한 업무, 국유재산관리운용보고에 관한 업무, 국유재산 관리·처분 업무와 관련하여 대통령령으로 정하는 업무를 수행한다.

3) 사업관리 분야

사업관리란 앞서 살핀 인사·조직관리, 재무관리 등과 같은 일반 관리(general management) 활동과 달리 조직의 미션 달성을 위해 추진하는 주요 사업들을 투자계획 수립에서부터 집행, 그리고 사후관리에 이르는 일련의 과정에서 체계적이고 작위적으로 통제하는 것이다(Lewis, 1998). 즉, 사업목표를 효율적으로 달성하기 위해서 사업의 추진 단계별로 사업통제시스템을 구축하여 사업추진을 항상 모니터링하고 중간 점검 사항을 지속적으로 환류시켜 사업추진의 시행착오를 최소화하기 위한 노력을 포함한다.

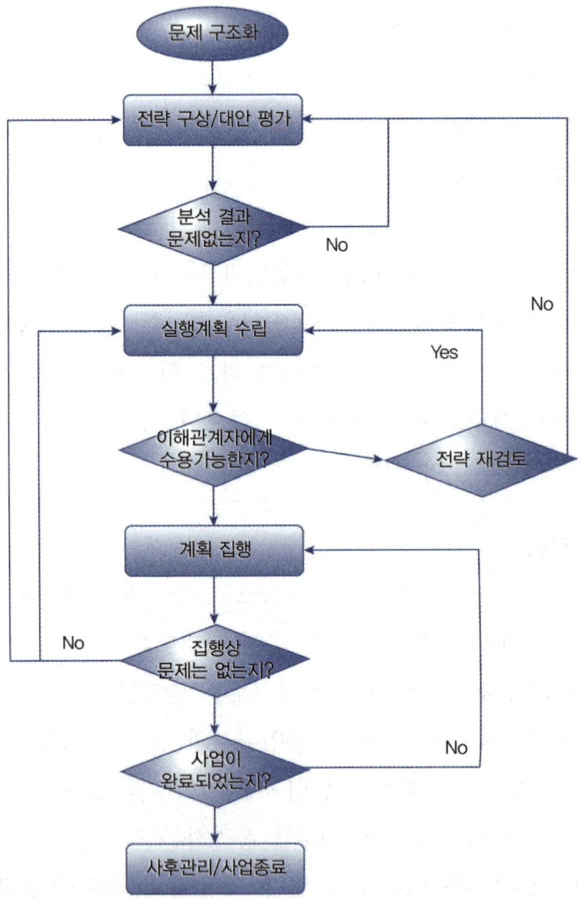

그림 2-11 사업관리 일반모형

자료: Lewis(1998: 64) 수정 재작성.

행정기관 차원에서의 사업관리에 적용할 수 있는 공통적 절차와 내용을 담은 이론적 일반모형은 [그림 2-11]과 같다.

먼저, 사업 개념화 단계에서는 문제를 명확하게 파악하고 이를 해결하기 위한 미션 및 비전을 설정하는 것이다. 전략개발 단계에서는 사업 목표 달성을 위한 전략과 전술(기술적 전술)을 개발한다.

계획 수립 단계에서는 최종적으로 선정된 전략을 실제 집행하기 위한 계획을 수립하는 것으로 사업 내용, 업무 분담, 수행 기간, 사업 비용, 공정 등을 결정하고 이해관계자로부터 합의를 구하는 단계이다. 계획 집행 단계에서는 실질적으로 사업집행이 이루어지고 주기적으로 진척 상황을 점검해야 하며, 특히 비용, 성과, 시간 및 범위 측면에서 사업의 초기목표에 부합하여 진행되고 있는가를 점검한다. 여기서 사업집행 과정이 용인할 수 있는 수준까지 이르지 못할 경우 책무성 확보를 위한 통제 메커니즘을 동원하여 계획 재검토, 전략 재검토, 개념 재검토를 만족할 만한 수준까지 반복한다.

끝으로 계획 집행 단계에서의 요구사항들이 모두 충족하게 되면 사업이 완료된 것으로 판단되어 사후관리 혹은 학습 단계로 진입하게 된다.

그리고 우리나라 공공부문의 사업관리는 효율적인 예산관리를 위한 제도적 장치들을 포함하고 있는데, 이를 종합적으로 도식화하여 제시하면 [그림 2-12]와 같다.

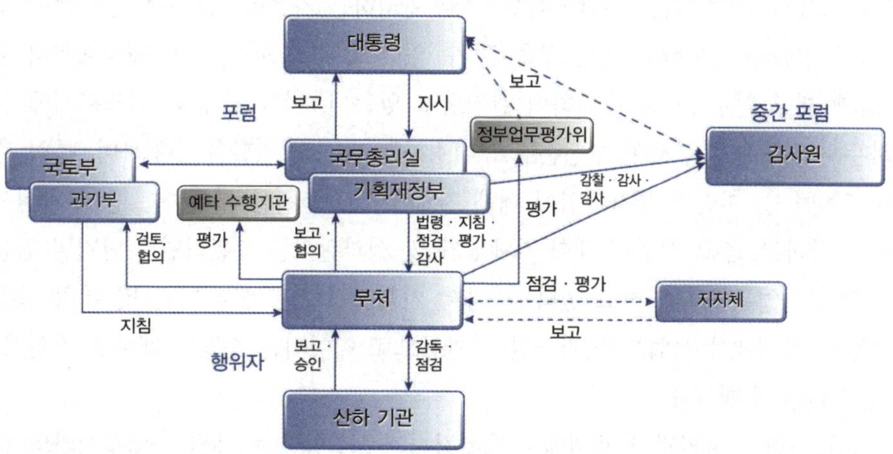

그림 2-12 행정부 차원의 사업관리 책무성 메커니즘

부처 단위의 사업들을 건설사업, 정보화사업, 기타 사업(복지, 환경, 문화 등)으로 구분하고 사업관리단계를 투자결정 단계, 집행 단계, 사후관리 단계로 구분할 때, 투자결정 단계에서는 사업[3] 규모에 따라 책무성 확보 메커니즘이 상이하다. 총사업비가 500억원 이상인 사업, 국비가 300억 원 이상 지원되는 건설 및 정보화사업은 예비타당성조사 대상사업으로 정해진 절차에 따라 예비타당성조사 요구서를 제출하여야 하고(정보화사업의 경우 과기부 사전검토 필요), 예타 수행기관의 평가 결과에 따라 사업투자 여부가 결정된다. 따라서 투자결정 단계에서는 기관-부처-(국토부, 과기부)-기획재정부로 연결되는 수직적 책무성 라인이 존재한다. 집행 단계에서 기재부는 핵심사업모니터링을 통해 각 부처의 주요 사업들을 살피고 사후적으로도 핵심사업 평가를 통해 사업성과를 점검한다. 이외에도 국무조정실이 주관하는 정부업무평가제도는 각 부처의 주요 정책·사업에 대한 성과관리를 점검하여 부처 평가에 반영하고 있으므로, 부처 단위의 사업관리는 기관-부처-기재부, 기관-부처-국무조정실 등 두 가지 트랙의 수직적 책무성 체계로 특징지어진다. 사업관리의 수평적 책무성 체계는 다 부처 사업의 추진을 위한 부처 간 협력 및 조정 측면과 부처-지자체 간 국고보조사업 수행 측면에서 발견된다. 그리고 대각적 책무성 체계는 각 부처 단위의 사업 추진 과정과 성과에 대한 감사원의 감사(특정감사, 성과감사 등)와 검사(성과보고서 검사)에 의해 담보되고 있다.

기관 및 부처 내부의 사업관리 책무성 체계는 [그림 2-13]에 제시한 바와 같이 각 사업부서에서 사업계획을 수립·집행·사후관리하는 가운데 기획조정실이 총괄 조정 및 평가 기능을 수행하고 있는 것을 알 수 있다. 기획조정실은 중기재정계획의 수립과 함께 매년 업무계획을 수립하여 관리하고 있는데, 이를 위해 각 사업부서에서 추진하는 사업들을 종합하여 우선순위를 결정하는 핵심적 역할을 수행하며, 특히 총사업비 500억 원 미만의 투자사업에 대해 자체 타당성조사를 수행하는 등 투자심사업무를 담당하고, 주요 사업에 대한 자체평가 및 성과관리를 주관하면서 반기별 점검과 연도말 평가업무를 담당하고 있다. 따라서 기획조정실은 개별 기관 및 부처 단위의 사업관리 체계에서 사업부서-기조실-기관장으로 이어지는 수직적 책무성 라인의 핵심적 역할을 수행한다.

기관 차원의 사업관리 체계에서 내부감사기구(감찰관)는 개별 사업부서와의 관계

---

3) 투자결정을 위한 예비타당성조사 대상사업의 단위는 원칙적으로 현행 예산 및 기금의 과목구조상 '세부사업'을 기준으로 한다(예비타당성조사 운용지침 제18조).

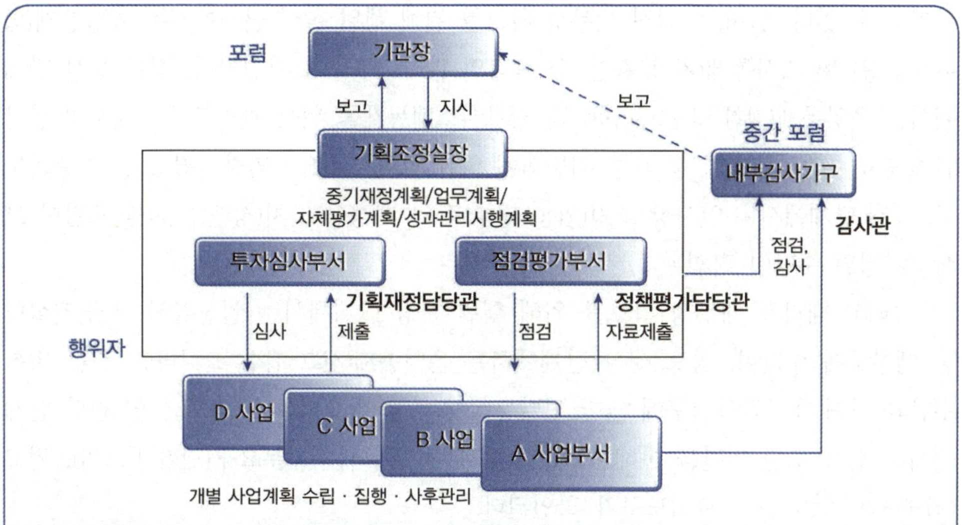

그림 2-13 기관 차원의 사업관리 책무성 메커니즘

속에서 대각적 책무성 확보를 위한 역할을 담당하고 있으며, 여러 부서가 연관된 대규모 사업의 경우 부서 간 수평적 책무성 확보가 중요한 이슈로 부각되기도 한다.

4 관리 책무성의 확보 수단

관리 책무성을 확보하기 위한 수단 또한 두 가지 측면에서 살펴볼 수 있다. 먼저, 앞서 살펴본 인사, 회계, 자산관리 분야에 한정하여 절차, 감독 및 보고, 평가 등을 포함한 세부적인 책무성 확보 기제를 검토할 수 있다. 또 다른 한편으로는 관리 책무성이 효율적으로 작동할 수 있도록 하기 위한 전제 조건으로 제시되었던 역할과 목표, 자원관리, 보고시스템을 포괄적으로 살펴볼 수 있다. 여기서는 인사, 회계, 자산관리 분야별로 관리 책무성 확보 수단을 살펴보고자 한다.

1) 인사관리 분야

(1) 기관 차원

기관 차원의 인사관리 책무성 확보를 위한 관리도구는 제1장에서 제시한 책무성 구성요소 관점에서 행위 형성, 정보 생산, 토론 및 판단, 제재 등의 단계로 구분하여 살펴볼 수 있다. 먼저, 수직적 책무성 확보를 위해 행위 형성 단계에서는 예방통제(업무분장 등) 및 지시통제(지시, 승인 등) 목적의 관리도구들이 확인되며, 정보 생산 단계에서는 운영통제(점검 및 모니터링) 및 정보시스템통제를 위한 관리도구, 토론 및 판단 단계에서는 인사위원회 등 각종 위원회에 의한 심의·조정·의결·평가 등의 관리도구, 제재 단계에서는 인사상 조치(임용, 징계 등)와 재정상 조치(성과급 등)를 포함한 보상 및 징벌 수단이 확인된다.

그리고 대각적 책무성 확보를 위해 행위 형성 단계에서는 일상감사, 사전컨설팅 등 예방통제 수단이, 정보 생산 단계에서는 운영통제(신고 접수, 모니터링 등)를 위한 수단과 함께 내부감사기구에 의한 적발통제(조사, 감사 등) 수단이, 토론 및 판단 단계에서는 심사 또는 의결을 통해, 그리고 제재 단계에서는 처분요구(권력적 조치), 권고(비권력적 조치) 등의 관리도구가 확인된다.

수평적 책무성은 동료 간, 부서 간 협력 및 소통을 통한 정보 생산, 그리고 협의나 동료평가를 통한 토론 및 판단, 이에 따른 제재조치로서 비난 등 비공식적 조치들이 예상된다.

표 2-1 기관 차원의 인사관리 책무성 확보도구

구분	행위 형성	정보 생산	토론 및 판단	제재
수직적 책무성	예방통제(업무분장) 지시통제(지시, 승인 등)	운영통제(점검, 모니터링 등) 정보시스템통제(일반 및 응용통제)	각종 위원회(심의, 조정, 의결, 평가 등)	인사상 조치 (임용, 징계 등) 재정상 조치 (성과급 등)
대각적 책무성	예방통제(일상감사 등)	운영통제(신고접수, 모니터링 등) 적발통제(조사, 감사 등)	심사(옴부즈맨) 의결(감사위원회)	권력적 조치 (처분요구) 비권력적 조치(권고)
수평적 책무성	–	협력 및 소통	동료평가	비공식적 조치(비난 등)

(2) 행정부 차원

행정부 차원의 수직적 책무성 확보를 위해 행위 형성 단계에서는 예방통제(권한배분 등) 및 지시통제(규칙, 지침, 승인, 협의 등) 장치들이, 정보 생산 단계에서는 운영통제(점검 및 모니터링) 및 정보시스템통제(e-사람)를 위한 관리도구들이, 토론 및 판단 단계에서는 고위공무원임용심사위원회, 소청심사위원회, 공직자윤리위원회 등 각종 위원회에 의한 심사·심의·의결·평가 등의 관리도구와 함께 인사혁신처에 의한 인사감사 등이 존재하며, 제재 단계에서는 임용[4]과 자체감사 결과 처분요구가 확인된다.

그리고 대각적 책무성 확보를 위해 감사원 및 권익위는 행위 형성 단계에서 사전 컨설팅 등 예방통제 수단을, 정보 생산 단계에서는 운영통제(신고 접수, 모니터링 등) 및 적발통제(조사, 감찰, 감사 등) 수단을, 토론 및 판단 단계에서는 사실확인 또는 의결 등의 수단을, 그리고 제재 단계에서는 처분요구(권력적 조치)와 통보(비권력적 조치) 등의 책무성 확보도구를 사용한다.

수평적 책무성 확보를 위해 파견 또는 인사교류를 위한 부처 간 협의나 동의가 행위 형성을 위한 책무성 확보도구로 존재하고, 부처 간 협력 및 소통을 통한 정보 생산과 함께 부처 간 협력의 결과에 대해 최종적으로 비난 등 비공식적 수단들이 사용된다. 그리고 언론이나 시민단체와의 사회적 책무성 관계에서 정보공개, 보도자료 제공 등의 정보 생산 단계에서의 조치가 이루어진다.

표 2-2 행정부 차원의 인사관리 책무성 확보도구

구분	행위 형성	정보 생산	토론 및 판단	제재
수직적 책무성	예방통제(권한배분) 지시통제(규칙, 지침, 승인, 협의 등)	운영통제(점검, 모니터링 등) 정보시스템통제(e-사람)	각종 위원회(심의, 조정, 의결, 평가 등) 인사 감사	임용, 처분요구
대각적 책무성	예방통제(사전컨설팅 등)	운영통제(신고접수, 모니터링 등) 적발통제(조사, 감찰, 감사 등)	사실확인 및 이첩 (권익위) 의결(감사원)	권력적 조치 (처분요구) 비권력적 조치(통보)
수평적 책무성	협의, 동의	협력 및 소통	–	비공식적 조치(비난 등)
사회적 책무성	–	정보 제공(공개, 보도자료 등)	–	–

2) 재무관리 분야

(1) 기관 차원

재무관리 분야에서 기관 차원의 수직적 책무성 라인은 각 부서-운영지원부서-재산・회계책임관-기관장으로 연결되는 책무성 관계이다. 수직적 책무성 확보를 위한

4) 「공무원임용령」에서 임용의 범위는 신규채용・승진임용・전직・전보・겸임・파견・강임・휴직・직위해제・정직・강등・복직・면직・해임 및 파면을 포함한다.

기관 차원에서의 책무성 확보도구들은 〈표 2-3〉에 제시한 것과 같다.[5] 기관 차원의 수직적 책무성 확보도구들은 대개 재무회계 관련 내부통제 장치들인데, 행위 형성 단계에서는 예방통제(재무관, 지출관, 지출원 등 업무분장 등) 및 지시통제(지시, 명령, 승인 등) 목적의 관리도구이다. 정보 생산 단계에서는 기록 · 유지, 등기 · 등록, 대장 등 문서화를 통한 예방통제 활동과 재물조사, 정기 · 수시검사, 실태조사 등 현황 파악을 위한 운영통제 활동이 주를 이루며, 여기에 더해 정보시스템(dBrain)을 통한 통제가 이루어지고 있다. 토론 및 판단 단계에서는 계약심의위원회 등에 의한 심의와 허가취소 등을 위한 청문 활동이 확인되었고, 제재 단계에서는 계약 무효 · 해제 · 해지와 함께 재산상 손실을 입힌 공무원을 대상으로 한 변상명령이 이루어지고 있다.

그리고 대각적 책무성 확보도구로는 행위 형성 단계에서는 일상감사, 사전컨설팅 등 예방통제 활동이, 정보 생산 단계에서는 운영통제(신고 접수, 모니터링 등)를 위한 수단과 함께 내부감사기구에 의한 적발통제(조사, 감사 등) 수단이, 토론 및 판단 단계

표 2-3 기관 차원의 재무관리 책무성 확보도구

구분	행위 형성	정보 생산	토론 및 판단	제재
수직적 책무성	〈물품관리〉 지시통제(지시, 명령, 승인 등) 예방통제(업무분장)	예방통제(기록 · 유지) 운영통제(재물조사 · 정기 및 수시 검사) 정보시스템통제(dBrain)	–	–
	〈계약관리〉 상동	정보시스템통제(dBrain)	심의(계약심의위원회 등)	계약 무효 · 해제 · 해지
	〈재산관리〉 상동	예방통제(등기 · 등록, 대장 및 실태조사 등)	청문(행정재산 사용 허가 취소 등)	변상
대각적 책무성	예방통제(일상감사 등)	운영통제(신고접수, 모니터링 등) 적발통제(조사, 감사 등)	의결(감사위원회)	처분요구
수평적 책무성	〈계약관리〉 지명, 사전심사	입찰공고 감독 · 검사 등	낙찰결정 이의신청	지체상금 입찰참가 제한 과징금 등
	〈재산관리〉	공고(소유자 없는 부동산 취득) 정보공개	평가(민간참여개발 사업)	계약해제(대부, 매각 등) 벌칙

5) 여기서는 「물품 관리법」, 「국가를 당사자로 하는 계약에 관한 법률」, 「국유재산법」 규정을 위주로 살펴보았다.

에서는 내부감사에 의한 판단이나 의결(감사위원회 조직이 존재하는 경우)이, 그리고 제재 단계에서는 권력적·비권력적 처분요구가 책무성 도구로 확인된다.

재무관리 분야에서 기관 차원의 수평적 책무성은 동료 및 여타 부서와의 관계보다는 해당 기관과 외부 이해관계자 간의 관계로 파악하고자 한다. 계약업무는 기관과 계약상대자의 관계, 재산업무는 해당 기관과 위임·위탁·협력 관계의 개인 및 조직 간의 관계가 중요하기 때문이다. 재무관리를 위한 공고, 공개, 감독·검사 등에 의한 정보 생산, 이의신청, 평가 등에 의한 토론 및 판단, 그리고 이에 따른 각종 제재조치들이 책무성 확보를 위한 장치로 이용되고 있다.

이러한 물품, 계약, 재산관리와 관련된 업무는 필연적으로 수입·지출 등 회계처리와 관련되는데, 이들 업무의 처리를 위한 회계업무 과정에서도 예방통제(업무분장, 문서화, 일상감사 등), 지시통제(결재, 지출결의 요청, 지급명령 등), 정보시스템통제(dBrain, e-호조 등), 적발통제(회계검사 등 감사, 조사) 등 회계통제를 위한 책무성 확보 장치들이 존재한다([그림 2-14] 참조).

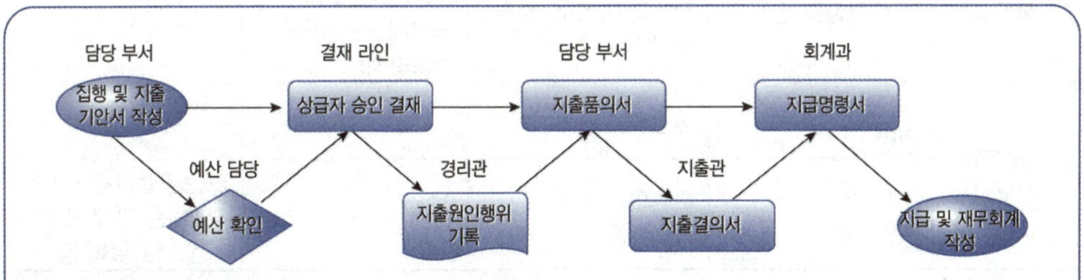

그림 2-14 회계업무 처리 과정의 지시통제

(2) 행정부 차원

재무관리 분야에서 행정부 차원의 수직적 책무성 라인은 산하기관-부처-기재부(조달청)-대통령으로 연결되는 책무성 관계이다. 수직적 책무성 확보를 위한 수단들은 〈표 2-4〉에서 제시한 것과 같다. 행위 형성 단계에서는 총괄기구와 각 부처 간의 권한 배분과 함께 지시통제(지침 제공, 기준 제시, 승인, 협의 등) 목적의 관리도구들이 존재한다. 정보 생산 단계에서는 현황 파악을 위한 운영통제 활동(문서화 및 전산화, 자료제출, 보고, 조사 등)과 함께 정보시스템(dBrain)을 통한 통제와 적발통제(점검, 감사 등)가 이루어지고 있다. 토론 및 판단 단계에서는 물품관리감사나 재산감사에 따른

표 2-4 행정부 차원의 재무관리 책무성 확보도구

구분	행위 형성	정보 생산	토론 및 판단	제재
수직적 책무성	〈물품관리〉 지침(물품수급관리 계획) 기준(정수, 내용연수, 재고관리, 물품정비 등) 협의(내용연수) 승인(불용 등)	상황보고 재물조사 물품관리기록 유지 검수 전산화	물품관리감사	시정요구 등 조치 (조달청) 변상 판정
	〈계약관리〉 계약업무처리지침	자료제출 정보시스템통제 (dBrain)	심사・조정 (계약분쟁조정위)	조정, 중재
	〈재산관리〉 지침(국유재산의 관리・처분에 관한 계획) 협의(재산취득 등)	국유재산관리운용 보고서 감사(재산감사)	심의・의결 (국유재산 정책심의위) 심의 (과징금부과심의위)	관리처분 과징금 벌칙 등
대각적 책무성	예방통제 (사전컨설팅 등)	운영통제(신고접수, 모니터링 등) 적발통제(조사, 감찰, 감사 등)	심의・의결(감사원 감사위원회) 검사(증권 수급, 국유재산관리운영 총보고서)	처분요구
수평적 책무성	〈물품관리〉 위임	점검	–	–
	〈재산관리〉 위임, 위탁	관리현황 보고 자료제출 등	–	가산금(행정재산 사용 허가받은 자 관리소홀) 사용승인 철회 등

상급 자체감사기구에 의한 판단이나 각종 심의위원회 및 조정위원회에 의한 심의・의결・조정이 이루어지고 있다. 제재 단계에서는 변상판정, 시정요구 등 조치, 조정・중재, 과징금, 형사처벌 등이 이루어지고 있다.

한편, 기관・부처(기재부 포함)와 외부감사기구(감사원) 간의 대각적 책무성 확보도구로는 행위 형성 단계에서는 사전컨설팅 등 예방통제 활동이, 정보 생산 단계에서는 운영통제(신고 접수, 모니터링 등) 및 적발통제(직무감찰, 감사 등) 활동이, 토론 및 판단 단계에서는 감사 결과에 대한 감사위원회의의 심의・의결과 국유재산관리에 대한 검사가, 그리고 제재 단계에서는 처분요구와 사후 점검 등이 책무성 확보도구로 확인된다.

행정부 차원에서 수평적 책무성은 물품관리 및 재산관리 분야에서 중앙정부와 지자체 간 권한 위임에 따라 발생하는 관계에 초점을 맞추고자 한다. 행위 형성은 사무위임에 따라 이루어지고, 자료제출 · 보고 · 점검 등에 의한 정보 생산, 그리고 관리소홀에 따른 제재 조치(가산금 부과, 사용승인 철회 등)가 책무성 확보를 위한 수단으로 활용되고 있다.

그리고 물품, 계약, 재산관리 등과 관련된 업무는 결국 수입 · 지출 등 회계업무 처리와 관련되는데, 행정부 차원에서 회계관리를 위한 수직적 책무성 확보 수단으로는 기재부가 각 부처 및 행정기관을 대상으로 매년 시달하는 예산집행지침[6]과 기금집행지침[7] 등 지시통제, 예산집행 과정에 대한 모니터링을 위한 정보시스템통제(dBrain), 총괄청과 외부감사기구에 의한 적발통제(검사, 감사 등) 등 회계 관리의 책무성 확보장치들이 존재한다.

3) 사업관리 분야

기관 차원에서 사업관리를 위한 책무성 확보도구들은 〈표 2-5〉에서 제시한 것과 같다. 사업부서-기획조정실-기관장으로 연결되는 수직적 책무성을 확보하기 위한 행위 형성 단계의 장치들은 각 부서에서 제출한 사업들의 타당성 검토, 우선순위 설정, 그리고 사업추진계획 수립 등이다. 그리고 사업 추진 과정에서 반기별 실적 점검, 성과관리시스템 운용 등으로 필요한 정보가 생산되고, 익년도 초에 해당 연도 사업에 대해 자체평가위원회에 의한 종합평가(이의신청 및 조정 포함)가 이루어진다. 매년 1~2회 개최되는 정책자문위원회에서도 주요 사업에 대한 토론 및 평가가 이루어진다. 그리고 자체평가 결과에 따라 부서별 인센티브 등이 제공되고 있다.

또한 대각적 책무성 확보를 위한 내부감사기구는 해당 기관의 주요 사업에 대한 모니터링과 함께 감사를 통한 판단(피감사부서 의견 청취 포함)이나 의결(감사위원회가 설치된 경우)을 통해 해당 기관 내 사업관리에 대한 감사결과를 작성하여 기관장에게 보고한다. 한편, 기관장의 지시나 부서간 협의를 거쳐 협력사업을 추진하는 경우 수

6) 일반지침(예산배정 유보, 예산절감, 조기집행 등 총괄적인 사항을 규정), 사업 유형별 지침(인건비, 기본경비, 교육훈련비 등 16개 유형별 지침), 비목별 지침(운영비, 여비, 업무추진비 등 13개 주요 비목 집행기준 규정), 자체 이 · 전용권의 위임범위 등을 포함한다.

7) 인건비(100목), 경비(200목) 등의 집행은 일반적으로 예산집행지침 준용하며, 이 밖에 기금운용계획 변경 시 자체 · 기획재정부 협의 여부 판단기준 등을 제공한다.

표 2-5 기관 차원의 사업관리 책무성 확보도구

구분	행위 형성	정보 생산	토론 및 판단	제재
수직적 책무성	사업우선순의 설정 자체 타당성조사 사업계획 수립	반기별 실적 점검 성과관리시스템	자체평가(자체평가 위원회) 정책자문위 등	인센티브
대각적 책무성	일상감사	사업 모니터링 및 점검	판단 의결(감사위원회)	처분요구
수평적 책무성	지시, 협의	회의 등 소통	–	비공식적 조치 (비난 등)

평적 책무성을 확보하기 위해 점검회의 등을 통해 의견을 교환하거나 협력방안을 모색한다. 그러나 그 결과에 대한 제재는 비난 등 비공식적 조치일 가능성이 높다.

사업관리 분야에서 행정부 수준의 책무성 확보를 위한 수단들은 〈표 2-6〉에 제시한 것과 같다. 먼저, 기관-부처-국조실 및 기재부-대통령으로 연결되는 수직적 책무성 확보를 위해 행위 형성 단계에서는 사전협의, 예비타당성조사, 재조사 등의 관리수단들이 존재한다. 정보 생산 단계에서는 자체평가 실태점검이나 핵심사업 모니터링을 통해 부처 사업관리에 대한 정보를 수집하고, 토론 및 판단 단계에서는 부처별 자체평가 결과의 확인·점검 및 재평가(국조실), 주요 핵심사업에 대한 평가(기재부) 등이 이루어지고, 그 결과는 국무회의에서 대통령에게 보고되거나 예산편성의 자료로 활용된다.

대각적 책무성 확보를 위한 핵심 기관으로서 감사원은 정부부처의 주요 사업에 대한 모니터링이나 점검을 통해 위험요인을 파악하고(정보 생산), 주요 사업에 대한

표 2-6 행정부 차원의 사업관리 책무성 확보도구

구분	행위 형성	정보 생산	토론 및 판단	제재
수직적 책무성	사전협의 예비타당성조사 재조사	자체평가 실태점검 핵심사업 모니터링	평가결과 확인·점검 (→ 재평가) 핵심사업평가	인센티브
대각적 책무성	–	사업 모니터링 및 점검	감사(특정 및 성과 감사) 검사(성과보고서 검사)	처분요구
수평적 책무성	지시, 협의 협약	회의 등 소통	평가	공식적 및 비공식적 조치(비난 등)

특정 및 성과감사를 통해 수집한 정보를 바탕으로 감사보고서를 작성하여 감사위원회의에서 최종 의결을 거친 후(토론 및 판단) 해당 부처에 그 결과를 송부하고 필요한 처분요구를 시행한다(제재).

다부처 사업의 경우 유관 부처 간의 협력 및 조정이 필요한데, 이 경우 수평적 책무성을 확보할 장치로는 비공식적 협의나 공식적 협약을 통해 행위 형성이 이루어진다. 점검회의나 협력회의 등 소통을 통해 필요한 정보를 생산하고 다부처 사업의 성과나 협력 노력에 대해서는 국무조정실의 별도 평가를 거쳐 정부업무평가 결과에 반영된다.

5 관리 책무성의 도전과제

1) 통제와 자율의 조화

관리 책무성을 확보하기 위해 다양한 법적·제도적 장치를 마련하고 합규성(regularity) 위주의 통제를 강화할수록 관리자의 전략적 공간은 줄어들 수밖에 없다. 이 경우 관리자는 기대한 결과를 달성할 수 있는 최선의 방법을 자율적으로 결정하기 보다 법적 기준 준수에 안주하려 할 것이다. 앞서 법적·행정적 책무성 체계로부터 성과적·관리적 책무성 체계로의 이행을 강조하였으나 권위적 조직문화와 미흡한 법적 구조(업무 구분, 위임전결, 보고체계 등) 하에서 적극적인 관리자의 역할을 기대하기는 어렵다.

인사관리, 재무관리, 사업관리와 관련하여 총괄기관(인사혁신처, 기재부 등)으로의 권한 집중은 행정적 책무성을 강화시킬 뿐 관리자의 창조적 관리역량을 촉진시키지 못한다. 그뿐만 아니라 기관장의 책임경영 의지를 좌절시킬 가능성을 증가시킨다. 짧은 임기의 장관이 직업공무원제의 보호막 아래 숨은 공무원들을 조직 목표 달성에 효과적으로 동원할 수 있도록 하려면 중간관리자급 이상의 관리자를 위한 전략적 공간을 넓혀 주어야 한다. 그러나 앞서 살펴보았듯이 인사·재무·사업관리 분야에서 행정기관의 관리자들이 전략적 공간을 가지고 업무에 영향을 미치기에는 총괄기관의 권한이 너무 크다.

앞으로 공공부문의 관리 책무성을 강화해 나가기 위해서는 행정기관 관리자들의 전략적 공간을 어느 수준까지 확대해 줄 것인지가 중요한 도전과제 중 하나가 될 것이다.

2) 전문성에 기반한 관리역량 강화

관리 책무성 강화에 영향을 미치는 또 다른 요인은 관리자의 역량이며 이는 관리자의 전문성 제고와 직결된다. 인사관리 분야에서는 이미 인사조직직류에 따라 5급 및 7급 공개채용이 이루어지고 있다. 반면에, 재무회계 분야나 사업관리 분야에서는 아직 전문직렬이나 직류에 따른 우수인력 채용이 이루어지지 않고 있다.

현행 「회계관계직원 등의 책임에 관한 법률(이하, 회책법)」에서 규정하는 회계관계직원의 범위가 넓어 일반공무원들이 「회책법」상의 변상책임을 광범위하게 지는 상황이며 복식부기의 도입에도 불구하고 재무회계직의 전문성, 책임성 부족으로 비효율이 증가하고 있다. 따라서 '재무회계직'을 전문독립직렬로 설치 · 운영할 필요가 있다. 이 경우 재무회계직은 공인회계사 자격증을 가진 자, 재무회계 업무의 유경험자 등을 자격 요건으로 하여 선발하고, 이들이 재무회계 업무를 담당하고 책임지도록 재무회계 운영 체계를 단계적으로 개선해 가야 할 것이다.

그리고 현재 사업관리 분야의 문제점 중 하나는 각종 점검 및 평가제도의 홍수 속에서 사업 목표 달성을 위한 사업관리보다 평가를 위한 사업관리 또는 예산관리를 위한 사업관리가 주를 이루어지고 있다. 행정기관의 주요 사업에 대한 예산부처의 '관문형(gateway) 사업통제'가 강화될수록 소극적으로 대응하는 사업관리 행태가 횡행할 것이다. 최근에 기재부에서 재정사업자율평가를 부처 자율로 전환하는 정책 변화를 추진하고 있으나 이에 더해 각 행정기관의 사업관리역량을 개선하기 위한 외부 전문가 영입이나 교육훈련 강화노력이 요구된다고 할 것이다.

3) 체계적인 내부통제시스템 구축

현재 행정기관의 관리 책무성 확보를 위한 통제 메커니즘은 각 분야별로 편린화되어 있는 가운데, 지나치게 총괄조정 기능을 가진 인사 및 예산부처 중심으로 편중되어 있다. 총괄기관의 지침, 점검, 평가에 대응하느라 내실 있는 인사 · 재무 · 사업관리에 역량을 집중하지 못하고 있는 실정이다.

장관 및 기관장의 책임경영을 뒷받침하기 위해서는 조직 내 리스크를 전사적으로 관리하는 시스템이 필요하다. 인사, 재무회계, 사업관리 등 개별 법에 의해 분야별로 이루어지는 통제시스템으로는 최고관리자가 조직 내 리스크 요인을 한 눈에 파악하고 즉각적으로 대응하는 데 한계가 있다. 최근에 서구 선진국을 중심으로 공공부문에서 전사적 내부통제시스템을 구축·운영하려는 경향이 두드러지고 있으며, 일부 국가에서는 '내부통제법'을 별도로 제정하여 공공부문의 체계적 리스크 관리를 지원하고 있다.

이러한 맥락에서 기관 차원에서는 독립적인 내부통제부서의 설치, 내부감사기구의 역할 재정립 등이 요구되고, 중앙정부 차원에서 체계적인 내부통제시스템 구축을 위한 법령 제정 또는 내부통제지침의 수립·전파가 필요한 것으로 여겨진다.

제 3 절 재정 책무성

1 서론

그동안 우리나라 재정관리 제도에 관한 연구는 예산 과정을 중심으로 이루어졌으며, 특히 정부의 예산편성 또는 국회의 예산심의와 관련된 관리적 제도 개선에 초점이 맞추어졌다. 이와는 별도로 분야별로 재정관리의 문제점을 검토하거나 재정 건전성 제도의 개선을 논하는 연구도 발견된다. 그러나 재정 책무성 체계 분석틀에 기초하여 정부 재정관리의 내용과 과정을 체계적으로 검토한 후 재정 책무성 결함(deficiency)을 확인하거나 재정관리 혁신(innovation)의 방향을 제시하는 연구는 드문 편이다.

따라서 여기서는 재정의 관리적(managerial) 책무성을 다루는 데 그치지 않고, 연 단위 예산의 집행을 포함하여 정부 차원에서의 공공자금의 효율성 및 건전성을 다루는 재정관리(financial management) 활동 전반에 초점을 맞추어 연구를 진행하고 분석 결과에 기초하여 재정관리 혁신의 방향을 제시해 보았다.

2 재정 책무성 체계에 관한 논의

1) 재정 책무성의 개념과 내용

재정 책무성(financial accountability)이란 공적 자금(public money)의 사용에 대한 책

임 있는 관리(stewardship)[8]에 관한 것으로, 공공관리자가 공적 자금을 책임을 지고(responsible), 생산적(productive)으로 사용하는 것을 보장하는 수단이다(Rabrenovic, 2009). 이것은 회계의 합법성과 합규성(legality and regularity)을 검증하는 것만이 아니라, 자원 사용에 있어 재정 가치(value for money)가 달성되었는지 확인하는 것을 포함한다. 따라서 재정 책무성의 목적은 공적 자금 사용에 대한 합법성, 합규성, 적절성 및 재정 가치를 확보함으로써 공공관리자로 하여금 공적 자금의 관리책임을 지도록 하는 것이다.

한편, 일부에서는 재정 책무성을 비교적 구체적인 사회적 관계에 기반한 제도적 장치로 설명하기도 한다.[9] 프렘찬드(Premchand, 1999: 47)는 재정 책무성을 재정에 영향을 미치는 정책과 행위에 대한 의회의 승인, 회계연도별 예산 및 중기 예산의 승인, 경제 관리(economic management) 과정에서 공동체의 재무적 역량을 훼손하는 어떤 행동도 취할 수 없도록 하는 틀(framework)로 파악하고 있다. 이로써 재정 책무성과 예산 과정의 관계를 강조하는 정의를 내리고 있다. 그리고 세계은행(World Bank, 2010)에서는 재정 책무성을 궁극적으로 성과의 촉진과 보고에 관한 것이라 지적하면서 정부는 재정을 엄격하게 관리하고, 재정 및 비재정 보고, 통제, 예산 편성 및 성과를 통합하고, 재정을 통해 이룬 성과를 포괄적으로 보고하며, 이해관계자들이 윤리적으로 행동할 것을 요구하는 것으로 보았다. 흘라드첸코(Hladchenko, 2016)도 재정 책무성이 정부 예산, 공공 부채, 재정정책과 관련한 재정정보에 의해 결정되며, 투명성, 공중의 참여, 공식적 감시기구를 통해 책무성 체계가 확립된다고 주장한다.

한편, 국내 학자로 임성일(2012; 2017)은 재정 책무성을 국가와 지방자치단체가 세금을 예산원칙에 따라 효율적, 효과적으로 사용하고 있음을 회계를 통해 국민에게 설명하는 재정운영 원리로 정의한다. 이때 설명 범위는 예산 과정, 재정정보시스템(예산, 회계, 성과 및 관리), 감시・감독 체계(감사, 모니터링, 평가), 정보 투명성을 포괄한다. 또한 책무성은 건전재정 책임성과 재정설명 책임성으로 구분할 수 있으며, 전자

---

8) 스튜어드십은 중세 영국에서 장원의 영주에게 고용되어 영주의 토지를 관리하는 스튜어드(steward)에서 기원한다. 민간부문에서는 주로 투자 및 금융 분야에서 투자 고객과 수탁자 간의 관계에서 스튜어드십이 사용되고 있다. 공공부문에서는 단순히 정부 감독이나 규제의 정당성을 나타내기 위해 사용되거나, 그 반대로 엄격한 정부 감독에 대한 대안으로 산업계의 자발적 이니셔티브를 나타내기 위한 용도로 사용되기도 한다. 그러나 보다 광범위하게 이 개념을 이해한다면 참여와 협의에 의한 거버넌스 과정(governance process)으로 파악할 수 있다(Saner & Wilson, 2003).

9) 보벤스(Bovens, 2014)는 책무성을 아이콘(icon)으로서의 책무성, 제도적 장치로서의 책무성, 비난 제도로서의 책무성으로 구분하여 설명하고 있다.

는 공공관리자가 재정 건전성(재정적자 및 채무관리)과 재정 효율성(투입 대비 산출)을 추구하여야 함을 의미한다고 한다. 한편, 재정설명 책임성은 재정 활동의 법률 및 규칙 준수, 예산의 계획적 집행, 예산 집행 결과의 목적 달성 상태 등을 포함한다. 그리고 배인명(2011)은 재정 책무성을 전문적 책임성과 민주적 책임성을 다하는 것으로 정의한다. 전문적 책무성은 재정 효율성과 재정 건전성에 대한 책임을, 민주적 책임성은 재정정보의 투명성과 예산 과정에 시민의 참여를 의미한다. 이로써 공공관리자의 공공 지출에서의 책임 범위는 재정 건전성, 재정 효율성에서 투명성과 시민참여 보장으로 확장된다.

이처럼 재정 책무성에 대한 다양한 개념 정의는 책무성 개념의 진화 과정과 관련이 있는 것으로 보인다. 프렘찬드(Premchand, 1999)에 따르면 재정 책무성 개념은 여섯 단계의 진화 과정을 거쳐 오늘날의 개념으로 확장되었다고 한다. 재정 책무성 개념은 무엇보다도 각 단계를 거치면서 '자산의 보존과 관리'에 관한 책임에서 '행위와

표 2-7 책무성 개념의 진화 단계

단계	내용
1. 국왕의 재산 관리	• 수입·지출 관리: 수입·지출을 정해진 양식에 따라 기록 및 감시
2. 지출 경제성 준수	• 보조금 지출의 경제성, 신뢰성, 합리성 등 점검; 입법권자의 권한 주장 및 노력
3. 지출 경제성 및 합법성 준수, 감독의 제도화	• 독립기관인 감사원 설치; 의회의 예·결산위원회 조직 구성; 의회 위원회의 연차감사보고서 검토, 결산 검토 및 승인
4. 서비스 제공 및 성과에 대한 강조	〈재정 책무성 범위의 급속한 확대〉 • 지출 경제성 확보를 위한 시민참여; 공공거래와 서비스 제공에 대한 광범위한 조사 • 경제성, 효율성, 효과성을 강조하는 예·결산 시스템 • 니즈 조사를 기초로 한 발전계획, 성과계약 등
5. 신중한 경제 관리	〈거시경제적 관리를 강조〉 • 예산과 경제와의 연계 고리의 평가 및 설명 • 책무성의 세 가지 차원 등장: 지출 선택(신중성 확인), 프로그램 관리(적절성, 경제성, 적절한 전달 체계), 정기적인 정보 확산
6. 경제의 지속가능성을 촉진하는 재정 상태 보장에 대한 강조	〈재정상태 유지를 위한 확장된 형태의 감시〉 • 재무성과를 개선 및 보장하며, 국가의 재정 상태를 유지하는 시스템 구축을 보장하는 책임(경제적 지속가능성, 자원이용의 신축성, 취약성 감소) • 프로그램 테스트: 선택된 프로그램이 합법적인 정부 기능인지를 설명하고, 공동체가 허용할 수 있는지를 설명하고 해당 프로그램이 지속적으로 수행되어야 하는지 판단

자료: Premchand(1999: 48-49).

결과'에 대한 책임으로 확장되었다. 전통적으로 재정과정에서 재정책임을 관리하는 시스템은 "누구도 신뢰하지 않는다"라는 원칙 아래에서 지출 증명과 자금 관리를 위한 절차에 집중해 왔다. 그러나 점차 창의적이고 혁신적인 공무 수행을 유도하기 위해 공무원에게 상응하는 자율권을 부여하고, 경제성, 효율성, 효과성 등 업무 결과(results)로 책임을 추궁하는 결과 지향성이 강조되는 추세이다. 현재에 이르러서는 신중한 경제관리, 경제의 지속가능성을 보장하는 재정상태 보증, 이에 필요한 재정시스템의 구축·운영까지 책임 범위가 확장된 상태이다. 이를 책무성 관계(accountability relationship) 차원에서 보면 국왕에 대한 개인적 설명책임에서 선출된 국민 대표자에 대한 설명책임으로, 그리고 지금은 국민에 대한 직접 설명책임으로 책무성 관계가 확장된 것이다.

2) 재정 책무성 관계와 책무성 도구

(1) 재정 책무성 관계: 누가 누구에게 책임을 지는가?

공공 자원에 대한 효율적·효과적 관리책임은 수입, 지출, 공공서비스 제공을 담당하는 행정부 소속기관들이 지며, 이 기관들이 어떻게 과업을 수행하는지에 대한 설명책임은 수직적·수평적 책무성 관계 속에서 이루어져 왔다. 정부 재정에 대한 책임은 전통적으로 국민-행정관료와 의회 의원, 의회와 감사기구-행정부와의 관계 속에서 설명되고 추궁되었다. 즉, 정기적인 선거를 통해서 집권 정부의 성과에 보상·제재하거나(수직적 책무성), 독립적인 국가기관, 즉 전형적으로 의회와 외부감사기구 등에 의한 감시(수평적 책무성)를 통해 이루어져 왔다. 이러한 수직적·수평적 책무성 관

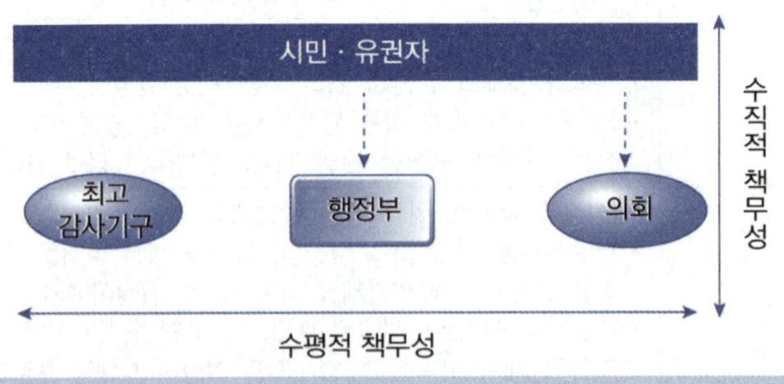

그림 2-15 재정 책무성의 기본모형

자료: De Renzio & Bouchez(2016: 13).

계를 재정 책무성의 기본모형이라 한다.

나라마다 법과 제도에서 차이가 있지만, 현대적 예산시스템에서는 특히 수평적 책임성 관계가 두드러진다. 이때 의회는 사전적 · 사후적 책무성 과정에서 중요한 역할을 한다. 예산의 형성 과정에서는 행정부가 제출한 연 단위 예산안을 의회가 검토하고 승인한다. 또한 결산과 보고 단계에서는 외부감사기구의 감사 결과에 대해서 토론하고 후속 조치를 취한다. 한편, 외부감사기구는 의회와 대개 유사하면서도 보완적인 역할을 수행한다. 어떤 나라에서는 감사기구가 조달과 인사와 같은 정부의 특정 핵심 운영 분야에 대해 사전적인 승인을 하기도 하지만, 대개 재원의 확보와 지출에 관한 정부 보고서가 신뢰할 만한 것인지, 현행 법규를 잘 준수하는 가운데 집행되었는지, 또한 정책목표는 달성되었는지에 대한 사후적 평가를 수행한다. 외부감사기구가 법원 형태인 경우에는 감사기구가 직접 부당행위에 대해 법적 제재를 가하기도 한다.

전통적인 책무성 관계에 기반한 재정 책무성 기본모형은 다음의 두 가지 특징을 가진다. 첫째, 재정 책무성에서 의회와 외부감사기구의 관계가 핵심적 역할을 하며, 특히 사후적 책무성에 관한 것일 경우에는 더욱 그렇다. 그러나 성공적인 역할 수행은 두 기구가 재정 책무성 확보에 필요한 역량과 권능을 모두 갖추고 있을 뿐만 아니라, 투명하고 포괄적인 정보 공유와 효과적인 사후조치 기제를 통해 두 기구 간에 의미 있는 협업이 이루어질 때만 가능하다. 둘째, 전통적인 재정 책무성 관계에서는 정책 형성과 집행 과정에 대한 모니터링에 시민의 참여가 아주 제한적이다. 시민은 주로 의회 의원 선거 시기에 투표권을 행사하고, 선출 의원의 임기 동안 영향력을 행사하는 방식으로 책무성 확보에 관여한다.

그러나 최근 들어 수직적 · 수평적 관계에 기반한 재정 책무성 기본모형은 여러 가지 도전에 직면하고 있다. 먼저, 재정 책무성에서 의회와 외부감사기구의 구심적 역할을 의심케 하는 여러 문제가 드러나고 있다. 2019년 OBS(Open Budget Survey)10) 보고서에서는 117개 입법기관 중 34개만이 예산 감시 기능을 수행할 만한 연구역량을 지니고 있으며, 외부감사기구의 절반 정도만이 절차에 따른 임무 수행에 필요한 자원을 보유한 것으로 나타났다. 입법기관과 감사기구의 임무 수행 역량과 권능이 매

10) OBS는 예산 분석가, 커뮤니티 조직자(community organizers), 국민을 위한 공공예산 체계 개선을 주창하는 사람들의 글로벌 파트너십인 국제예산파트너십(International Budget Partnership)이 정기적으로 실시하는 조사이다.

우 부족한 것으로 평가되었다. 더욱더 우려스러운 것은 이들 국가 중 80개국의 행정부는 감사보고서의 권고에 따른 이행조치에 관해 보고하지 않았다. 이 밖에도 여러 나라의 정치경제적 상황은 두 기구가 협력하는 데 필요한 유인과 동기를 저해하고 있었다. 동 보고서에 따르면 조사대상 117개국 중에서 최고감사기구의 감시가 적절한 수준으로 평가된 국가가 71개, 입법부의 감시가 적절한 수준으로 평가된 국가는 단지 34개에 불과하였다. 이로써 입법부와 최고감사기구를 통한 재정책임의 확보에도 여전히 많은 문제가 있음을 알 수 있다.

한편으로 재정 책무성 확보에 고무적인 현상도 발견된다. 재정 책무성 확보를 위해 더욱 적극적인 역할을 하려는 시민사회 활동가들의 요구가 커지고 있다. 복잡한 정책 이슈를 다루고, 시민의 욕구와 권익에 더 기민하게 반응하도록 시민들은 정부에 압력을 행사하기 시작했다. 지역사회, 전문가 협회, 노동조합, NGO, 그리고 종교단체들은 자신의 이익을 대변하는 광범위한 조직을 통해 정치적 의사를 표현하고 압력을 행사한다. 예산과 정책 이슈에 대한 시민사회의 관심 증가와 관여는 선거를 기다리거나, 의회와 감사기구와 같은 책무성 관련 전문기구의 개입 없이도, 정부가 시민의 요구에 직접 반응하도록 하는 사회적 책무성(social accountability) 메커니즘을 촉진했다. 사회감사(social audit), 시민 스코어카드(scorecards), 공공포럼 등이 진화 중인 사회적 책무성 확보수단들이다. 다른 한편으로는 의회나 외부감사기구가 예산 과정과 정책의 투명성 증대, 참여 확대, 책무성 강화라는 대의를 실현시킬 수 있는 협력을 모색하기 위해 접촉해 오면서, 시민사회 조직들은 수평적 책무성 확보기관에까지 그 영향력을 행사하기 시작하였다. 이러한 과정에서 미디어는 아주 중요한 협력자로서 역할을 하기도 한다.

이와 같은 시민사회의 발전은 각국의 재정 책무성 환경을 변화시키고 있다. 시민과 정부는 수평적 책무성 기구에 의존하는 기본모형을 기반으로 하면서, 사회적 책무성을 통해 선거가 아닌(non-electoral) 방식으로 수직적 책무성 기제를 개선할 수 있는 새로운 방법들을 개발하고 있다. 동시에 그들은 새로운 동반자 관계를 구축하고 있으며, 그 영향력과 존재 가치에 대해 점차 인정을 받고 있다.

[그림 2-16]에서 볼 수 있듯이 책무성 관계에서 시민사회, 활동가, 미디어 등 참여자 및 관계의 수가 증가하면, 이렇게 조성된 재정 책무성 생태계에는 서로 맺을 수 있는 동맹 조합의 수가 많아지고, 이는 예산 투명성, 참여, 책무성 강화에 긍정적으로 기여한다. 이러한 대안적 책무성 모형은 하이브리드 책무성(Goetze & Jenkins, 2001),

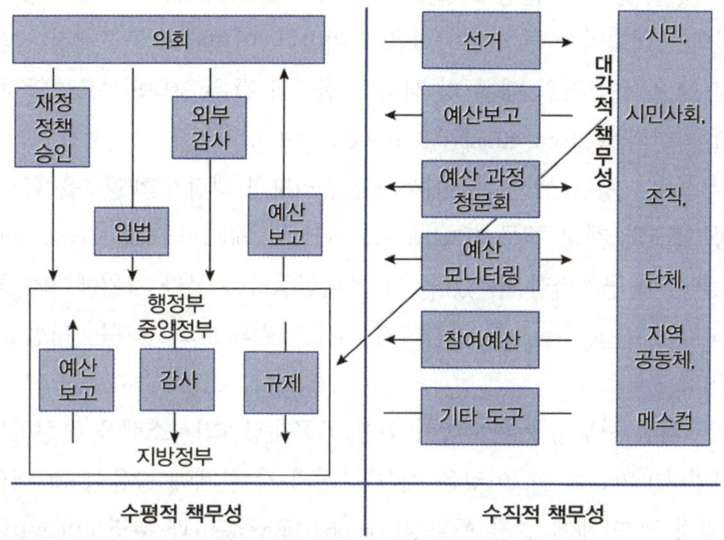

그림 2-16 하이브리드 재정 책무성

자료: Hladchenko(2016: 480)

대각적(diagonal) 책무성(Fox, 2015), 연결적 감시(articulated oversight)(Peruzzotti, 2012) 등으로 불린다.

(2) 재정 책무성 도구: 어떻게 책임을 확보할 것인가?

공적 자금의 책임 있고 생산적인 사용을 위한 재정 책무성 확보 수단은 공공지출의 전체 관리 과정에 연관하여 구체화할 수 있다. 일반적으로 예산형성, 예산집행, 결산과 보고, 외부 정밀조사와 감사의 단계로 구성된 연 단위 예산 과정과 밀접한 관련이 있으나 이러한 예산 과정을 넘어 재정 건전성을 담보하기 위한 재정상태 관리 활동을 위한 책무성 도구 또한 존재한다.

공공지출 관리는 예산 과정에서 총량재정규율(aggregate fiscal discipline)의 준수, 자원 배분의 효율성과 운영 효율성 달성을 추구한다(Campos & Pradhan, 1996; Schick, 1998). 총량재정규율의 준수는 수입과 지출 사이의 상호작용에 관한 것으로 수입과 지출 총량이 재정적자 목표에 부합하고, 지속불가능한 공공채무 수준에 도달하지 않도록 보증한다. 배분적 효율성(allocative efficiency)이란 공공자원을 전략적으로 합의된 곳에 가장 먼저 배분해야 하며, 우선순위가 낮은 것에서 높은 것으로 자원의 재배분을 촉진하는 것을 말한다. 운영 효율성(operational efficiency)은 서비스 전달에서 재정 투자의 가치의 극대화가 이루어져야 함을 의미한다. 이외에도 공공재정관리는 거시경제의 안정성, 효율적인 자원 배분 및 서비스 전달과 같은 광의의 목표 달성에 있어서 수단적 역할을 한다(Welham, Krause, & Hedger, 2013).

재정 책무성의 내용은 예산 과정에서 공공관리자의 재정적 책임성을 확보하기 위해 개발된 공공지출 및 재정 책무성(Public Expenditure and Financial Accountability: PEFA) 프레임워크를 통해 구체화할 수 있다. 이 프레임워크는 국가 차원에서의 공공재정관리(Public Financial Management)를 평가하기 위해 개발되었고, 현재는 지방정부 차원에서도 적용된다.

PEFA[11]는 재정 책무성을 확보하기 위한 공공재정관리시스템을 구성하는 핵심 요소를 제시하였다(PEFA, 2005). 이것은 예산 과정의 각 단계에 상응한 네 개의 기본 요소와 예산 과정 전 단계에 걸친 포괄성(comprehensiveness)과 투명성(transparency)이라는 공통 가치로 구성되었다. 이들 핵심 요소가 잘 구현되면 총량재정규율 준수, 배분적 효율성 및 운영 효율성 달성이라는 의미에서 예산 신뢰성이 보장된다. 한편, 이 핵심요소들은 2016년에 수정·보완되었으며 현재까지 재정 책무성 확보를 위해 공공재정관리시스템의 핵심 요소로 간주된다. 새롭게 제시된 핵심 요소는 정책 기반 재정전략 및 예산편성, 예산집행에서의 예측 가능성과 통제, 회계와 결산보고, 외부 정밀조사 및 감사, 자산 및 부채관리, 공공재정의 투명성 등이다.[12] 각 요소를 구체적으로 살펴보면 다음과 같다.

- **예산 신뢰성**: 예산은 현실적이며, 의도한 대로 편성한다. 이때 예산 신뢰성은 원래 승인된 예산액과 실제 수입과 지출의 비교를 통해 측정된다.
- **공공재정의 투명성**: 공공재정관리시스템에 대한 정보는 포괄적이며, 일관성이 있어야 하고, 사용자가 접근가능하여야 한다. 이것은 포괄적인 예산 분류, 이전지출을 포함한 모든 정부 수입과 지출의 투명성, 공공서비스 제공 성과에 관한 정보공개, 재정 및 예산 문서에 대한 접근성 보장을 통해 달성된다.

---

11) 2001년 유럽집행위원회, 국제통화기금, 세계은행, 프랑스, 노르웨이, 스위스, 영국 등 7개국이 만든 프로그램으로 참여국의 기관들의 공공재정관리시스템의 기준들을 통일시키기 위해 발족되었다.

12) 재정 책무성 체계의 구성요소는 예산 과정의 질과 개방성, 내부 재정관리 및 성과관리시스템의 적절성, 공공조달제도의 적절성, 공공회계 및 관리정보의 질, 기관회계, 감사 및 거버넌스의 적절성, 공공외부감사의 효과성 및 평가 기능, 입법부의 조사의 적정성, 시민의 정보접근권리 및 접근성, 시민단체와 NGO의 모니터링 역량 등 총 아홉 개 요소이다.

- **자산과 부채 관리:** 자산과 부채의 효과적인 관리는 공공투자가 재정가치를 제공하며, 자산을 기록하고 관리하도록 하며, 재정위험을 식별하고, 부채와 신용보증을 엄격하게 계획·승인하며 모니터링하도록 한다.
- **정책 기반 예산편성:** 재정전략과 예산은 미리 정해진 정부의 재정정책, 전략계획, 적절한 거시 정책적 추계, 재정 추계에 근거하여 준비한다.
- **예산집행의 예측성 및 통제가능성:** 예산은 효과적인 집행기준, 절차, 내부통제 시스템 안에서 집행되어, 의도한 대로 자원을 획득하고 사용하도록 한다.
- **회계와 보고:** 회계는 정확하고 신뢰성 있게 기록하며, 의사결정·관리·보고 수요에 맞게 정보는 적시에 생산되어 배포되어야 한다.
- **외부조사 및 감사:** 공공재정은 독립적으로 검토되며, 이들 독립기구의 개선 권고안에 대한 행정부의 조치는 외부기관이 사후적으로 관리한다.

재정 책무성 도구는 공공지출과 관련하여 공공관리자의 재정책임을 보장하기 위한 법적·제도적 장치를 의미하며, 예산 과정에서 설명자가 피설명자에게 지는 설명책임을 강화하기 위한 수단들이다. 재정 책무성을 확보하는 수단에는 정부 예산, 주기적으로 발표되는 공공 재정 데이터, 연차결산보고서(annual accounts), 독립기관이 작성한 조사보고서와 기타 보고서 등이 있다. 프렘찬드(Premchand, 1999)는 여섯 가지 재정관리 기능과 연관시켜 재정 책무성 확보수단을 〈표 2-8〉과 같이 제시하고 있다.

표 2-8 재정 책무성 확보수단

기능	관리도구
일반 재정상태	• 중기 재정 전략, 경제의 현 상태와 미래 방향 제시 • 발전 계획: 미래투자, 유지경비, 재정조달 패턴 • 중기 예산 계획: 현재 및 미래 정책의 미래 재정적 영향 제시 • 연간 대차대조표: 정부 재정운영 결과로서 자산과 부채의 변화 제시 • 세대 간 계정: 현재의 운영과 재정조달 패턴에서 발생하는 미래세대 부담
연간 재정관리	• 연간 예산: 수입, 지출, 부채 추계 포함 • 연간 예산 기반 정책의 승인: 연 예산안 제출 시 중기재정계획 논의 • 수입 추계: 현 정책과 새로운 정책으로부터 예상 수입 제시 • 지출 추계: 프로그램과 프로젝트에 대한 지출, 의회 승인의 기초 • 공공부채 추계: 부채조달 비용 및 부채 규모 • 원조국 및 해외원조: 기여금과 국제금융기구로부터 받은 금액
예산집행	• 자금 공여: 자금 공여 계획 • 현금 관리: 부채 동원의 촉진, 자원의 원만한 유입과 유출

	• 계약: 구체화된 계약 업무 수행 • 자금의 이월: 차 회계연도로의 자금 이월 • 기관 간 자금 이전: 정부 지출의 포트폴리오 • 인력 한도, 예산 전용: 입법부가 제한을 걸어둔 영역 • 성과계약과 지표: 서비스 제공의 법적 근거 • 추가경정예산, 반납: 할당 예산에의 추가 및 제한 • 초과지출: 한도 초과 지출
회계	• 이익처분계정: 의회 승인 예산의 처분과 예산적 의도가 완수된 정도 • 정기보고서: 정부 재정의 연내 상태 제시
평가	• 정기보고서: 프로그램의 결과와 비용-효과성 제시
감사	• 연차결산보고서: 재정 분야 행정부의 실패를 제시 • 정기감찰보고서: 선택 영역의 오용과 부정을 제시 • 성과감사: 자원사용 과정의 효율성 제시

그런데 재정 책무성 확보수단과 관련하여 다음의 사항들은 숙고해볼 필요가 있다. 첫째, 책무성 확보수단은 설명한 바와 같이 다양하지만, 모든 나라가 같은 수준으로 확보수단을 갖고 있는 것은 아니다. 많은 나라들이 연 단위 예산과 결산보고서 등 최소한의 수단만을 활용 중이며, 다른 확보 수단들에 대한 인식은 아직 매우 낮다. 둘째, 기초적인 재정 책무성 확보수단만을 활용 중인 나라, 예를 들어 개발도상국의 경우 해외의 원조국가나 국제기구와의 관계에서 추가로 재정관리에 효과적인 책무성 확보 수단의 적용을 요구받아 활용하는 경우도 빈번하다. 셋째, 재정 책무성의 다양한 측면이 여전히 보완되어야 한다. 특히, 여러 나라에서 프로그램과 프로젝트의 성과와 재정 간의 연계, 즉 재정가치 구현이 구체화되어 있지 않다. 또한 대다수 국가의 공공재정관리시스템은 여전히 지출의 경제성과 운영 효율성을 확보할 역량이 부족한 것으로 알려져 있다. 이 밖에 재정 책무성 확보수단으로서 그동안 예산집행 과정의 합법성에 초점을 맞춰왔던 부담책임(liability)에 관한 추가적 검토 또한 필요해 보인다.

3 한국 중앙정부의 재정 책무성 체계 분석

1) 중앙정부의 재정 관련 역할책임

재정관리 체계의 핵심적인 이해관계자는 국회, 재무부, 중앙부처, 감사원이며, 이 밖에 시민사회, 미디어 등 직・간접으로 관련된 이해관계자들이 상호작용하면서 견제와 균형을 통해 재정관리 체계가 효과적으로 기능하도록 한다(DFID, 2005). 국가별로 재정관리 이해관계자들 간의 역할책임은 다양한 변이를 보여주고 있는데, 이는 재정관리 체계가 해당 국가행정의 역사적 축적 과정의 산물이기 때문이다. 중앙집권적 전통을 가진 우리나라의 경우는 재정총괄기관으로서 기획재정부의 역할과 국가최고감사기구 및 내부통제기구로서 감사원의 역할이 상대적으로 강화되어 있다.

재정 관련 역할책임에 관한 논의에서 정부와 국회의 관계는 핵심적이다(HM Treasury, 2013). 의원내각제 하에서는 행정부와 의회가 서로 협력하는 형태를 갖는 반면, 대통령 중심제에서는 행정부와 의회의 권력분립이 매우 엄격한 편이다. 따라서 대통령 중심제는 의회의 행정부 재정통제 수준이 높은 경향이 있으며, 의회에는 재정 관련 정보를 수집·분석하는 인적·물적 자원을 보유하고 예산 과정에 영향력을 끼치는 많은 위원회들이 존재한다. 그럼에도 불구하고 우리나라의 경우 1960~1970년대 권위주의체제 하의 행정국가 시기에는 국회가 법률 제정을 통한 행정통제 외에 예산안심의확정권, 예비비설치동의권, 예비비지출승인권, 기채동의권, 국가부담 계약체결에 대한 동의권, 예산심사권 등 보유하였음에도 정작 법안 제안건수나 통과건수에 있어서 정부는 국회를 압도하였다. 제6공화국에 들어서야 대통령의 임기 5년 단임제, 국회해산권 폐지, 긴급조치권 제한 등 대통령의 권한을 줄이고, 국정감사권 부활, 연간회기 제한제도 폐지, 국무총리 및 국무위원 해임건의권, 청문회제도 도입 등을 통해 국회의 행정부 통제력을 강화하게 되었다.

재정 책무성과 관련한 역할분담은 법적 프레임워크 속에 담겨져 있다. 우리나라 재정 관련 법률 체계는 최상위에 헌법이 있고, 그 하위에 예산의 편성, 집행, 결산 등을 관장하는 「국가재정법」과 예결산심의 등을 관장하는 「국회법」이 있다. 이들 법률들에 의해 1년 단위 한시 규범으로서 예산 및 기금운용계획 등이 수립·운용되고 있다. 이러한 예산 관련 법제를 종합해 보면 우리나라 예산 과정은 예산안 편성, 예산안의 심의 및 확정, 예산집행과 회계검사 및 결산 승인으로 구성되어 있다. 이러한 3단계의 예산 과정은 행정부의 정부 예산안 편성으로부터 시작되어 편성된 예산안을 국회가 심의를 통하여 결정하며, 이후 정부의 예산집행이 이루어진다. 마지막으로는 국회에서 집행된 예산에 대한 결산심의를 하여 마무리되는데, 이에 따라 예산 과정은 3년의 주기를 가지고 이루어진다.

관련법에서 규정하고 있는 예산관리 및 재정 건전성 관리를 위한 역할책임을 재정상태 관리와 연간 재정관리로 구분하여 구체적으로 살펴보면 다음과 같다.

(1) 중장기 재정전략

먼저, 중장기 재정전략 측면에서는 장기재정전망과 국가재정운용계획이 핵심적인 정책 수단이다. 장기재정전망은 재정 건전성 유지를 위한 중장기 재정정책 방향 설정 및 제도개선 목적으로 도입하였다(국가재정법 제7조, 사회보장기본법 제5조). 국가재정운용계획을 국회에 제출하기 위해 첨부하는 서류 중 하나로서 전망 기간은 40 회계연도 이상의 기간을 대상으로 하며 전망 주기는 5년이고, 한국조세재정연구원에서 실무를 담당하고 있다.

그리고 국가재정운용계획은 단년도 예산편성의 한계(미시적 · 통제 위주)를 극복하기 위해 우선순위에 따라 전략적으로 자원을 배분하는 5년 단위 중기 재정전략계획으로서 매년 회계연도 개시 120일 전까지 국회에 제출하여야 한다(국가재정법 제7조). 이를 위해 기재부장관은 재정운용계획 수립지침을 당해 회계연도 전년도 12월 31일까지 각 중앙관서의 장에게 통보하여야 한다(동법 시행령 제2조).

중장기 재정전략 수립 과정에서 관련 이해관계자 간 역할분담을 RASCI 모형에 따라 정리하면 〈표 2-9〉에서 제시한 것과 같다.

(2) 국가채무 관리

국가채무 관리 측면에서는 국고채무부담행위, 국가채무관리계획, 총량재정규율 등이 핵심적인 정부 재정활동이기에 이를 중심으로 살펴보았다. 먼저, 국가가 채무부담행위를 할 때 미리 예산으로써 국회의 의결을 얻어 그 범위 안에서 채무를 부담하는 행위를 할 수 있다.

먼저, 국가가 채무부담행위를 할 때 미리 예산으로써 국회의 의결을 얻어 그 범위 안에서 채무를 부담하는 행위를 할 수 있다(국가재정법 제25조). 총사업비가 500억 원 이상인 사업은 국고채무부담행위 총규모를 예산안에 첨부하여 국회에 제출하여야 한다(동법 시행령 제14조).

한편, 국가채무관리계획의 경우 기재부장관이 국가회계 또는 기금이 부담하는 금전채무에 대하여 차입 및 상환실적, 해당 회계연도 추정액, 상환계획 등을 포함하는 채무관리계획을 매년 수립하여야 한다.

그리고 총량재정규율의 경우 GDP 대비 관리재정수지 −3%, 국가채무비율 60% 기준의 재정준칙을 법제화하기 위해 노력하고 있으나 2023년 4월 현재 국회를 통과하지 못하고 있다(이창준, 2023).

국가채무 관리 과정에서 관련 이해관계자 간 역할분담을 RASCI 모형에 따라 정리하면 〈표 2-9〉에서 제시한 것과 같다.

(3) 예산편성

기획재정부는 각 부처가 지향하고 준수하여야 할 예산편성 방향과 가치를 정하고, 각 부처의 예산요구안을 기초로 정부 예산안을 편성한다. 「국가재정법」, 「국가회계법」, 그리고 관련 법령(국가재정운용계획 수립지침, 부처별 지출한도 및 예산편성지침)은 예산편성 단계의 책무성 관계의 토대가 된다.

기획재정부장관은 예산안편성지침을 매년 3월 31일까지 각 중앙관서의 장에게 통보하여야 하고(국가재정법 제29조), 중앙관서의 장은 예산요구서를 매년 5월 31일까지 기획재정부장관에게 작성·제출하여야 한다(동법 제31조). 그리고 기획재정부장관은 예산안 편성 및 국무회의 심의 거쳐 대통령 승인을 거쳐 회계연도 개시 120일 전까지 예산안을 국회에 제출하여야 한다(동법 제32조, 제33조).

예산편성 과정에서 관련 이해관계자 간 역할분담을 RASCI 모형에 따라 정리하면 〈표 2-9〉에서 제시한 것과 같다.

(4) 예산확정

한편, 정부의 예산 과정 중 예산(결산)안 확정 단계에서 그 권한은 국회에 있으므로 「국회법」이 역할책임을 규정한다.

예산안은 상임위 예비심사(상정-제안 설명-전문위원 검토-대체 토론-소위 심사-토론 의결)를 거쳐 국회의장에게 보고되고 본회의에서 정부의 시정연설이 이루어진다(국회법 제84조). 그 후 의장이 예산결산특별위원회에 예산안과 상임위 보고서를 회부하면 종합심사(제안 설명-전문위원 검토-종합정책질의-부별 심사-찬반 토론-표결)가 이루어진다. 그리고 예결위를 통과한 예산안은 본회의 심의(상정-예결위 보고-질의 및 찬반 토론-증액 등 동의-표결-의결) 및 의결로 회계연도 개시 30일 전까지 예산이 확정되며(헌법 제54조) 대통령의 재의요구권은 인정되지 않는다.

예산 심의·확정 절차에서 관련 이해관계자 간 역할분담을 RASCI 모형에 따라 정리하면 〈표 2-9〉에서 제시한 것과 같다.

(5) 예산집행 및 결산

확정된 예산은 먼저 행정부 차원의 통제를 받으며 집행된다. 예산이 확정된 후 각 중앙관서의 장은 예산배정요구서를 기재부장관에게 제출하여야 하며(국가재정법 제42조), 기재부장관(예산실, 국고국)은 회계연도 개시 전에 예산을 배정하고 감사원에 통지한다. 기금의 경우는 각 부처가 소관 기금의 수입 계획에 따라 자체적으로 집행한다.

중앙관서의 장은 세출예산의 범위 내에서 재무관별로 예산을 재배정하며 예산배정 후 재무관의 지출원인행위(계약 등)와 지출관에 의한 자금 지급이 이루어진다(국고금관리법 제22조 등). 예산집행은 기재부장관이 통보한 예산집행지침을 따른다.

결산과 관련한 책무성 관계는 「국가재정법」, 「국가회계법」, 「감사원법」, 「국회법」에 근거한다. 중앙관서의 장이 결산보고서를 기재부에 제출(2월 말)하면, 기재부는 국가결산보고서를 작성, 국무회의 거쳐 감사원에 제출(4월 10일)한다. 감사원은 결산검사를 실시, 결산 확인 후 기재부장관에 제출(5월 20일)하고, 기재부장관은 국회에 결

표 2-9 재정 책무성 관련 법률과 역할책임

구분		관련 법률	역할책임				
			R (책임)	A (승인)	S (지원)	C (조언)	I (수요)
재정 상태 관리	중장기 재정전략	국가재정법 사회보장기본법	기재부/ 각 중앙관서	국회	지원단/ 전문조사 연구기관	재정정책 자문위원회 /재정운용 전략위원회	각 중앙관서/ 일반국민
	국가채무 관리	국가재정법	기재부/ 각 중앙관서	대통령/ 국회	전문조사 연구기관	재정운용 전략위원회	각 중앙관서/ 일반국민
연간 재정 관리	예산 편성	헌법 국회법 국가재정법 국가회계법	각 중앙관서/ 기재부	대통령	전문조사 연구기관	재정정책 자문위원회	국회/ 일반국민
	예산 확정	헌법 국회법 국가재정법 국가회계법	각 중앙관서/ 기재부	국회	국회예정처 등	시민단체 등	국회/ 중앙관서/ 일반국민
	예산 집행 및 결산	헌법 국회법 국가재정법 국가회계법 감사원법 국정감사 및 조사에 관한 법률	각 중앙관서/ 기재부	기재부/ 감사원/ 국회	전문조사 연구기관/ 예정처	감사원	국회/ 감사원/ 일반국민

산검사를 거친 국가결산보고서를 제출(5월 31일)한다. 국회는 결산심의(예비심사-종합심사-본회의 의결)를 거쳐 매년 9월 1일 정기회 전에 결산을 확정한다.

예산집행 및 결산 과정에서 관련 이해관계자 간 역할분담을 RASCI 모형에 따라 정리하면 〈표 2-9〉에서 제시한 것과 같다.

2) 중앙정부의 재정 관련 설명책임

설명책임(explanatory accountability)은 공직자 또는 공공조직이 자신의 행위나 결정을 포럼, 즉 이해관계자나 일반 공중에게 설명하거나 정당화하는 의무와 능력을 의미한다. 행위의 설명 및 정당화를 통해 개인 및 조직의 실제 행동에 의미 있는 방식으로 영향을 주는 바, 이러한 설명 과정은 지속적인 학습을 촉진하기 위해 일정한 주기에 일정한 이벤트를 발생시키는 순환적 프로세스여야 한다.

우리나라 중앙정부의 재정 책무성 체계는 행정부 차원의 책무성 체계와 국회 차원의 책무성 체계로 나누어 볼 수 있다. 행정부 차원의 관리적 책무성 체계는 예산과정에서 각 정부부처를 설명자로 하고, 기획재정부와 감사원을 피설명자로 한 책무성 관계를 기초로 한다. 예산 소요 부서인 정부부처는 관련 법규에 근거하여 기획재정부에 예산 요구, 확정예산 집행, 결산과 관련한 설명책임의 의무가 있다. 이때 설명자는 설명책임의 내용에 따라 심의회, 재정사업 평가 위원회, 정책 점검단, 감사원 등 다양한 형태의 포럼과 마주하게 된다. 한편, 국회 차원의 책무성 체계는 기획재정부와 정부부처를 설명자로, 국회를 피설명자로 한 책무성 관계에 기반한다. 정부부처와 기획재정부는 국회의 다양한 포럼(국정감사, 상임위원회, 예산결산특별위원회)에 설명책임이 있다.

여기서는 한국 중앙정부의 재정 설명책임을 재정상태 관리와 연간 재정관리를 중심으로 살펴보았다.

(1) 중장기 재정전략

국가재정운용계획의 수립과 관련하여 관리적 책무성 차원에서는 기재부장관이 지침을 마련하여 각 중앙관서의 장에게 통보하고, 각 중앙관서의 장은 재정지출을 수반하는 중장기계획 수립 시 기재부장관과 협의하여야 한다(〈표 2-10〉 참조). 기재부장관 또한 국가재정운용계획 수립 시 지원단을 설치·운영할 수 있고, 중앙관서의 장과 협의하여야 하며 관계 기관의 장에게 자료제출을 요청할 수 있다.

또한 수평적 책무성 차원에서 기재부장관은 국가재정운용계획을 국회에 제출하기 전에 재정규모, 재정수지 등 수립방향을 소관 상임위원회에 보고하여야 하지만 국가재정운용계획은 본회의 승인 사항은 아니다. 그리고 국가최고감사기구와의 대각적 책무성 차원에서 정부의 중장기 재정전략은 필요한 경우 감사 대상이 될 수 있다.

마지막으로, 국민과의 수직적 책무성 차원에서 기재부는 국가재정운용계획에 관한 의견수렴을 위해 공청회 또는 토론회 등을 개최할 수 있으며, 재정에 관한 중요사항을 매년 1회 이상 미디어나 출판물 등으로 투명하게 공표하여야 한다.

표 2-10 중장기 재정전략을 위한 설명책임

책무성 관계	설명자-피설명자(포럼)	책무성 도구
관리적 책무성	중앙관서의장-기획재정부	지침 통보; 자료제출; 협의
수평적 책무성	기획재정부-상임위	보고; 국정감사 등
대각적 책무성	기획재정부-감사원	감사원 감사
수직적 책무성	기획재정부-국민	공청회 등; 재정정보 공표

(2) 국가채무 관리

정부의 국고채무부담행위는 예산안 제출 시 첨부서류로 제출되므로 국회와의 수평적 책무성 도구가 재정 책무성 확보의 주요 수단인 것을 알 수 있다(〈표 2-11〉 참조).

국가채무관리계획의 경우에는 관리적 책무성 차원에서 기재부장관이 중앙관서의 장에게 자료제출을 요청할 수 있으며, 각 중앙관서의 장은 재정지출을 수반하는 법령안에 대해 입법예고 전에 기재부장관과 협의하여야 하고, 새로운 국세감면을 요청하는 때도 재정지출 축소방안 등을 작성하여 기재부장관에게 제출하여야 한다. 또한 수평적 책무성 차원에서는 국가가 보증채무를 부담하고자 할 때에 미리 국회의 동의를 얻어야 하고, 매년 세입세출결산과 함께 보증채무 관리 사항을 국회에 보고하여야 한다. 그리고 대각적 책무성 차원에서는 국가채무 관리에 관한 사항은 감사원의 주요 감사사항이 될 수 있다. 마지막으로, 수직적 책무성 차원에서 기재부는 국가채무 관리사항을 포함하는 재정정보를 매년 공표하여야 한다.

한편, 총량재정규율의 경우 재정준칙이 법제화가 이루어지면 국가채무 관리를 위한 강력한 관리적 책무성 수단이 마련된 것으로 국회와의 수평적 책무성 관계에도 영

표 2-11 국가채무 관리를 위한 설명책임

책무성 관계	설명자-피설명자(포럼)	책무성 도구
관리적 책무성	중앙관서의장-기획재정부	심의, 승인; 자료제출
수평적 책무성	기획재정부-국회	동의; 제출; 국정감사 등
대각적 책무성	기획재정부-감사원	감사원 감사
수직적 책무성	기획재정부-국민	재정정보 공표

향을 미칠 것으로 판단된다.

(3) 예산편성

정부의 예산편성 단계에서는 관리적 책무성 관계와 책무성 도구가 우세한 것을 볼 수 있다(〈표 2-12〉 참조). 즉, 예산편성과 관련한 재정 책무성 관계는 주로 기획재정부와 각 중앙부처 간의 행정부 차원에서 형성된다.

표 2-12 예산편성 단계에서의 설명책임

책무성 관계	설명자-피설명자(포럼)	책무성 도구
관리적 책무성	중앙관서의장-기획재정부	편성지침; 심의, 승인; 예비타당성조사 등
수평적 책무성	기획재정부-상임위	지침 보고
대각적 책무성	기획재정부-감사원	감사원 감사
수직적 책무성	기획재정부-국민	예비타당성조사 결과 공개

이를 책무성 과정별(행위 형성-정보 생산-토론 판단-결과)로 살펴보면, 먼저 행위 형성 단계에서 설명자는 정부부처의 장과 소관업무 담당 공무원이며, 대표적인 피설명자는 기획재정부이다. 설명자는 예산이 소요되는 신규 사업의 구상이나 주요 사업을 계획하고, 소요예산을 산정한다. 그리고 정보 생산 단계에서는 설명자(각 정부부처의 사업부서)는 법규에 규정되어 있는 중기사업계획서, 예산요구서(부속서류 포함) 등을 피설명자인 기획재정부에 제출한다.

또한 토론 및 판단 단계에서 설명자는 다양한 피설명자(포럼)와 마주하게 된다. 각 부처의 사업담당 과장이 설명자로서 예산실의 예산심의회에서 의견을 개진하고, 조정안에 대한 재검토 요구 등 예산조정안에 부처 의견의 반영을 위한 논의를 한다.

이후 장관협의회에서는 각 부처장관이 설명자, 기획재정부장관을 피설명자가 되어 예산반영에 대한 최종협의를 한다. 이어 당정협의에서는 기획재정부장관이 설명자로, 집권여당이 피설명자가 되어 예산안을 둘러싼 다양한 이슈에 대해 토론하고 협의를 한다. 이어 당정협의까지 거친 예산안은 국무회의 의결과 대통령의 승인을 얻어 국회에 제출함으로써 예산편성 과정이 종결된다.

예산편성 과정에서 재정 책무성은 정부부처-기획재정부-국무회의-대통령의 관리적 · 상향적 책무성 관계에 기반하며(〈표 2-13〉 참조), 정부의 예산안 확정을 위한 법규, 피설명자의 지시, 지침 시달, 설명자의 예산요구안 제출, 토론, 협의, 조정 과정으로 구성되며, 최종 결과는 정부 예산안이다. 즉, 예산편성 단계에서 재정 책무성은 합리적인 정부 예산안을 도출하기 위한 행정부 내의 조정 · 협의 기제로 담보된다.

표 2-13 관리적 · 상향적 책무성(부처-기재부-국무회의-대통령) 도구

구분	행위 형성	정보 생산	토론 판단	결과(제재)
설명자/ 피설명자 활동	설명자의 주요 사업 및 신규사업 구상	설명자의 중기사업 계획서, 예산요구서, 성과계획서/보고서, 결산보고서 제출	예산심의회, 장관협의회, 당정협의, 국무회의 (검토, 조정, 재검토 요구, 조정, 협의)	정부 예산안

(4) 예산확정

한편, 정부의 예산 과정 중 예산(결산)안 심의 및 확정 단계에서는 기획재정부장관(각 부처)이 설명자, 국회가 피설명자(각종 위원회, 본회의)가 되는 수평적 책무성 관계가 주를 이룬다. 물론 「국회법」상 예산안 공청회 개최가 의무화되어 있고(국회법 제84조의3) 중계방송도 허용되기에(동법 제149조의2), 국회와 일반국민 간의 수직적 책무성 관계 또한 명시되어 있다.

표 2-14 예산확정 단계에서의 설명책임

책무성 관계	설명자-피설명자(포럼)	책무성 도구
수평적 책무성	기획재정부-국회	예산안 설명; 출석 답변
수직적 책무성	국회-국민	공청회; 중계방송 등

이를 책무성 과정별로 살펴보면 행위 형성 단계에서는 설명자인 기획재정부와 각 부처는 「국가재정법」 제32조와 제33조에 따라 예산안을 편성하는 작업을 수행한다. 그리고 정보 생산 단계에서는 설명자인 기획재정부(각 부처)는 정부 예산안을 국회에 제출한다. 토론 및 판단 단계에서 예산의 경우는 먼저 각 상임위원회에서 정부의 예산안 설명이 있고, 이어 전문위원의 검토보고를 거쳐, 소위원회 토론, 찬반토론, 의결 등 예산안에 대한 예비심사가 이루어진다. 이때 설명자인 기획재정부장관과 각 부처 장관(소관 부서장 등)이 포럼인 상임위원회를 대상으로 질의에 대한 답변과 조정의견 등을 통해 설명책임을 이행한다. 상임위원회를 거친 조정 예산안은 예산결산특별위원회로 보내진다.

예결위 심의 과정에서 설명자는 기획재정부장관, 부처장관이며, 종합정책질의에서 나온 위원의 질의에 답변한다. 이어 부별 심사 단계에서는 경제부처 또는 비경제부처로 심사 대상부처를 나누어 질의와 답변이 이루어진다. 이어 예산안 등 조정소위원회 심사에서는 종합정책질의 및 부별 심사 과정 중에 나타난 위원들의 질의 및 요구사항과 소관상임위원회 예비심사결과를 토대로 예산안을 종합조정하고 단일의 수정안이 만들어진다. 이렇게 심의를 거쳐 마련된 예산안은 본회의에서 의결된다.

그리고 제재(결과) 단계에서는 예산의 경우 국회가 의결한 후 정부에 이송되어 대통령이 공고하며, 결산의 경우 결산의 심의 결과 위법, 부당한 사항이 있는 경우 정부 및 해당 기관에 시정요구를 하게 되고, 이들은 이에 대해 조치 후 결과를 보고하여야 한다.

다시 말해, 예산안 확정과 관련한 재정 책무성은 부처장관, 기획재정부장관과 국회(각종 위원회) 간의 수평적 책무성 관계로 특징지어진다. 이 책무성 관계에서 설명자인 기획재정부장관과 부처장관의 예산 설명, 질의에 대한 응답, 조정의견 등으로 국회의 정부 예산 확정에 기여한다.

표 2-15 수평적 책무성(부처 · 기재부-국회) 도구

구분	행위 형성	정보 생산	토론 및 판단	결과
설명자/ 피설명자 활동	예산안 편성	정부 예산안 및 부속서류 제출, 결산보고서 제출	각 상임위원회(예비심사) 출석, 예산결산특별위원회(종합 심사) 출석	국회본회의(의결) 예산확정

(5) 예산집행 및 결산

정부 예산 과정 중 예산집행 단계에서는 관리적 책무성 관계가, 결산 단계에서는 대각적·수평적 책무성 기제가 주를 이루는 것을 알 수 있다(〈표 2-16〉 참조).

표 2-16 예산집행 및 결산 단계에서의 설명책임

책무성 관계	설명자-피설명자(포럼)	책무성 도구
관리적 책무성	중앙관서의장-기획재정부	심의, 승인; 집행지침; 통지; 협의
수평적 책무성	기획재정부-국회	제출; 의결
대각적 책무성	기획재정부-감사원	회계검사; 결산검사
수직적 책무성	기획재정부-국민	타당성 재조사 결과 공개 등

예산집행 단계에서는 관료제 내에서 예산집행 단계별로 수직적 계통을 따라 보고와 결재의 형태로 진행되는 관리적 책무성 기재가 작동된다. 그리고 「국가재정법」 제4장의2(성과관리)에서는 성과계획서, 보고서의 제출 및 각종 평가에 대해 의견 및 자료제출의 형식으로 부처장관의 기획재정부장관에 대한 설명책임을 명시하고 있다. 또한 「국가회계법」은 정부의 예산집행과 관련한 회계처리와 결산보고 의무 및 관리·감독 권한을, 「감사원법」은 회계감사와 결산검사에 관한 사항을 규정하고 있다. 「국회법」과 「국정감사 및 조사에 관한 법률」은 국회의 국정감사에 관한 사항을 규정하고 있다. 이로써 예산집행과 관련하여 정부부처는 설명자로서 다양한 포럼(피설명자)와 마주하게 된다. 대표적인 포럼은 기획재정부의 평가위원회, 감사원, 국회의 위원회 등이다.

설명자와 피설명자와의 책무성 관계는 주로 재정 통제를 목적으로 평가, 감사, 조사를 통해 피설명자의 요구에 따른 해명 및 행위의 정당화가 이루어지며, 포럼에서의 판단 결과는 정부 예산안 편성, 정책 및 제도의 개선에 반영된다.

표 2-17 예산집행 관련 관리적 책무성(소관부처-기재부) 도구

구분	행위 형성	정보 생산	토론 및 판단	결과
설명자/ 피설명자 활동	예산집행 및 회계처리, 사업관리 및 성과관리	평가, 정책 점검 조사, 감사, 국정감사	해명, 정당화, 평가의견, 처분요구	예산감축, 사업폐지, 시정, 제도개선, 처벌

그리고 예산집행 후 결산 단계에서는 예산편성 시와 유사한 책무성 관계가 형성된다. 다만, 피설명자로 감사원의 역할이 두드러지게 나타난다.

정부가 감사원의 성과보고서검사 및 결산검사를 거친 결산보고서를 제출하면 소관상임위원회에서 예비심사를 한다. 예비심사를 거친 후 결산은 예산결산특별위원회에 회부되고, 여기서 종합정책질의와 부별심사, 분과위원회심사, 결산심사소위원회심사가 이루어지고 찬반토론을 통해 결산에 대한 의결이 이루어진다. 예산결산특별위원회의 심사를 거친 결산은 본회의에 부의되어 의결된다.

3) 중앙정부의 재정 관련 부담책임

정부는 관련법에 따라 예산, 기금 등 재정을 투명하고 책임 있게 관리할 책임이 있다. 행정부는 예산의 범위 및 기금의 목적 내에서 사업을 수행하여야 하고 정해진 재정 한계를 준수하여야 한다. 이를 위해 기획재정부장관은 예산 및 기금의 집행상황과 낭비 실태를 확인 · 점검한 후 필요한 때에는 집행 애로요인의 해소와 낭비 방지를 위하여 필요한 조치를 각 중앙관서의 장과 기금관리주체에게 요구할 수 있다(국가재정법 제97조). 「국가재정법」에서는 기금의 자산운용과 관련하여 손해배상 책임과 형사적 책임을 명기하고[13] 있다.

그리고 예산집행과 관련해서는 「국가회계법」 제28조에서 회계관계직원의 책임은 「회계관계직원 등의 책임에 관한 법률(이하, 회책법)」에 따른다고 규정함으로써 공무원이 예산을 관리하는 과정에서 위법 또는 불법행위를 한 경우에는 개인적으로 책임을 지도록 하고 있다. 또한 「국유재산법」 제79조[14]에서는 재산관리관의 변상책임을 규정하고 있다.

그뿐만 아니라 감사원은 「감사원법」에 따라 정부의 재정관리에 대한 회계검사나 직무감찰을 통해 변상판정, 시정 및 개선요구, 고발 등의 조치를 할 수 있으며, 결산검사를 통해 정부 재정관리의 적절성을 확인한다. 정부 재정관리에 대한 외부통제 측

13) 「국가재정법」 제84조(기금자산운용 담당자의 손해배상 책임) ① 기금의 자산운용을 담당하는 자는 고의 또는 중대한 과실로 법령을 위반하여 기금에 손해를 끼친 경우 그 손해를 배상할 책임이 있다. 「국가재정법」 제102조(벌칙) 공무원이 기금의 자산운용에 영향을 줄 목적으로 직권을 남용하여 기금관리주체 그 밖에 기금의 자산운용을 담당하는 자에게 부당한 영향력을 행사하는 때에는 5년 이하의 징역, 10년 이하의 자격정지 또는 1천만 원 이하의 벌금에 처한다.

14) 국유재산의 관리에 관한 사무를 위임받은 자가 고의나 중대한 과실로 그 임무를 위반한 행위를 함으로써 그 재산에 대하여 손해를 끼친 경우에는 변상의 책임이 있다.

면에서 국회에 비해 감사원의 강제력적 기반이 더 강한 편인데 「감사원법」에 감사 거부, 자료 미제출, 감사 방해 등에 대한 벌칙조항[15]을 두고 있다. 이는 선진국의 최고감사기구와는 달리 우리나라 감사원은 외부감사기구이면서 동시에 내부통제기구로서의 성격을 갖고 있기 때문이다.

국회의 경우 삼권분립의 원리에 따라 행정부에 대한 직접적인 처분조치를 행하기보다 예산·결산 심의승인 등의 권한을 통한 간접적 통제에 의존하고 있다. 국정감사나 국정조사를 통해 정부 또는 해당 기관에 변상, 징계조치, 제도개선, 예산조정 등 시정을 요구할 수 있으나, 이 또한 본회의 의결을 거쳐야 하기에 여당의 견제로부터 자유로울 수 없다.

한편, 재정관리의 부담책임 측면에서 예산 및 기금의 집행과 관련한 공무원의 부담책임은 다른 선진 국가들에 비해 넓은 편인데, 이는 현행 「회책법」에서 규정하는 회계관계직원의 범위가 넓어 일반공무원들이 「회책법」상의 변상책임을 광범위하게 지고 있는 상황 탓이다. 반면에, 예산 및 재정 건전성 관리 측면에서 각 부처나 재정총괄기관에게 효과적으로 책임을 물을 수 있는 장치는 미흡한 실정이다. 이에 따라 그동안의 재정개혁 조치에도 불구하고 여전히 국가재정운용계획과 예산의 연계성 미흡, 재정 건전성 확보수단의 부족 등(박정수, 2018) 문제를 안고 있다.

재정 책무성을 확보하기 위해서는 재정정보의 투명한 공개가 선행되어야 하는데 「국가재정법」 제9조에서 재정정보의 공표를 규정하고 있으나, 이 또한 재정관리에 대한 국민의 관심을 충족시키기에 미흡한 실정이다. 책무성의 핵심은 설명책임을 확보하는 데 있는데, 정보를 공개하지 않거나 미흡한 수준으로 공개했을 때 이를 강제할 수 있는 벌칙조항이 「정보공개법」에 마련되어 있지 않은 점도 재정 책무성 확보를 저해하는 요인이라 할 수 있겠다.

4 재정 책무성 분석 결과의 정책적 함의

1) 재정 책무성 체계의 환경 변화

현재 공공재정을 둘러싼 환경이 급격히 변화하면서 재정 책무성 개념은 점점 그

15) 「감사원법」 제51조(벌칙) ① 다음 각 호의 어느 하나에 해당하는 자는 1년 이하의 징역 또는 1천만원 이하의 벌금에 처한다. 1. 이 법에 따른 감사를 받는 자로서 감사를 거부하거나 자료제출 요구에 따르지 아니한 자, 2. 이 법에 따른 감사를 방해한 자(이하 생략).

중요성이 주목받고 있다(Premchand, 1999: 45). 재정 책무성이 주목을 받게 된 배경을 요약해 보면 다음과 같다.

첫째, 공공재정의 안정성이 심각하게 위협받으면서 정부의 재정관리에 대한 신뢰가 떨어졌으며 정부에 대한 불신 또한 커졌다.

둘째, 세계화가 심화되면서 불확실성이 커졌고, 정책당국은 주도적이기보다는 반응적으로 되어 갔다. 정보비대칭은 이미 정책관리자의 업무를 더욱 복잡하게 만들었고, 충분한 정보가 없는 경우 관리자가 직면하게 되는 위험은 매우 높아졌다. 이러한 정확히 식별할 수 없는 외부환경의 변화는 공공 재정관리에 큰 부담이 되고 있다.

셋째, 정부는 직접적인 공공서비스 생산 활동에서 점차 물러났고, 규제 분야에서 더욱 적극적 역할을 하고 있다. 이러한 정부의 역할 변화는 거버넌스의 변화로 이어져 재정 책무성을 더욱 복잡하게 하고 있다.

넷째, 중앙정부는 공공부채와 관련한 대규모 지출에서 점차 민간부문으로의 이전지출(사회보장지출)과 지방자치단체 또는 지방정부에 대한 이전지출로 지출구조를 변화시키고 있다. 이로써 재정 책무성 패턴에도 영향을 미치고 있다.

이처럼 공공재정을 둘러싼 다양한 환경 변화와 이에 따른 거버넌스 변화 속에서 재정 책무성의 중요성이 커가고 있지만, 공공관리자가 재정책임을 다하도록 하는 데에는 여러 가지 장애물이 존재한다.

2) 우리나라 재정 책무성 체계의 개선과제

(1) 역할책임 영역

재정 책무성과 관련한 역할책임은 우리나라의 경우 각 중앙관서, 기재부, 대통령, 국회, 감사원에 배분되어 있다.

먼저, 각 분야별로 예산의 편성 · 집행 및 결산 과정에서 설명자 역할을 담당하는 각 중앙관서의 경우 디지털예산회계시스템 등 재정관리시스템이 구축되어 예산 및 사업관리 과정이 이전보다 투명해졌지만 많은 손(many hands)의 문제로 인해 재정책임을 확보하는 것이 점점 어려워지고 있다. 권한 위임 · 위탁 등 책임의 분산에 따른 많은 손의 문제는 책무성 확보에 근본적인 어려움을 제공하고 있다. 집행전문기관의 설치 · 운영이 확산되면서 행위 주체의 명확한 책임범위와 책무성 유형에 대한 합의는 점점 어려워지고 있으며, 중앙관서의 지출 권한이 책임운영기관, 비영리기관, 지방자치단체로 이전되고, 이로써 재정조달과 지출 간의 거리가 커지면서 책무성 문제는 더욱 심화되는 추세를 보이고 있다.

그리고 예산 및 사업관리 과정에서 중앙관서에 대해서는 피설명자의 역할을 가지지만, 국회 또는 감사원에 대해서는 재정책임에 관한 대표적 설명자 역할을 담당하는 기획재정부의 경우 재정총괄기관으로서 예산편성의 독점권을 행사하고 있다. 비록 예산안을 편성하는 과정에서 기획재정부와 중앙관서 간에 지속적인 협의와 조정이 이루어지지만, 행정부 내의 예산편성 과정은 상당히 집권화되어 있다(김순량, 2011). 이는 예산 관련 정보의 독점화와 불충분한 정보공개로 행정부에 대한 불충분한 감시와 견제의 원인을 제공한다(박형준 · 김춘순, 2013: 64).

한편, 재정 책무성 관계에서 대표적 피설명자는 국회와 감사원으로, 재정 책무성을 보장하는 핵심 기구들이나 그 역할과 기능은 여러 측면에서 제한을 받고 있다.

행정부가 제출하는 예산안에 대하여 국회는 삭감과 증액의 권한을 지니고 있으나, 실제적인 예산심의의 결과가 정부안에 비하여 크게 변동되는 경우는 많지 않다. 국회는 짧은 예산심의 기간에 방대한 규모의 예산안을 심사하여야 하므로, 비록 예정처의 지원을 받는다 하여도 세부 내용의 파악과 중복예산의 확인 등 기본적인 예산심사마저 어려운 실정이다. 게다가 상당 부분의 공공지출은 법률의 보호를 받고 있어, 국회의 재정통제 권한이 제한을 받기도 한다. 또한 공공부채 운영 사안은 입법을 요구하지도 않으며, 국제 금융기관과의 협약은 입법부의 동의를 받지도 않는다. 거시경제 사안 등과 같은 분야에 대한 전문성 부족도 의회의 기능 제약의 한 원인이다.

한편, 감사원은 대통령 소속의 헌법기관으로 업무상 독립성을 보장받고 있으며, 감사원장의 임기는 4년으로 상대적으로 짧고 회계검사와 직무감찰 기능을 함께 수행한다. 재정 책무성 확보기구로서 감사원은 행정기관의 재정 운용에 대한 평가 기능이 취약하고, 예산사업에 대한 분석이 미흡하며, 결산검사보고서는 개별 지적사항 위주의 나열식으로 국회의 예산심사에 기여하지 못한다는 지적을 자주 받는다. 또한 합법성 감사에 치중하여, 개별적인 위법 · 부당사항의 지적에 중점을 두어 왔기 때문에, 정책과 사업의 경제성 · 효율성 · 효과성 점검을 목표로 하는 성과감사의 비중이 다른 나라에 비해 낮다는 지적도 받아오고 있다. 감사역량의 부족과 감사기구의 독립성 보장의 미흡도 감사의 기능이 발휘하는 데 장애가 되고 있다.

마지막으로, 우리나라에서 재정 책무성 확보를 위한 시민사회의 역할은 매우 낮은 편이다. 결산보고서와 부속서류들은 해당 회계연도의 결과들을 보여주지만 구체적인 활동과 결과, 이들 간의 관계에 대한 정보를 제공하지 않는다. 합법적으로 예산이 집행되었다 하더라도 정책 목적이 잘 달성되었음을 의미하지는 않기에 시민과 재정 감시자들은 정부, 의회가 제공된 정보만으로는 재정책임을 다하였는지를 적절히 판단할 수 없다.

따라서 효과적인 재정관리시스템 구축과 효율적인 재정 운영과 더불어 재정책임의 명확한 배분, 국회와 감사기구의 재정통제 기능의 강화, 재정정보에 대한 시민사회의 접근성 제고와 효과적인 감시는 역할책임 영역에서 개선되어야 할 필수적인 요소들이다.

(2) 설명책임 영역

먼저, 재정상태 관리 측면에서 이해관계자들은 설명책임을 소홀히 하고 있는 것으로 판단된다. 먼저, 국가재정운용계획은 본회의 승인사항이 아니기에 중장기 재정전략에 대한 수평적 설명책임이 결여되어 있고, 국가 보증채무에 대한 승인을 제외하고 국가채무관리계획에 대한 국회 승인 또한 의무화되어 있지 않다.

법적 의무사항인 '장기재정전망'의 경우 2020년 9월 공개한 내용에는 2015년 전망에서 포함하였던 사회보험별 고갈시점, 분야별 지출 증가율, 국민부담률 변화 등에 대한 상세한 자료를 누락하고 있다. 2023년 4월 현재 재정정보시스템 내에 장기재정전망 자료가 올라와 있지 않는 상태이다. 그리고 현재 운용 중인 '열린 재정'의 국민관심 재정정보에는 국가부채에 관한 별도의 배너가 설치되어 있지 않은 상황이다.

종합적으로 볼 때 국가채무를 비롯한 재정 상태에 관한 공중의 접근성이 떨어질 뿐 아니라 국회에 의한 수평적 책무성 확보장치도 결여되어 재정 상태에 대한 토론과 판단의 가능성을 떨어뜨리고 있다는 비판을 받을 수밖에 없다.

재정상태 관리에 비해 연도별 재정관리, 즉 예산 과정에서는 각 부처와 기재부가 대표적인 설명자로 각종 위원회와 감사원 등 포럼을 대상으로 예산사용의 정당성을 주장·토론한다. 그러나 이 과정에서 가장 두드러진 특징은 행정부 예산편성주의에 따른 폐쇄성과 유용한 재정정보의 부족이다.

우리나라의 예산편성 과정은 지나치게 폐쇄적이라는 지적이 많다. 예산안은 기본적으로 기획재정부가 주도하는 가운데 청와대, 국무총리실, 정부 각 부처 등 행정부 중심으로 마련된다. 비록 국회에서 예산안을 심의하는 과정을 거치나, 행정부 내 편성 과정에서 국회나 일반국민들의 참여는 매우 제한적이다. 이러한 폐쇄주의적 예산

편성 과정은 소수의 강력한 이해집단의 영향력을 강하게 반영하는 계기로 활용될 수 있으며, 전례 답습, 부처 간 나누어먹기식 예산편성 등이 반복될 위험이 높을 뿐만 아니라 행정부의 재정 관련 정보의 독점화 경향을 강화할 수 있다.

정부는 재정 책무성 확보에 필요한 각종 정보를 항상 자신에게 유리하게 관리하는 경향이 강하다. 예산 관련 보고서 중 예산안 첨부서류는 방대한 분량에도 불구하고, 개별 사업의 구체적인 운영방식, 비용정보, 성과정보는 찾아보기 어렵다. 재정 운용 결과에 대한 정보 역시 예산상 재정수지와 결산상 재정수지 간 차이만 단순히 제시하는 등 통계적 정보를 제공하는 데 그치고 있고, 재정집행 현황을 회계연도 중 재정운용 중간보고서를 통해 공개하고 있지만 변화된 재정 여건에 대한 평가 및 시사점을 설명하는 데는 한계가 있다.

정부의 의도적 정보제공 회피 외에도 유용한 재정정보의 제공을 제약하는 구조적 요인도 존재한다. 공공지출의 상당 부분이 예산 외의 재원을 통해서 조성되거나, 국방지출 등 지출 자체가 감시기구의 권한 밖에 놓여 있어 재정관리에 대한 공공관리자의 재정책임 이행을 보증할 수 없는 경우가 많다. 감사기구도 재정 가치나 정책 사업의 결과나 성과보다는 재정통제 절차에 관심을 가지고 있어, 이들 감시기구를 통해 추가적인 유용한 정보가 제공되지는 않는다.

재정정보에 대한 대국민 접근성을 높이기 위해 기획재정부가 열린 재정 홈페이지를 통해 예산 관련 통계와 보고서를 제공하고 있으나, 그 내용을 파악하기 어려울 뿐만이 아니라, 유용한 정보 또한 부족하여 국민의 재정 감시를 제약하고 있는 실정이다.

따라서 정부가 제공하는 재정정보에 대한 공개기준 및 방법에 대한 감사원의 성과감사가 필요하며 그 결과에 따라 제도 개선이 이루어져야 할 것이다. 이 밖에 장기 재정전망, 국가채무를 포함한 재정상태 관리를 위한 수평적·대각적 책무성 확보 기제가 마련되어야 한다. 이를 통해 기재부 등 설명자의 정당화 주장과 국회, 감사원 등 피설명자의 평가와 판단이 가능한 환경이 조성되어야 할 것이다.

(3) 부담책임 영역

부담책임은 책무성의 구성요소 중 '포럼에 의한 제재(sanction)의 부과'에 초점을 맞추는 것이다. 이는 크게 의무 불이행에 대한 제재, 성과 미흡에 대한 제재, 부정 및 비리에 대한 처분 등으로 구분할 수 있는데, 앞서 살펴보았듯이 재정상태 관리 면에서 의무불이행, 성과 미흡, 부정 및 비리에 대한 제재 수단이 미흡한 실정이다. 이는 관련법에 의한 역할 및 설명책임 규정이 행정부의 전략적 공간을 넓게 확보해 주고 있기 때문이다. 이 밖에 감사원이 국가재무제표 적정성에 대한 감사의견을 내지 않는 것도 원인으로 지적될 수 있다(김종일, 2020).

반면에, 연간 재정관리 측면에서는 기금관리자, 재산관리관, 회계관계직원 등에 대한 명시적 책임 규정을 두고 있고, 내부 및 외부감사의 처분요구 및 불법행위에 대한 형사처벌에 폭넓게 노출되어 있다.

따라서 재정상태 관리 측면에서는 부담책임을 포함한 책무성 확보기제의 강화가 필요한 반면, 연간 재정관리 측면에서는 책무성 과다에 따른 부작용을 완화하는 조치가 요구된다. 특히, 감사원의 국가재무제표에 대한 감사의견 표명과 함께 회계관계직원의 범위를 적절하게 조정하는 것이 필요해 보인다.

제 4 절 성과 책무성

1 성과 책무성의 개념

정부 관료 개인이나 조직은 부당하거나 합법적이지 않은 행위를 하지 않을 책무를 지니고 있으며, 이러한 책무를 위반한 경우 징계나 제재를 받게 된다. 한편, 현대 정부와 공공부문의 조직이나 조직의 구성원은 불법 또는 부당한 행위를 하지 않을 소극적 책무성만이 아니라, 국민의 요구에 대응하는 적절한 서비스나 재화를 제공함으로써 안전하고 행복한 삶을 살 수 있도록 하는 성과를 도출하는 결과적 책무성을 지닌다(Peters, 2007). 나아가 자신들이 제공한 서비스나 수행한 사업, 그리고 개발하거나 개선한 정책의 성과에 대해 객관적인 평가를 받고 그러한 성과가 기대한 대로 나타나거나 혹은 그렇지 않게 된 원인과 과정을 학습하여 향후 정부업무의 과정이나 절차, 관련 규정 등을 개선해나가야 할 책무도 가지고 있다.

성과 책무성(performance accountability)은 공공행정의 충실성이나 적법성 확보와 함께 정부 서비스 전달의 성과 개선의 중요성을 강조하는 개념으로, 정부 재정 사용이나 정부 정책의 실행에 있어서 수행 과정이나 행위상 적법성에 대한 설명의 의무만이 아니라 정부 재정의 사용이나 정부 정책수행 결과로 나타난 성과, 나아가 그렇게 성과가 나타나게 된 원인에 대해 설명하도록 한다. 과연 정부나 공공기관에 의해 투입된 자원과 수행된 활동이 원래 의도했던 성과를 거두었는지, 정책 계획 시 예측한 바와 다르게 나타난 부분은 없는지, 그러한 성공과 실패는 어떠한 요인으로 설명가능한지에 대해서 파악하고 이에 따라 개선책을 모색하고 설명하는 책무도 가지고 있는 것이다.

공공 분야의 거버넌스와 책무성에 관한 시리즈를 발간한 세계은행의 샤 등(Shah et al., 2007)의 보고서에서는 성과 책무성에 대한 관심의 중요성을 강조하면서 시대의 변화에 따라 회계의 정확성과 정부업무 수행의 합규성에 초점을 두는 전통적 방식의 책무성 체계에서, 정부업무 수행의 결과에 대해 초점을 맞추는 성과중심적 책무성 체계로 전환되어야 함을 주장한다.

이러한 주장에 대한 뒷받침으로 이들은 전통적 방식의 책무성 체계에 대해 다음과 같이 비판한다(Peters, 2007). 우선, 전통적 방식의 책무성 체계는 정부조직이나 관료의 업무 수행 결과로 나타난 성과를 살피기보다는 예외적인 상황이나 사건에 집중하면서 업무 수행에서 발생한 실수나 오차에 대해 정치적인 수치감이나 제재, 혹은 징계를 하는 것에 집중한다. 이러한 상황에서는 정부업무 수행의 문제점이나 개선이 필요한 점에 대한 솔직한 토론이 어렵다. 또한 전통적인 책무성의 논리는 개선보다는 처벌에 근거한다. 따라서 전통적 방식의 책무성 체계는 정부업무 수행의 결과에 대한 객관적 분석보다는 정치적인 관여 기능에 더욱 의지하게 되면서, 업무 수행상의 문제점을 찾아내고 개선하고자 하는 노력보다는 정치적 관료의 비위나 실책을 드러내는 것에 집중하게 된다. 이와 같이 책무성의 판단기준이 정치적인 상황에 따라 변동하게 된다면 굳이 정부의 성과나 산출물의 측정에 관심을 둘 이유가 없으며, 주관적 기준의 적용이 보다 빈번해질 것이다. 이러한 상황에서는 정부 정책이나 사업의 효과성을 정확하게 평가하기 위해 필요한 정보를 수집하는 것이 중요하지 않게 된다(Peters, 2007).

한편, 1980년대에 들어와 전통적인 개념의 정부 시스템은 신공공관리(NPM)의 방향성 하에 새로운 체계로 전환되면서 정부업무의 주요 목표를 국민에게 유용한 서비스를 제공하는 것에 초점을 두고 성과에 기반하여 예산을 관리하는 체계로 재정비되었다. 정부 시스템이 보다 효율적이고 효과적으로 운용되고 자원의 배분이나 정책결정의 책무성이 보다 강화되면 조직의 성과가 개선될 수 있다는 기대에 따라 공공부문에서 업무 수행의 효과성과 효율성의 제고에 대한 부담이 증가하게 되었고, 정부에 대한 국민의 신뢰를 회복하는 중요한 요인으로 업무 수행의 결과로서 성과 측정과 평가의 중요성이 강조되기 시작하였다.

이와 같이 전통적 의미의 책무성 체계의 초점을 정부관료나 조직이 맡겨진 임무를 태만히 하거나 비위나 부패에 관련되는 경우 그에 대한 징계나 처분을 하는 수단과 과정에 두었다면, 성과 책무성의 관점에서는 책무성에 대해 보다 포괄적이고 목적지향적인 방식으로 접근하면서 정부가 시민을 위하여 업무를 충실히 수행하고 그 결과로 나타난 성과를 판단하는 것의 중요성에 주목하게 된 것이다. 이 경우 정부가 실제로 목표로 하고 계획했던 재화나 서비스를 생산하고 전달하였는지, 그래서 국민의 삶이 향상되는 성과가 있었는지를 측정하고 판단하는 것이 중요해진다. 나아가 그러한 성과를 도출하지 못한 경우 그 원인을 파악하여 향후 정책의 계획이나 실행에 있어서 개선되어야 할 사항을 찾아내고자 하는 노력이 중요해질 것이다. 따라서 성과책무성 체계는 정부가 목표를 달성하기 위해 만들고 실행한 계획, 활동, 업무성과 등에 대해 자료를 수집하고 평가하며 판단하고 이러한 증거에 기반하여 피드백을 제공하는 활동들을 포함하며, 이러한 관점에서 정부나 공공기관은 목표한 성과를 달성해야 하는 책무성뿐 아니라 정부업무 수행으로 발생한 성과에 대한 피드백을 통해 실패나 성공의 원인을 학습하고, 향후 계획과 활동에 이를 반영함으로써 개선해나가야 할 책무가 있음을 강조한다.

이와 같이 성과 책무성을 강조하는 접근에서는 정부가 업무를 계획하고 실행하면서 성과를 도출하는 과정이나 절차에서 발생한 오류를 찾아내고 이를 수정하며 정부정책결정이나 그러한 결정에 따르는 업무 수행방식, 그리고 국민에게 제공되는 서비스의 품질을 개선하도록 하는 기제로 책무성 체계를 정의한다. 그리고 책무성 체계의 목적은 정부조직이나 공무원이 목표로 했던 최고의 성과에 이르지 못하거나 실행과정 중 오류가 있었다고 하더라도 정치적이나 개인적인 제재나 처벌을 위한 빌미로 삼는 대신, 학습과 개선의 계기와 근거가 될 수 있어야 함을 강조한다.

2 성과 책무성의 주요 내용

성과 책무성의 주 내용은 신공공관리적 접근에 포함된 주요 요소나 기본 전제와 밀접하게 관련되어 있다. 신공공관리의 주요 구성요소는 분할(disagreegation), 경쟁(competition), 인센티브를 사용한 동기부여(use of incentives) 등으로서 이러한 구성요소를 적용하여 실제 정부업무를 수행하는 관료나 조직이 도출하는 성과를 측정하기 위한 기준을 제시하고, 적정한 산출물 관리를 위해서 민간 분야에서 사용되는 성과관리 기술을 공공부문에서도 적용하게 된다(Lægried, 2014). 나아가 수직적이면서 수평적인 전문화, 계약관리, 시장 지향성, 서비스에 대한 강조 및 이용자 참여, 비용 절감 등의 방법을 적용하면서, 관리적 자율성, 사후적 통제에 가중치를 주고 정책적 자율성이나 사전적 관리/통제는 상대적으로 비중을 약하게 둔다. 특히, 정책에 대한 결정과 관리 및 실행(administration and implementation)을 분리함으로써 정책결정 이후 이루어지는 집행에 관해서는 권한 위임을 하거나 계약을 통해 책무성을 이양한다고 본다. 경제학적 기반의 조직론에 기반하여 계약, 재정적 성과, 시장적 해결방안 등에 초점을 두는 동시에 관료제 관리에 대한 관심 또한 있어서 서로 다른 두 분야의 이론이 혼합되어 나타나며, 이때 계약주의는 중앙화의 경향이 있으나 관료/관리주의는 분권화의 경향이 있어 자율성과 중앙통제의 요소를 모두 가지고 있다(Lægried, 2014).

따라서 정부업무의 성과에 대한 평가가 이전에는 법, 규범이나 규제에 대한 순응의 정도와 같은 투입과 절차에 초점을 두었다면, 성과 책무성이 부각되면서 이와 같은 공공업무를 수행하기 위한 행위의 적절성에 관련된 규칙 준수와 감독의 접근에서 확장되거나 전환되었고, 업무 수행의 결과로 전달된 산출물과 도출된 성과에 초점을 두게 되었다. 특히, 정부업무의 이양, 민간과의 협력이 증가함에 따라 업무 수행 절차의 준수만을 강조하기보다는 그러한 협력과 이양의 결과로 나타난 성과에 집중하게 된 것이다.

책무성을 설명하는 주요 이론 중 하나인 주인-대리인 관점에서 볼 때에도 기존의 책무성 확보기제가 주로 처벌이나 제재에 치중되어 있는 경우, 주인(principal)은 승진의 기회, 자원의 제공, 예산 삭감 등 다양한 제재 기제를 대리인에게 적용하면서 주인으로서의 역할을 한다고 보는 반면(Han, 2020), 성과 기반 책무성 체계에서의 주인은 공공부문 업무 수행의 성과를 도출하고 적절하지 못하거나 비효과적인 성과를 도출할 수 있는 행동이나 의사결정을 하지 않도록 하는 동기부여를 한다고 본다(Han & Hong, 2019). 이러한 경우 에이전트(대리인)는 적법성이나 성실성 기준만이 아니라, 자신이 도출한 성과의 크기나 중요성에 따라 주인으로부터 보상이나 제재를 받게 된다. 이러한 경우, 대리인은 외부적인 인센티브에 따라 긍정적인 성과를 만들어내고 부정적인 결과는 피하고자 하는 행위를 하게 되는 데, 따라서 주인은 다양한 인센티브 구조를 통해 통제를 하고 순응을 확보함으로써 대리인이 성과를 최대한 도출할 수 있도록 미래 행동에 영향을 미치고자 한다.

한편, 롬젝(Romzek, 2000)은 행정의 성과를 판단하는 기준이 업무의 성격과 행정 단계별로 차별화되며 적용되는 책무성의 유형 또한 달라질 수 있음을 지적하였다([그림 2-17] 참조). 롬젝(Romzek, 2000)은 우선 책무성의 유형을 계층적, 법적, 정치적, 전문적 책무성으로 유형화하고, 투입물에 초점을 맞추는 계층적 책무성, 절차에 초점을 맞추는 법적 책무성, 산출물과 관련된 정치적 책무성, 그리고 성과는 전문적 책무성의 영역으로 개념화하였다. 여기서 계층적 책무성은 가장 정형적이고 일상화된 업무와 관련된 책무성으로 행위자의 판단 영역이 담당자가 자신에게 주어진 시간, 노력, 재원 등을 얼마나 효과적으로 효율적으로 사용했는가로 제한된다. 행위자가 업무를 처리하는 절차의 적법성에 대해 초점을 두고 평가하는 경우에는 법적 책무성의 영역이 되는데, 이 경우도 해당 업무는 비교적 일상화, 루틴화된 업무이고 행위자의 판단 영역이 제한적이며 주로 법령이나 규정이 판단기준이 된다. 정치적 및 전문적 책무성은 보다 비일상적이고 비정형화된 형태인데, 이 경우 이해관계자(시민, 고객 등)에 대한 대응성, 예컨대 고객만족도 등이 주요 판단기준이 된다. 행정관리 전략이 주로 결과 및 영향에 맞추어지게 되는 경우 전문적 책무성 관계가 두드러지게 되는 데, 이때 행위자의 판단영역이 가장 넓어지고 전문성의 적용이 필요해지게 되기 때문이다. 예를 들어, 포괄보조금(block grant)의 경우 이러한 재원의 적절한 사용, 그리고 그로 인한 대민서비스 전달의 성과를 제고하기 위해서는 행위자의 높은 수준의 판단과 전문성에 의존하게 될 것이다.

롬젝(Romzek, 2000)은 이와 같이 투입물과 절차에 대해 강조하는 방식에서 산출물과 결과에 대한 관심으로 이동하는 것은 행정개혁의 수사(rhetoric)에서 종종 나타나는 것으로 해석하였다. “형식주의를 타파하라. 직원들에게 권한을 부여하고 결과를 강조하라. 그리고 고객을 기쁘게 하라.” 등의 구호가 행위자의 판단 영역을 넓히고 유연성을 허용하게 된다고 보았다. 이러한 현상은 통제적 모델에서 벗어나 동기부여, 집단

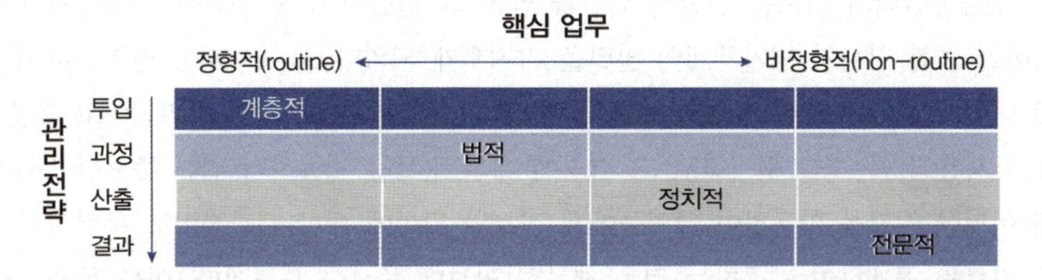

그림 2-17 이상적 책무성 정렬: 핵심 업무별 관리전략

성과를 인정하고 격려하는 접근으로 이동하는 것(Lane, 1994: 39)으로 해석될 수 있다.

공공부문의 성과에 대해서는 행정의 단계별 관리전략에 따라 투입 지향적 성과(투입 예산, 지원 역량의 조합, 보수, 관리 · 감독 계획), 절차 지향적 성과(문서 작업과 소통의 원활성, 규정과 의무 준수 정도), 산출 지향적 성과(전달된 서비스나 제품의 양적 · 질적 수준), 결과 지향적 성과(산출물로 인해 변화 · 달성된 결과, 특히 고객, 납세자, 시민 등의 요구를 만족하는 정도)로 나누어 설명되기도 한다. 이와 같이 성과 책무성의 관점에서도 공공업무의 진행 단계에 따라 투입, 과정, 산출, 그리고 최종 결과에 이르기까지 다양한 유형의 성과에 대해 판단할 수 있으나, 성과 책무성의 체계에서는 대체로 업무를 계획하고 수행하는 절차와 과정에 대한 책무성, 공정성, 형평성, 불편부당성, 재정 책무성보다는 업무를 집행한 이후 나타나는 결과와 영향에 대한 책무성에 대한 관심이 더 집중된다고 할 수 있다. 즉, 정부업무의 결과, 성공과 실패를 판단하고 이에 대한 원인을 파악하는 것의 필요성을 강조하며, 정부나 공공기관이 국민을 위해 투입된 자원을 활용하여 어떠한 산출물을 생산했는지, 그리고 도출된 성과는 무엇인지를 파악할 필요에 초점을 두게 된 것이다(Peters, 2007). 성과 책무성에 대한 정보를 공유함으로써 국민들은 정부업무의 성과에 대한 평가에 근거하여 정치적 선거에서의 투표 행사 등을 비롯한 정치적인 선택을 하는 데 필요한 정보를 얻을 수 있게 된다. 즉, 성과 책무성은 사회의 발전 방향과 정치적 방향성에 필요한 정보를 제공하고 나아가야 할 방향을 설정하는(steering) 역할을 수행할 수 있다(Peters, 2007). 그러나 이 경우에도 단기적인 정보에만 집중하게 되면 장기적 차원에서의 성과에 대해서는 간과할 수 있는 위험성에 대해서 유의해야 한다.

3 성과 책무성 확보 수단

신공공관리의 기조는 권한의 위임과 함께 그 권한의 수행 성과를 측정하거나 관리하기 위한 감사와 평가체계의 발달을 가져오게 되었다(Hood, 1991). 정부업무 수행에 대한 감사와 평가는 정부의 재원이 어떻게 사용되었는지, 과연 효과적이고 효율적으로 사용되었는지를 평가하고 그 결과에 대한 정보를 제공하기 위한 중요한 도구인데 이러한 수단을 활용하여 국민들에게 정부의 활동에 대한 객관적이고 독립적인 실증 자료를 공개하여 제공하는 것은 책무성 확보에 중요한 도구이다. 이를 통해 약속한 성과를 내지 못한 정부 관료나 기관에 대해서는 그 잘못을 폭로하는(naming &

shaming) 공식적 기제로서 작동하게 된다.

정부업무의 성과에 대한 정보공개의 전제조건은 시민사회가 공개된 정보에 대해 충분히 신뢰할 수 있어야 하고 공개된 결과의 의미를 제대로 이해할 수 있는 역량을 갖추고, 독립적이면서도 공식적인 정부기구가 그러한 성과측정 및 평가 결과에 대해 책임 있게 대응하고, 그에 따라 정부업무의 효율성이나 효과성의 변화가 발생할 수 있도록 한다는 것이다(Peters, 2007). 만약 이러한 결과에 대해 대중이나 정부기관이 제대로 이해하거나 신뢰하지 않게 되면 그러한 성과측정이나 평가도구는 책무성 확보를 위한 역할을 하지 못하는 상황을 맞게 될 것이다.

1) 성과측정 및 평가체계

정부업무에 대한 효율적이면서 지속적인 평가체계는 성과 책무성 확보를 위한 핵심적인 메커니즘이자 책무성 확보도구이다. 성과측정은 정부가 행하는 정책・사업에 대한 지속적인 진단의 결과를 책무성으로 전환하는 도구로서 정부업무의 성과에 대한 측정체계와 핵심성과지표(KPI)는 공공부문에서의 업무 성과를 측정하는 기준을 제공하며, 정부업무의 성과를 정치적인 판단이 아니라 보다 일관성이 있고 예측가능한 체계적인 방식으로 평가할 수 있게 한다. 이처럼 성과측정 및 평가체계는 공공부문의 성과를 측정하기 위한 수단이자 메커니즘으로서 정치적 판단을 넘어서는 제도적 역할을 수행한다는 점에서 의의가 있다. 피터스(Peters, 2007)는 이와 같은 성과측정 및 평가체계가 정부업무의 효과성과 결과를 보여주는 기회를 제공하며 정부가 좋은 성과를 거두게 되는 경우 국민의 신뢰를 제고하는 중요한 기제가 된다고 하였다. 나아가 문제점을 찾아내고 그 원인을 파악함으로써 정부업무를 개선할 수 있는 기회의 제공할 수 있다.

피터스(Peters, 2007)는 성과 책무성 확보를 위한 논리와 절차를 다음과 같이 여덟 개의 단계로 제시하였다.

① **기대하는 성과에 대한 개념화**: 조직이나 정부가 하고자 하는 사업의 궁극적 목적(성과)이 무엇인지에 대해 개념화하는 절차를 의미한다.

② **산출물에 대한 개념화**: 성과를 도출하는 중간 단계에서 발생하는 산출물에 대한 개념화로서, 예컨대 교육 분야에서의 성과를 도출하기 위해서는 중간 산출물로서 교육프로그램에 참여한 학생 수, 학생들의 만족도 등의 산출물이 발생

한다.

③ **효과적인 측정체계의 개발**: 성과나 산출물을 정확히 측정하기 위한 체계적 측정도구와 시스템 개발이 필요하다.

④ **산출물과 성과의 연계**: 산출물과 성과 간의 인과관계를 구축하는 단계로서, 정부사업의 산출물이 항상 계획하거나 의도한 성과를 도출하는 것은 아니며, 따라서 인과관계를 정확히 파악할 수 있는 인과모델이 필요하다.

⑤ **적절한 기준의 설정**: 측정기준의 정교화가 필요하며, 기준의 타당성과 신뢰성을 확보하는 것이 중요하다.

⑥ **적절한 성과지표의 설정**: 운영된 정부 프로그램이나 사업이 어느 기간 동안 얼마만큼의 개선을 가져와야 적절한 성과로 간주될 수 있는지에 대한 기준을 설정한다.

⑦ **책임에 대한 정의**: 전통적인 유형의 책무성에서 성과 중심적 책무성으로 변화하게 되면서 지적과 비난의 접근보다는 통합적인 성과에 초점을 맞추게 된다. 그럼에도 불구하고 일정 수준의 역할 정립과 책임을 부담케 하는 것은 필요하다.

⑧ **투입과 산출 간의 연계**: 과거에는 재원의 분배 자체에만 초점을 두었으나 성과 중심의 책무성은 재원의 배분이 산출이나 성과와 어떻게 연계되는지에 대해 이해하고 보다 나은 성과를 도출하기 위한 방향으로 재원을 배분하는 것이 중요해진다.

나아가 피터스(B. G. Peters)는 성과 책무성의 실질적 실행방안으로 성과측정 및 평가체계의 구축요소를 다음과 같이 제시하였다(Peters, 2007: 21-22).

① **실행기관의 선정**: 모든 사업이나 정부부처에서 적용하기보다는 분석적 역량과 정치적 환경을 갖춘 일정 부서나 기관을 선정하여 성과에 대한 측정과 평가를 실행한다.

② **측정지표**: 측정지표를 엄선한다. 초기에는 한 개의 핵심 성과지표에서 시작하는 것도 유용하다. 사실상 모든 측정지표는 각기 단점을 가지고 있어서 이러한 단점을 최소화할 수 있고, 정부사업의 목표를 최대한 반영하는 지표에서 시작하는 것이 바람직하다. 반면에, 소수의 지표에 계속 집중하는 경우 사업의 방향이 선정된 지표에만 맞추어서 진행될 우려가 있어서 점차 복합적 지표체

계로 확장하는 것이 필요하다.

③ **대상사업의 선정:** 국민의 복리 증진에 중요하면서 산출물과 결과가 명확하게 나타나고 측정가능한 사업을 선정하는 것이 중요하다. 적절한 수준의 노력을 들이면 개선가능한 사업을 대상으로 선택하는 것도 유용하다.

④ **협력적 노력:** 측정지표와 도구에 대한 협상 및 협력적인 노력이 요구된다.

⑤ **목표치의 현실적 설정:** 사업 초기에는 목표치를 현실적으로 설정하는 것이 바람직하다.

⑥ **절차의 투명성:** 성과측정 및 평가 과정은 투명하게 진행됨으로써 평가의 정당성을 확보하도록 한다. 또한 향후 평가 결과를 통한 학습의 과정에서도 이러한 투명성은 유용하다.

⑦ **학습 과정의 계기 제공:** 성과측정 및 평가의 과정은 단순히 책임의 추궁에만 끝나는 것이 아니라 개선과 발전을 위한 학습 과정의 발단 및 자극을 제공하여야 한다. 이러한 학습효과를 위해서는 성과측정의 결과를 투명하게 공유하고 피드백을 제공하는 것이 필요하다.

2) 성과감사

성과측정을 통해 정부의 책무성을 제고하기 위해서는 정부업무 수행의 성과에 대한 평가와 감독이 필요하며 이러한 수단 중 하나가 성과감사(performance auditing)이다. 성과감사는 효과성, 경제성, 능률성의 원칙에 기반하여 정부업무, 제도, 운영, 활동, 조직 등에 대한 독립적이고 객관적이며 신뢰할 만한 검증과 감독을 수행하고 개선사항을 도출하는 것을 목적으로 한다(INTOSAI, 2019).

성과감사는 정부 프로그램이나 활동의 효과성, 경제성, 능률성을 평가하기 위해 정책이나 프로그램 수행의 과정이나 성과를 체계적이고 객관적으로 진단하는 과정이다(Waring & Morgan, 2007). 또한 해당 프로그램이나 활동에 대한 모니터링 시스템을 개선함으로써 책무성을 진작하고 자원의 보다 효과적인 사용방안을 개발하고, 생산성을 증진하고 결점이나 불규칙성을 수정하는 것을 목적으로 한다(Mohammadi & Heidari, 2013). 따라서 공적 자원을 활용함에 있어 책임 있는 거버넌스를 구축하는 데 중요한 기초석으로서의 역할을 한다. 정부 사업이 그 범위나 복잡성이 지속적으로 증가하면서 공공부문에서의 감사는 계속 진화하며 기존의 단순한 재무 감사나 합규성 감사에서 정책결정을 지원하기 위한 성과감사로 그 감사범위를 확장해 나가고 있다. 감사의 역사적 변천 속에서 성과감사는 다른 유형의 감사에 비해 비교적 최근에 활발하게 실시되고 있는데, 이는 정부업무에 대한 평가가 투입과 활동에 대한 평가에서 산출물과 성과에 대한 평가로 초점이 이동되는 것과 맥락을 같이한다.

공공부문이나 정부의 책무성 수행에 관한 최고감사기구의 성과감사는 국제감사기구(INTOSAI)와 같은 국제기구의 원칙에 기반한다. 성과감사의 중요한 기능 중 하나는 조직의 실제 성과와 설정된 벤치마크나 기준 사이의 차이점을 드러내는 것인데, 이 차이를 확인하게 되면 조직은 전략적으로 재조정의 필요성을 인식하게 되고, 이에 따른 개선의 권장 사항도 제공하게 된다. 한편, 투명성은 성과감사가 초점을 맞추는 또 다른 주요한 부분이다. 이 감사 결과는 대부분 대중에게 공개되는 보고서 형태로, 이를 통해 국민, 국회, 기타 이해관계자에게 정부조직이나 공공부문 업무 수행의 성과를 명확하게 알릴 수 있다. 이런 투명성은 조직이 공적으로 감시받는 구조 내에서 활동하게 하며, 이는 지속적인 책임감을 보장하는 핵심 요소로 작용할 수 있다.

한편, 성과감사의 정기적 수행은 조직 내에서 지속적인 개선을 추구하는 문화를 조장한다. 이렇게 형성된 문화는 조직이 성과표준을 유지하거나 향상시키기 위해 지속적으로 노력하도록 독려한다. 마지막으로, 성과감사는 단순한 평가도구를 넘어, 조직을 더 높은 책임감과 성찰의 방향으로 이끄는 중요한 정책도구이다. 이러한 감사의 체계적 접근법과 결과적인 투명성은 정부나 공공부문의 조직이 지속적으로 그들의 사명과 가치에 부합하도록 하며, 이해관계자에 대한 책무성을 강조하게 된다.

국제감사기구표준(ISSAI)에서 제시하는 일반 지침에 따르면 성과감사는 다음과 같은 절차를 통해 수행된다. 먼저, 계획 단계는 감사의 범위, 목표 및 전반적인 접근방식을 세심하게 정의해야 하는 기본 단계이다. 이 단계에서는 잠재적인 기준을 고려하면서 중요한 감사 영역을 정확히 파악하는 것이 가장 중요하다. 이 과정에는 적절한 데이터 소스를 식별하고 엄격한 분석 기법을 선택하는 것도 포함된다. 계획 수립 후에는 위험 평가가 수행된다. 이 단계에서는 비효율성 또는 비효과성이 발생할 가능성이 높은 영역을 비판적으로 평가하는 것이 특징이다. 이러한 평가를 통해 자원을 적절히 배분하고 잠재적인 우려 영역을 사전에 해결할 수 있다.

다음은 데이터 수집 단계인데 이 단계에서는 다양한 출처에서 증거를 수집하는 다각적인 접근방식이 채택된다. 여기에는 공식 문서와 구조화된 인터뷰부터 현장 관찰과 광범위한 설문조사에 이르기까지 다양한 방법이 적용된다. 데이터가 수집되면 분석 단계가 시작되는 데 분석을 통해 얻은 인사이트를 바탕으로 권장사항이나 조치사항을 제시한다. 이러한 권장사항은 단순히 이론적 구성이 아니라 효율성, 효과성 및 전반적인 경제성을 향상시키기 위한 실행가능한 지침으로 구성되어야 한다. 완성된 감사보고서는 결론 및 권고사항을 감사대상기관과 이해관계자에게 명확하고 편견이 없는 방식으로 전달하는 것이 필수적이다. 이후, 후속 단계에서는 권고사항이 방치되지 않도록 감사대상기관의 후속 조치를 적극적으로 모니터링하여 제시된 권고사항이 단순히 고려되는 데 그치지 않고 적절하게 실행되도록 한다.

4 한국 정부의 성과 책무성 체계 사례: 정부업무평가체계 분석[16)]

1) 정부업무평가의 실태

우리나라의 정부업무평가제도는 1960년대 초에 심사분석제도로 출발하여 1990년대 중반에는 심사평가(심사분석+정책평가), 1990년대 후반(김대중 정부)에 기관평가, 2000년대 중반(노무현 정부)에 통합 정부업무평가제도로 정착하여 현재에 이르고 있다.

현행 정부업무평가의 구성체계 및 평가부문 등은 〈표 2-18〉과 같다. 중앙행정기관을 대상으로 하는 정부업무평가는 크게 세 가지로 구성되는데, 특정평가, 자체평가, 개별평가이다. 특정평가는 국무총리가 중앙행정기관을 대상으로 '주요 정책', '규제혁신', '정부혁신', '정책소통', '적극행정' 분야에 대해 평가하는 것을 말한다. 그 중 '주요 정책'에 대한 평가가 가장 비중이 높으며, 이행노력, 목표달성도, 정책효과, 국민만족도로 평가 항목이 구성되어 있다. 특정평가 결과는 국정성과 점검 외에도 각종 포상의 근거 및 각 기관의 자체평가에도 반영되므로 기관의 책임성 제고를 유도한다. 자체평가는 46개 중앙행정기관이 기관장 책임 하에 소관 정책 등을 스스로 평가하며, 그 평가 결과는 정책 · 조직 · 예산 · 인사 · 보수 등에 반영된다. 자체평가의 평가 항목은 '주요 정책', '재정사업', '행정관리역량'으로 구분되며, 각 기관이 평가계획을 스스로 수립한다. 재정사업 항목은 '일반재정사업', 'R&D', '재난안전', '균형발전', '일자리', '중소기업'으로 세분화되어 있으며, 행정관리역량은 '조직', '인사', '정보화'로 세분화되어 있다. 개별평가는 27개 분야에 대해 그 분야를 주관하는 중앙행정기관이 다른 행정기관이나 소속기관의 관련 사업과 정책 등을 평가한다. 예를 들어, '재정지원 일

16) 이 내용은 박희정(2017)을 주로 참조하여 수정 · 보완하였다.

표 2-18 정부업무평가의 구성 및 평가부문

구분	유형	평가부문	평가총괄기관	비고
중앙행정기관 평가	자체평가	주요 정책	국무조정실	자체평가위원회
		재정사업	기획재정부, 과기부 등	
		행정관리역량	행정안전부, 인사혁신처	
	특정평가	주요 정책	국무조정실 등	정부업무평가 위원회
		규제혁신		
		정부혁신		
		정책소통		
		적극행정		
	개별평가		기획재정부장관 등	–
지방자치단체 평가	합동평가		행정안전부장관 및 중앙행정기관장	지방자치단체 합동평가위원회
	개별평가		중앙행정기관장	–
	자체평가		지방자치단체장	자체평가위원회
공공기관 평가	7개 법률에 의한 평가		기획재정부장관 등	–

자리사업평가'에 있어서는 고용노동부가 다른 중앙행정기관 및 지방자치단체에서 실시하는 재정지원 일자리사업의 성과를 평가한다.

지방자치단체 평가는 합동평가, 개별평가, 자체평가로 구성되는데, 합동평가는 국가위임사무 등에 대해 행정안전부장관이 관계 기관장과 협의하여 17개 광역지자체를 대상으로 실시하고, 개별평가는 합동평가가 곤란한 국정 주요 시책을 대상으로 관련 중앙행정기관장이 정부업무평가위원회 협의를 거쳐 광역 및 기초지자체를 대상으로 실시하며, 자체평가는 지방자치단체장이 소관 정책·사업을 스스로 평가한다.

공공기관 평가는 공공기관 책임경영체제 확립, 공공서비스 증진 등을 위해 공공기관의 운영에 관한 법률 등 7개 법률에 의해 지도·감독 기관의 장이 실시하고 있다. 그 중에서 공공기관 경영평가대상기관은 2022년 기준으로 〈표 2-19〉와 같으며, 공기업의 경우 경영전략 및 리더십, 사회적 가치 구현(일자리 창출, 균등기회 및 사회통합, 안전 및 환경 등), 조직·인사·재무관리, 업무 효율 등을 평가내용으로 한다.

우리나라 정부업무평가의 특징을 살펴보면 첫째, 공공부문 성과 책무성 확보체계의 집권화 현상이다. 2006년 통합 정부업무평가제도의 도입으로 정부업무평가위원회에 주요 평가총괄기관의 장이 참여함으로써 기존의 공공부문 평가제도의 난립과

표 2-19 공공기관 경영평가 대상기관(2022년 기준)

구분	현행	재분류
공기업	공기업1/공기업2 (규모별 분류)	SOC/에너지/산업진흥 (산업별 분류)
준정부기관	기금관리형/위탁집행형	기금관리/SOC·안전/산업진흥/ 국민복리증진
중소형기관	강소형	중형(200~300명)/소형(200명 미만) (규모별 분류)

평가업무 부담의 증가를 제어하면서 정부업무평가 전반의 설계 및 조정이 이루어질 수 있는 시스템을 구축하였다.

둘째, 성과관리와 성과평가의 연계체계를 구축하였다. 정부업무평가와 성과관리의 통합을 통해 기관의 성과관리를 국정의 전략적 운영과 연계시킴으로써 정부업무평가와 기관 성과관리의 타당성과 유효성을 제고하였고, 국정관리자의 중앙행정기관 및 지방자치단체에 대한 장악력 확보에도 기여하였다.

셋째, 내부평가와 외부평가의 조화이다. 개별 기관이 자율적으로 실시하는 자체평가와 총괄기관이 수행하는 외부평가(특정평가, 합동평가 및 개별평가)를 병행함으로써 자율적 정책추진 및 평가역량 강화와 함께 정책과정 및 결과의 책임성 확보 효과를 동시에 시현하고 있다.

넷째, 평가대상의 범위가 확대되고 있다. 문재인 정부 시기에는 특정평가에서 주요 정책과제에 대한 평가로부터 국정과제평가(2016년 기준 140개 국정과제)로 확대, 정권교체에 따른 평가부문 신설(정상화과제, 정부3.0 등), 주요 정책과는 별도로 특정시책평가 실시 등으로 평가의 범위가 확대되었다. 지방자치단체 합동평가 및 공공기관 평가의 경우도 평가대상기관 및 시책이 증가하였다. 물론 2018년 이후 재정사업평가 부문의 경우 핵심사업평가로 전환되면서 기재부의 상위평가 기능이 축소되었지만 평가대상사업의 범위는 예산, 기금이 투입되는 모든 성과관리대상 재정사업으로 박근혜 정부 시기보다 확대되었다. 윤석열 정부에서는 사업 단위 평가에 더해 중앙행정기관의 전략목표에 대한 성과측정 및 관리가 강화될 전망이다.

이와 함께 「정부업무평가 기본법」 제8조 제3항에서 평가과정에의 이해관계자 참여 및 평가결과 공개를 규정하고 있고, 실제 정부업무평가위원회 구성(2/3 민간위원), 자체평가위원회(2/3 민간위원), 평가지원단(민간전문가, 정책수요자 참여) 운영에 민간전문가의 참여가 활발하게 이루어지면서 민관협력적 평가거버넌스가 시현되었다. 또한 평가결과의 환류노력도 강화되었는데, 1년 단위 단기 평가이면서 모니터링 성격의 평가임에도 불구하고 정부업무평가의 결과를 종합점수화 또는 등급화하여 우수기관을 선정 · 포상함과 동시에 조직 · 예산 · 인사 및 보수에 연계 · 반영토록 함으로써 평가의 실효성 및 영향력을 확대하였다.

2) 정부업무평가의 책무성 체계

(1) 역할책임

현행 정부업무평가제도상에는 평가총괄기관(정부업무평가위원회), 평가총괄 관련기관(중앙행정기관), 자체평가위원회, 평가지원단 등 다양한 평가 관련 조직이 존재한다. 「정부업무평가 기본법」(제9조)에 따르면 정부업무평가의 실시 주체는 정부업무평가위원회이고 중앙행정기관은 평가대상기관이며, 다만 자체평가의 경우에는 중앙행정기관이 자체평가위원회와 함께 실시 주체이다.

정부업무평가를 기획 · 조정 · 총괄하는 정부업무평가위원회는 평가의 전문성 및 객관성을 확보할 수 있도록 민간전문가를 공동위원장으로 하고 위원회 구성 면에서도 2/3를 민간위원으로 위촉토록 하고 있다. 이러한 평가조직의 설계는 정부업무평가의 공정성 및 객관성을 증대시켰다는(제갈돈 · 제갈욱, 2008) 점에서 사회적 규범에 부합하는 것으로 판단된다.

정부업무평가 시행계획(국무조정실, 2023)에서는 특정평가의 실시와 관련하여 평가부문별 주관기관(국무조정실, 행정안전부, 문화체육관광부, 인사혁신처 등)이 정책추진 과정 및 효과 등을 평가하고 '정부업무평가위원회'에서 심의 · 의결하며, 각 평가부문별로 국민체감도 조사 및 전문가 평가단에 의한 정책효과 평가를 실시하는 것으로 명기하고 있다. 「정부업무평가 기본법」의 규정으로 볼 때 이들 부문별 주관기관은 평가총괄 관련기관으로서 정부업무평가를 주관하는 것이 아니라 지원 또는 협조하는 기관의 역할을 수행하는 것으로 보아야 한다(김명수 · 공병천, 2016).

「정부업무평가 기본법」에 의하면 국무총리가 최소한 3년마다 정부업무평가기본계획을 수립하고 매년 정부업무평가시행계획을 수립하여 평가대상기관에 통보하여야 한다. 또한 국무총리는 특정평가를 시행하기 전에 평가방법 · 평가기준 · 평가지표 등을 마련하여 특정평가의 대상기관에 통지하고 특정평가 결과를 대상기관에 통보하고 공개하여야 한다.

정부업무평가위원회는 정부업무평가 관련 주요 사항을 심의 · 의결하며 평가총괄 관련기관(평가의 부문별 총괄 관련 중앙행정기관)에 각 중앙행정기관의 자체평가 결과를 확인 · 점검토록 요청할 수 있으며, 평가총괄 관련기관은 위원회에 의견을 제시할 수 있다.

중앙행정기관의 장은 매년 자체평가계획을 수립하여야 하고 해당 계획과 자체평가 결과를 정부업무평가위원회에 제출하여야 한다. 국무총리는 자체평가 결과에 문제가 있다고 판단되는 때에 재평가를 실시할 수 있다.

그리고 국무총리 · 중앙행정기관의 장 · 지방자치단체의 장 및 공공기관평가를 실시하는 기관의 장은 평가결과를 전자통합평가체계 및 인터넷 홈페이지 등을 통하여 공개하여야 한다. 또한 국무총리는 매년 각종 평가결과보고서를 종합하여 이를 국무회의에 보고하거나 평가보고회를 개최하여야 한다. 중앙행정기관의 장은 전년도 정책 등에 대한 자체평가 결과(위원회 심의 · 의결 후)를 지체 없이 국회 소관 상임위원회에 보고하여야 한다.

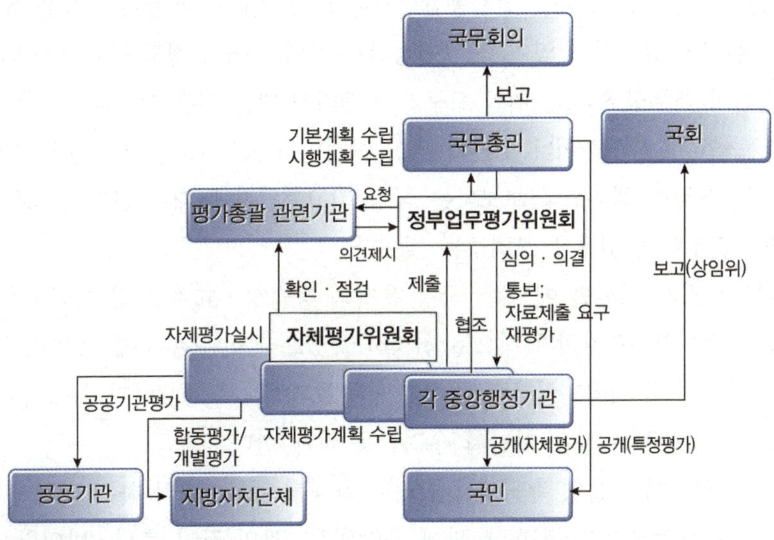

그림 2-18 정부업무평가의 책무성 메커니즘

(2) 설명책임

우리나라 정부업무평가의 책무성 관계를 살펴보면 관료적·수직적 책무성 관계가 주를 이루는 가운데 일부 민주적·수직적, 민주적·수평적 책무성 관계도 목격된다.

먼저, 정부업무평가기본계획, 정부업무평가시행계획, 특정평가 실시, 평가결과 종합보고 등 국무총리가 설명자인 정부업무평가 활동은 피설명자(포럼)를 국무회의(대통령)로 명시하고 있으며, 해당 활동과 관련하여 평가대상기관에 통지하는 것을 제외하고 정부업무평가위원회나 국무조정실의 정보 생산에 대한 구체적 사항이 발견되지 않는다. 이는 정부업무평가가 국무회의 보고를 최종 목표로 이루어지는 활동임이 보여준다.

반면에, 중앙행정기관의 장은 전년도 정책 등에 대한 자체평가 결과를 지체 없이 국회 소관 상임위원회에 보고하여야 하기에 민주적·수평적 책무성 기제가 마련되어 있다. 「정부업무평가 기본법」에서는 이외에도 중앙행정기관이 수립하는 성과관리 전략계획이나 시행계획도 국회 상임위에 보고토록 하고 있어 중앙행정기관 차원에서 평가와 성과관리의 수평적 책무성이 확보되어 있음을 보여준다.

물론 국무총리·중앙행정기관의 장·지방자치단체의 장 및 공공기관평가를 실시하는 기관의 장은 평가결과를 전자통합평가체계 및 인터넷 홈페이지 등을 통하여 공개하여야 한다고 규정하고 있어, 중앙행정기관 간의 수평적 정보 공유와 국민과의 민주적·수직적 책무성 확보를 위한 도구가 존재하지 않는 것은 아니다. 그러나 국민을 위한 적극적인 정보 생산이나 토론의 장이 발견되지 않는 것은 결국 정부업무평가가 정부업무의 대국민 책무성 확보보다는 국정 최고책임자에 대한 관리적 책무성 확보에 초점이 맞추어져 있음을 보여주는 것이다.

「정부업무평가 기본법」에서는 "국정 운영의 능률성·효과성 및 책임성을 향상시키는" 것을 정부업무평가의 목적으로 천명하고 있으나 이는 수사에 그치고, 국정관리자가 중앙행정기관, 지방자치단체, 공공기관을 효과적으로 통제하기 위해 정부업무평가를 도구로 활용하는 것은 아닌지 우려감을 갖게 한다.

정부업무평가제도 운영 측면에서 이러한 한계를 극복하고자 하는 노력이 없는 것은 아니다. 정부업무평가위원회에 관계 중앙행정기관의 장이 출석·발언할 수 있도록 하고 있고(동법 제10조 제8항), 특정평가 부문에서 국민만족도 조사결과를 반영하고 있는 등 평가결과와 공중의 인식 간에 발생할 수 있는 간극(gap)을 줄이고자 노력하고 있다. 그럼에도 불구하고 복잡하고 평가일정에 쫓기는 구조 속에서 정부업무평가

표 2-20 정부업무평가 관련 책무성 도구

구분	행위	정보 생산		토론 및 평가
		행위자	포럼	포럼
관료적/수직적	1) 정부업무평가기본계획(국무총리)	심의·의결(위원회) 보고(국무회의)		심의(국무회의)
	2) 정부업무평가시행계획(국무총리)	의견 청취 심의·의결(위원회) 보고(국무회의)		심의(국무회의)
	3) 부문별 자체평가 결과의 확인·점검(평가총괄 관련기관)	의견 제시	민간전문가 참여 전자통합평가체계	–
	4) 자체평가계획 수립(중앙행정기관)	자료제출 계획제출		심의(위원회) 보완요청(위원회)
	5) 자체평가 결과(중앙행정기관)	결과제출	확인·점검(평가총괄 관련기관)	심의(위원회) 재평가(국무총리)
	6) 특정평가 실시(국무총리)	통지		–
	7) 합동평가 실시(행정안전부)	보고(위원회)		–
	8) 평가결과 종합 보고(국무총리)	보고(평가보고회)		심의(국무회의)
민주적/수직적	1) 자체평가 결과	공개(인터넷)		
	2) 정부업무평가 결과	공개(인터넷)		
민주적/수평적	1) 성과관리전략계획/시행계획 수립	보고		(국회 상임위)
	2) 자체평가 결과(중앙행정기관)	보고		(국회 상임위)

자료: 정부업무평가 기본법(2017); 정부업무평가기본계획(2023).

에 관한 공중(the public)이나 다양한 이해관계자의 가치를 표명할 수 있는 기회가 제대로 주어지지 못하고 있는 것이 현실이다.

(3) 부담책임

정부업무평가와 관련하여 행위자의 부담책임은 행정적·집단적 책임에 초점이 맞추어져 있는 것으로 보인다. 평가결과가 조직·인사·예산과 연계·반영되고 있는 것이 대표적인데, 특히 기획재정부장관은 평가결과를 중앙행정기관의 다음 연도 예산 편성 시 반영하여야 한다(동법 제28조 제3항).

또한 중앙행정기관의 장은 평가의 결과에 따라 정책 등에 문제점이 발견된 때에는 지체 없이 이에 대한 조치계획을 수립하여 당해 정책 등의 집행중단·축소 등 자체 시정조치를 하거나 이에 대하여 자체감사를 실시하고 그 결과를 위원회에 제출하여야 한다(동법 제29조). 이는 정부업무평가의 결과로 정책·사업의 개선을 이끌어내기 위한 것이지만 자체감사를 통한 인사상의 조치가 이루어질 수 있음을 또한 보여준다.

물론 평가결과 우수기관에 대한 표창이나 포상, 그리고 우수사례로 인정되는 소속 부서·기관 또는 공무원에게 포상, 성과급 지급, 인사상 우대 등의 조치가 이루어질 수도 있다.

5 성과 책무성 확보의 도전과제

두브닉과 프레드릭슨(Dubnick & Frederickson, 2011)은 성과 평가를 통한 책무성의 강화에서 이론과 실제 사이에 나타나는 간극에 대해 다음과 같이 설명하고 있다.

① **성과와 결과의 측정**: 이론적으로는 중립적이며 장기적 관점에서 사실에 근거하여 해답을 찾고 정책을 가이드하는 도구로서 활용되어야 할 것이나 실제로는 해석에 초점을 두고 편향되거나 자신들을 변호하는 무기나 논쟁거리로 활용되면서 단기적 관점에 치우칠 수 있다.

② **측정의 대상**: 중요한 결과나 성과에 초점을 맞추어야 하나 실제로는 측정가능한 것, 대리적 결과, 혹은 과정에 초점을 맞추어 측정하게 된다.

③ **성과의 영역**: 성과측정의 대상 영역은 이론적으로는 비교가능한 범위에서 이루어져야 하나 실제로는 특정 사안에 치중하게 된다.

④ **인과관계의 규명**: 성과의 인과관계가 명확하게 밝혀지고 결정될 수 있어야 하나 실제로는 명료하지 않고 모호하다.

⑤ **성과측정도구(measures)**: 성과측도가 이론상 해당 프로그램이 저조한 성과를 내고 있다고 보여주지만, 실제로 성과측도가 없으면 프로그램 수행의 질이 더 나빠질 수 있다.

⑥ **정책결정에 대한 영향력**: 이론적으로는 성과평가의 결과가 환류되어 정책결정에 영향을 주어야 하나 실제로는 정치적 수사, 가치관의 변화, 그리고 정치적인 우위세력에 의해 결정이 이루어진다.

⑦ **혁신에 대한 동기**: 이론적으로는 혁신에 대한 동기가 성과평가의 결과로서 부여된다고 보지만 실제로는 게이밍(gaming) 등의 부정적인 효과로 인해 성과평

가는 그 중요성이 감소된다.

⑧ **성과측정의 결과:** 이론상으로는 성과측정의 결과로서 전략적 차별화와 우수사례의 전파 등이 일어날 것이라 제시하지만 실제로는 동형주의(isomorphism: 다른 듯하나 실제로는 별 차이가 없는 변화)나 지위반영(reflected status: 권한이 큰 조직이 높은 평가를 받는 현상) 등으로 나타난다.

표 2-21 성과측정의 이론과 실제

성과 책무성의 측정	이론	실제/현실
성과와 결과의 측정기준	응답, 사실, 객관적/중립적, 정책가이드, 장기적	질문, 해석, 편향, 논쟁, 단기적
측정의 대상	중요한 결과와 성과	측정가능한 대리 지표, 절차적 과정
성과 영역	비교가능하도록 설정	특정범위로 설정
인과관계에 대한 주장	입증되거나 결정됨	불명확하고 비확정적
성과측정 결과	빈약한 혹은 성공하지 못한 업무 수행	빈약한 업무 수행 결과로 나타난 경우에도 실제로는 훨씬 더 나빠질 수 있는 상황을 방어한 상황일 수도 있음
정책에 대한 영향력 기제	성과의 측정 결과	수사학적이면서 변화되는 가치기준, 승자의 연합
혁신의 경향	성과측정으로 강화됨, 관리가능함	위험감수로 인해 혁신이 강화됨. 성과측정은 게이밍에 좌우될 수 있음
성과측정으로 나타나는 결과	전략적 차별화, 우수사례의 전파	동형주의

자료: Dubnick & Frederickson(2011: 31).

이상과 같은 성과측정 및 평가의 이론과 실제 간의 괴리와 함께 정부 활동의 성과 책무성을 확보하는 데 장애요인으로 작용하고 있는 것들을 살펴보면 다음과 같다.

첫째, 성과평가와 책무성 간의 관계를 입증하는 것이 어렵다는 점이다. 따라서 성과측정 및 평가가 실제로 책무성을 강화하는가에 대한 실증적 증거가 축적될 필요가 있다. 성과측정이 책무성을 강화하는지에 대해서는 아직 일관된 결론이 내려져 있지도 않으며(Lægreid & Verhoest, 2010), 그러한 주장을 뒷받침하는 증거가 여전히 부족하다. 마찬가지로 책무성을 강화한다고 해서 정부의 성과를 제고하여 좋은 정부가 되도록 하는지에 대한 증거도 부족하다(Lægreid, 2014). 책무성의 요건과 효과적 업무 수행 간의 긴장 관계는 행정 분야의 고전적인 딜레마이다. 오히려 책무성의 강화로 인해 개선된 성과가 도출되기보다는 혁신을 방해할 뿐 아니라 개선이 필요한 사항이 무엇인지, 그러한 개선에 따른 이익을 누가 가져가게 되는지에 대한 갈등만 증폭시킨다는 의견도 있다(Lægreid, 2014: 8). 한편, 프로그램의 성과나 효과성을 강조하게 되는 경우 책무성을 추궁하는 것이 보다 어려워질 수도 있는데, 이는 성과를 창출하는 데 시간적 갭이 존재하기 때문이며, 또한 다양한 이해관계자나 행위자의 관여가 있는 경우 귀인성(attribution) 문제로 더욱 책무성을 추궁하는 것이 어려워진다.

성과 책무성이 실질적으로 정부업무 성과에 대해 긍정적 혹은 부정적인 영향을 미친다는 가설에 대해서도 이견이 존재한다. 예를 들어, 어코인과 하인츠만(Aucoin & Heintzman, 2000)은 책무성과 성과 간의 관계에 있어서 책무성 체계를 개선한다고 해서 반드시 성과가 개선되는 것은 아니지만, 책무성 체계가 개선되지 않은 상태에서 성과가 개선될 수 있다는 명제는 지속될 수 없음을 주장하였다. 한편, 책무성은 정부의 학습 역량, 특히 조직적 학습 역량을 강화하지만 민주적 통제를 강화하는 것은 아니라는 의견도 있다(Schillemans, 2011). 라딘(Radin, 2011)은 미국의 정부성과 및 결과법(Government Performance and Result Act: GPRA)과 프로그램 진단 및 평가도구(Program Assessment Rating Tool)를 검토한 후 미 연방정부의 성과측정이 관료적·행정적 책무성을 강화할 수는 있지만 민주적·정치적 책무성과는 무관한 것으로 밝히고 있다. 폴릿(Pollitt, 2011)은 성과측정이 정부 관료들의 시민에 대한 책무성이나 정치적 대표성을 개선한다는 가정에 대해 의문을 제기하였는데, 예를 들어 영국의 NHS와 World Bank의 세계거버넌스 지표(World Governance Indicators)가 정치적 책무성을 강화하지 못했음을 지적하고 있다.

둘째, 성과평가로 인해 의도하지 않은 부작용이 발생할 가능성이 있다. 틸과 라우(Thiel & Leeuw, 2002)는 성과측정으로 인해 발생할 수 있는 의도하지 않은 부작용에 대해 기술하고 있다. 그들은 성과측정지표와 성과 간의 약한 연관성의 문제를 '성과 파라독스'로 제시하기도 하였다. 또한 성과측정에 대한 지나친 의존이 가져오는 부작용 중 하나로 게이밍(gaming)이나 지표주의(indicatorism)를 지적한다(Hood, 2006). 즉, 성과를 제고하기 위한 진정한 노력을 하기보다는 단순히 측정지표를 충족하여 점수를 잘 받고자 업무 수행의 방향이나 내용을 조정하는 상황을 초래할 수 있다. 유사한 상황으로 크리밍(creaming) 현상은 정부사업이나 정책의 핵심적인 목표를 달성하고자 하는 노력 대신, 상대적으로 손쉽게 달성가능하고 표면적으로 드러나는 성과에 치중하게 되는 경향을 의미한다. 접근하기 어려운 정책대상자 대신 쉽게 개선이 가능하거나 접근이 가능한 정책대상자 위주의 정책수행을 하는 현상으로 나타나기도 한다. 또한 단기주의(shortism)로서 단기적인 성공을 보여주기 위한 행동이 나타날 수도 있는데, 평가의 결과가 정치적인 도구로 사용될 위험이 있으며 장기적인 투자나 기획에 대한 페널티로 작동할 수도 있다.

이외에 발생가능한 부작용으로는(Peters, 2007: 28-29) 평가에 대한 저항이나 불순응이 있을 수 있는데, 성과평가가 지나치게 기술적이고 전문적인 측면에 치우치게 되거나 정치적인 도구로 사용되는 경우 특히 그러할 수 있다. 업무 수행자의 방어적이거나 소극적 자세를 유발하기도 하며 가용자원이 많지 않은 상황, 특히 개발도상국의 경우 평가에 소요되는 자원이 지나치게 되면 자원의 적절한 사용을 방해할 수도 있다.

셋째, 다른 유형의 책무성 체계를 약화시킬 수 있다. 성과를 지나치게 강조하다 보면 정치적 책무성과 공정성에 대한 관심을 약화시킬 수 있다는 우려가 있다. 예를 들어, 능률성과 효과성을 지나치게 강조하다 보면 정치적 책무성보다는 관료적 책무성에 무게를 둘 수 있다. 사실상 능률성은 선량한 정치나 사회적 판단을 보장하지는 않는 가치로서 능률성을 통해 관료적 책무성을 강조하게 되면 정치적 책무성이 오히려 약화될 수도 있다(Lægreid, 2014). 또한 책무성 관계를 오히려 복잡하게 만들 수도 있는데, 특히 관료들의 책무성 대상(피설명자 또는 포럼)이 시민과 고객으로 이원화되는 경우 목적과 대상이 복수화되고 혼란스러워질 수 있다. 시민을 고객으로 볼 경우에 소비자 개인에 대한 서비스와 공공의 이익 추구가 충돌할 수 있고, 공공의 이익 대신에 개인의 이해관계에 초점을 맞추게 될 수 있다. 나아가 공공 책무성과 민간에서의 책무성의 차이는 공공가치에 대한 가중치를 얼마나 두느냐에 대한 문제인데, 효율성과 효과성 이상으로 대표성, 평등, 형평성, 공정성, 불편부당성, 성실의 의무, 정의 등 업무 수행의 과정에 나타나는 가치들도 존중되어야 한다(Lægreid, 2014). 또한 성과평가의 결과에 대해 계량적이거나 계산적인 접근으로 치우칠 수 있어서 업무 수행 과정에 생성되는 협력적 관계나 집단적·통합적 측면 대신에 업무 수행의 결과로 나타난 성과를 단순 합산의 방식으로 보게 할 수 있다. 정책결정의 절차적 합법성(법절차, 대표성, 합법성)을 중시하는 민주주의적 접근에서 정책결정의 효과적인 수행 결과에 대한 관심으로 이동하게 되면서 소비자로서의 시민을 대상으로 시장 내에서의 개인의 권한과 선택을 존중하는 것이 어떻게 안정되고 책임 있는 민주주의로 이어지는지에 대한 설명이 제시되지 않을 수도 있다.

6 결론

성과 책무성에 관한 기존 논의들(Pollitt, 2011; Radin, 2011; Schillemans, 2011) 속에서 성과측정이 관료적·행정적 책무성을 강화하는 반면, 민주적·정치적 책무성을 강화하지 못하고 있다는 지적이 있었다. 우리나라 정부업무평가의 책무성 체계를 살펴보면 이러한 지적이 매우 현실적인 주장임을 깨닫게 된다.

우리나라의 정부업무평가가 과연 평가를 통한 학습, 즉 정부업무의 능률성, 효과성, 책임성 제고로 이어지는 데 기여하는지 불분명하다. 특정평가의 경우는 각 부분별 평가결과를 점수화하여 종합하여 순위를 정하는 방식으로, 자체평가의 경우는 절대등급화가 아닌 상대등급화를 통해 우수기관을 선정하여 포상하는 데 치중하고 있다. 이는 결국 정부업무평가를 통해 정책 및 사업을 개선하거나 피평가기관의 운영개선으로 환류하는 성과보다는 줄세우기를 통한 통제 권한의 확대를 초래할 가능성이 농후하다.

정부업무평가의 결과를 적극적으로 활용할 필요가 있음은 누구나 동의하겠지만 실제 정부업무평가를 통해 국정 운영의 효율성, 효과성 및 책임성이 확보되고 있는지, 정부업무평가 결과가 정책 및 제도 개선을 통해 정부경쟁력 제고라는 목적을 달성하는 방향으로 활용되고 있는지, 정부업무평가가 국정 운영의 장기적 지속가능성을 제고하고 있는지 등은 정부업무평가의 본질적 가치를 구현하기 위해 반드시 짚고 넘어가야 할 문제라고 판단된다.

피터스(Peters, 2007)가 주장하였듯이 정부업무평가의 대국민 책무성 확보장치의 부재로 정부업무평가 결과에 대해 평가대상기관이나 일반 공중이 이해하거나 신뢰하지 않는다면 정부업무평가는 성과 책무성 확보를 위한 역할을 다하지 못하는 상황에 처할 수밖에 없을 것이다.

제 5 절 포럼(피설명자)의 증가로 인한 문제

앞서 살펴보았듯이 공공관리자는 이미 조직 내·외의 관계 속에서 다양한 포럼(피설명자)에게 설명책임을 지고 있다. 그럼에도 불구하고 민주주의의 진전, 행정국가의 쇠퇴, 자발적 행정혁신 노력, 신공공관리의 확산, 기술발전 등의 요인이 맞물리면서 더욱 다양하고 복잡한 형태의 책무성 관계가 형성되고 있으며 이러한 경향은 공공관리자로 하여금 필연적으로 '많은 눈(eyes)'의 문제 — 즉, 증가하는 많은 수의 포럼에게 설명을 하여야 하고, 다양한 기준에 의해 특정 행위를 판단하여야 하는 현상 — 에 직면하도록 하고 있다.

설명을 요구하는 포럼의 증가는 행정의 대응성을 제고시킴으로써 공공 책무성 확보를 담보하는 긍정적 측면을 가짐과 동시에 책무성 과잉에 따른 소극행정의 폐해를 낳고 공공부문에 비난의 문화를 만연시키는 부작용 또한 초래한다. 여기서는 포럼의 증가를 촉진시키는 요인과 포럼 증가에 따른 부작용, 즉 많은 눈의 문제를 다루어 보고자 한다.

1 포럼(피설명자)의 증가 현상

1) 관리 책무성 분야

공공조직 내 인사관리, 재무관리, 사업관리 등을 포괄하는 관리 책무성 분야에서는 인사기관(인사혁신처 등), 재정총괄기관(기획재정부 등), 정부성과총괄기관(기획재정부, 국무조정실 등) 등을 중심으로 책무성 확보 메커니즘이 강화되고 있는 가운데 조직 내 책임부담 형태도 기관 책임이나 계층적 책임으로부터 집단 책임이나 개별적 책임으로 이행되면서 조직구성원이라는 사실로 인해 조직 전체의 행동에 대해 개인적으로 책임을 져야 하고, 개별 구성원으로서 자신이 개인의 불충분한 성과 또는 잘못에 기여하였다면 그 정도에 따라 책임을 지는 경우가 빈발하고 있다.

국가별로 차이가 있겠지만 우리나라의 경우 인사관리 분야에서는 고위공무원과 5급 이상의 임용권을 대통령이 갖고 있는 가운데 3급 이하 공무원 임용권을 각 부처 장관에게 위임하고 있는 상황이지만 주요 인사활동과 관련하여 인사혁신처와 사전협의를 거쳐야 하는 등 인사와 관련하여 장관 책무성(ministerial accountability)을 확보하기 어려운 상황이다. 각 부처 인사기관은 중앙인사기관의 지침에 따라 인사행정을 수행하고, 사후적으로 인사혁신처와 감사원의 인사 감사를 받아야 하는 등 권한 수준은 낮고 책임 수준은 높은 편이다.

이러한 상황은 재무관리 분야에서 더욱 심각한데 물품, 계약, 재산관리 등 재무관리활동은 관련 법에 의해 촘촘한 내부통제시스템을 갖추고 있는 가운데 관련된 회계처리 또한 기획재정부의 예산집행지침에 따라 이루어져야 하고, 예방통제, 지시통제, 정보시스템통제, 적발통제 등을 위한 장치들이 마련되어 있다. 게다가 우리나라의 경우에는 회계관계직원의 범위가 넓어 일반 공무원들이 「회책법」상의 변상책임을 광범위하게 지고 있는 상황이기에(강인옥, 2010), 재무관리 분야 또한 낮은 권한, 높은 책임으로 특징지어진다.

사업(성과)관리 분야의 경우에도 기획재정부와 국무조정실에 의해 이중(dual) 통제시스템이 작동하는 가운데 제한적인 성과관리 인력과 역량 탓에 자율적인 성과관리보다는 성과관리총괄기관의 일정에 맞추기에 급급한 실정이다. 다만, 최근에 기획재정부의 부처 자율평가 강화 움직임으로 다소간에 성과관리 업무 부담이 줄어들고 있다.[17]

이처럼 관리 책무성 분야에서 책무성 확보를 위한 통제시스템의 강화 현상은 '많은 눈'의 문제를 심화시켜 공공관리자의 전략적 공간을 축소시킴으로써 공직자들로 하여금 책임을 회피하기 위해 무사안일, 소극행정의 전략적 행태를 취하게 하는 경향을 낳을 수 있다.

2) 재정 책무성 분야

단순한 예산집행 차원을 넘어 예산 과정 전체를 포괄하는 재정 책무성 분야로 그 시야를 넓히게 되면 행정기관은 [그림 2-19]와 같이 다양한 내·외부의 포럼에게 설명할 책임을 지고 있다.

주어진 미션 수행을 위한 정책 및 사업의 수립·집행은 필연적으로 예산편성 단계에서 관련 예산의 수립을 요구하고, 이와 관련하여 정당의 요구, 학계 및 연구소들의 제안, 시민사회의 참여 등은 예산편성 과정에 영향을 미친다. 특히, 예산편성 단계에서 시민(주민)참여예산제도의 시행으로 시민의 요구가 직접적으로 예산에 반영될 수 있는 구조이며, 예산집행 단계에서도 시민단체에 의한 감시가 활발해지고 있다.

또한 예산집행 단계에서 업무분장 등 내부통제시스템에 의한 상시모니터링과 함께 일상감사, 컨설팅감사 등 내부(자체)감사기구에 의한 감시가 최근에 더욱 활발하게 이루어지고 있다. 각 행정기관, 지자체, 공공기관의 경우 결산을 위한 재무제표 작성

17) 2018년 기재부는 2005년부터 시행해 오던 재정사업 자율평가제도를 개편하여 부처 자체평가에 대한 메타평가를 폐지하고 핵심사업 중심으로 평가를 실시하기로 하였다.

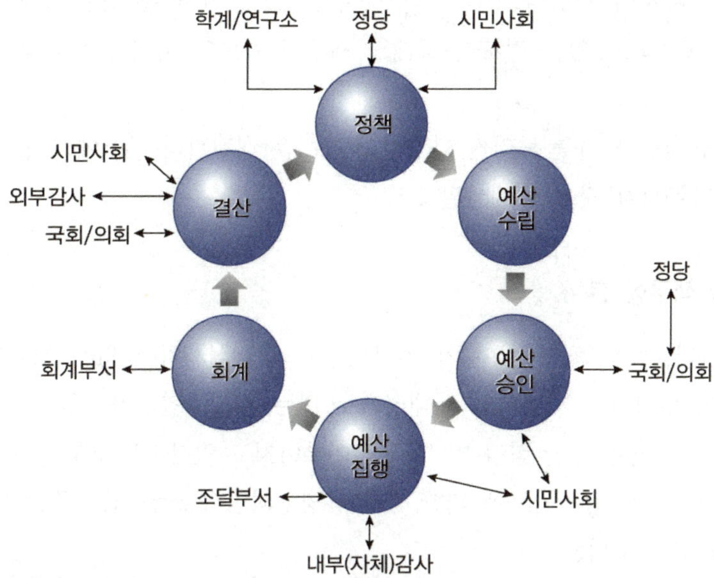

그림 2-19 행정기관의 재정 책무성과 관련 포럼

과 함께 세입세출결산을 위한 외부감사기구의 검사 또는 국회(의회)에 의한 승인 등으로 결산 과정에도 다양한 포럼의 관여가 이루어지고 있다.

그럼에도 불구하고 공공재정을 둘러싼 환경 변화는 재정 책무성을 더욱 강화시키는 방향으로 이끌 것으로 예상된다. 2020년 기준 일반정부 부채는 945.1조 원으로 GDP 대비 48.9%이며, 비금융공기업을 포함하는 공공부문 부채는 GDP 대비 60%를 훌쩍 넘고 있다. 이러한 가운데 의무지출의 급속한 증가와 더불어 코로나 팬데믹 등 격변적(turbulent) 문제에 대응하기 위한 정부지출의 확대로 정부의 재정 건전성은 더욱 악화일로를 걷고 있다. 게다가 특별회계와 기금 등 일반회계에 비해 상대적으로 느슨한 통제를 받는 중앙재정의 비중이 40%를 넘고 있는 것도 재정관리에 대한 공공관리자의 재정책임 이행을 담보하기 어렵도록 만들고 있다.

이뿐만 아니라 2022년 예산지출 구조에서 볼 수 있듯이 총지출(607.7조 원)에서 차지하는 이전지출의 비중은 69% 수준으로 자금 제공과 서비스 공급의 분리가 가속화되고 있다. 이로 인해 제3절에서 살핀 바처럼 책임운영기관, 비영리기관, 지방자치단체 등으로 지출 권한이 이전되면서 재정조달과 지출 간의 거리가 증가하고 재정 책무성 문제를 증폭시키고 있다. 여기에다 다시금 철도, 전기 등 공공서비스의 민영화 움직임까지 목격되고 있는 것도 공공재정 책무성 확보의 미래를 불투명하게 만들고 있다.

결국 공공재정과 이를 둘러싼 환경의 복잡화는 재정관리 분야에서 '많은 눈'의 문제를 더욱 악화시킬 것으로 예상된다.

3) 성과 책무성 분야

우리나라의 경우 「정부업무평가 기본법」에 의거 실시하고 있는 정부업무평가와 예산, 기금이 투입되는 재정사업을 대상으로 하는 재정사업평가[18]를 필두로 다양한 종류의 정책·사업에 대한 점검 및 평가가 이루어지고 있다.[19] 이에 더해 정책 및 사업에 대한 내·외부 감사기구에 의한 감사가 병행되면서 소위 '감사폭발' 현상(Power, 1994)이 목격되고 있다.

정부업무에 대한 성과 책무성 강화 추세에도 불구하고 효율성이나 효과성을 지나치게 강조하다 보면 민주적·정치적 책무성보다는 관료적 책무성에 무게를 두는 부작용을 초래할 수 있다. 이는 폴릿과 부카에르트(Pollitt & Bouckaert, 2011)가 주장하였듯이 성과측정이 정부관료들의 시민에 대한 책무성이나 정치적 대표성을 개선한다는 가정에 대해 의문 제기하는 것과 같은 맥락이다. 실제로 정부업무평가의 경우 평가총괄기관(정부업무평가위원회), 평가총괄 관련기관(중앙행정기관), 자체평가위원회, 평가지원단 등 다양한 평가 관련조직, 즉 중간 포럼이 존재하지만 궁극적으로 대통령에게 결과를 보고하는 데 초점이 맞추어져 있어 국정관리자가 중앙행정기관, 지방자치단체, 공공기관을 효과적으로 통제하기 위해 정부업무평가를 관리적 책무성 확보를 위한 도구로 활용하고 있는 측면이 강하다.

더 나아가 성과측정이 책무성을 강화하는지를 뒷받침하는 증거가 확고하지도 않다. 이는 평가 방법 또는 거버넌스와 상당 부분 연관되어 있는 것으로 보이는데, 성과지표와 실제 성과 간의 약한 연관성 문제, 성과측정에의 지나친 의존에 따른 게이밍(gaming)(Hood, 2006) 등 다양한 부작용이 발생하고 있는 가운데 실제로 성과측정을 실행하는 관리자의 능력도 종종 문제가 있음이 입증되었다(Blackman et al., 2012). 현

18) 2018년 이후 주요 재정사업을 대상으로 하는 핵심사업평가로 전환되었다.
19) 이에 대해서는 박희정(2017) 참조.

재의 통합재정정보시스템(dBrain) 등 정부업무의 수행과 관련된 정보시스템이 정부업무평가를 위한 평가정보를 제대로 생산하지 못하고 있는 실정이며, 정부업무평가에 사용되는 데이터의 품질관리도 체계적으로 이루어지지 않고 있다(박희정, 2017).

그리고 성과측정이 책무성을 강화하는 데 기여하기 위해서는 정부업무평가의 결과를 적극적으로 활용할 필요가 있음은 누구나 동의할 것이다. 이러한 측면에서 실제 정부업무평가를 통해 국정 운영의 효율성, 효과성 및 책임성이 확보되고 있는지, 정부업무평가 결과가 정책 및 제도 개선을 통해 정부경쟁력 제고라는 목적을 달성하는 방향으로 활용되고 있는지, 정부업무평가가 국정 운영의 장기적 지속가능성을 제고하고 있는지, 정부업무평가로 인한 편익이 평가대상기관보다는 평가총괄·주관기관에 집중되고 있는 것이 아닌지 등은 정부업무평가의 본질적 가치를 구현하기 위해 반드시 짚고 넘어가야 할 문제가 아닌가 판단된다.

2 포럼(피설명자)의 증가를 촉진하는 요인

1) 시민참여 증가와 시민포럼의 활성화

의회, 정당 등 정치기관은 선거를 통해 대표성을 다투고, 정부에 책임을 물을 법적 권한을 가지기 때문에 민주주의 체제 하에서 필수적 존재로 여겨진다. 민주주의적 기원과 공공정책에 대한 영향 때문에 그들의 중심적 역할을 소홀히 할 수는 없다. 사회운동, 풀뿌리 단체, 시민단체도 시민의 이익을 대변하고 그들을 대표해 행동하는 만큼 민주주의적 관점에서 중요하다. 그들의 정당성의 원천은 집회의 권리, 정보의 자유, 언론의 자유 등 각기 다르지만 똑같이 민주주의 원리에 기반하고 있다고 할 수 있다. 그들은 서로 다른 집단을 대표하고 있고, 시민사회 내의 권력 불평등 때문에 모든 시민사회조직(CSO)이 '국민'의 이익, 니즈, 요구를 대표한다고 단순하게 가정할 수는 없다. 많은 시민단체들, 특히 전문적인 NGO들은 사회에서 상대적 소수를 위한 특수이익(special interest)을 위해 싸우는 것일 수도 있음을 명심할 필요가 있다(Rocha Menocal & Sharma, 2008).

민주주의의 진전과 함께 행정에의 시민참여는 시민운동을 통해 정책결정기관에 직접 의견을 표명하는 통로, 시민대표들이 참여하는 시민사회조직을 통해 자신들의 이익을 대변토록 하는 통로, 그리고 서비스 제공기관에 직접 개입함으로써 공공서비

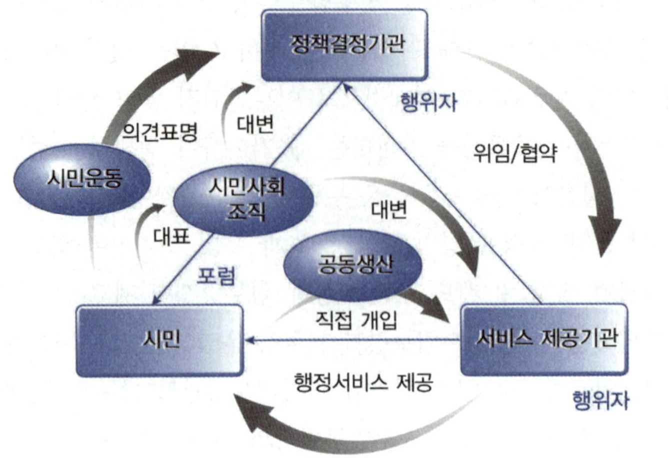

그림 2-20 참여 확대로 인한 시민포럼의 증가

스를 공동으로 생산하는 통로 등 다양한 경로로 이루어지고 있다([그림 2-20] 참조).

그러나 사회적 동원 기제는 불만을 토로하고 정보를 요구하며 거리 시위를 주도함으로써 즉각적이고 단기적인 결과를 얻어낼 수 있지만, 책무성 장치들이 지속가능하기 위해서는 공식적인 정치적 기관이 필요하다는 논의가 이루어지고 있다. 예를 들어, 사회 행위자들은 자료와 정보를 제공함으로써 정부를 감시할 수 있는 정치적 기관의 역량을 지원할 필요가 있다. 선행 연구결과에 의하면, 정부가 책임을 다하도록 공식적으로 구속력 있는 수단들을 강구함으로써 거리 시위와 같은 사회 활동을 보완할 필요가 있다고 한다(Jelmin, 2011). 또한 공직자들이 시민들에게 책임을 지도록 하는 정치적 동기와, 정부의 소극행정(inaction)이나 직권남용 등 위법행위(misconduct)에 대한 효과적·공식적 제재의 필요성에 대해 더 잘 이해할 필요가 있다고 한다.

이처럼 사회적 및 정치적 책무성이 서로 결합될 때 보다 효과적으로 공공 책무성을 확보할 수 있다는 생각은 그동안 국제지원기관(donor agencies)들에 의해 제기되어 왔다(Acosta et al., 2013). 또한 로차 메노칼과 샬마(Rocha Menocal & Sharma, 2008)는 정부기관과 시민사회조직 또는 대중 매체가 참여하는 책무성 체계를 갖춘 책무성 지원 프로젝트들이 기대했던 결과를 얻는 데 가장 효율적이라고 지적한다. 결론적으로 효과적인 책무성 확보 노력은 시위 등 광장정치를 통해서가 아니라 적절한 역할을 수행하는 정치기관들이 시민 요구를 효과적으로 수용하고 시민들과 함께 협력할 것을 요구한다는 것이다.

2) 정부혁신 노력에 따른 포럼의 증가

정부불신에 대한 반응으로 많은 서구 민주주의 국가에서는 공공기관과 고객 · 시민 · 시민단체 간의 보다 직접적 · 명시적 책무성 관계의 설정이 필요하다는 요구가 있어 왔다. 이것은 의회를 포함한 계층제적 관계를 넘어 기관, 장관 또는 공공관리자가 시민들에게 직접 책임을 지는 것이다. 특히, 민주화의 진전 및 신자유주의의 공공부문 확산과 함께 기관이나 개별 공공관리자는 자신의 성과를 일반대중이나 시민, 이익단체, 자선단체 및 고객집단에게 설명할 의무가 있다고 생각하게 되었다.

1990년대에 많은 공공기관은 공공 책무성을 강화하기 위해 자발적으로 시민 헌장, 포커스 그룹 및 시민 패널을 설립 · 운영하였다. 예를 들어, 영국의 경우 1998년 블레어 정부는 소위 국민패널(People's Panel)을 구성했다. 이 패널은 연령, 성별, 지역 및 민족적 배경 등을 기준으로 전체 인구를 대표하는 약 6,000명의 시민으로 구성되었다. 이는 2002년에 종료되었지만 새로운 패널들이 여러 정부부서에 설치 · 운영되고 있다.[20] 예를 들면, 영국 내무부(Home Office)는 매년 4만 명의 시민에게 형사 사법, 경찰 및 법원에 대한 의견을 묻는 영국 범죄 설문조사를 실시하고 있다. 그리고 영국 정부는 국립의료서비스(NHS) 병원의 입원 환자들을 대상으로 정기적으로 조사하여 치료 방법에 대한 의견을 구하기도 한다. 전략철도청(Strategic Rail Authority)[21]의 전국 이용객 조사와 지방정부가 실시하는 일련의 설문조사들처럼 많은 기관들이 성과 또는 정책변화에 대해 자문할 수 있는 이해관계자 집단 대표들과 함께 소규모 소비자 패널 또는 자문위원회를 구성했다. 그러나 대부분의 패널은 책무성 포럼로서의 역할을 수행하지 않으며, 이들 조직이 그들의 행동을 설명하고 정당화할 공식적 또는 비공식적 의무 또한 없다. 그러나 이러한 설문조사는 의회, 감독위원회 또는 미디어 등 다른 포럼에서 활용할 수 있으므로 추후에 공공기관이 책임을 지게 할 수 있다. 또한 독립적인 헌장(Charter Mark) 평가기관이 공공기관들의 서비스 질에 대한 광범위한 평가를 수행하였는데, 이는 아마 '민주적' 수평적 책무성에 더 가까운 것이다(Bellamy & Taylor, 1995; Duggett, 1998). 우리나라의 경우도 김대중 정부 하에서 행정자

20) 2023년에 2단계 국민패널로 노동고용서비스패널(Labour Hire Services Panel)이 시작되었다.

21) 전략철도청(Strategic Rail Authority: SRA)은 2000년 교통법에 따라 설립된 영국의 비부처 공공기관이다.

치부(현 행정안전부) 주관으로 헌장 평가를 수행한 적이 있고, 현재도 민원행정서비스 중심으로 이를 시행하는 기관들이 존재하는데 내부에 헌장심의위원회를 두고 헌장 내용심의, 결과 평가 등 관리를 하고 있고, 이는 '관리적' 수평적 책무성 확보 메커니즘으로 이해할 수 있다.

민주적 책무성을 확보하기 위한 노력으로 한 걸음 더 나아가 검사, 평가 및 우수사례 결과를 인터넷에 게시하는 관행이 있다. 예를 들어, 네덜란드에서는 영국(Pollitt, 2003: 41-45)과 마찬가지로 학교감독관위원회(National Board of School Inspectors)가 개별 학교에 대한 검사보고서를 인터넷에서 널리 공표하고, 양적 비교에 의한 벤치마크를 제공할 뿐 아니라 시민들이 매우 광범위한 정성적 평가보고서에도 접근할 수 있기 때문에 학부모, 언론인 및 지역 의회는 특정 학교의 결과를 지역의 유사한 학교와 쉽게 비교할 수 있다. 우리나라의 경우도 NEIS를 통해 학교정보 및 교육청 정보를 공시하고 있어 학교 간 비교 평가가 가능하다.

마지막으로, 관리자가 업무 수행과 관련하여 조직 내 상관에게 책임을 지는 기존의 단순한 계층적 구조와의 급진적 단절도 목격된다(Behn, 2001: 199-201). 공공부문에서 팀제의 도입은 미션 달성을 위해 함께 일하는 모든 사람에게 책임을 부담하도록 하며, 그 반대로 개인 평가에서 '360도 다면평가'를 활용하면서 관리자 개인이 동료, 상관 등 조직 내 다른 모든 사람들이나 고객에게 책임을 지는 책무성 환경이 조성되기도 하였다.

3) 수평적 책무성의 확대에 따른 포럼 증가

대부분의 서구 민주주의 국가에서 지배적인 공공 책무성 메커니즘은 전통적으로 수직적이었다. 이것은 벨기에, 네덜란드, 독일과 같은 장관 책무성(ministerial accountability) 원칙에 따라 운영되는 의회 시스템을 가진 국가와 영국과 같은 웨스트민스터 모델[22]을 사용하는 구 영연방 국가의 경우 특히 그렇다. 공식적인 공공 책무성은 주로 의회에 대한 장관의 책임을 통해 실행되었기에 공공관리자는 정치적으로 책임을 지지 않았다. 공공관리자에게는 조직적 책무성이 우세하기 때문에 지휘 체계 속에서 직속 상관에게만 책임을 지고 조직 피라미드의 정점에 위치한 장관만이 의회나 언론 등에 조직에 관해 설명하였다(Day & Klein, 1987: 33-38). 그러나 지난 수십 년 간, 이러

22) 이에 대해서는 Stanbury(2003) 참조.

한 베버리안 또는 다이시안(Diceyan)적인 계층적 · 정치적 · 조직적 책무성 관계의 단일체 시스템이 심각한 압력을 받으면서 천천히 다각적이고 다원적인 책무성 관계 집합으로 나아가고 있다.

우선, 옴부즈맨, 감사관 및 독립 검사관의 설치를 통한 행정적 책무성 관계의 증가는 고전적인 하향식 주인-대리인 관계에 맞지 않는다. 이러한 관리적 포럼의 대부분은 직접 또는 간접적으로 의회 또는 장관에게 보고하지만 공공관리자와 직접적으로 계층적 관계에 있지는 않다. 옴부즈맨 등 일부는 공공관리자에게 규정 준수를 강요할 수 있는 공식 권한조차 없다. 이러한 행정적 책무성 관계의 대부분은 소위 대각적(diagonal) 책무성 관계이며 의회 통제를 촉진하기 위한 것이지만, 대리인 관계의 직접적인 사슬의 일부는 아니다(Magnette et al., 2003: 836). 이러한 통제기관은 정치적 책임자가 다양한 행정 대리인들을 통제하도록 돕기 위해 설립된 보조적인 책무성 포럼임에도 불구하고 우리나라 국민권익위원회 사례에서 볼 수 있듯이 점차적으로 자신의 정당성을 획득하고 독립적인 피설명자 역할을 수행하려는 경향을 보인다.

둘째, 책무성 포럼들은 점점 더 개별적인 책무성 전략을 채택하고 있다. 그들은 계층적 책무성에 만족하지 않고 기관이나 장관에게만 책임을 묻지 않고 개별 공무원에게도 의지한다. 베버주의와의 단절은 제2차 세계대전 이후 뉘른베르크와 도쿄 재판에서 군사법과 형법에서 시작되었다. 명령의 우월성에 기댄 변명은 처음에는 군사 영역에서, 그러나 점차적으로 공무원에서도 그 정당성을 잃었다(Bovens, 1998: 122, 153). 오늘날 많은 유럽 국가에서 개별 공공관리자는 항상 자신의 기관이나 상급자 뒤에 숨을 수는 없으며, 조직의 위법행위에 대한 개인적인 기여분에 대해 민사법원 또는 형사법원에서 책임을 질 수 있다. 의회 조사위원회는 관련 부서의 공식적인 견해에 만족하지 않고, 청문회에서 개별 공무원을 소환하는 것을 주저하지 않는다(Barberis, 1998: 453, 466).

셋째, 준자치 또는 독립기관의 부상은 장관을 통한 베버주의 정치적 통제 시스템의 정당성을 약화시켰다(Van Thiel, 2000; Pollitt et al., 2001). 장관들은 이들 기관의 일상적인 성과에 대해 공식적으로 의회에 대한 답변을 요구받을 수 있지만, 이전보다 훨씬 적은 감독 및 통제 권한을 가지고 있다. 대부분의 경우 장관은 정책수립 및 제도적 준비에 대한 공식적인 책임만 가지고 있는 반면에, 운영책임은 준자치적 · 독립적 기관의 장으로 옮겨졌다. 이러한 경우 기관장들이 정치적 책무성을 지지 않고 장관 또한 개인적으로 관여한 경우에만 의회에 대한 장관 책임을 지는(Harlow, 2002;

Bovens, 2003) 정치적 책무성 간극이 발생한다. 이러한 간극으로 인해 법적 및 행정적 책무성 관계의 증가와 함께 의회에 직접 책임을 지도록 하는 압력이 증가하였다. 따라서 준자치적 성격의 기관의 장은 때때로 의회에 직접 책임을 지며, 위원회에 출두하거나 국가 감사기관과 같은 행정조사기관의 조사대상이 될 수 있다(Thatcher, 2002: 142).

넷째, 신공공관리의 부상은 공공부문에 보다 수평적인 책무성을 도입하도록 자극하였다. 재정관리 개혁, 영국의 Next Steps 이니셔티브, 미국의 정부개혁운동(Reinventing Government) 등 민간부문에서 영감을 얻은 다양한 행정 개혁은 계층적·관료제적 논리를 대체하고자 하였다(Broadbent et al., 1996; Lane, 2000; Pollitt & Bouckaert, 2011; Behn, 2001: 30-32). 공공서비스 제공을 위해 정부는 민간 또는 준공공기관과 계약을 맺고 집행기관은 성과 기반 조직(PBO)으로 전환되어 목표에 기반하여 평가를 받고 있다. 본질적으로 계약의 논리는 양 당사자가 자유롭게 계약을 체결하는 것을 전제하기에 수평적 관계를 의미한다. 그러나 실제로 계약 당사자 측의 사실상의 독점 탓에 당사자가 계약 조건을 일방적으로 결정할 수 있기 때문에 또 다른 미묘한 형태의 계층적 통제가 생성될 수 있다. 다른 비평가들은 경제적 정보에 입각한 계약 논리가 보건 및 교육과 같은 전문 서비스 제공의 맥락에서 부적절할 수 있다고 경고하였는데, 이러한 서비스에는 계약 및 성과지표로 설명할 수 없는 전문적인 자율성과 암묵적인 지식이 포함되기 때문이다(Broadbent et al., 1996). 이 밖에 계약의 경우 모니터링에 필요한 모든 데이터를 등록하고 처리하는 데 소요되는 시간 소모적인 서류 작업, 증가된 오버헤드 및 목표 이동 측면에서 비용 증가의 우려도 상존한다(Power, 1997; Halachmi, 2002; Pollitt, 2003: 47).

3 포럼의 확대에 따른 부작용

1) 책무성 과다

공공 책무성은 좋은 것일 수 있는 반면에, 지나치게 과도할 수도 있다. 많은 학자들이 책무성 딜레마(Behn, 2001: 11-13) 또는 책무성 역설(Dubnick, 2003: 31)이라고 할 수 있는 현상을 지적하고 있다. 책무성과 효과적인 성과 사이에는 본질적이고 영구적인 긴장이 존재하는 바(Halachmi, 2002), 이는 결국 공공 책무성을 지나치게 추구하면

쉽게 기능 장애를 낳을 수 있음을 의미한다.

너무 엄격한 민주적 통제는 공공관리자의 기업가정신을 박탈하고 기관을 규칙에 집착하는 관료로 만들 수 있다. 그리고 제간스(Zegans, 1992)가 말했듯이 "규칙에 집착하는 조직은 소심한 사람을 겁쟁이로, 대담한 사람을 무법자로 만든다." 청렴성과 부패 통제를 너무 강조하다 보면 공공조직의 효율성과 효과를 심각하게 저해하는 절차주의를 낳을 수도 있다(Anechiarico & Jacobs, 1996). 또한 책무성과 투명성을 지나치게 강조하면 성과를 향상시키는 대신 차선적이고 비효율적인 결정을 내릴 가능성이 높아진다(Adelberg & Batson, 1978; McLaughlin & Riesman, 1986; Jackall, 1988: 77-82).

사회심리학자인 아델베르크와 보슨(Adelberg & Batson, 1978)은 실험을 통해 자원이 부족한 상황에서 책무성을 크게 강조하다 보면 주어진 자원을 비효율적으로 분배하도록 조장할 수 있음을 보여주었다. 이러한 아델베르크와 보슨의 발견은 일련의 사회심리적 실험에서 복제되고 다시 검토되었다(Tetlock, 1983, 1985; Tetlock, Skitka, & Boettger, 1989). 러너와 테틀록(Lerner & Tetlock, 1999)은 연구 문헌을 광범위하게 검토한 후 특별한 유형의 책무성 관계만이 열린 마음과 비판적 사고를 이끌어 낸다는 결론에 도달했다. 의사결정 과정보다는 결과에만 관심이 있는 청중이나 특정 결과를 선호하는 청중에 대한 책임은 의사결정의 복잡성과 질을 심각하게 낮추고 인지 편향을 증폭시키는 경향을 초래했다(Lerner & Tetlock, 1999: 259-266). 또한 책무성을 너무 가혹하게 추구하면 공공관리자는 잘못된 것을 배우고 위험 감수를 피하며 잠재적인 실수와 비판으로부터 스스로를 보호하는 법을 배우는(Behn, 2001: 11) 것으로 나타났다.

마찬가지로 투명성과 합법성 간에도 항상 상응 관계가 존재하는 것은 아니다. 투명성이 증가하면 비우호적인 언론에 의해 의사결정과 관련된 사소한 규정 위반도 마치 정책의 비합리성 또는 일탈의 표시로 무자비하게 공격당할 수 있다. 할로우(Harlow, 2002: 189)에 따르면, 영국에서 "투명성이 극도로 증가하면서 언론이 사생활에 침입을 가하는 무기가 되었으며, 아주 단순한 실수에 대해 징벌적 조치나 보상을 요구하는 무기가 되었다." 벨기에(Elchardus, 2002)와 네덜란드(Hart, 2001)에서도 비슷한 우려가 제기되었다. 이는 투명성이 증가하면 공공 책무성이 스캔들의 정치로 바뀌고 거버넌스의 정당성을 떨어뜨릴 수도 있음을 보여준다.

마지막으로, 재판 제도, 진상조사위원회 및 의회 조사는 용서 대신 희생양을 만들어낼 수 있으며, 공중의 카타르시스(public catharsis) 대신에 공공관리자 및 정책자문가들을 정치인을 위한 희생 재물로 만드는 비난 게임이 될 수 있다(Ellis, 1994; Sinclair,

1996: 229; Bovens et al., 1999; Hood, 2002).

2) 학습이 아닌 비난의 문화

책무성은 개선에 초점을 맞추어야 함에도 너무 비난에 초점을 맞추는 부작용을 초래하기도 한다. 정부에서 책무성은 불가피하게 정치의 비공식적이고 주관적인 판단을 포함한다. 이러한 정치적 요소는 비난을 지나치게 강조하는 경향이 있다. 책무성은 일이 잘못되었을 때 책임을 나누는 것을 분명히 포함하지만, 개선으로 이어지는 환경도 조성해야 한다. 이것이 바로 공중들이 가장 신경써야 하는 것이다. 단순한 응징(retribution)이 아니라 실패가 되풀이되는 것을 방지할 필요가 있다.

그러나 공공부문 책무성은 이러한 환경을 조성하지 못하고 있다(Guerin et al., 2018: 6). 책무성 강화가 사람들이 일을 더 잘할 수 있도록 지원하는 것으로 보이는 경우는 드물다. 실제로 공격적 질의나 세간의 이목을 끄는 마녀사냥이 자주 등장하는 등 그 반대의 경우가 더 많이 발견된다. 그리고 공공 책무성이 학습을 촉진하지 않는 경우가 많다. 무엇이 잘못되었는지, 상황을 개선하기 위해 무엇이 필요할지에 대한 솔직한 토론 대신, 사실을 모호하게 하고 상황이 개선되었다고 주장하는 경향이 있는데 이를 뒷받침할 증거도 거의 없다. 마지막으로, 공공 책무성이 적절한 리스크 감수 및 혁신을 위한 공간을 제공하지 못하고 자칫 실수가 드러나면 경력이 끝장날 수 있는 이판사판의 환경을 조성하곤 한다.

CHAPTER 03

부담책임으로서의 책무성

제 1 절__관점: 도덕적 · 법적 책임으로서의 책무성

제 2 절__관리 · 재정 · 성과 책무성의 부담책임

제 3 절__권한 이전에 따른 부담책임

제 4 절__인공지능(AI)과 부담책임

제 5 절__많은 손과 집단적 결과의 문제

CHAPTER 03

부담책임으로서의 책무성

제 1 절 관점: 도덕적 · 법적 책임으로서의 책무성

1 책무성과 부담책임

제2장에서는 사회적 관계로서의 책무성 관점에서 관리 책무성, 재정 책무성, 성과 책무성을 살펴보았다. 사회적 관계로서의 책무성은 누가, 누구에게, 어떻게 책임을 지는지에 초점이 맞추어진다. 관리 책무성은 국가와 특별권력관계에 있는 공직자들이 상관이나 최고관리자에게 어떤 방식으로 책임을 지느냐에 관한 것인 반면, 재정 책무성과 성과 책무성은 사회계약에 기반한 정부와 국민의 관계에서 정부가 재정가치(value for money)를 구현하고 있는지 국민들에게 어떻게 책임을 지느냐에 관한 것이다.

반면에, 이 장에서는 부담책임(liability)으로서의 책무성을 다루는데, 이는 공직자와 정부기관이 자신의 행위에 따른 결과에 대해 도덕적 · 법적으로 책임을 지는 것에 초점을 맞춘다. 부담책임 개념을 책무성과 구분하는 기존의 논의를 살펴보면 책무성을 부담책임과 동일시하거나, 책임성(responsibility)의 다양한 발현 방식으로서 부담책임과 책무성을 구분하거나, 책임성을 대체하는 책무성 개념의 한 요소로서 부담책임을 정의하는 등 세 가지 입장이 준별된다.

먼저, 노만톤(Normanton, 1971)은 책무성을 재무적 책임 또는 헌법적, 계층적, 계약적 기원에 따른 기타 여러 책임을 완수했는지 밝히고, 설명하고, 정당화하는 부담책임(liability; liability-responsibility)이라고 정의한다. 책무성 개념을 제한적으로 이해하여 행위의 결과에 대해 책임을 지는 것으로, 즉 결과 중심적으로 설명하는 방식이다.

반면에, 부담책임과 책무성이 책임성의 발현 방식 중 하나로서 구분될 수 있다는 입장이 있다. 행위의 결과가 비교적 확실한 상황에서 사전적으로는 규칙을 준수하거나 정당한 주의를 기울임으로써 공직자는 책임 있게 행동하여야 하고, 그 결과에 대해 정해진 기준에 따라 도덕적 · 법적으로 책임을 지는 것을 부담책임으로 규정한다. 반면에, 행위의 결과가 불확실한 상황에서는 상급자나 국민의 요구에 민감하게 대응함으로써 공직자는 책임 있게 행동하여야 하고, 이런 상황에서는 모든 발생가능한 사건에 대응할 수 있는 구체적 기준이 존재하지 않을 가능성이 높으므로 자기구속적 기준(법적 또는 자발적 기준)을 준수하거나 자신의 행위에 대한 설명과 토론을 거쳐 책임을 지게 되며 이를 책무성이라 규정한다. 경우에 따라 발생한 사건이나 결과가 우발적이어서 책임을 유예할 수도 있을 것이다. 이런 식으로 부담책임과 책무성을 구분하는 경우 책무성은 사회적 관계 속에서 어떤 것을 행할 의무를 가지고 자신의 행동에 대해 다른 사람(피설명자 또는 포럼)에게 설명하는 것이고, 부담책임은 자신의 잘못된 행동에 대해 도덕적 · 법적 책임(moral and legal responsibility)을 지는 것이라는 개념적 차이를 보여주는 동시에 비교적 확실한 상황에서는 부담책임을 물을 수 있고, 예측불가능한 상황에서는 설명책임을 지도록 하는 것이 타당하다는 논리적 근거를 제공한다. 실제로 비교적 인사, 재무회계 등 일상적 업무의 수행 과정에서는 이미 설정된 법령이나 규칙을 준수하여야 하고 이를 어겼을 경우 부담책임을 묻는 것이 타당한 반면, 다양한 환경적 요인의 영향을 받는 정책 및 사업의 수행 결과에 대해 설명책임을 부과하는 것 외에 부담책임까지 지도록 하는 것은 바람직하지 않을 수 있다.

한편, 전통적인 책임성을 대체하는 책무성 개념의 한 요소로서 부담책임을 설명하는 접근방식에서는 책무성을 위임자에 대한 1차적 설명의무와 2차적 부담책임으로 구분한다. 책무성 과정(제1장 제1절 참조)에서 공직자나 공공기관이 자신의 행위에 대한 정보를 제공하고, 이를 근거로 포럼이 토론 및 평가를 행하는 단계와는 별개로 해당 행위에 대한 제재 및 보상이 이루어지는 단계에 초점을 맞추어 행위자(설명자)가 자신의 행위에 대해 도덕적 · 법적으로 책임을 지는 상태를 부담책임으로 구분하여 설명할 수 있다. 즉, 부담책임은 책무성의 구성요소 중 '포럼에 의한 제재(sanction)의

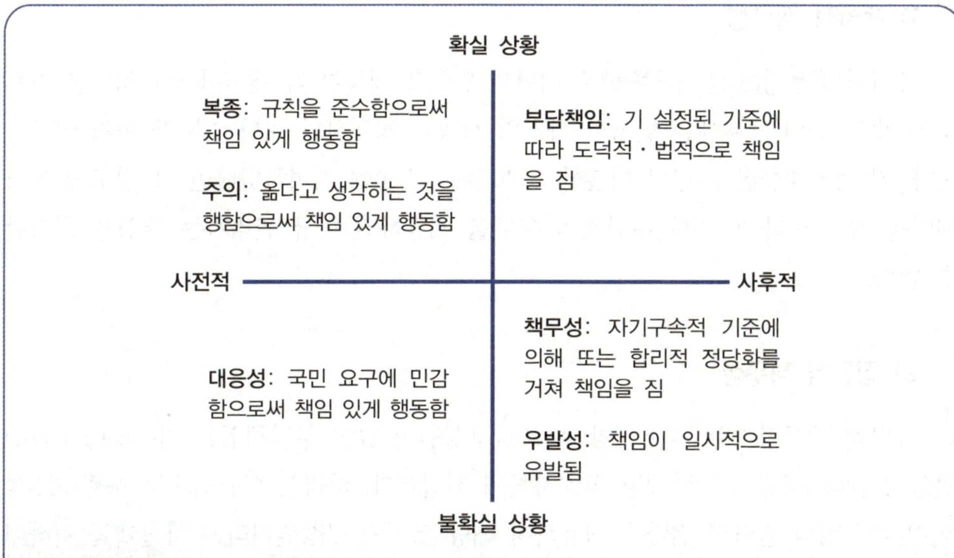

그림 3-1 책임의 발현방식

자료: Löfmarck et al.(2017).

부과'에 초점을 맞추는 것을 의미한다.

이러한 개념적 설명방식은 이 책에서 견지하고 있는 책무성의 개념과 보다 일관성을 가지는 설명방식이라 할 수 있다. 정보제공과 토론 · 평가 단계에 초점을 맞춘 사회적 관계로서의 책무성을 제2장에서 다루고, 이 장에서는 제재 및 보상 단계에서 중요시되는 부담책임에 대해 다룬다는 점에서 여기서는 책무성의 구성요소 중 하나로서 부담책임을 정의하고 있음을 알 수 있다. 그러나 [그림 3-1]에서 제시한 부담책임과 책무성의 구분방식 또한 부담책임의 판단기준이나 내용을 다룰 때 여전히 유용한 측면이 있음을 미리 밝혀 둔다.

2 부담책임의 주체: 누가 부담책임을 지는가?

누가 부담책임을 지는지에 대해서는 행위자 개인이 부담책임을 지는 개별적 책무성, 조직구성원 전체가 책임을 지는 집단적 책무성, 상급자가 책임을 지는 계층적 책무성, 독립적 법적 지위를 가진 조직 자체가 책임을 지는 단체 책무성으로 구분할 수 있다.

1) 개별적 책무성

개별적 책무성(또는 개별책임)은 비난의 원인을 제공한 각 개인이 부담책임을 지는 것을 말한다. 이 경우에는 발생한 사건의 상황을 정의하기 위한 시도가 먼저 이루어진다. 각 공직자들은 자신이 미흡한 성과 또는 잘못에 기여하였다면 그 정도에 따라 책임을 져야 한다. 이러한 부담책임 모델을 적용하면 하급 관리자는 책임을 회피할 수 없다.

2) 집단적 책무성

집단적 책무성(또는 집단 책임)은 조직구성원이 같이 부담책임을 지는(all for one) 것을 말한다. 공공조직은 개별 공직자들의 집합이다. 따라서 이론적으로 포럼(피설명자)은 책무성의 집단적 전략을 적용하여 해당 조직의 구성원이라는 사실에 근거하여 조직 전체의 행동에 대해 책임을 지울 수 있다.

3) 계층적 책무성

계층적 책무성은 상위 계층이 부담책임을 지는 것이다(one for all). 이 경우에는 전적으로 모든 책임을 지는 장관, CEO 또는 지휘관의 뒤에 하위 관리자들은 숨을 수 있다. 영국의 장관 책무성(ministerial accountability)은 먼저 장관이 책임을 지고 그 다음으로 내부적, 조직적 책임에 관한 질문에 대해서는 상급자들이 차례로 그 책임을 지게 된다.

4) 단체 책무성

단체 책무성은 조직이 책임부담을 지는 것이다. 많은 공공기관은 독립적인 법적 지위를 가진 단체이다. 그들은 단일 행위자로 작동할 수 있으며 그에 따라 책임을 질 수 있다. 대부분의 서구 국가에서는 민법, 행정법 및 형법에서 단체 책임을 허용하고 있다.

3 부담책임의 유형

1) 도덕적 책임

공직자는 특정한 임무(duties)를 수행하는 공조직의 어떤 직위에서 주어진 임무를 수행하거나 해당 임무를 이행하기 위해 필요한 것을 행하는 것에 대해 역할책임(role responsibility)을 진다. 이러한 역할책임은 조직구성원으로서 수행하는 내부적 역할책임과 전체 사회와 문화 속에서 자신이 지게 되는 외부적 역할책임을 포함한다.

그리고 공직자가 주어진 임무를 수행하는 과정에서 어떤 결과를 초래했을 때 해당 공직자는 그 결과에 대해 인과적 책임(causal responsibility)을 지게 된다. 인과적 책임은 해당 결과에 대한 공직자 행위의 귀인성(attribution)에 의해 결정된다. 만일, 공직자의 행위가 다른 사람에게 악영향을 미쳤다면 당연히 대가를 치러야 하는데 이는 곧 부담책임을 지게 됨을 의미한다.

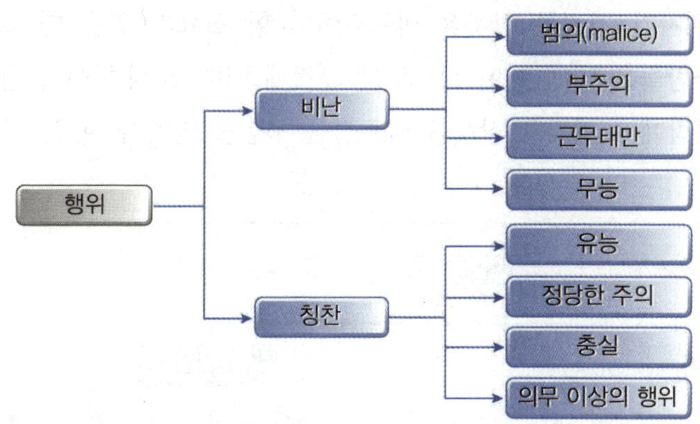

그림 3-2 도덕적 책임의 유형화

한편, 도적적 책임(moral responsibility)은 도덕적 측면에서 어떤 사람이 책임이 있다는 것으로 그 사람이 비난받아 마땅하다는 것을 말한다. 앞에서 살펴본 역할적 책임, 인과적 책임, 그리고 부담책임은 공직자의 행위에 대해 책임을 귀속시키기 위한 기초가 된다. 전체 국민을 위한 봉사자로서 도덕적 대리인(moral agent)인 공직자는 자신의 행위가 초래한 결과에 대한 정당한 처벌이나 보상을 받을 부담책임을 지며 이를 도덕적 책임으로 규정할 수 있다. 도덕적 책임은 공직자(또는 공공기관)의 행위에 대한 평가를 수반하는 바, 만일 공직자가 자신에게 부여된 임무를 악의를 갖고 수행하거나 부주의 또는 태만하였거나, 무능하여 바람직하지 않은 결과를 초래했다면 비난을 받아 마땅하다. 그리고 정당한 주의를 기울였거나 역량이 있어 직무를 충실히 수행하였거나 법적인 의무 이상의 노력을 기울여 바람직한 결과를 낳았다면 칭찬이나 보상을 받을 것이다. [그림 3-2]는 공직자의 도덕적 책임을 그 행위의 평가를 통해 유형화한 것이다.

2) 법적 책임

우리가 어떤 사람이 저지른 해악에 대해 책임을 져야(accountable for) 한다고 말할 때, 그 사람이 처벌을 받을 수 있다는 것을 의미할 수 있다. 예컨대, 전문가 조직에 의해 검열을 받거나 감옥에 가야 할 수 있으며, 피해자에게 손해배상 할 책임을 질 수도 있다. 반면에, 앞서 살핀 도덕적 책임은 반드시 법적 책임(legal liability)을 동반하지는 않는다.

그러나 행위자가 저지른 잘못을 바로잡아야 할 필요가 있을 때 그 해악에 대해 책임이 있는 사람들은 대개 어떤 식으로든 그것에 대해 '보상'하여야 한다. 법적 부담 책임은 다른 사람에게 저지른 잘못을 바로잡을 책임을 말한다. 행위자의 잘못에 의한

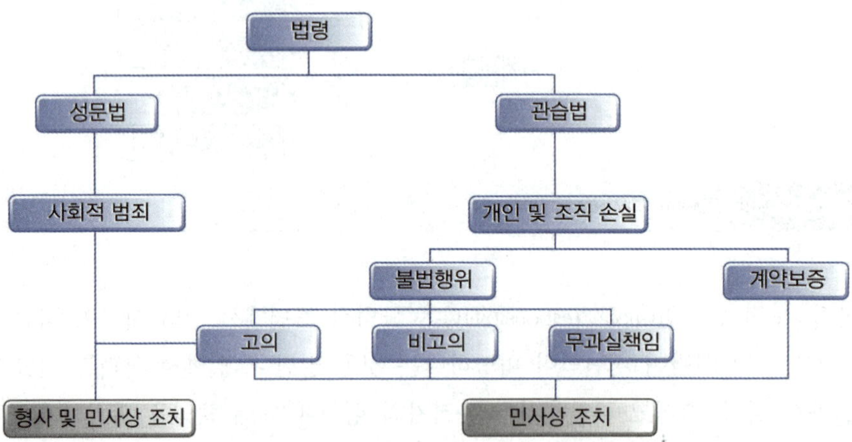

그림 3-3 법적 책임의 유형화

자료: Saylor Academy(2012).

손해는 금전적 구제나 신분상 조치에 의해 배상되어야 한다는 것이다. 손해배상은 위법한 행위에 의해 타인에게 끼친 손해를 전보해 손해 입기 전의 상태로 복귀시키는 것이 목적이다. 이러한 법적 책임을 지는 상태에 놓이는 것은 성문법이나 관습법에 의해 발생하며 형사 또는 민사 법정에서 심리를 받는다. 과실에 따른 책임부담은 어떤 식으로든 작위(또는 부작위) 의무의 존재, 의무 위반, 의무로 인한 타인의 손해, 의무 위반과 손해 간의 인과관계를 통해 입증된다. 그리고 부담책임에 대한 방어는 위험 추정(assumption of risk), 기여 과실(contributory negligence), 상대 과실(comparative negligence), 명백한 회피기회의 원칙(last clear chance),[1] 면책권(immunity) 등을 포함한다. [그림 3-3]은 공직자의 법적 책임을 유형화하여 제시한 것이다.

4 부담책임의 기준

1) 도덕적 책임의 기준

도덕적 책임에 관한 철학 문헌에서 보면, 책임을 지게 하는 목적은 대부분 인과응보와 관련된 것이다. 전통적인 관점에서 도덕적으로 책임을 진다는 것은 그 사람이 비난이나 칭찬과 같은 반응적 태도에 적합한 사람이나 집단이라는 것을 의미한다.

도덕적으로 책임을 지는 것, 즉 칭찬과 비난의 반응을 받을 자격이 있는 것은 인과적으로 책임이 있는 것과 같지는 않다. 어떤 사람이 어떤 결과에 인과적으로 기여했지만 도덕적 평가를 받을 자격이 없어 칭찬이나 비난이라는 반응적 태도를 받지 못하는(예컨대, 순전히 운으로 인한 긍정적 결과 또는 합리적으로 생각할 때 피할 수 없었던 부정적 결과) 그런 상황을 상상해볼 수 있다. 이런 경우에는 결과에 대해 그 사람을 칭찬하거나 비난하는 것은 정당하지 않다.

따라서 도덕적 책임은 반응적 태도와 관련되며 이는 행위자의 복지에 영향을 미치기 때문에, 도덕적 책임의 부과는 이러한 반응적 태도와 그 결과가 상응한 것이거나 마땅한 경우에만 정당한 것이 된다(Zimmerman, 1988; Wallace, 1994; Watson, 1996; Eshleman, 2008). 이것은 일반적으로 책임을 누군가에게 부과하는 것이 공정하려면 충

---

1) 명백한 회피 기회 원칙(last clear chance doctrine)은 미국의 불법행위법의 법리로 기여과실에서 적용되는 원칙이다. 이 원칙은 기여과실 원칙의 단점을 완화시키기 위해 도입되었다. 이 원칙에 따르면 과실이 있는 원고가 피고가 사고를 피할 기회가 있었음을 명백히 입증한다면 피고의 배상책임을 인정하여야 한다.

족되어야 하는 특정한 조건들로 해석된다. 비록 학계에서는 정확한 공식적 합의가 있는 것은 아니지만, 다음의 조건들은 도덕적 대리인으로 하여금 그들의 행위에 대한 도덕적인 책임을 묻는 것이 언제 공정한지에 대한 일반적인 생각(Hart & Honore, 1985; Bovens, 1998; Fischer & Ravizza, 1998)을 담고 있다.

(1) 도덕적 작인(moral agency) 여부

책임 있는 행위자는 그 행위와 관련해서 의도적 대리인(intentional agent)이어야 한다는 것이다. 이는 행위자가 행위에 참여하는 순간에 적절한 정신력을 보유해야 한다는 것을 의미한다. 어린아이들이나 정신적 능력이 영구적 또는 일시적으로 손상된 사람들(예컨대, 피성년 후견인)은 그들의 행위에 대해 완전히 책임을 질 수는 없을 것이다. 그러나 자신을 고의 또는 자발적으로 정신 능력이 제한된 상황에 두는(예를 들어, 음주나 약물 복용) 것은 (일반적으로) 자신의 행동 결과에 대한 책임을 면하게 하지 않는다. 어떤 사람들은 그 행동이 특정한 욕망이나 신념에 의해 인도되었다는 것을 의미하면서, 이런 상태를 의도적인 것으로 부른다.

(2) 자발성 또는 자유 여부

결과를 초래하는 행위는 자발적이어야 하는데, 이는 강제, 외압 또는 행위자의 통제를 벗어난 다른 상황 하에서 행해진 행위에 대해 행위자가 책임을 지지 않는다는 것을 의미한다. 도덕적 대리인은 자신의 행동 방침을 결정하고(앞의 제(1) 조건) 그에 따라 행동할 수 있는 위치에 있어야 한다.

(3) 결과에 대한 지식 여부

행위자는 행위에 따른 결과를 알았거나 알 수 있어야 한다. 그러나 태만으로 인한 무지 탓이라면 책임을 면하기 어렵다.

(4) 인과관계 존재 여부

행위자의 행위가 결과에 인과적으로 기여하여야 한다는 것이다. 이는 행위자의 행위 또는 부작위와 이에 따른 피해 사이에 인과관계가 있어야 한다는 의미이다.

(5) 규범의 위반 여부

인과적으로 원인이 되는 행동은 흠결이 있어야 한다는 것으로, 이것은 행위자가 어떤 면에서 규범을 위반했음을 의미한다.

2) 법적 책임의 기준

공직자의 불법행위(tort)에 따른 법적 책임은 크게 행정상 책임, 형사상 책임, 민사상 책임으로 구분해 볼 수 있다. 행정상 책임은 다시 징계책임과 변상책임으로 구분할 수 있는데, 전자는 「국가공무원법」 및 동법에 의한 명령을 위반하였을 때, 직무상의 의무에 위반하거나 직무를 태만히 한 때, 직무 내외를 불문하고 체면·위신을 손상하는 행위를 한 때에 지게 되는 책임을 의미하고, 후자는 공직자가 국가재산상에 손해를 끼친 경우에 지게 되는 책임을 말한다.

그리고 공직자의 형사상 책임은 공무원으로서의 책임 외에 일반 법익을 침해하는 경우에 지게 되는 책임을 말하며, 민사상 책임은 공무원이 공무집행상의 위법행위로 인하여 타인에게 손해를 입힌 경우에 지게 되는 책임을 의미한다.

(1) 행정상 책임의 기준

도덕적 대리인으로서 공무원의 윤리적 행동을 보장하기 위해 법 또는 강령의 형태로 사회적으로 용인할 수 있는 최소한의 규범을 제시하고 있다. 우리나라의 경우 「국가공무원법」(공무원의 의무, 금지사항 등), 「공직자윤리법」(재산등록, 선물신고, 취업제한 등), 「부패방지법」(부패행위신고, 신고자 보호 등), 「청탁금지법」(부정청탁 금지, 금품 등의 수수 금지 등) 등이 공직자가 지켜야 할 규범을 구체적으로 제시하고 있다. 그리고 공무원 윤리헌장 및 실천강령 등을 통해 공무원이 갖추어야 할 덕목과 추구해야 할 가치와 행동의 지침을 제시하고 있다.

행정상 책임은 공직자에게 부여된 의무 등을 포함한 행동규범을 준수하지 않음으로써 타인이나 조직에 피해를 준 것에 대한 법적 책임을 의미한다. 공무원이 행동규범을 위반했을 경우에는 징계 책임과 변상책임을 부담하게 되는 바, 변상책임은 공무원이 국가(공유)재산상에 손해를 끼쳤을 경우에 지게 되는 행정상 부담책임이다. 일반적으로 행정상 책임부담은 의무의 존재, 의무 위반, 의무위반으로 인한 손해, 의무 위반과 손해 간의 인과관계를 통해 입증된다.

(2) 형사상 책임의 기준

공무원에 대한 가장 심각한 법적 책임 형태는 특정한 사회적 위험 행위를 저지른 범죄와 관련되며, 이는 공무원의 복무 중에 또는 형법상 직무와 관련하여 행해진 범죄에 대한 공무원의 부담책임을 포함하는 것이다.

형사책임은 국가와 가해자 사이에 범죄를 저질러 발생한 바로 그 범죄의 강압적 관계로 정의될 수 있으며, 다른 한편으로는 가해자를 체포하여 규정에 의한 제재를 적용하고, 강제집행을 하도록 사회의 대표자인 국가의 법률을 형성하는 내용의 복잡한 기록이다. 공무원의 민사책임 또한 근무 중 또는 근무 중인 공직의 직무와 관련하여 저지른 범죄에 대해 발생한다. 따라서 형사상 제재는 억압적 성격, 주로 예방적 성격을 가지고 있으며, 범죄행위 후에 취해지는 조치이다.

범죄를 저지른 것이 공무원의 형사상 책임의 유일한 근거로서, 이는 형법상의 범죄 행위를 저질렀고, 주관적인 관점에서 그 행위를 행한 자가 유죄라는 것을 함축한다. 우리나라의 경우 공무원의 형법상 범죄는 공무원의 직무에 관한 죄(직무유기죄, 직권남용죄, 뇌물죄), 문서에 관한 죄(공문서위조죄 등), 재산에 관한 죄(사기, 횡령, 배임 등) 등이 있다. 형사상 책임은 형법의 원칙과 밀접하게 관련되어 있는 바, 불법행위 관련 법률에서 법적 책임에 대한 일반적인 규칙, 즉 과실 및 부주의의 원칙, 피해의 원칙, 고의적 손상의 원칙, 예외적 원고의 원칙(Unusual Plaintiff Rule), 무과실책임의 원칙 등에 기초하여 형사책임을 묻는다.

먼저, 과실 및 부주의의 원칙은 법적 책임을 지우기 위해서는 불법행위자가 직무를 수행하는 데 소홀했거나 그의 행위를 수행하는 데 잘못이 있었다는 사실에 근거해야 한다는 것이다. 그리고 피해의 원칙은 피고의 행위의 결과로 원고가 손해 또는 상해를 입은 경우에만 책임을 진다는 것이다. 고의적 손상의 원칙은 어떤 행위가 고의적으로 행해져서 다른 당사자에게 손해를 입힌다면 그 불법행위자는 책임을 져야 한다는 것을 의미한다. 예외적 원고의 규칙은 불법행위가 정상적인 사람에게 행해졌다면 그런 피해나 상해를 초래하지 않았을 것이라는 사실로 해당 행위가 정당화될 수 없다는 것을 말한다. 또한 무과실책임의 원칙은 피해 또는 고의적 행위 여부와 관계없이 피고인이 자신의 불법행위에 대해 책임을 지는 것을 의미한다.

(3) 민사상 책임의 기준

민사상 책임은 개인이나 재산에 불법적으로 상해를 입었을 경우 개인에게 배상할 법적 책임이다. 모든 시민과 단체는 민사책임에 대해 재판을 받을 수 있으며 정부기관도 예외는 아니다.

1887년에 제정된 미국의 터커법(Tucker Act)은 "헌법이나 의회입법, 행정부 규정, 또는 미국 정부와의 구두 및 서면 계약에 의해 제기된" 민사소송에 대한 미국 정부의 면책특권을 폐기하였다. 민사책임 청구의 부정적 영향으로부터 조직을 보호하기 위해, 공공관리자는 각 민사상 책임의 유형의 기준들과 고객이 중대한 위험에 노출될 수 있는 방식들을 이해해야 한다. 따라서 공무원은 민사책임과 관련된 기준 척도와 도전과제들에 대해 스스로 학습하거나 교육을 받는 것이 필수적이다.

공공행정에서 자주 발생하는 민사상 책임부담 사례로는 계약위반,[2] 제조물 책임,[3] 신체적 상해,[4] 무과실책임,[5] 재산권 분쟁[6] 등이 있다. 민법상 일반 불법행위의 성립요건으로는 고의나 과실, 가해행위가 있을 것, 손해가 발생할 것, 가해행위와 손해 사이에 인과관계가 있을 것, 가해행위가 위법할 것, 책임능력이 있을 것 등의 요건을 모두 충족하여야 한다.

5 부담책임 논의와 관련된 과제

1) 부담책임의 가중에 따른 부작용

공공 책무성 논의가 '부담책임'에 초점이 맞추어진다면 책무성이 곧 처벌을 의미하는 것이 되고, 공공관리자들은 책임을 진다는 것(being held accountable)이 곤경에 처하는 것으로 인식하게 된다. 이에 대해 벤(Behn, 2001)은 다음과 같이 진술하고 있다.

---

2) 계약은 법의 구속을 받는 고용, 매매, 교환, 임차에 대한 서면 또는 구두 계약이다. 이런 계약이 파기되면 계약위반으로 분류되고, 위반으로 부당한 취급을 당한 당사자는 피해를 금전적 보상의 형태로 지급하도록 법원에 손해배상 신청을 자유롭게 할 수 있다.

3) 재화 및 서비스의 사용으로 재산 또는 신체적 피해를 입을 경우 제조물 책임은 해당 재화 또는 서비스의 공급자 또는 생산자에게 있다. 공공 관리자는 대체로 함께 협력하는 정부 계약자가 유해한 서비스를 제공하거나 결함이 있는 장비와 기술을 생산할 때 제조물 책임을 지는 경우를 맞게 된다.

4) 신체적 상해 사건은 일반적으로 의료 사고, 자동차 사고, 보행자 사고(예: 미끄러짐 및 추락) 또는 매우 위험한 활동(예: 폭발물 사용)으로 인한 부상을 낳는 과실(negligence)로 인한 신체적, 정신적 또는 정서적 피해를 초래하는 경우에 부담책임을 결정하는 것이 목적이다.

5) 무과실책임은 민사상 책임의 기준으로서, 그 행위가 태만하지 않았거나 직접적인 잘못(fault)이 없었더라도 그 행위나 제품에 의해 발생한 손해에 대해 책임을 지는 것을 말한다. 예를 들어, 위험한 화학물질의 운송이 민간인 사상자를 초래하는 사고를 초래하는 경우, 그러한 화학물질을 운송하는 주체는 법적으로 의무화된 모든 안전조치를 이행했는지 여부에 관계없이 결과에 대해 엄격하게 책임을 져야 한다.

6) 공공 및 민간 당사자 간의 재산권 분쟁은 동산에 대한 무단침해, 토지에 대한 무단침입, 재산의 무단사용 등이 있다.

> "공공관리자들에게 책임을 지게 하면 두 가지 일이 발생하는 바, 그들이 좋은 일을 하면 아무 일도 일어나지 않지만, 그들이 일을 망치면 지옥으로 빠져든다. 책임을 지는 사람들은 책무성이 무엇을 의미하는지 분명히 알고 있는데 그들에게 책무성이란 처벌을 의미한다"(Behn, 2001: 3).

공직자의 이러한 인식은 공공 책무성 문화를 정착시키는 데 장애가 된다. 보로위치(Borowicz, 2019)는 어떻게 책무성을 확립할 것인가에 대한 명확한 계획이 없는 가운데 책무성 확보가 처벌(punishment)로 보이는 방식으로 집행되면 직원들이 일이 잘 풀리지 않을 때 '책임'을 진다는 것을 경험하게 되고, 이것이 축적되면 결국 비난, 방어 그리고 책임 회피의 조직문화로 이어진다고 하였다. 책무성이 '제재의 부과'에 초점이 맞추어지면 공공관리자들은 실패를 했을 때 비난(blame)을 최소화하거나 회피하면서 성공을 위한 크레딧을 최대화하기 위해 표현적(presentational)·정책적·기관적 전략, 즉 '비난 게임'에 말려들 수 있다(Hood, 2002).[7]

책무성을 확보하면서 비난을 없애는 한 가지 간단한 방법은 책무성의 진정한 의미를 공유하는 것이다. 책무성의 진정한 의미를 공유하는 것은 "자신의 환경에 굴하지 않고 원하는 결과를 얻기 위해 필요한 오너십을 발휘하는 개인적인 선택"인 것이다. 오너십을 갖는 것은 "자신을 보호하는 것"에 대한 두려움을 없애는 데 도움이 되고 대신 스스로 행동을 취할 수 있는 권한을 부여하는 선택을 할 수 있도록 한다(Borowicz, 2019).

2) 많은 손의 문제

포럼(피설명자)은 여러 잠재적 설명자들로 인해 어려움에 직면할 수 있다. 외부인으로서 포럼이 누가 기관의 행동에 어떤 방식으로 기여했는지, 누가 그 행동을 어느 정도까지 설명할 수 있는지 밝히기는 어렵다. 데니스 톰슨(Thompson, 1980)은 이를 많은 손의 문제(the problem of many hands)라고 불렀다.

---

7) 후드는 비난현상이 항상 나쁜 것은 아니라고 주장하며, 그것이 실제로 책임(responsibility)을 고정시키는 데 도움이 될 수 있음을 증명하고, 긍정적이거나 부정적인 여러 종류의 비난 회피에 대해 연구하였다(Hood, 2010).

> "많은 공무원들이 정부의 결정과 정책에 여러 가지 방식으로 기여하기 때문에 원칙적으로 누가 정치적 결과에 대해 도덕적으로 책임이 있는지 식별하는 것은 어렵다" (Thompson, 1980: 905).

정책은 실제로 시행되기 전에 많은 손을 거치게 된다. 법령과 결정은 종종 위원회 또는 여러 다른 단계 및 수준에서 이루어지고 실행되기 전에 또 여러 단계를 거친다. 위원회, 행정 기관 및 부서의 새로운 구성원은 전통, 규칙 및 기존 관행(또는 그렇게 생각하는 것)을 따르고 때로는 자신의 아이디어와 재량적 규칙에 의존한다. 그러나 그들은 종종 그러한 아이디어와 규칙이 실행되기도 전에 또는 잘 작동하지 않았다는 것이 명백하게 드러나기 전에 손을 떼고 다른 행위자가 이를 이어받는다. 그렇다면 누구를 비난과 처벌 대상으로 선택할 것인가?

그뿐만 아니라 공공부문에서 신공공관리의 도입과 함께 민영화나 민간위탁이 확산되었다. 공공조직이 권한(생산 책임)을 위임하거나 이양하였다 하더라도 책무성(설명책임)까지 위임할 수 있는 것은 아니다. 이러한 상황에서 공적 업무를 수행하는 민간에게 어떻게 책임을 물을 것인가?, 그리고 권한을 위임한 공공조직은 어떻게 책임부담을 민간과 공유할 것인가? 이 문제는 현대 행정에서 매우 민감한 과제가 아닐 수 없다.

게다가 기술발전, 특히 디지털화의 진전과 함께 공공 분야에도 정책 과정에 다양한 과학기술이 도입되고 있다. 그러나 부담책임의 본질적 특성은 공학, 기술 및 과학의 많은 분야에서 정당한 대응(legitimate response)으로서의 한계를 보여준다. 핵기술, 생명공학, 나노기술, 인공지능 등이 공공행정을 변화시키고 있는 가운데 이들 기술도입 및 발전에 따른 부담책임의 복잡성(complexity) 문제는 향후 크나큰 도전과제가 될 것이다.

제 2 절 관리 · 재정 · 성과 책무성의 부담책임

1 책무성 유형과 부담책임

앞 절에서 공공관리자의 행위 또는 부작위에 대해 도덕적 책임을 묻기 위해서는 도덕적 대리인으로서의 역할, 자신의 역할을 이해할 역량을 가진 의도적(intentional) 대리인 여부, 자발적 행동 여부, 대리인의 행위와 발생한 사건 간의 인과관계, 자신의 행위에 따른 결과에 대한 지식 보유 등 최소 다섯 가지 조건이 충족되어야[8] 함을 파악하였다. 이는 공공조직의 공동책임(corporate responsibility)과 관련해서도 유사한 조건을 적용할 수 있겠으나 조직의 경우에는 개인적 역할보다는 거래관계에, 인과관계보다는 영향관계에 더 초점이 맞추어질 것이다.

공직자의 부담책임에 관한 논의는 '특정한 주어진 결과에 대해서 누구의 행위가 원인인가?', 즉 인과적 책임의 귀속에 관한 논의인데, 이는 사실관계를 확정하기 위한 기술적(descriptive) 목적의 인과적 조사(causal inquiry)를 의미한다(Feldmann, 2016: 354-355). 이러한 인과적 책임의 귀속에 대한 논의가 이루어진 연후에는 고의성 여부에 대한 논의가 중요한 문제로 떠오른다. 그리고 여기서 이중효과의 원리(the principle of double effect)에 대한 논의가 등장한다. 이중효과의 원리는 정책설계자의 선량한 의도가 예기치 않게 부정적 효과를 유발시켰다면 그 책임이 면제된다는 내용이다.[9]

인과적 책임이 존재하더라도 이중효과의 원리를 적용하게 되면 선한 목적으로 행해진 공직자의 행위로 부정적 결과가 초래되었을 때 도덕적 및 법적 책임을 물을 수 없게 된다. 따라서 모든 인과적 책임이 부담책임으로 귀결되지는 않는 것이다. 특히, 공직자의 행위가 법적 책임으로 연결되기 위해서는 인과적 책임의 귀속에 더해 과실 및 부주의의 원칙, 피해의 원칙, 고의적 손상의 원칙 등 추가적 원칙을 적용하여 민·형사상 절차를 거쳐 법원에서 판단을 하게 된다. 법적 책임의 문제는 규범적 목적의 조사(normative causal inquiry)이기 때문에 인과적 책임과는 분리하여 생각하여야 하며, 따라서 인과적 책임은 법적 책임의 필요조건에 해당한다고 볼 수 있다.

우리는 앞서 책무성 유형을 분야별로 관리 책무성, 재정 책무성, 성과 책무성으로 구분하여 사회적 관계로서의 책무성을 살펴보았다. 이 세 가지 유형별로 부담책임의 귀속 정도는 상당한 차이를 보일 수 있는데, 이는 관리 책무성의 경우 비교적 예측가능한 상황에서 사전적·과정적·사후적 통제가 이루어지고 있고, 이러한 관리 책무

8) 이외에도 규범의 위반 등 행위의 흠결 여부도 포함할 수 있다.

9) 이중효과의 원리는 인간의 죽음과 같은 심각한 해를 낳은 어떤 행위의 허용가능성(permissibility)을 어떤 좋은 목적을 촉진하는 과정에서 발생하는 부작용을 설명하기 위해 종종 언급된다. 이중효과의 원리에 따르면, 좋은 결과를 가져오는 수단으로서 특정한 위해를 가하는 것이 허용되지 않을지라도, 좋은 결과에 따른 부작용(즉, 이중효과)으로 해를 끼치는 것이 때때로 허용될 수 있다. https://plato.stanford.edu/entries/double-effect/

성 체계 내에서 공직자의 과실 또는 부주의에 따른 결과는 징계책임, 재산적 책임, 민・형사적 책임[10]으로 연결될 가능성이 높다.

반면에, 성과 책무성의 경우는 관리 책무성에 비해 상대적으로 불확실한 상황에서 다양한 환경적 요인의 영향을 받는 정책 및 사업의 수행 결과에 대한 것으로 부담책임을 지우는 것은 용이하지 않을 것이다. 특히, 정책 및 사업의 결과에 대해 부담책임을 지우는 것은 이중효과의 원리에 의해 기각될 가능성이 높다. 그러나 펠트만(Feldmann, 2013)은 만약 이중효과의 원리에 의해 의도하지 않은 정책실패가 발생했을 때 정책결정자의 책임이 면제된다면, 그것은 의도하지 않은 효과와 정책설계자의 행위가 인과적으로 분리되어 있다는 뜻이기 때문에 정책 인과성의 개념에 위배되는 것이라 주장하였다. 그러나 이러한 주장을 받아들인다 하여도 성과 책임성의 경우에는 부담책임보다는 정책 및 사업 과정에서의 설명책임을 통해 책무성을 확보할 필요가 있을 것이다.

한편, 재정 책무성의 경우 관리 책무성과 성과 책무성의 중간 정도 수준에서 부담책임에 관한 논의가 이루어질 가능성이 높다. 예산 과정을 규율하는 재정 관련 법령이나 지침이 적용되는 재무관리 부분과 재무건전성을 관리하기 위한 일련의 정책결정이 이루어지는 재정관리 부분은 부담책임 면에서 차이가 클 것이다. 재무관리의 경우 재정관리에 비해 개인의 역할책임이 명확하게 규정되어 있고 거래행위에 대한 부담책임을 논하는 것이 용이한 반면, 재정관리의 경우 조직의 역할과 의사결정에 따른 영향관계에 더 초점이 맞추어지기 때문이다.

2 관리 책무성과 부담책임

'EU 회원국의 공공 내부통제체계 개요서(Compendium of the public internal control systems in EU Member States)'에서는 관리 책무성(managerial accountability)에 대해 "모든 수준의 관리자가 자신이 관리하는 조직의 목적을 달성하기 위해 취한 결정과 조치에 대해 책임을 지고 설명하도록 요구받을 수 있는 어떤 과정"으로 규정한다. 그리고

10) 징계책임은 공무원의 특별권력관계 등 근무관계로부터 발생하고 징계절차에 따라 책임을 부담하고, 재산적 책임은 재산권과 관련되어 발생하며 변상제도(회계관계직원 등의 책임에 관한 법률 등)에 따라 변상책임을 지고, 형사적 책임은 일반 형벌권의 작용으로부터 발생하고, 고소・고발에 따른 일반적 형사절차에 따라 책임을 부담한다.

OECD의 문건(Klaas et al., 2018)에서는 관리 책무성을 정부조직(관료제)의 업무와 성과에 대한 관리자의 책무성으로 정의하면서 계획에서 보고, 위임에서 통제에 이르는 공공부문 관리의 모든 측면에 대한 책임을 내포한다고 주장한다. 따라서 관리 책무성은 공적자금 관리, 공정성, 그리고 성과의 모든 측면에 대해 행정 및 공공기관 내의 각 개인들이 자신의 결정과 행동에 대한 책임을 지는 개념으로 이해할 수 있다.

제2장에서는 관리 책무성을 관료제 내의 계층적 관계 속에서 공직자가 자신의 업무와 성과에 대해 지는 책임으로 정의하고 국민-공직자의 주인-대리인 관계에서 공직자가 지는 공공(민주적) 책무성과 구분하였다. 그리고 관리 책무성에 대한 논의를 인사, 재무, 사업의 관리 영역에 한정하였는데, 이는 공공관리의 모든 측면을 다루는 데 한계가 있기 때문이었다. 관리 책무성은 분명히 전통적인 재무적 관리 측면을 넘어 공공관리 전반으로 훨씬 더 확장된 개념이라는 점을 인식하면서 여기서는 관리 책무성과 관련된 부담책임에 대해 논하기로 한다.

〈표 3-1〉에서는 관리 책무성의 부담책임을 책임 주체, 책임기준, 제재 유형 등에 따라 초점이 어디에 맞추어져 있는지 개략적으로 살펴본 것이다. 먼저, 관리 책무성 분야에서는 책임 주체가 주로 행위자 개인이나 조직에 초점이 맞추어져 있다. 관리 책무성의 영역은 비교적 주어진 권한과 기준에 따라 업무를 수행하고, 그 과정에 발생하는 실수나 불법행위에 대해 책임을 지울 수 있기에 제1절 [그림 3-1]에서의 부담책임이 발현되는 영역이라 할 수 있다.

인사 분야에서는 의무위반이나 불법행위에 대해 관련 공무원에 대한 인사상 조치와 함께 기관에 대한 행정상 조치가 이루어지고 있으며, 재무 분야(물품관리, 계약관리, 재산관리 등)에서도 재산상 피해를 입힌 공무원에 대한 조치가 이루어지고 있다. 사업관리 분야에서는 담당 공무원의 부주의나 관리 소홀에 따른 인사상의 조치와 함께 기관에 대한 행정상 조치가 이루어질 수 있다. 특히, 주요 사업의 경우 사후 평가를 통해 예산편성에서 해당 기관이 불이익을 받을 수도 있다.

관리 책무성 분야에서는 주어진 역할과 업무 수행기준이 상대적으로 명확하기 때문에 인과성과 고의성 판단 결과에 따라 행정상, 민・형사상 책임뿐 아니라 도덕적 책임으로부터 자유로울 수 없다. 다만, 적극행정 면책제도의 도입으로 사소한 과실이나 의도하지 않은 결과에 대해 공직자가 행정상 책임을 면할 수도 있기에, 이중효과의 원리가 일부 작동하는 측면도 있다고 볼 수 있다. 인사 분야에서는 주로 규정 위반에 따른 인사상・재정상 조치를 포함한 보상 및 징벌이 이루어지며, 재무관리 분야에서는 규정 위반뿐 아니라 재산상 손실을 입힌 공무원에 대한 제재가 주로 이루어진다. 그러나 사업관리 분야에서는 예상치 못한 환경 변화 등으로 인과성 기준을 적용하는 데 한계가 있다.

끝으로 관리 책무성 분야에서 제재의 유형은 업무 유형에 따라 상이한데, 인사 및 재무관리 분야에서는 행정적 책임이나 법적 책임이 두드러진다. 특히, 재무관리 분야에서는 회계관계직원은 「회계관계직원 등의 책임에 관한 법률(이하, 회책법)」에 따라 손해배상책임과 형사적 책임을, 재산관리관은 「국유재산법」에 따라 변상책임을 진다. 실제 재무관리 분야에서는 부주의 등 관리 소홀과 불법행위에 대해 변상 판정, 시정 요구 등 조치, 조정·중재, 과징금, 형사처벌 등 다양한 제재가 이루어지고 있다. 반면에, 사업관리 분야에서는 명확한 불법행위가 아니라면 결과에 대한 제재는 비난 등 비공식적 조치에 그친다. 한편, 「국가공무원법」 제84조와 제84조의2, 그리고 「지방공무원법」 제83조와 제84조에서 발견되는 벌칙조항은 인사업무 담당자의 부담책임이라기보다 인사업무의 공정성을 해치는 공무원의 행위에 대한 제재수단이다.

표 3-1 관리 책무성의 부담책임 특성

책임 주체			책임기준			제재 유형		
개인	집단	조직	인과성	고의성	이중 효과	도덕적 책임	행정적 책임	법적 책임
○		△	○	○	△	△	○	○

3 재정 책무성과 부담책임

일상적인 재무회계 활동에 대한 부담책임은 앞서 관리 책무성 분야의 부담책임 논의에서 다루었다. 재무회계 활동은 예산 과정 중 예산집행 단계에서의 관리 활동과 상당 부분 중복되는 점이 있으나 재무회계 활동은 주로 개별 조직 단위의 관리 활동에 초점을 맞추었다면 재정관리 분야에서 예산관리 활동은 개별 조직 내 계층적 관계를 넘어 개별 행정 및 공공기관과 재정총괄기관과의 관계를 포괄한다. 더 나아가 재정관리 분야에서 재정상태 관리 활동의 경우 각 행정기관의 재정 건전성과 관련되므로, 일상적인 재무관리나 예산집행 활동과 차별화된다고 볼 수 있다. 따라서 재정관리 분야는 예산관리 부문과 재정상태 관리 부문으로 구분하여 부담책임을 살펴보았다.

먼저, 재정 책무성 분야에서는 책임 주체가 개인과 조직에 초점이 맞추어져 있는데 예산집행과 관련해서는 회계관계직원의 개인적 책임을 물을 수 있고, 기금의 자산 운용과 관련해서는 개인에게 손해배상 및 형사책임을 물을 수 있다. 그리고 각 부처는 예산, 기금 등 재정을 투명하고 책임 있게 관리할 책임을 부여받고 있으므로, 재정총괄기관이나 감사원의 감사를 통해 해당 기관에 행정상 책임을 물을 수 있다. 그러나 재정 건전성 부문에서는 개인에 대한 책임보다는 조직에게 책임을 묻는 것이 일반적이며, 복식부기의 도입에 따라 각 부처의 재무제표에 대한 감사를 통해 해당 조직에 책임을 물을 수 있다.

재정 책무성 분야에서 예산관리 부문의 경우 재정 관련 법령에서 예산 과정을 규율할 뿐 아니라 각 예산 과정별로 재정총괄기관이 지침을 제공하고 있기 때문에 책임기준으로서 인과성과 고의성 판단 결과에 따라 관련 공무원에게 행정적·법적 책임을 물을 수 있다. 물론 예산관리 면에서도 적극행정 면책에 의해 이중효과의 원리 적용도 일부 작동할 수 있다. 그러나 재정상태 관리 부문에서는 감사원에서 결산검사를 통해 각 부처 및 전체 정부 차원에서 재정관리의 적절성을 확인하고 있으나 재무제표에 대한 의견을 제시하지 않고 있기에 책임기준을 엄격하게 적용하고 있다고 보기 어렵다.

끝으로 재정 책무성 분야에서 제재의 유형은 예산관리 부문과 재정상태 관리 부문이 뚜렷한 차이를 보이고 있다. 예산 및 기금의 집행과 관련한 공무원의 부담책임은 다른 선진 국가들에 비해 넓은 편이고 행정적, 법적 책임을 엄격하게 묻는 반면에, 재정 건전성 관리 측면에서 각 부처나 재정총괄기관에게 책임을 물을 수 있는 장치는 미흡한 실정이다.

표 3-2 재정 책무성의 부담책임 특성

구분	책임 주체			책임기준			제재 유형		
	개인	집단	조직	인과성	고의성	이중효과	도덕적 책임	행정적 책임	법적 책임
예산관리	○	–	△	○	○	△	△	○	○
재정관리	–	–	○	–	–	–	○	–	–

4 성과 책무성과 부담책임

성과 책무성은 정책, 사업 등 정부의 업무 수행에 따른 성과에 대해 책임을 지는 것으로 미국의 경우 'performance accountability', 영국의 경우 'value for money'로 불린다. 이는 국민이 낸 세금으로 정부는 공공가치를 창출하여야 한다는 시대적 요청의 결과이다.

성과 책무성에 관한 논의는 각 행정 및 공공기관의 사업부서에서 행하는 관리 활동, 각 행정 및 공공기관 차원의 성과관리 활동, 정부 차원에서의 성과측정 및 평가활동 등을 포괄하는 것이지만 사업부서의 사업관리 활동에 대해서는 관리 책무성 분야에서 논하였기에, 여기서는 기관 차원의 성과관리 활동과 정부업무평가 활동에 초점을 맞추어 부담책임에 관해 논의하고자 한다.

표 3-3 성과 책무성의 부담책임 특성

책임 주체			책임기준			제재 유형		
개인	집단	조직	인과성	고의성	이중 효과	도덕적 책임	행정적 책임	법적 책임
	△	○	○		△	○	△	

먼저, 성과 책무성 분야에서는 책임 주체가 주로 집단 및 조직에 초점이 맞추어져 있는데, 기관 단위의 성과관리 업무 수행과 관련해서는 부서별 핵심 성과지표에 따라 성과를 모니터링하기 때문에 부서 단위로 성과에 책임을 진다. 다만, 부서 평가 결과가 개인 평가에 일부 반영된다는 점에서 집단적 책임의 특성도 갖고 있다고 보인다. 그러나 정부업무평가의 경우는 평가결과가 해당 중앙행정기관의 조직·인사·예산과 연계·반영된다는 점에서 책임 주체가 조직이라는 것을 알 수 있다.

성과 책무성 분야에서 책임기준은 결국 해당 성과에 대한 귀인성(attribution)에 초점이 맞추어질 수밖에 없는데, 성과관리 활동의 경우 성과지표별 목표치를 달성하지 못했을 경우 원인분석을 통해 해당 부서나 업무 담당자에게 도덕적 책임을 물을 수 있을 것이다. 그러나 많은 성과지표들이 산출지표가 아니라 결과지표의 성격을 갖는다면 해당 성과를 오롯이 해당 부서나 사업 담당자에게 묻는 것은 합리적이지 않다. 성과 책무성이 결과에 대한 부담책임보다 미래의 성과 개선으로 이어지는 학습을 촉진하는 방향으로 작동하여야 한다는 것은 이러한 이유에서이다. 정부업무평가의 경우도 마찬가지여서 평가결과 우수기관에 대한 보상이나 우수부서나 공무원에게 포상, 성과급 지급, 인사상 우대 등의 조치가 이루어지기는 하나 미흡한 성과를 낸 기관은 비난 등 도덕적 책임을 떠안을 수 있을지라도 이로 인해 행정적, 법적 책임을 지는 경우는 거의 발생하지 않는다.

따라서 성과 책무성 분야에서의 제재 유형은 성과가 저조한 정책·사업에 대한 개선 요구 등 비권력적 조치가 대부분이며, 이를 통해 자율적인 개선 및 시정 노력을 유도하는 것이다.

제 3 절 권한 이전에 따른 부담책임

1 권한 이전의 구조적 유형과 신공공관리

행정권한은 위임, 이양, 위탁, 대리, 대행 등 다양한 방식으로 이전될 수 있다. 행정 권한의 이전은 법령에 따라 권한을 부여받은 행정기관이 그 권한의 일부를 다른 행정기관, 지방자치단체, 민간기관·단체 등에 맡기고, 이를 받은 수임자·수탁자가 그의 명의와 책임으로 그 권한을 행사하도록 하는 것을 말한다.

구체적으로 권한의 "위임"이란 원(原) 권한자인 행정기관의 권한 일부를 그 보조기관 또는 하급행정기관의 장이나 지방자치단체의 장 등 그의 지휘 계통에 속하는 하급기관에 맡기는 것을 말한다. 한편, 권한의 "위탁"이란 원 권한자로부터 독립된 다른 행정기관의 장에게 그 권한을 맡기는 것을 말하며, "민간위탁"이란 사무의 수탁자가 행정청이나 지방자치단체가 아닌 법인, 단체나 개인에게 맡기는 경우, 즉 행정기관이 아닌 민간이 되는 것을 말한다.

권한이 위임되거나 위탁되면 수임자·수탁자의 명의로 그 권한이 행사되며, 그 행사의 법적 효과도 우선은 수임자·수탁자에게 귀속된다는 점에서 수임자·수탁자에게 권한이 이관된다는 특징이 있다. 이러한 점에서 권한의 위임·위탁은 권한을 이관하는 효과를 가져오지 않는 '대리·대행'이나 '내부위임'과 구분된다. 또한 위임·위탁은 권한이 이관된다는 점에서는 권한의 이양과 유사하나, 위임·위탁된 경우 위임인 또는 위탁자가 비용부담과 최종적인 책임을 지게 된다는 점에서 최종적인 책임을 이양받은 자가 모두 책임을 지게 되는 권한의 이양과 구분된다(법제처, 2022: 486).

공공부문에 민간위탁과 민영화[11] 같은 용어의 등장은 신공공관리 개혁과 밀접한 관계가 있다. 신공공관리(New Public Management) 개혁은 1970년대 말에서 1980년대에 출현한 공공행정상의 실천 및 사상의 집합체로서, 미국, 영국, 뉴질랜드, 호주와 같은 영미계 국가에서 강한 영향력을 발휘하였다(Klijn, 2012).

신공공관리는 정책결정을 정책관리 · 집행과 명확히 분리한다. 정책결정자는 정책을 만들고, 그 실행 권한은 관리자에게 위임하고, 계약으로 그들을 책임지게 한다(Lægreid, 2014). 정치와 행정의 분리, 행정 기능의 분리, 조직 간 수직 전문화는 신공공관리 개혁 과정에서 나타난 구조적 권한 위임의 대표적 형태이다(Per Lægreid, 2001).

먼저, 권한 위임에서 정치와 행정의 분리는 두 가지 의미가 있다. 정치인은 목표를 정하고, 공무원은 정책을 집행하므로, 각 기능이 뚜렷이 구분되며, 또한 정책결정은 고객과 클라이언트에 더욱 근접해서 이루어져야 한다는 분권화 사상을 내포하고 있다(Boston, 1995). "관리자가 관리토록 하자"라는 구호로 요약되는 정치와 행정의 분리는 일선 행정에 대한 정치인의 간섭이 적어지도록 관리자와 이사회에 재량을 주며, 관리자에게 더 많은 자원과 업무, 그리고 책임을 떠맡긴다는 것으로 정치적 통제를 줄인다는 의미로서, 1980년대 호주의 공공부문 개혁의 배경이었다(Cambell & Halligan, 1992).

또 다른 권한 이전형태는 정책 자문 기능, 규제 기능, 소유 기능, 통제 기능, 구매자/제공자 기능과 같은 행정 기능의 구조적 분리이다. 뉴질랜드는 이런 유형의 가장 전형적인 예로서 단일 목적을 가진 조직인 책임운영기관과 국, 부, 단(departments), Crown 조직, 공기업 등이 만들어졌다. 또한 부처와 책임운영기관들의 의사결정 권한과 자율성을 허용하고, 부처와 책임운영기관 내 하위 관리자 수준에도 자율성을 허용되었다. 몇몇 행정조직들은 독립재단으로 재조직화되었고, 다른 기구들도 국영기업으로 재편되었다. 뉴질랜드는 수직조직 간 전문화를 강화한 나라로 비정부기관(NGO)들이 더 효율적일 것으로 기대되는 영역에서 정부기관의 활동은 금지하였고, 결국 상업활동과 관련한 권한 위임과 민영화를 가져왔다. 한편, 영국에서는 독립적인 통제기관을 만들어 생산과 서비스 기능으로부터 감시와 규제 기능을 분리하였다(Per Lægreid, 2001).

11) 민영화는 공공소유의 소유권 이전과 경영권 이전(협의의 민영화), 공공서비스의 공급 기능의 민간 이전(광의의 민영화), 규제완화(최광의의 민영화)로 구분한다. 민간위탁은 광의의 민영화의 한 유형으로 분류되며, 이 책에서는 민영화의 한 예로서 민간위탁을 중심으로 다룬다.

신공공관리 개혁으로 공공행정의 구조와 기능의 분화가 일어나고, 공공서비스를 직접 제공하던 정부가 권한의 위임 또는 위탁을 통해 산하기관 또는 지방자치단체, 민간사업자 등 제삼자가 서비스를 제공하도록 하면서 정부부처 내 계층적 관계에 이들이 추가된 새로운 관계가 형성되었다.

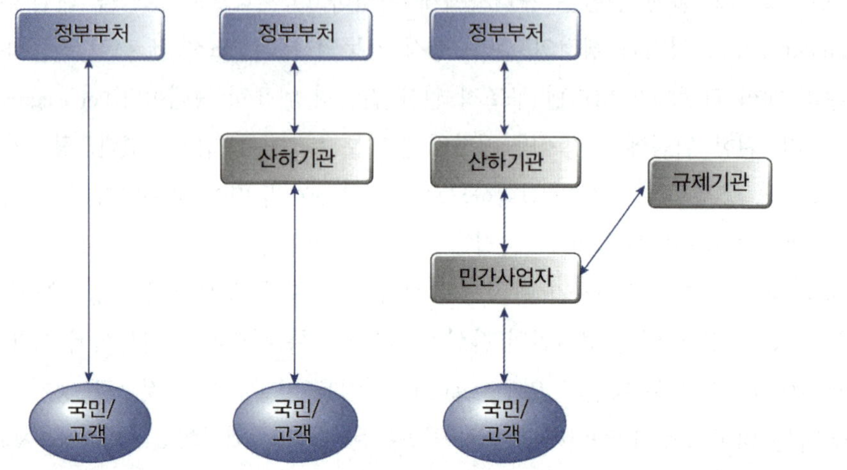

그림 3-4 민간위탁과 공공서비스 공급구조의 변화

공공부문에서는 적어도 계층적 · 법적 · 정치적 · 전문가적 책무성이 상호작용한다(Romzek & Dubnick, 1987). 계층적 책임은 공무원이 상사/상급기관에 대한 부하로서의 역할을, 법적 책임은 법과 정책을 결정하는 주인에 대해 집행의 대리인으로서의 역할을, 전문가적 책임은 일반인 및 비전문가에 대해 전문가로서의 역할을, 정치적 책임은 시민에 대한 대변자로서의 역할을 강조한다. 그리고 공공부문의 구체적인 책무성 체계는 기관 과업의 본질(기술적 수준의 책임성), 관리전략(관리수준의 책임성), 기관 운영의 제도적 맥락 등 세 가지 요소에 의해 결정된다.

한편, 권한 이전은 공공부문에 작동 중인 네 가지 유형의 책무성 관계에 변화를 초래한다. 다음에서는 민간위탁의 예를 이용하여 정부가 사인에게 권한을 행사하게 할 때 책무성 관계와 부담책임의 구조가 어떻게 변화하는지를 살펴보고자 한다.

표 3-4 책무성 유형에 따른 가치와 기대되는 행태

책무성 유형	강조되는 가치	기대되는 행태	역할
계층적	능률성	조직의 지시에 순응	부하
법적	법의 지배	외부 명령에 순응	집행 대리인
전문가적	전문성	개별 판단과 전문성 존중	전문가
정치적	대응성	외부 이해집단에 대응	시민의 대변자

자료: Romzek(2000: 29)의 표를 재구성.

2 권한 이전에 따른 책무성 성격과 책무성 도구의 변화

공공부문에서 신공공관리 개혁이 추진되자 권한 위임, 위탁, 매각 등을 통해 장관과 정책 소관 부서에 집중되어 있던 정책 관련 권한과 책임은 분산되면서, 기존의 책무성 성격은 변화하였고, 책무성 관계는 더욱 복잡해졌다(Lægreid, 2014). 먼저, 신공공관리가 공공부문을 재구조화면서, 이에 상응하는 책무성 성격의 변화가 광범위하게 인식되었다. 책무성은 재정 및 공정성을 위한 책무성, 관계상 절차적 책무성에서 성과 책무성으로 변화하였다. 한편, 산하기관의 활용, 권한 위임, 민영화 등 다양한 형태로 권한 이전이 이루어지면서 정치적 책무성(공공관리자가 선출직 공무원이나 정당 등 정치적 포럼에 대한 책임을 지는 것) 관계에 충격을 주었다. 공공관리자는 책임있는 집단적 관료조직의 통합적인 요소가 되는 대신에, 자율적이고, 기업가적이며, 자신의 고객과 이용자로부터 받은 신호에 주의를 기울이게 되었다. 또한 기존의 수직적 · 의무적 책무성 관계는 공공서비스 소비자와 이용자에 대한 사회적 책무성, 시장 기반 책무성과 같은 좀 더 수평적인 책무성으로 보완되어 갔다.

1) 정치적 · 계층적 책무성과 계약 책무성

정부의 권한이 산하기관이나 민간으로 이전되면, 기존 행정체계 내에 큰 변화가 초래된다. 먼저, 정치와 행정의 분리로 부처장관과 하부조직, 하위 관리계층과 거리가 생긴다(Christensen & Lægreid, 2001). 조사에 따르면, 부처 밖의 책임운영기관의 직원은 부처 공무원보다 정치적 신호와 사안을 의사결정 시 보다 덜 반영한다(Christensen & Lægreid, 1999), 공무원은 정치적 리더(장관)와 구조적으로 분리되면 될수록, 비용-효율성, 전문가적 규범, 고객의 이해관계와 같은 다른 의사결정 신호를 상대적으로 더 중요하게 여기고, 사업이익에 더 많은 주의를 기울인다. 결국 권한이 이전되면 중앙정부의 역량과 통제 권한이 축소되고, 하부기관, 특히 시장 공기업은 정치적 사안에 대한 고려를 줄이고, 기관 운영에 대한 정치적 관여를 부적절한 간섭으로 보게 된다.

정부부처가 산하기관을 통해 서비스 직접 공급하던 것을 행정 기능의 분리를 목적으로 부처(또는 산하기관)를 서비스 구매자로, 민간업체를 서비스 제공자로 분리할 경우 부처의 통제 계통에 균열이 생긴다. 특히, 소관 부처의 산하기관에 대한 정치적 통제의 정당성을 약화되며, 그 대신 법적(공공관리자가 법원에서 자신 또는 자신이 소속한 기관의 행위를 설명하는 행위), 행정적 책무성(공공관리자가 감사관, 감찰관 또는 내부통제관 등 독립적인 행정 및 재정 감독과 통제를 행사하는 준 법적 포럼에 설명을 제공하는 것)의 중요성이 커진다(Bovens, 2005). 특히, 위탁계약은 장관의 간섭과 부처의 통제를 제약한다(Mulgan, 1997). 위탁계약은 공공서비스 질 관리에서 정부가 손을 놓도록 하는 것이 아니지만, 부처나 장관이 행사하는 통제의 강도에는 중요한 차이가 있다. 기존 행정체계에서 상급관리자는 하급자에 대해 일반적인 감독권이나 통제권을 가진다. 이 경우 권한의 위임은 항상 제한적으로만 이루어지고, 언제든지 중지할 수 있다. 또한 일반 공무원의 일상 업무 활동은 상급관리자의 주요 관심사는 아니지만, 필요하면 상급자가 언제든지 간섭할 수 있다.

보통 부처장관은 소관 부처 공무원의 모든 행위에 대한 책임을 지거나, 그들의 실수로 사임을 요구받지 않는다. 그러나 실수가 밝혀지면, 부처를 위해 국민에게 답변할 것이 요청되며, 적절한 대책 마련을 포함해서 부처의 일반적 감독에 대한 개인적 책임을 진다. 장관과 부처의 차관은 어느 때나 모든 상급관리자가 하급공무원에게 행사하듯이 유사한 감독권을 행사한다. 이 점에서 공무원은 그들이 취한 어떤 행동에 대해서도 설명책임을 요구받을 수 있고, 그들 상급자가 적절하다고 생각하는 모든 법적 지시를 받음을 의미한다. 즉, 공무원의 경우에는 그들의 고용계약의 일부로서 각 공무원은 책임과 통제 계통상의 상사에 응답할 개방형 의무를 진다.

그러나 위탁의 경우 공공부문 내 감독과 책임 계통에 단절이 발생한다. 위탁계약에 따른 수탁자의 서비스 공급은 위탁자의 일상적 통제 밖에 놓여 있으며, 수탁자는 장관이나 위탁자의 개방형 지시를 받을 의무가 없다. 수탁자는 단지 계약조건의 이행에 대해서만 계약 당사자인 공무원에게 책임을 지며, 계약에 포함되지 않은 재량적 행위에 대해서는 그렇지 않다. 따라서 수탁자의 책임 범위는 계약조건에 따라 제한적이다. 공공부문과 계약관계에 있는 계약자들은 비록 소속 기관의 부서장에 대해 개방형 의무를 수용하지만, 공공부문에 대해서는 각각의 계약에 구체화한 명시적인 의무만을 따르는 등 그들의 의무는 제한되어 있다. 이 차이는 계약의 구체성 정도에 달려 있다.

위탁업무와 관련한 모든 내용을 계약서에 구체화하기가 불가능하므로 계약 당사자가 수용하는 계약조건은 관료제도 아래에서 공무원이 수용하는 무조건적이며, 개방된 조건과는 상당한 차이가 있다. 또한 수탁자의 피고용인은 공무원이 하듯이 공공부문 상사에 설명책임이 없다. 결론적으로 정부는 위탁계약 결정 및 계약조건 설정에 책임이 있지만, 계약을 통해서 공공부문에서 기대하는 일상적 책임성을 수탁자에게 보장받을 수는 없다.

특히, 예상치 못한 문제가 발생했을 때 직접 서비스 제공과 위탁을 통한 서비스 제공 시의 차이는 분명해진다. 시민은 예상했던 서비스 품질을 확보하지 못한 경우에, 장관을 포함해서 상급 공무원에 민원을 제기할 권리가 있다. 장관은 위계 조직상의 권한과 책무성 계통을 발동시켜, 즉각적인 답변을 구하고, 해결책을 제시할 권한이 있다.

그러나 계약서비스의 경우 장관은 이와 유사한 권한이 없다. 시민은 계약자가 명백하게 계약조건을 위반했을 때만 법적 절차를 통해 정부와 계약을 맺은 회사로부터 배상을 받을 수 있다. 그러나 회사가 계약조건을 준수한 경우에 즉각적인 해결책은 없다. 공무원과 장관에 대해 계약하자 책임을 물을 수 있고, 장래 계약의 변경을 강제할 수 있지만, 공무원이 직접 서비스를 제공하였을 때와는 다르게 가능한 즉각적인 해결안을 제시할 수 없다.

그 양상이 조금 다르기는 하지만 부처와 독립기관과의 계약관계에서도 이와 유사한 어려움은 발견된다. 시민은 서비스 제공과 관련하여 제기된 문제에 대해 장관이 정보를 제공하고, 설명과 해결책을 제시하기를 기대한다. 그러나 정책결정과 집행이 분리된 이 경우 장관은 자신은 일반적 정책에만 책임이 있고, 일상 행정의 구체적 사항에 대해서는 그렇지 않아, 정당화하거나 간섭할 권한이 없음을 주장하게 된다. 이렇듯 부처와 독립기관과의 계약관계는 정책의 구체적 집행에 대한 장관의 개입을 제한하여, 전통적인 의미에서의 관료제 내의 장관 책임성이 제약받는다.

2) 목표 및 결과 책무성

신공공관리 개혁은 무엇보다도 명확하고, 측정가능한 목표 설정을 통해 공공부문을 더욱 책임 있게 만들려고 하였다. 공공기관은 추구하는 가치와 목표를 정하고, 이를 예산 및 재정보고 틀의 개혁과 연계하였다. 이로써 이미 1960년대 시작되었던 성과주의 예산제도가 효과와 산출물이라는 개념으로 부활하였고, 재정비되었다.

목표를 구체화하는 가장 흔한 방식은 공식적인 협정 또는 계약을 통해서 이루어졌다. 업무 위탁은 구체적이고 측정가능한 결과를 선호하므로 결과 책무성을 향상시킬 수 있다. 선출 공무원(장관)은 희망하는 결과를 선택하고, 이 결과를 내기 위한 수단으로 정부 책임운영기관으로부터 특정 산출물을 구매하는 것에 동의한다. 집행기관과 그 지도부는 구체화한 산출물의 생산에 책임을 진다.

결과 중심주의는 투입과 과정에 대한 통제를 완화할 때 그 목적을 달성할 수 있다. 따라서 민간위탁을 통해 공공서비스를 제공하는 경우 투입과 과정에 대한 설명책임은 분명하게 감소한다. 민간 계약업자는 정해진 산출물을 특정 비용으로 공급하는 것에 대해서 그것이 계약서상에 구체화되어 있든, 약정된 절차에 따른 합의된 것이든 주로 결과로 책임을 진다.

그들이 이러한 의무를 충족하는 방식은 공공부문에서 제공될 때보다는 훨씬 계약업자의 재량에 맡겨져 있다. 민간업자가 가지고 있는 생산 관련 정보는 공공부문의 책임운영기관의 정보처럼 국민이나 의회 의원들에 제공되지 않는다.

3) 독립규제기관과 고객에 대한 직접 책무성 증가

정부가 공공서비스의 직접 공급에서 물러나고, 그 기능이 민간 영역으로 이전되면서, 서비스 공급자에 대한 정부의 직접 통제는 다양한 규제수단이 대신 맡는다. 이로써 독립적인 규제자에 대한 의존 현상은 증가하였다. 규제자에 대한 책무성은 책임기관, 산하기관 등 공공기관에도 적용된다. 특히, 교도소 서비스와 사회복지서비스와 관련하여 신설된 공공기관들에 대한 모니터링을 위해 새로운 규제기관이 설립되기도 한다.

또한 일반 개개인에 대한 직접 책무성이 강화된다. 구매자/제공자 분리와 집행기관 설치 · 운영에 대한 강조는 지역 관리자와 현장 관료들이 정치 지도자(장관)와 중앙관리자의 일상적인 간섭에서 자유로이, 개별 클라이언트에 직접 응대할 수 있도록 한다는 것이다. 이것은 개별 서비스 소비자로서 대중에 대한 책무성을 강화한다는 의미이다. 공공부문에는 이미 입법자의 도움, 옴부즈맨, 법원 등 이를 위한 다수의 책무성 기제가 존재하지만, 개혁의 주창자들은 서비스 공급기관 자체 민원절차와 같은 내부 채널을 통해 서비스 공급에 불만인 소비자의 접근성 향상을 강조한다. 민원절차 강화 목적은 민간부문의 고객 중심 철학을 모방함으로써 서비스 품질을 향상하려는 데에 있다.

영국의 시민헌장 정책은 좋은 사례이다. 시민헌장은 정부집행기관이 서비스기준을 공표하고, 그 준수 여부를 모니터링하며, 대중에 대한 설명책임 이행을 요구한다. 호주의 연방정부는 대중에게 서비스를 직접 제공하는 모든 기관에 서비스 헌장을 의무화했다. 서비스 헌장은 고객이 기대하는 서비스 표준뿐만이 아니라, 고객의 설명책임 이행 요구 권리, 정보 접근권을 포함한다. 이러한 제도는 개별 이용자에 대한 책무성을 강화한 것으로 볼 수 있다. 헌장은 그 자체가 정부와 시민 간의 계약이며, 정부가 시민에게 특정 수준의 서비스를 제공하며, 그 의무를 이행하지 못할 때 책임을 진다는 약정이다. 헌장은 책임운영기관의 서비스 표준, 서비스 표준이 지켜지지 않았다고 여겨질 때 시민이 민원을 제기하는 방법 등을 포함할 수 있다.

다음 [그림 3-5]는 민간위탁 전·후의 책무성 관계 변화를 나타낸 것으로 민간위탁 이전에는 관료적 책무성을 기초로 정치적 책무성 기제, 법적 책무성 기제가 주로 작동하나, 민간위탁 이후에는 정부부처의 사업부서와 수탁기관 간에 계약 책무성 관계가 형성되고, 규제기관과 새로운 책무성 관계가 형성되고 있음을 보여준다.

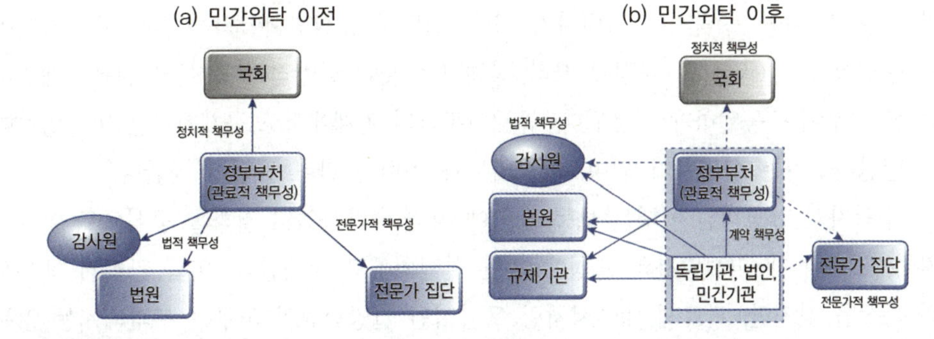

그림 3-5 민간위탁 전·후의 책무성 관계 변화

3 권한 위임, 위탁계약, 부담책임의 구조

신공공관리 개혁으로 공공행정의 구조와 기능의 분화가 일어나면, 책무성 관계의 변화와 함께, 부담책임에도 변화가 수반된다. 공공서비스를 직접 제공하던 정부가 권한의 위임 또는 위탁을 통해 산하기관 또는 지방자치단체, 민간사업자 등 제삼자를 통해 서비스를 제공하면 정부부처 내 계층적 관계에 이들이 추가된 새로운 관계가 형성된다. 부담책임의 구조는 관련 법 제도 및 새로 형성된 책무성 관계를 통해서 이해할 수 있으므로, 다음에서는 우리나라에서의 민간위탁의 예를 이용하여 책무성 관계와 부담책임의 구조를 살펴본다.

1) 책무성 관계와 그 변화

위임, 위탁 후의 책무성 관계는 관련 법령에 의해 그 기본 틀이 마련된다. 우리나라에서 위임 · 위탁과 관련한 주요 사항은 「정부조직법」, 「지방자치법」, 「행정권한 위임 및 위탁에 관한 규정」 등에서 규율하며, 이외에도 개별법령의 규율을 받는다(이하에서는 위임 · 위탁 관련 법령).

먼저, 정부가 사인(私人)에 권한을 위임 · 위탁하여도 책임까지 맡기는 것은 아니다. 따라서 관료제도 내 계층적 책무성 관계에서 장 · 차관과 담당 부서 공무원 사이의 책무성 관계는 위탁 이전과 같다.

그러나 위탁을 통해 위탁자와 수탁자 사이에는 새로운 책무성 관계가 형성된다. 즉, 위탁자(원 담당 부서)와 수탁자(독립법인, 민간사업자 등), 관리 · 감독 및 규제기관과 수탁자의 책무성 관계로 확장되며, 동시에 책무성의 성격도 변한다. 이때 위탁자는 피설명자가 되며, 수탁자는 설명자가 된다. 설명자의 설명책임의 범위는 준수하여야 할 행정법령과 계약상의 규정에 따라 정해지는 것이 일반적이다. 산하기관이 재위탁을 한 경우에도 동일하게 적용된다. 규제기관과의 관계에서도 규제기관은 피설명자이고 민간사업자는 설명자가 되며, 설명의무와 범위는 관련 규정이 정한다.

수탁자의 설명책임 이행은 보통 계약에 따라 수탁사업의 결과를 중심으로 이루어지며, 필요할 때 피설명자의 요청에 의한 설명의무도 존재한다. 비록 관리적 책무성의 특성을 갖지만, 관료제 내에서처럼 포괄적인 설명책임의 의무는 부과되지는 않는다. 피설명자는 설명 내용에 대한 검토 및 판단을 내리며, 계약 및 계약 내용의 유지 여부를 결정한다. 이와 같은 위탁사업의 관리 내용은 담당 부서의 상향적, 외향적 책무성 관계에서 설명자료로 활용된다. 수탁기관인 민간사업자는 동시에 규제기관과의 책무성 관계에서 설명책임을 이행해야 한다. 이 경우 관련 법령에 따라 설명책임이 정해진다.

위임・위탁 관련 법령을 기초로 위탁자와 수탁자와의 관계를 살펴보면 다음과 같다. 위탁계약을 통해 행정사무의 위탁자와 수탁자 사이에는 특별신분 관계가 형성되며, 따라서 법규명령이 아닌 행정규칙에 의한 내부규율이 가능하다(김승렬, 2000). 이에 따라 위탁기관은 사무를 민간위탁한 때에는 수탁사무의 처리에 필요한 사무처리 지침을 시달하고, 수탁사무의 처리에 필요한 적절한 조치를 한다(행정권한 위임 및 위탁에 관한 규정 제11조 제3항). 특히, 위탁계약을 통한 민간위탁의 경우에는 당해 계약에 부관(법률행위에 따라 생기는 효과를 제한하기 위하여, 법률행위의 당사자가 덧붙이는 조건이나 기한 따위의 제한)을 설정하여 공정성을 확보할 수 있도록 한다. 그리고 수탁자는 수탁사무의 종류별로 처리 부서・기간・절차・기준, 구비서류와 서식, 수수료 등을 구분하여 명시한 사무편람을 작성・비치하며, 수탁자는 편람을 작성한 때에는 위탁기관의 승인을 받는다(행정권한의 위임 및 위탁에 관한 규정 제14조). 이처럼 우리나라에서는 권한의 위임이나 위탁의 경우에도 위탁계약뿐만이 아니라 각종 행정법 및 위탁자가 정한 지침을 준수해야 할 의무가 있다.

한편, 위탁기관은 위탁사무의 범위 안에서 수탁자에 대하여 지도・감독의 권한을 갖는다. 위탁기관은 민간위탁사무의 처리에 대하여 수탁자를 지휘・감독하며, 필요하다고 인정되는 때에는 수탁자에 대하여 위탁한 사무에 관하여 필요한 지시를 하거나 조치를 명할 수 있고, 위탁기관은 수탁자에 대하여 필요한 사항을 보고하게 할 수 있다.

또한 위탁기관의 장은 민간위탁사무의 처리결과에 대하여 매년 1회 이상 감사를 하도록 하여 위탁사무에 대한 철저한 감독을 도모하고 있다. 한편 정부업무를 위탁받은 수탁자는 「감사원법」에 의하여 감사원의 감찰을 받게 된다(감사원법 제25조 제3항).

2) 부담책임의 객체와 유형

위탁계약의 경우에도 정부의 직접 권한 행사의 경우와 유사하게 부담책임은 부처, 장관, 상위 관리자, 담당 공무원 등이 지게 된다. 의회, 최고감사기구는 주요 포럼으로 등장하며, 행위자의 설명과 정당화 과정, 포럼의 판단에 근거한 비난이 이루어지고, 설명자와 행위자는 비난 행위의 성격에 따라 도덕적·법적 책임을 진다. 사회적으로 큰 이슈화가 되는 경우 장관은 정치적 책임을 지고, 관련 관리자들은 우선하여 도덕적 책임을 지게 되어, 비난의 대상이 된다. 법적인 책임을 져야 하는 경우는 행정상·형사상·민사상 책임으로 구분하여 살펴볼 필요가 있다.

수탁자는 위임·위탁 관련 법령과 담당 부서와 수탁자 간에 체결된 계약에 따라 계약당사자인 위탁자에 다음과 같은 부담책임을 진다.

(1) 도덕적 책임

정부업무가 사인에게 위탁되면 그 업무에 관한 권한은 위탁의 범위 안에서 수탁자의 권한이 되며, 수탁자는 그 권한을 자신의 이름과 책임으로 행사하게 된다. 그렇지만 수탁자에게는 공공관리자에 기대되는 도덕적 책임은 요구되지 않는다. 다만, 행정기관으로부터 위탁받은 사무를 수행하는 법인 또는 단체의 임직원 및 개인 등에 대하여는 그 업무 수행의 공정성 및 책임성을 확보하기 위하여 공무원으로 의제하는 입법례가 많다. 특히, 금품의 수수 등에 있어서는 수탁자를 공무원과 같이 취급하여 처벌하도록 하는 규정을 두는 것이 일반적이다. 형법상의 뇌물죄 적용 외에 직무유기죄, 직권남용죄, 공무상비밀누설죄 등 벌칙의 적용에 있어서 공무원으로 의제하는 입법례도 있다.

그러나 전체적으로 수탁기관의 임직원이 피동적·외재적으로 법적 책임성을 다하도록 하는 법령적 규제에 비해 자발적·내재적으로 책임성을 다하도록 하는 공직윤리와 실천덕목과 같은 자율적인 측면의 강조는 부족하다.

(2) 법적 책임

행정권한 또는 사무의 수탁자는 위탁을 규율하는 관련 법 규정의 준수와 위탁계약 내용의 이행 관점에서 부담책임이 있다. 이 밖에도 수탁사무 이행과 관련하여 발생한 사안에 따라 행정법, 형법, 민법, 소비자 보호 관련 규정 등 다양한 법적 부담책임에 직면한다. 위임·위탁 관련 법령에 명시된 위탁자의 수탁자 처분 권한을 요약하면 다음과 같다.

피설명자로서 위탁자는 설명자인 수탁자의 수탁사무의 처리가 위법 또는 부당하다고 인정되는 때에는 그 처분을 취소하거나 정지시킬 수 있다(행정권한의 위임 및 위탁에 관한 규정 제13조). 또한 수탁자에 대하여 적절한 시정조치를 할 수 있고, 관계 임원과 직원에 대하여는 인사조치를 요구할 수 있다(제16조). 그리고 행정사무를 민간위탁하는 경우에는 사무처리의 지연, 불필요한 서류의 요구, 처리기준의 불공정, 수수료의 부당징수 등 문제점을 종합적으로 검토하여 이를 방지할 보완 조치를 마련하도록 하고 있다(제12조 제3항). 이로써 수탁자의 부담책임의 범위는 위법·부당한 사무처리에 대한 시정조치, 사무처리의 보완 개선, 관련 임원과 직원에 대한 인사상의 조치, 수탁사업의 중단 등이다.

한편, 수탁자가 권한 행사나 사무의 처리 과정에서 국가(공유) 재산상의 손해를 끼쳤을 경우, 권한 위임과 위탁에 관한 법률, 보조금 관리에 관한 기본법, 관련 사무 또는 사업 규정에 근거한 변상책임이 존재한다.

「국가배상법」은 제2조 제2항에서 국가 또는 지방자치단체는 공무원이 그 직무를 집행함에 당하여 고의 또는 과실로 법령에 위반하여 타인에게 손해를 입힌 때에는 그 손해를 배상하도록 규정하고 있다. 그런데 이때 고의 또는 중과실이 있는 경우, 해당 공무원 개인도 민사상 배상책임을 부담한다.

한편, 「국가배상법」 제2조 제1항은 고의중과실의 경우 공무원에 대한 국가의 구상권이 인정된다. 즉, 국가 또는 지방자치단체가 피해자 개인에게 손해를 배상한 때에 공무원에게 고의 또는 중대한 과실이 있으면 국가 또는 지방자치단체는 해당 공무원에게 구상할 수 있다. 다만, 구상권이 의무적으로 행사되어야 하는 것은 아니며, 구상의 범위도 국가와 공무원 간 손해의 공평 분담이라는 관점에서 신의칙상 상당하다고 인정되는 한도로 제한된다. 여기서 공무원은 넓은 의미의 공무원으로 정부의 업무를 위탁받은 자도 포함된다. 따라서 정부업무를 위탁받은 자가 고의 또는 과실로 법령에 위반하여 타인에게 손해를 가한 때에는 「국가배상법」에 의하여 당해 업무를 위탁한 국가 또는 지방자치단체가 그 손해를 배상하여야 한다. 이는 수탁자가 개인이나 재산에 불법적으로 손해를 입혔을 경우 개인에게 배상할 법적 책임을 의미한다.

4 도전과제

신공공관리 개혁은 기존의 공공행정을 대체한 것이 아니라 단지 그것을 보완하였고, 한층 더 복잡한 혼종적 조직형태를 만들어냈다. 서로 다른 책무성 기제가 서로를 대체하지 않는, 분리보다는 겹쳐지는(redundant) 복수의 혼종적 책무성 레짐이 등장하고 있다.

한 조직 내에 존재하는 각각의 책무성 관계는 조직의 운영 실효성을 침해한다고 주장되곤 하나, 반드시 그렇게 볼 것은 아니다. 복수의 혼종적 책무성 체계는 점증하는 다원적 거버넌스 시스템에 오히려 적절한 해법일 수 있다. 현재의 한층 더 유동적이고, 복잡하며, 유연하고, 준 자율적이며, 분절된 행정조직으로 이루어진 정부에서 전통적 위계서열적인 주인-대리인 관계에 기반하여 책무성 관계를 재설정하는 것은 바람직하지 않을 수 있기 때문이다. 이러한 환경에서 우선적인 도전과제는 제도적 경쟁 논리를 배경으로 등장한 혼종적 책무성 체계를 어떻게 바라보고, 다루어야 할지를 모색하는 것이다(Lægreid, 2014).

앞에서 살펴본 것처럼 신공공관리 개혁과 책무성 사이에는 상호작용 관계가 존재한다. 행정개혁 과정은 미해결된, 동태적인, 예기치 못한 상황을 동반한다. 개혁 주체들은 한정된 권한을 보유할 뿐만이 아니라, 제한된 수단-목적 지식을 가진다. 또한 그들은 개혁안을 구체화하고 집행할 때 상이한 맥락적 제약에 직면하며, 효과와 관련해서는 합리적 추계 능력이 제한된다.

따라서 각기 다른 책무성 관계에 대한 정태적 분류와 연구를 넘어서, 개혁과 책무성간의 동태적 관계, 개혁이 각기 다른 책무성 관계 사이의 상호작용에 미치는 방법을 연구할 필요가 있다(Lægreid, 2014). 또한 복수의 혼종적 책무성 관계들이 상호작용하고, 시간이 경과하면서 변화하는 방식에 대한 연구을 통해 전통적인 주인-대리인 접근법과 수직적 책무성 관계를 보완할 필요가 있다. 이때에는 책무성의 수단적 기능과 주인-대리인 관계에 초점을 맞추기보다는 공무 충실성, 민주적 정당성, 정의, 그리고 공정성과 같은 본질적인 가치를 옹호하는 논리와 책무성 기제를 고려할 필요가 있다(Dubnick et al., 2011).

한편, 현재의 다원적 정치·행정 시스템에서 책무성을 강화하기 위해서는 다차원적인 책무성 접근법이 필요하다. 이를 위해서는 신공공관리 도입 이후의 책무성 체계에 관한 비교 연구가 요구된다(Roberts, 2011). 즉, 신공공관리 개혁이 세계 각국, 각 정책 분야, 행정의 각 수준에서, 그리고 공공관리자를 둘러싼 책무성 제도에 어떤 변화를 초래하였는지를 평가하는 책무성 체계 비교 연구는 혼종적 책무성 체계에 대한 이해와 향후 책무성 체계 발전에 중요한 출발점이 될 수 있다.

제 4 절 인공지능(AI)과 부담책임

1 서론

최근 공공 및 민간부문의 의사결정 과정에서 인공지능 등 신기술의 사용이 증가하면서 새로운 책무성 체제가 등장하였는데, 이를 명명하는 통일적인 용어는 존재하지 않는다. 다만, 스코트(Scott, 2006)는 이러한 책무성 체제는 설계(design)에 의한 통제 양식으로서 규제 주체의 책임성이나 규제대상의 인간 행위 주체성(human agency)을 생성하지 않으므로 어떤 의도된 행위에서 나온 결과물이 아니고, 따라서 특정 목표를 지향하지 않는다는 점에서 자동적 책무성(autonomous accountability)[12)]이라 명명하고 있다.

인공지능을 유형화할 때 알고리즘에 의한 기계학습과 일정한 패턴을 찾는 딥러닝으로 구분해 볼 수 있는데, 전자의 경우에는 특정한 의도로 설계된 알고리즘에 의한 의사결정이 이루어지고, 후자의 경우는 단지 특정한 패턴을 찾도록 설계되었기에 구체적인 목적을 지향하지는 않는다. 우리는 이미 기계학습(machine learning)에 의한 오류로 발생하는 문제를 경험하고 있는데 아마존 채용 편견,[13)] 이루다 사건[14)] 등에서 나타난 바와 같이 예측 알고리즘의 실패나 오류로 인해 발생하는 사고의 횟수나 범위가 확대됨에 따라 알고리즘에 의한 의사결정에 대한 관심 및 우려가 깊어지고 있다(Diakopoulos, 2016; Pasquale, 2015). 앞으로는 자율주행기술 등에서 볼 수 있듯이 계속 축적되는 정보를 바탕으로 한 딥러닝을 통한 의사결정은 누가 의도적으로 설계한 것이 아니기에 이에 따른 사고나 문제가 발생할 경우에는 더욱 복잡한 책무성 문제가 발생할 것으로 예상된다.

따라서 인공지능 기반의 시스템 하에서 발생하는 사고나 문제에 대해 책무성 메

12) 스코트(Scott, 2006)는 무작위 또는 물리적 아키텍처의 설계에 따라 자동적으로 책무성이 발생하는 것을 설명하려 했으나 인공지능을 활용한 규제나 의사결정시스템이 작동하는 경우에도 불명확한 행위 주체에 의해 책임을 묻기 어려운 가운데 의도하지 않은 결과로 책무성이 자동적으로 발생하는 상황이기에 이 용어를 차용하여도 큰 문제는 없을 것으로 판단된다.

13) https://www.hani.co.kr/arti/science/future/891764.html, 컴퓨터 시스템을 이용해 생산성 목표를 달성하지 못하는 물류센터 직원들의 해고 여부를 결정.

14) https://www.hani.co.kr/arti/economy/it/978325.html, AI 윤리 논란 열고…'이루다' 멈추다. 젠더 편향과 개인정보 유출 논란이 불거진 인공지능(AI) 챗봇 '이루다' 운영을 잠정 중단.

커니즘의 이해와 함께 결과에 관한 부담책임을 선제적으로 검토할 필요성이 대두되고 있는 작금의 상황을 고려하여 이 절에서는 AI 등 신기술 도입에 따른 부담책임에 관해 검토하고자 한다. 이를 위해 AI를 활용한 신기술 도입과 책무성에 대한 기존 논의를 살펴보고 기술개발 및 관리에 대한 책임부담의 다양한 관점을 살핀 후 인공지능 기반 체제 하에서의 부담책임의 원리와 구체적 기준에 대해 방향성을 모색해 보고자 한다.

2 인공지능과 책무성에 관한 기존 논의

1) 인공지능의 정의와 유형

최근 인공지능의 급속한 진보는 대규모 데이터 세트, 병렬연산 수행을 지원하는 컴퓨터 성능, 학습 알고리즘의 발전 등과 함께 이루어지고 있다. 인공지능이 거의 모든 분야에서 엄청난 진보를 이루면서 기획, 의사결정, 추천, 서비스 제공 등 다양한 영역에서 활용되고 일상생활은 물론 공적인 영역에서도 확산될 가능성이 높은 상황이다. 여기서 공공 책무성 논의와 가장 연관성이 높은 것은 학습 알고리즘이다.

알고리즘의 정의에 대해서는 사실상 다양한 개념 정의가 가능하다(Kitchin, 2017 참조). 가장 좁은 의미로는 수치적 투입물이 산출물로 나오는 과정의 단계별 절차를 의

표 3-5 AI 개념 정의

저자	개념 정의
McCarthy et al.(2006: 12)	학습의 모든 측면 또는 지능의 어떤 다른 특성이 원칙상 매우 정확하게 묘사될 수 있어서 기계가 이를 시뮬레이션할 수 있는 추론의 기초 위에 수행하는 것
Rich et al.(2009: 3)	지금 현재 사람이 더 잘하는 일을 컴퓨터가 수행하도록 하는 것
Russell & Norvig(2010: 2)	AI는 네 가지 유형으로 구분할 수 있는데, 사람처럼 생각하는 시스템, 사람처럼 행동하는 시스템, 합리적으로 생각하는 시스템, 합리적으로 행동하는 시스템 등이다.
Adams et al.(2012: 28)	폭넓은 인지적, 지능적 능력으로 인간의 성과를 배우고, 복제하고, 경우에 따라 능가할 수 있는 시스템
Rosa et al.(2016: 6)	학습, 적응, 창의성을 갖고 문제를 해결할 수 있는 프로그램(들)
Thierer et al.(2017: 8)	기계에 의한 지능의 발휘; 높은 수준의 작업 수행가능; 인간 능력에 가깝거나 그 이상으로 업무 수행; 약한 AI와 강한 AI로 구분

자료: Wirtz, Weyerer, & Geyer(2019).

미하는데(Stone, 1971), 단순한 소단위의 알고리즘에서부터 구글 알고리즘처럼 대단위의 알고리즘 집합체도 포함될 수 있다(Sandvig, Hamilton, Karahalios, & Langbort, 2014). 알고리즘은 자료의 검색, 이미지 판단, 필터링, 이상치 판독, 추천 등의 다양한 과정에 사용될 수 있다.

2) 인공지능 기반 의사결정 체제 하에서 예상되는 문제들

한편, 알고리즘에 의존한 의사결정의 실패사례들은 새삼스러운 것은 아니고 이미 오래전부터 여러 차례 제시된 바 있다.[15] 예를 들어, 구글의 인플루엔자 추세를 예측하는 알고리즘 모델이 의사 방문 횟수의 비율을 실제보다 두 배 이상 높게 예측한 사례(Lazer, Kennedy, King, & Vespignani, 2014)나, 좀 더 오래된 사건으로 당시에 레드리버 홍수에 대한 예측모델의 실패로 인해 약 10~20억 달러의 손해가 발생한 사건(Pielke, 1999), 영국 교통부가 InterCity West Coast 프랜차이즈를 선정하는 입찰 과정에서 모델링의 실수로 인해 5천만 파운드의 세금을 낭비하게 되는 사례(Department for Transport, 2012)가 발견된다. 영국은 이 경험 이후로 모든 사업예측모델에 대한 검증 과정을 의무화하였으며, 자료나 모델의 질적 수준, 모델의 합목적성 등에 관한 검토 보고서를 제출하도록 하였다.

이러한 실패사례들은 "책임 있는 데이터과학(responsible data science)"에 대한 관심이 증가하게 되는 계기를 제공하였다(Stoyanovich et al., 2017). 특히, 공공부문 의사결정에서 알고리즘의 사용이 증가하면서 그로 인해 시민의 삶이 더욱 편리해졌고 공공서비스의 효율성과 효과성을 제고한 반면, 발생가능한 다양한 유형의 오류로부터 시민을 보호하고 교육하면서 적절한 서비스를 제공하도록 하는 것이 정부의 중요한 책무성 과제로 인식되는 계기가 되었다(Slaughter, 2017).

한편, 공공부문이 인공지능 및 그와 관련된 기술의 급격한 변화 속도에 적절히 적응하면서 필요한 규제나 관리를 수행하는 것은 점차 어려워지고 있다. 이전과는 다른 새로운 유형의 도전과제들이 생겨남에 따라 윤리적 문제에 대응하고 인공지능의 편리성과 함께 부작용이나 위험성에 대비하면서 안전성과 신뢰를 확보하는 책무성 확보 방안을 마련하는 것이 중요해지고 있다(Wirtz, Weyerer, & Geyer, 2020).

15) https://www.nytimes.com/2016/08/01/opinion/make-algorithms-accountable.html 참조.

3) 인공지능과 책무성에 관한 논의

일찍이 니센바움(Nissenbaum, 1996)은 컴퓨터화되는 세상에서 논의되어야 할 두 가지 아젠다로 ① 위험과 위해를 최소화할 수 있도록 하는 컴퓨터 기술의 안전성과 신뢰성의 확보 방안과, ② 그러한 컴퓨터 기술발전이 미칠 수 있는 영향력에 대한 책무성이나 응답가능성에 대해 엄중하게 다루는 문화를 제시하였는데, 이는 현재의 알고리즘에 관한 책무성 논의에도 여전히 유용하다.

니센바움(N. Nissenbaum)은 우선 첫 번째 문제, 즉 컴퓨터 의존도 증가에 따른 안전성과 신뢰성 문제에 관해서는 당시에도 이미 어느 정도의 진전이 있었다고 평가하였다. 즉, 컴퓨터 기술발전에 관련된 당사자들은 컴퓨터 기술의 발전이 그 사회가 추구하는 목적달성에 제대로 기여하고 있는지, 또 그러한 발전이 충분히 건전하고 안전하게 이루어지고 있는지에 대해 지속적으로 질문하여 왔고, 프로그래밍의 실패 등으로 인해 사람들의 삶의 질, 복지 등에 어떠한 영향을 주고 있는지에 대해 컴퓨터 프로그래밍 커뮤니티뿐만 아니라 기업 생산자, 정부 규제자 등도 우려를 하며 보다 안전하고 신뢰할 수 있는 시스템을 만들어야 함을 강조해왔다(Borning, 1987; Leveson, 1986; Leveson & Turner, 1993; Littlewood & Strigini, 1992; Neumann, 1994; Parnas, Schouwen, & Kwan, 1990).

반면에, 니센바움은 잘못된 프로그래밍이나 실수로 인해 발생할 수 있는 위험과 위해에 대한 책무성 차원의 관심은 상대적으로 매우 미흡하였음을 지적하면서, 컴퓨터 프로그래밍의 결과에 대한 '책무성의 문화(culture of accountability)'와 전통이 정립되는 것이 중요하다고 강조하였다. 그는 '책무성의 문화'가 앞으로 개발될 기술이 신뢰성 기준과 씨름하고 있는 초기부터 생성되어야 한다고 하였는데, 그 이유는 문제가 발생하였을 경우 설명가능성의 확신을 가질 수 있어야 하기 때문이라고 설명하고 있다.

니센바움은 책무성 문화가 제대로 생성되려면 적어도 책임 의식과 책무성 확보 절차의 확립이라는 두 가지 조건의 충족이 전제되어야 한다고 하였다. 책임을 질 줄 아는 의식은 가치나 미덕의 차원에서 우선 중요하다. 자신으로 인해 발생한 위해나 위험에 대해 책임감을 갖게 되면 위해나 위험을 줄이고자 하는 강한 동기부여로 작용할 것이다. 이와 같은 책무성의 의식은 보다 신뢰할 만한 시스템을 만들고 보다 개선된 실행 사례를 만들도록 하는 효과적인 정책도구로서 작동할 수 있다. 이와 같이 책무성 문화는 단순히 상해가 발생하거나 기간산업이 붕괴되고 금전적인 손실을 입거나 생명의 위협이 있는 상황에만 설명책임이 작동하는 것이 아니라 개인의 시간, 편의성, 만족에 대한 손실과 같이 일상적이면서도 평범한 문제에 대해서도 작동되어야 한다는 것이다.

또한 책무성의 작동 라인을 명확하게 하는 것은 막상 위험과 위해의 상황이 발생했을 때 그에 대한 제재나 보상이 가능하도록 하는 중요한 출발점으로서 작동하기 때문이다.

4) 비난, 책임과 책무성 프레임워크

한편, 니센바움(Nissenbaum, 1996)은 컴퓨터화된 세상에서 비난과 책임, 책무성의 논의를 진행하기 위해서는 피엔버그(Feinberg, 1985)가 제시하는 조건을 이해하는 것이 필요하다고 하였다. 피엔버그(J. Feinberg)는 결과적으로 발생한 위해나 위험에 대한 책임으로 누군가를 비난하기 위해서 적어도 두 가지의 조건(즉, 인과관계와 과실)을 제안하였다. 먼저, 누군가의 행위로 위해가 발생하였거나 그러한 위해가 발생하는 데 중요한 원인을 제공하는 인과관계가 성립될 필요가 있다. 그다음으로 그 사람의 행동에는 (발생한 위해의 원인이 되는) 과실책임이 있어야(faulty) 한다. 여기서 과실이 있는 행위란 흠결이 있는 의사결정이 있거나 의도가 있는 경우, 다른 사람을 해하려고 하는 의도가 있었거나 그러한 위해가 발생하게 될 것을 충분히 예측하지 못한 경우(정당한 주의 의무 포함)를 의미한다.[16)]

그런데 니센바움은 컴퓨터화된 세상에서 이러한 두 가지의 책무성 전제조건이 무너지거나 그 판단이 명확하지 않을 수 있는 상황으로 다음의 네 가지를 예시로 설명하였다.

(1) 많은 손의 문제(the problem of many hands)
(2) 컴퓨터 버그 발생의 문제(the problem of bugs)
(3) 컴퓨터에 대한 비난, 컴퓨터로 책임 미루기(blaming the computer)
(4) 부담책임 없는 소프트웨어 소유권 주장(software ownership without liability)

첫 번째, '많은 손'의 문제는 프로그램 개발 과정에 많은 행위자들이 관여하는 상

16) 코넬대 컴퓨터 과학 대학원생이던 로버트 모리스(Robert Morris)가 자신의 인터넷 웜으로 주요 인터넷 소동을 촉발하고 연결된 컴퓨터 수천대를 감염시킨 사례 등 참조.

황에 따른 것이다. 컴퓨터 프로그램은 개별적 프로그래머들만의 생산물이 아니라 대개는 집단이나 조직의 산물로서 다양한 전문성과 기술을 가진 개인, 디자이너, 엔지니어, 프로그래머, 작가, 지리학자, 그래픽 아티스트, 관리자와 세일즈팀이 모여 구성된 팀이 만들어낸다. 이러한 경우 전통적 의미에서 개인에게 부담 지우는 책무성 조건을 적용하기 어려워진다. 즉, 집합적 행위(collective actions)의 상황에서는 비난대상, 원인 제공과 실수·오류의 책임 소재를 밝히기 어려워진다. 특히, 기업이나 정부조직에서의 의사결정과 집행은 대개 분산되어 이루어지며 대부분의 재화나 서비스 생산은 최종 소비자 및 수혜자의 삶에 긍정적인 영향을 미치기 위해 여러 개인들이 모여 팀을 이루어 기획·생산·실행한다. 이러한 제도적·조직적 구조는 사실상 책임을 집중시키지 않도록 의도적으로 만들어진 것으로 볼 수도 있다. 다수결의 의사결정 구조를 가진 이사회, 태스크 포스, 위원회 조직 등에서도 누구에게 책임을 지울 것인지가 모호해지듯이 책임의 분산은 어느 조직이나 협력체계로 일하는 시스템 속에서 공통적으로 발생하는 문제이지만, 니센바움에 의하면 컴퓨화된 사회에서 이러한 문제는 더욱 심각해질 수 있다. 우선, 대부분의 소프트웨어 프로그램은 중·소규모의 프로그램 개발 회사, 대기업, 정부조직, 계약자, 교육기관 등이 관여된 조직환경에서 만들어진다. 게다가 컴퓨터 프로그램은 여러 개의 하위 프로그램들이 모여서 하나의 시스템을 이루면서 점점 커지고 복잡해진다. 종종 기존의 프로그램에 추가로 새로운 부분을 더하면서 발전하기도 한다. 컴퓨터는 다른 기계들과 상호작용하면서 작동하는데 문제가 발생하는 경우 프로그램의 문제인지, 기계의 문제인지, 아니면 소통상 발생된 문제인지 알기 어렵다. 결국 '많은 손'의 문제는 불행한 사태에 대해 주된 책임을 지게 될 핵심 인물의 부담을 경감함으로써 책무성의 경계를 모호하게 만드는 상황을 의미한다.

두 번째, 컴퓨터 버그는 프로그램 오류가 발생한 상황이다. 컴퓨터 버그는 모델링, 설계, 코딩 오류 등을 모두 포함하는 개념으로 니센바움은 컴퓨터를 사용하는 작업에서 이와 같은 오류가 발생하는 것은 불가피하며, 이러한 이유로 책임을 추궁하는 것이 어려워질 수 있다고 보았다. 이러한 불가피성으로 인해 책무성 회피 혹은 책무성의 모호함으로 이어질 수 있는데, 컴퓨터 의사결정의 불완전성에 대해 프로그래머, 시스템 엔지니어, 디자이너에게 책임을 묻기 어려운 상황이 발생하는 것이다. 이러한 경우 해당 오류가 어느 정도 예측 가능했는지, 이에 대한 경고나 주의가 충분히 가능한 상황이었는지에 대한 판단이 책무성 확인의 가능성을 제시해 줄 수 있다. 예를 들어, 우주선 챌린저호의 폭발에 관하여 추운 날씨 상황 하에서 폭발가능성에 대한 우려와 경고가 있었던 상황이었음에도 강행한 우주선 발사에 대해서는 책임을 물을 수 있을 것이다.

세 번째, '컴퓨터에 책임 미루기' 상황이다. 알고리즘이나 AI가 의사결정을 대신하게 되는 상황에서는 그 결정으로 인해 발생한 결과에 대한 책임을 컴퓨터(알고리즘이나 AI)에게 미루는 경우가 발생할 수 있다. 이전에는 인간이 책임지던 많은 행위, 즉 계산, 결정, 통제, 그리고 기억 등과 같은 행위를 컴퓨터가 대신하게 되면서, 그러한 행위의 방향을 결정하게 되는 의도, 생각, 선호, 욕망 등과 같은 요소들 대신에 컴퓨터라는 기계의 작동에 책임을 미루게 되는 것이다. 변제능력이 없는 사람에게 대출을 결정하는 경우나 의사가 잘못된 항생제 처방을 내리는 등의 상황에서 이전에는 의사나 대출 담당자에게 책임을 물었다면, 이제는 컴퓨터가 그러한 결정을 내리게 되는 상황이 되면서 그 책임을 인간이 아닌 컴퓨터에 미루게 되는 상황이 가능해진 것이다.

네 번째, '부담책임 없는 소유권 주장'이다. 컴퓨터 알고리즘의 소프트웨어나 코드의 소유권, 그리고 그와 관련된 법적 책임에 있어서도 또한 논쟁의 소지가 충분하다. 니센바움은 소프트웨어 산업이 자신들의 소유권에 대해서는 강하게 주장으로 하면서 그로 인해 발생하게 되는 법적 책임에 대해서는 부정하고 있다고 지적한다. 많은 계약문서에 그와 같이 '책임(성)에 대한 부정'의 흔적이 보이는데, 대부분의 소비자가 사용하는 소프트웨어에서 그러한 프로그램의 생산자 권리는 강조하는 한편, 발생가능한 위험에 대한 책임은 인정하지 않고 있다는 것이다. 그 결과로 사용자들이 소프트웨어로 인해 발생가능한 위험을 떠안게 되는 상황이 발생한다.

3 기술개발 및 관리에 관한 책임부담의 관점

기술개발 및 관리에 관한 책임부담(responsibility ascription)의 관점은 크게 세 가지 접근법, 즉 기여도 기반의 접근법, 권리 기반의 접근법, 결과주의적 접근법으로 구분할 수 있다(Doorn, 2012). 이들 접근법은 서로 다른 목적을 겨냥하고 있으며 이외에도 각각 특정한 도덕적 배경 이론에서 출발하였고, 각기 다른 도덕적 질문에 답하려고 노력한다.

먼저, 기여도 기반 접근법(merit-based approach)은 책임 평가의 공정성을 강조한다. 단적인 예를 제시하면 인공지능 기반 가석방 심사시스템이 운영되고 있는 가운데 가석방된 범법자의 재범 비율이 이전보다 높게 나타나 사회문제화되었다면 이에 대한 책임을 시스템 설계자, 생산자(기업), 운영자(교정기관 등) 간에 어떻게 책임을 분담할 것인지가 책임부담의 핵심적 관심사가 될 수 있다. 기여도 기반 접근법에서는 도덕적 관점에서 누가 책임을 져야 하는지를 질문한다. 책임에 대한 이 도덕적 관념은 일반적인 도덕과 일치하며, 특히 돌이킬 수 없는 피해를 입은 피해자의 경우 이에 대한 답을 듣고자 할 것이다. 우리는 때때로 "의도적으로 그리고 과실에 의해 원치 않는 사건을 일으킨 사람, 즉 책임이 있는 사람에게 책임을 돌리기를 원한다"(Nihlén Fahlquist, 2006: 17). 기여도 기반의 접근법은 "누가 책임이 있는가?"라는 질문에 진지하게 답하려고 하지만, 이러한 고전적인 책임관은 책임에 대한 개인주의적 평가에 기초하고 있기 때문에 집합적 행동의 맥락에서는 문제가 된다. 쿠츠(Kutz, 2000)는 개인이 행한 행동의 관점에서만 평가된다면, 집단적 위해와 개인의 영향 간 불일치로 인해 개인의 책임감 소멸을 초래한다고 주장한다. 그리고 책임감이 사라짐에 따라 개인들이 그들의 행동을 개선할 동기 또한 사라진다고 주장한다.

한편, 권리 기반의 접근법(rights-based approach)은 권리와 자유의 윤리에 부합하고자 한다(Nozick, 1974; Mackie, 1978). 이 접근법은 '행동'을 평가의 주요 대상으로 삼을 때 의무론적 윤리에서 출발한다. 따라서 권리 기반 담론은 개인의 권리와 자유에서 출발하여 어떤 행동이 허용되고 어떤 것이 허용되지 않는지를 결정하는 것이다. 앞서 제시한 인공지능 기반 가석방시스템 운영과 관련하여 설계자가 전문가적 기준을 지키지 않았거나 생산자나 운영자가 정당한 주의 또는 금지 의무를 위반했다면 책임을 물을 수 있다는 것이다. 즉, 책임부담의 내용은 삼가하여야 할 행위이거나 행해야 하는 행위이고, 의무를 위반하는 것은 비난받을 만한 행동을 하는 것이거나 또는 보상책임을 지는 것이다. 이 접근법은 '누구 책임인가'라는 질문에 전체 책임조건보다는 인과조건만을 활용하므로, 기여도 기반 접근법에 비해 집단적 위해와 개인의 영향의 불일치로 인한 문제는 덜한 것으로 보인다. 보상과 동의에 초점을 맞춘 이 접근법은 잠재적 피해자들의 이익에 가장 중점을 둔다. 그러나 이 접근법은 실제로 기술 설계를 개선할 동기를 전혀 또는 거의 제공하지 않아 혁신적인 신기술의 이용에 걸림돌이 될 수 있다.

결과주의적(consequentialist) 접근법은 특정한 행위보다는 현상(states of affairs)에 초점을 맞춘다. 그것은 어떤 행동을 해야 하는지를 규정하는 것이 아니라, 오히려 무엇을 달성해야 하는지를 규정한다. 따라서 결과주의적 접근은 기술 개발 방향을 구체화하는 능력 측면에서 가장 강력한 것으로 보인다. 우리는 이러한 접근 사례를 종종 목격하곤 한다. 투자은행의 부실 운영을 파산을 통해 책임을 지게 하여야 함에도 국가재정을 투입하여 정상화시키는 것이 그 사례이다. 신기술 개발과 관련하여 엔지니어들은 종종 "문제 해결"의 결과론적 발견에 의해 주도적으로 움직인다는 점에 주목해야 한다(Davis, 2009). 그들은 누구 탓인지 따지기보다 어떻게 하면 (재발을) 막을 수 있느냐에 관심을 가진다. 엔지니어는 새로운 기술을 설계할 때 그 기술이 실험실이 아닌 실제 현실에서 잘 작동하기를 원하고, 그 기술의 오류와 실수에 대한 광범위한 연구에 참여하기를 원한다. 해당 기술이 국가경제 발전이나 장기적인 국가경쟁력에 기여할 것으로 기대된다면 결과주의적 관점의 핵심 질문은 "누가 당면한 문제를 당장 해결할 수 있느냐"이다. 추상적인 의무나 원칙보다는 실제 문제에 초점을 맞춤으로써 엔지니어링 실무에 미치는 영향 또한 기술 개발이 이루어진 맥락에 더 민감하다. 만일 어떤 책임부담이 실제 문제의 바람직한 해결을 이끌어내지 못한다면 이 책임은 부과되지 말아야 하거나 다른 식으로 부과되어야 한다. 이미 만들어진 기술이 해로운지 또는 그렇지 않은지에 대한 질문에만 초점을 맞춘 권리 기반 관점과 비교할 때 결과주의적 접근법은 기술발전의 방향에 더 긍정적 영향을 미치는 것으로 이해된다.

또한 결과주의적 접근법은 더 세밀한 책임부담을 허용하기도 한다. 기여도 기반 관점은 종종 어떤 사실 이후(즉, 바람직하지 않은 일이 발생한 후)에 적용되기 때문에, 책임의 문제는 전부 아니면 전무(all-or-nothing)의 문제가 된다. 즉, 바람직하지 않은 결과에 대한 책임이 있는지 없는지에 대한 문제가 된다(Goodin, 1985; Bovens, 1998; Lynch & Kline 2000). 따라서 일부에서는 이러한 기여도 기반 관점이 무책임(nonresponsibility)에 관한 것이라 주장한다. 즉, 기여도 기반 관점은 사람들로 하여금 책임을 면하게 하는 변명거리 조건을 규정하는 것이기도 하다. 과학기술연구를 통해 얻은 최근의 통찰력에 의하면 극적인 사례가 발생하기 전에 궁극적으로 원치 않는 결과를 초래하는 점진적인 소규모 결정을 내려야 하는 경우가 많다는 것을 알 수 있다. 과학기술 연구자들은 기술을 원하는 방향으로 조절하기 위해 어떤(때로는 재앙적인) 사건에 대한 비난에 초점을 맞추는 대신, "일상적으로 결정을 내려야 하는 엔지니어링 관행의 복잡성(complexities)"에 더 많은 관심을 기울여야 한다고 주장한다. 결과주의적 책임 평가는 기술 형성에 기여하는 각 에이전트의 능력에 따라 귀속되어야 한다는 것이다. 이는 사회문제 해결에 기여할 수 있는 역량, 권력, 자원을 보유하는 것이 그렇게 하기 위한 전향적(forward-looking) 책임을 수반한다는 일반적인 직관과 일치한다(Nihlén

Fahlquist, 2009). 예를 들어, 자율주행 기술의 경우 어떤 이해관계자보다 이를 설계한 엔지니어가 위험에 대한 지식과 위험을 줄일 수 있는 가능한 방법에 대해 잘 알고 있다. 결과주의적 관점에서 문제 해결의 열쇠를 가진 사람이 이러한 위험을 다룰 책임을 져야 한다는 것이다. 따라서 이러한 책임 인정은 특정 행위가 잘못되었다고 간주되는 기여도 기반의 관점에서 도출되는 것이 아니라 특정 상황(즉, 위험을 방지하거나 최소한 적절하게 대처하는 상황)이 초래되도록 해야 하는 일련의 의무들로부터 도출되어야 한다.

그러나 결과주의적 접근법이 공학 및 기술 개발의 다이내믹스에 대한 보다 사회학적 지향의 문헌으로부터 얻은 통찰력과 잘 맞아떨어진다 하더라도 책임부여의 공정성이 모두 무시되어서는 곤란하다. 이것은 우리로 하여금 또 다른 적절성(appropriateness) 요구조건을 고민하게 한다. 이 조건은 책임에 관한 관점이 정당한 책임부여에 대한 사람들의 직관을 반영하는지에 대한 질문이다. 즉, 결과주의적인 접근만으로는 공정성에 대한 기본적인 직관과 일치하지 않을 가능성이 높다. 인공지능 기반 가석방 시스템의 오류로 인한 위험은 알고리즘 설계에 관여한 엔지니어가 가장 대처 방안을 잘 마련할 수 있으나 운영자인 교정기관 또한 보완적 책무성 기제를 활용하여 문제 발생을 예방할 수 있다. 그럼에도 불구하고 설계자에게만 책임을 부과한다면 도덕적 견지에서 공정성에 대한 우리의 기본적 감정을 위배하는 방식으로 책임을 돌리는 결과를 초래하기에 바람직하지 않다. 비록 공정성이 최우선적 기준이 아닐지라도, 우리는 피해자들과 잠재적으로 비난받을 사람들 모두에게 도덕적으로 불공평하게 책임을 부여하는 것을 원하지 않는다. 따라서 공정성이 결과주의적 관점에서 궁극적인 기준은 아니라 하더라도 우리는 공정성을 여전히 고려하여야 한다. 특히, 여러 사람들이 관여된 경우, 유효성(efficacy) 요건과 공정성 요건 사이에 긴장이 있을 수 있다. 공정성 요건은 책임을 묻는 데 다소 제한적인 반면, 유효성 요건은 책임부여의 범위를 좁히기보다는 넓히는 것이다. 만약 우리가 공정성 기준에 초점을 맞춘다면 아마도 결과주의적 관점에서 볼 때 바람직하지 않은 책임에 대한 설명으로 끝날 수 있다. 반면에, 책임부여의 유효성만 강조한다면, 우리는 아마도 불공정한 책임분배를 하게 될 것이다. 그러므로 우리가 책임을 부여하려 한다면 어떻게든 이 두 가지 관점을 통합해야 한다.

공정성과 유효성 요건 간의 긴장을 줄이는 가능한 방법은 대안적인 공정성 기준(즉, 개인의 책임에 대한 전통적인 내용적 공정성 기준과 관련이 없는 기준)에 초점을 맞추는 것이다. 정치철학으로부터 나온 통찰은 공정성이 보다 절차적인 방법으로도 달성될 수 있다는 것을 보여준다. 공정성에 대한 절차적 접근법에 따르면, 책임분배가 공정한 방식으로 확립된다면(즉, 공정한 절차의 결과라면) 그것이 공정한 것으로 될 수 있다. 공정성에 대한 이러한 절차적 접근법을 탐구하기 위해서는 더 많은 연구가 필요하다. 가능한 출발점은, 절차가 관련된 개별적 배경 이론들 일체와 각 관련 행위자의 도덕적 원칙들 내에서 어떤 절차가 정당화될 수 있다는 Wide Reflective Equilibrium (WRE)의 롤스적 접근법일 수 있다(Doorn, 2012). 이러한 절차적 공정성의 확립은 내재된 윤리 연구의 일부가 될 수 있다. 어떤 행위자가 포함되는 것이 타당한지 및 WRE를 어떻게 평가할 것인지에 대한 문제는 더 자세히 탐구할 필요가 있을 것이다.

표 3-6 책임부담의 관점

관점	윤리이론	목적	판단기준	내용
기여도 기반적	의무론적 윤리	응보주의	공정성	조치
권리 기반적	권리와 자유의 윤리	교정 목적	정보 기반의 합의	조치
결과주의적	결과주의	도구적	유효성	상황

자료: Doorn(2012: 76).

4 인공지능 기반 의사결정의 부담책임 설계

인공지능과 사물인터넷(Internet of Things)이나 분산원장기술[17]과 같은 디지털 신기술은 우리 사회와 경제를 더 나은 방향으로 바꿀 잠재력을 가지고 있다. 그러나 이러한 기술로 인한 신체적 상해나 기타 손해 등 피해의 위험을 기존의 제조물 안전 규정만으로는 완전히 제거하지는 못한다. 만약 이런 피해가 발생할 경우 피해자는 일반적으로 사법(私法), 특히 불법행위법의 부담책임체제에 기초하여 보상을 추구하는데 이를 보완하기 위한 장치로서 보험을 통한 보상이 이루어질 수도 있을 것이다(European Commission, 2019).

그러나 유럽연합에서 디지털 신기술에 관한 기존의 부담책임체제를 평가한 결과 각국에서 시행하고 있는 책임체제들은 이러한 신기술 운영에 따라 피해를 입은 피해

17) 분산 네트워크 참여자(node)가 암호화 기술을 사용하여 거래 정보를 검증하고 합의한 원장(ledger)을 공동으로 분산·관리하는 기술.

자에게 최소한의 기본 보호를 보장할 뿐이라는 결론을 내렸다. 신기술이 가진 특징, 즉 복잡성, 운영 중 업데이트나 자가학습을 통한 수정, 제한된 예측가능성 및 사이버 보안 위협에 대한 취약성 등으로 손해배상청구가 타당해 보이는 경우에도 피해자에게 손해배상청구권을 부여하기 어려울 수 있으며, 책임의 배분 또한 불공평하거나 비효율적일 수도 있다는 것이다.

1) 인공지능 기반 의사결정의 유형

인공지능 기반 의사결정 시스템은 해당 신기술의 운영자 및 인간 보조자가 의사결정 과정에 참여하는 방식에 따라 세 가지로 유형화할 수 있다.

첫째, 휴먼 인 더 루프(Human-in-the-loop) 방식은 시스템 운영에 인간이 적극적으로 참여하여 완전한 통제력을 유지하고 인공지능은 추천이나 입력만 제공하는 방식을 말한다. 해당 운영방식에서는 인간의 명령에 따른 확정적인 조치 없이는 결정을 실행할 수 없다. 예를 들어, 의사가 AI를 사용하여 익숙하지 않은 질병에 대한 가능한 진단과 치료에 대해 정보를 얻을 수 있다. 그러나 최종적인 진단과 해당 치료방법에 대한 결정은 의사가 내린다. 이 모델은 인간이 판단할 수 있도록 충분한 정보(예: 결정요소, 그들의 가치와 가중치, 상관관계 등)를 AI가 제공해야 한다.

둘째, 휴먼 아웃 오브 더 루프(Human-out-of-the-loop) 방식으로 의사결정 시스템 실행에 대한 인간의 감독이 없는 경우로서 해당 인공지능 시스템이 인간의 재량권 행사 없이 스스로 완전한 통제를 갖는 방식이다. 예를 들어, 제품 추천 솔루션은 미리 정의된 인구 통계 및 행동 프로필을 기반으로 고객에게 제품과 서비스를 자동으로 제안할 수 있다. AI는 동적으로 새로운 프로필을 생성하고 사전에 정의된 카테고리에 의존하지 않고 제품 및 서비스를 제안할 수도 있다. 항공사에서는 머신러닝 모델을 사용하여 수요나 예상되는 중단 사항을 예측하고, 이 모델의 산출물은 문제 해결 모듈에서 항공사의 스케줄을 최적화하기 위해 사용될 수 있는데, 이 과정에서 인간의 개입은 없다. 자율주행차도 운전자의 개입 없이 주변 환경을 인식하고 주행 상황을 판단해 차량을 제어함으로써 스스로 주어진 목적지까지 주행하기에 이 사례에 해당한다.

셋째, 휴먼 온 더 루프(human-on-the-loop)는 인간이 인공지능 시스템 운영을 모니터링 또는 감독하며 AI 모델이 예기치 않거나 원치 않는 이벤트(예: 모델 실패)를 경험할 때 인간이 통제를 수행하는 방식을 말한다. 이 접근방식은 알고리즘 작동 중에 인간이 매개 변수를 조정할 수 있도록 한다. 예를 들어, GPS 내비게이션 시스템은 운전자가 A지점에서 B지점까지의 경로를 계획하고, 여러 가지 가능한 경로를 운전자에게 제공한다. 운전자는 운행 중에 예상치 못한 상황을 만났을 때(예: 도로 혼잡) 매개 변수를 변경할 수 있으며 경로를 다시 프로그래밍할 필요는 없다.

이 세 가지 인공지능 기반 의사결정 방식의 유형화는 해당 시스템에 의한 결정에 따른 결과로 인해 개인(또는 조직)에게서 발생할 수 있는 피해의 가능성과 심각성 면에서 차이가 있기에, 인공지능 기반 의사결정의 부담책임 논의에서 중요한 기준이 될 수 있다.

2) 인공지능 기반 의사결정의 부담책임체제 설계

여기서는 유럽공동체(EC)의 '책임과 신기술에 대한 전문가그룹(신기술분과)'에서 디지털 신기술이 제시하는 도전과제를 해결하기 위해 책임체제를 어떻게 설계해야 하고, 필요한 경우 어떻게 바꿔야 하는지에 관한 연구 결과를 발표하였는데 이를 요약하여 소개하고자 한다.

(1) 책임부담의 복잡성 문제

디지털 신기술의 복잡성(complexity), 불투명성(opacity), 개방성(openness), 자율성(autonomy), 예측가능성(predictability), 데이터 기반성(data-drivenness), 취약성(vulnerability) 등에 의해 기존의 부담책임 관행은 영향을 받는다. 특히, 신기술의 복잡성은 앞서 살핀 많은 손의 문제에 의해 책임부담의 주체를 모호하게 만든다.

같은 피해에 대해 둘 이상의 사람에게 책임이 있을 경우, 피해자에 대한 책임은 보통 연대(공동)책임이다. 인공지능 의사결정 시스템의 다양한 요소들을 제공함에 있어서 둘 이상의 사람이 계약 및 유사한 근거로 협력하는 경우, 그리고 피해자가 어느 요소인지는 밝힐 수 없지만 적어도 한 요소가 책임을 발동시키는 방식으로 피해를 일으켰다는 것을 보여줄 수 있을 경우, 모든 잠재적 불법행위자는 피해자에 관해 공동으로나 개별적으로 책임을 져야 한다.

그리고 불법행위자 간의 보상권(redress claim)은 규명된 (각각의) 부담에 대해서만 가능하지만, 그 중 일부가 하나의 상업적이거나 기술적 단체[18]를 형성할 경우에는 예

18) 여기서 상업적 · 기술적 단체에 해당하는 것을 판단할 때 다음 사항을 고려하여야 한다.

외이다. 이 경우 이 단체의 구성원들은 보상을 청구하는 불법행위자에게 자신의 누적 책임분에 대해서도 공동으로나 개별적으로 책임을 져야 한다(European Commission, 2019).

그러나 디지털 신기술이 피해를 일으켰다는 것이 입증되었다 하더라도 책임 소재를 어떤 사람의 고의성이나 부주의에 따라 결정해야 할 경우, 관련 주의기준을 확립하고 해당 사람이 이러한 기준을 위반했다는 것을 입증하는 데 있어서의 어려움은 존재한다.

(2) 책임부담의 공정성 문제

부담책임에 대한 기존 법규는 디지털 신기술 때문에 발생하는 위험에 관해 어느 정도 해결책을 제공하지만, 다음과 같은 사항은 제대로 고려하지 못하고 있다는 점에서 해결책으로서 만족할 만하지는 않다(European Commission, 2019).

첫째, 기존 법규는 손실의 공정하고 효율적인 배분을 보장하지 못한다. 특히, 문제가 되는 행위로 피해를 일으킨 자, 피해를 일으킨 행동으로 이익을 본 자, 발생한 위험을 제어하는 자, 최소비용회피자(cheapest cost avoiders)[19]나 최소피보험자(cheapest takers of insurance)에 대해 제대로 책임을 물을 수 없다.

둘째, 기존 법 체계는 개인의 이익에 대한 위협에 관해 일관되고 적절한 대응을 하지 못하고 있다. 특히, 디지털 신기술에 의해 발생한 피해를 입은 자가 사람의 행동이나 전통적인 기술에 의해 비슷한 피해를 입은 경우보다 보상을 덜 받거나 전혀 받지 못할 수 있다.

셋째, 디지털 신기술의 피해자들이 소송을 제기하기에 과도하게 부담스럽거나 많은 비용이 발생하기 때문에 효과적으로 정의를 구현할 수 없다.

그러므로 기존 부담책임체제의 수정이나 개정을 검토해야 하며, 이때 디지털 신기술의 다양성과 그에 상응하는 위험의 다양한 범주를 감안하면 모든 위험에 대한 하나의 적합한 해결책을 고안해내기란 불가능하다고 할 수 있다. 어떤 디지털 생태계에서는 계약책임이나 기타 다른 보상체제가 불법행위책임과 함께 또는 불법행위책임 대신에 적용되어야 한다.

(a) 여러 다른 요소들에 대한 공동의 또는 조율된 마케팅
(b) 여러 다른 요소들의 기술적 상호의존성과 연동(interoperation)의 정도
(c) 이러한 요소들 조합의 특수성(specificity) 또는 배타성(exclusivity)의 정도

19) 외부성이 발생한 상황에서 외부성을 상대적으로 낮은 비용으로 줄일 수 있는 사람을 말한다.

디지털 신기술의 운영자는 적합한 범위의 주의의무를 준수해야 하는 바, 이는 ① 적합한 과제와 기술에 부합하는 시스템을 선정하는 것, ② 시스템을 모니터링하는 것, 그리고 ③ 시스템을 유지하는 것 등을 포함한다.

그리고 인간 보조자(보조인력)를 고용했을 때와 기능적으로 유사한 방식으로 사용된 자율기술(autonomous technology) 때문에 피해가 발생했다면, 기술을 사용한 것에 대한 운영자의 책임은 해당 보조 인력의 고용주(principal)에 대한 기존의 사용자 책임 체제와 상응하여야 한다.

(3) 무과실책임 적용 문제

디지털 신기술이 사적이지 않은(non-private) 환경에서 운영되고 일반적으로 심각한 해를 끼칠 수 있다면, 무과실책임을 적용하는 것이 디지털 신기술이 일으킬 수 있는 위험에 대한 적합한 대응방식이다. 생산자의 무과실책임은 유형의 것이든 디지털 형태로 되어 있는 것이든 상관 없이 결함이 있는 제조물이나 그 구성요소(부품, component)가 일으킨 피해를 배상하는 데 핵심적인 역할을 해야 한다.

그리고 위험과 결함이 있는 제조물에 대한 무과실책임 뿐만 아니라 과실책임(과실이 전제되든 그렇지 않든)도 계속 공존해야 한다. 그리고 피해자가 복수의 사람에게 보상을 청구할 수 있는 근거를 제공하는 한, 다수의 불법행위자(공동불법행위자)에 대한 규정이 적용되어야 한다.

무과실책임은 디지털 신기술의 운영과 연결된 위험을 통제할 수 있고 기술의 운영으로 이익을 보는 사람(운영자)에게 있어야 한다. 만약 운영자가 둘 이상일 경우, 예컨대 해당 기술의 사용에 관해 주로 결정을 하고 그 기술의 사용으로 이익을 보는 사람(프론트엔드 운영자, frontend operator)과, 계속해서 해당 기술의 기능을 정하고 필수적이면서 지속적인 백엔드 지원을 해주는 사람(백엔드 운영자, backend operator)이 있을 경우, 무과실책임은 운영의 위험을 더 많이 통제할 수 있는 사람에게 있다.

무과실책임에 대한 기존 항변(defence)과 예외 법령들은 디지털 신기술에 비추어 재검토되어야 할 수 있다. 생산자가 여전히 기술에 관한 업데이트나 업그레이드를 제어하고 있는 한, 제조물이 출시된 후에 결함이 발생했다 하더라도 생산자에게 디지털 신기술의 결함에 대한 무과실책임이 있다. 따라서 개발위험 항변[20]이 적용되어서는

20) 제조업자가 제조물을 공급한 때의 과학기술 수준으로는 결함의 존재를 알 수 없었던 경우, 제조물의 결함이 제조업자가 당해 제조물을 공급할 당시의 법령이 정하는 기준을 준수함으로써 발생한

안 된다.

(4) 입증책임의 문제

일반적으로 피해자는 자신이 입은 피해의 원인을 입증할 것을 계속 요구받아야 한다. 그러나 디지털 신기술이 피해를 일으켰다는 것이 입증된 상황에서, 해당되는 안전 수준을 확립하거나 그 안전 수준을 충족하지 못했다는 것을 입증하는 데 과도한 어려움이나 비용이 발생할 경우에는 결함 입증책임은 전환(reverse)[21]되어야 한다.

안전규칙이 피하려고 했던 종류의 피해가 발생했을 경우, 그러한 안전규칙을 준수하지 못했다면 인과관계, 과실, 결함의 존재 등에 대한 입증책임이 전환되어야 한다.

앞서 제안된 입증책임의 전환을 침해하지 않으면서 다음과 같은 요소들을 검토하여 인과관계 입증책임을 완화하는 것이 타당하다고 판단될 경우, 디지털 신기술을 감안하여 인과관계 입증책임을 완화할 수 있다.

① 기술이 최소한 피해에 기여했을 가능성

② 피해가 기술 또는 같은 분야 안에 있는 다른 원인에 의해 발생했을 가능성

③ 실제 인과관계는 자명하지 않더라고, 기술 안에 이미 알려진 결함이 갖는 위험

④ 원인에 기여했을 수 있는 기술 안에 있는 프로세스의 사후(ex-post) 가해성(intelligibility) 및 추적가능성(traceability)의 정도(정보비대칭)

⑤ 기술에 의해 수집·생성된 데이터의 사후 접근성 및 이해가능성의 정도

⑥ 잠재적으로 및 실제적으로 야기된 피해의 종류와 정도

(5) 설명책임의 문제

인공지능 시스템의 생산자는 운영자로 활동을 하는지 여부에 관계없이 다음의 업무를 수행하여야 한다.

① 효과적으로 적합한 범위의 주의 의무를 운영자가 준수할 수 있게 제조물을 설계, 설명하고 시장에 출시하여야 한다.

② 제조물을 유통시킨 후 제조물을 적절하게 모니터링하여야 한다.

경우 등에 그 사실을 입증한 때에는 제조물 책임을 면할 수 있도록 하는 것을 말한다.

21) 통상적으로 '입증책임'은 권리를 침해당했다고 주장하는 사람에게 있지만 권리를 침해당한 자가 입증책임을 지는 것이 합당하지 않은 경우에 권리를 침해한 자에게 입증책임을 지게 하는데, 이를 '입증책임의 전환'이라고 한다.

그리고 생산자에게는 해당 기술의 운영과 관련된 정보를 기록하는(logging) 수단을 설계에 의해 장착할 의무가 있어야 한다. 특히, ① 해당 정보가 그 기술이 갖고 있는 위험이 실제로 발생했는지 확인하는 데 필요한 경우와, ② 기록에 대한 기술적 타당성 및 비용, 해당 정보를 수집할 수 있는 대안의 존재 여부, 기술이 일으킬 수 있는 위험의 종류와 크기, 그리고 기록을 하는 것이 타인의 권리에 미칠 수 있는 부정적인 영향을 고려하여 기록을 하는 것이 적합하고 어울린다고 판단되는 경우에 그러하다.

기록된 정보의 부재 또는 피해자에게 정보에 대한 합리적인 접근을 주지 않는 것은 없어진 정보에 의해 입증될 책임부과의 조건이 충족되었다는 것을 의미한다. 기록된 정보의 부재 또는 정보에 대한 합리적인 접근을 허용하지 않은 결과로 운영자에게 피해를 보상할 의무가 주어졌다면 운영자는 기술에 기록하는 기능을 설치하지 못한 것에 대해 생산자에게 구상권 청구(recourse claim)를 할 수 있다.

마지막으로, 데이터 손상에 대해서는 다음과 같은 경우 책임을 물을 수 있다:

① 계약상 책임이 있을 경우

② 데이터를 저장한 매체에 대한 재산권이나 적용가능한 법에서 재산권으로 보호받는 다른 이익에 대한 침해 때문에 발생하는 책임

③ 형법이나 그러한 피해를 피하는 것이 취지인 법적 구속력을 갖춘 다른 규정들을 위반하는 행위에 의해 발생한 피해

④ 피해를 주려는 의도가 있었을 경우

(6) 보험 및 기금의 설치 문제

디지털 신기술 때문에 발생할 수 있는 잠재적 피해가 더 빈번하거나 더 심할수록, 그리고 운영자가 개별적으로 피해자에게 배상해줄 수 있는 가능성이 낮을수록, 그러한 위험에는 의무책임보험이 더 적합할 수 있다.

그리고 보상기금은 적용가능한 책임규정에 따라 보상받을 자격은 있지만 손해배상 청구가 충족될 수 없는 불법행위 피해자를 보호하기 위해 사용할 수 있다.

5 AI 책무성 문제의 대응과제

인공지능의 확산에 따른 책무성 문제를 다루는 기존의 거버넌스 절차나 구조, 방식에 대해 재검토함으로써 새로이 발생하는 도전과제에 대해 적절히 대응하는 방안

을 모색할 필요가 있다. 비너(Wiener, 1954)가 "공동의 이기심이 건전한 호기심을 넘어 그 자체로 죄악인 '자동화'를 불러왔다"고 주장하면서 기계 정부를 통한 신파시즘의 위협을 경고하였듯이 혁신적 신기술이라는 이유로 미리 면죄부를 주는 섣부른 결정은 적어도 공공부문에서는 경계하여야 할 것이다.

AI로 인한 책무성 문제에 대응하기 위해서 공공부문에서는 크게 두 가지 차원에서의 접근이 요구된다. 첫째는 예방 차원에서 AI 설계의 투명성을 확보하는 것이고, 둘째는 AI로 인한 문제 발생 시 유효성과 공정성을 함께 고려하는 부담책임 접근방안을 마련하는 것이다.

1) AI 설계의 투명성 확보

홈퀴스트(Holmquist, 2017)는 인공지능과 관련하여 더욱 강화되는 진화와 자가학습의 문제와 관련한 책무성 차원의 대응으로서 AI 설계의 투명성 보장, 불투명성에 대한 관리, 지속적인 학습과 진화, 통제 권리의 공유 등의 요소에 관심을 가져야 한다고 주장하였다.

먼저, 투명성을 보장할 수 있는 설계(designing for transparency)가 이루어져야 한다. 뉴럴 네트워크는 태생적으로 내부적 작업이 감춰져 있다. 프로그래머나 훈련자에게도 보이지 않을 수 있다. 예를 들어, 구글 엔지니어들은 기계번역을 하도록 훈련된 뉴럴 네트워크가 스스로 만들어낸 중간 과정의 포켓이 있음을 발견하였다. 예를 들어, 일본어를 영어로, 영어를 한국어로 번역하도록 하였는데 스스로 일본어를 한국어로 번역하는 기제를 만들어낸 것이다. 즉, 설계된 과정이 아니라 스스로 진화하는 것이다.

따라서 AI 설계는 패턴을 벗어나는 예측불가능성, 지속적인 학습 및 진화에 인간이 대응하는 방식으로 이루어져야 하며, 특히 사용자와 통제 권리를 공유할 수 있도록 이루어져야 한다. 그리고 적극적 지능, 상호책임성, 권한 배분의 자율성 정도, 새로운 가능성의 허용 범위 등에 대한 관심과 원칙이 세워져야 한다.

특히, 디아코풀러스(Diakopoulos, 2016)는 투명성 기준의 중요성을 강조하면서, 알고리즘에 포함된 코딩을 모두 공개하는 것은 지나치다고 하더라도 핵심 사항에 대해서는 투명하게 알릴 필요가 있음을 강조하였다. 즉, 사용자들이 자료에 대한 라벨(표지문)을 검증하고, 이의를 제기하고 오류 수정을 요구할 수 있도록 해야 머신러닝에 사용되는 자료의 질적 수준이 보장될 수 있다는 것이다. 예를 들어, 미국의 정보자유법(Freedom of Information Act: FOIA)과 유사 법령의 기준에 따라 정부의 소스코드를 개방하도록 한 사례, 1992년 미국 연방도로청(FHWA)에서 안전기준을 계산하는 알고리즘을 개방하도록 한 사례 등이 이에 해당한다. 이때 투명성 기준에 따라 포함되어야 하는 정보로는 관여한 사람에 관한 정보,[22] 데이터에 관한 정보,[23] 사용한 모델에 관한 정보,[24] 추론방식에 관한 정보[25] 등이 있다.

한편, 데이터사이언스의 투명성을 확보하는 것 또한 중요하다(Responsible Data Science Initiative, 2016). 데이터 사이언스는 이를 사용하는 사람들의 신뢰를 확보하고 그 결과를 정확하게 추론하며 해설할 수 있을 때 효과를 발휘할 수 있다. 따라서 데이터 사이언스를 데이터를 가치값으로 자동으로 전환하는 마술과 같은 블랙박스로 간주해서는 안 된다. 원자료에서 의미 있는 결론을 도출하기 위해서는 [그림 3-6]과 같은 다양한 행위자가 관여된 다수의 과정을 통해 데이터는 처리된다. 그리고 이 과정에서 투명성 확보를 위해서는 책무성과 이해가능성이 핵심적이다. 따라서 단순히 알고리즘 모델의 사용에서만이 아니라 데이터 습득(ingestion), 랭그링(wrangling),[26] 분석(analysis), 모델링(modelling), 배포(deployment) 및 보고 등 자료 수집과 처리, 해석의

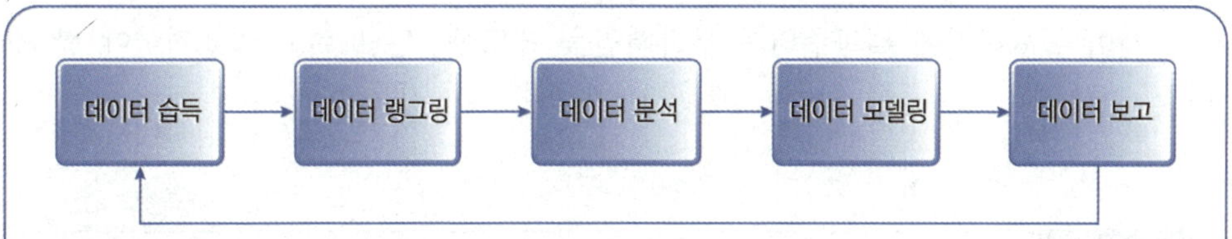

그림 3-6 **데이터 과학 파이프라인**

자료: Ojeda et al.(2014).

22) 알고리즘에 직접적인 통제를 하는 사람은 누구인가?, 누가 감독권을 가지고 있으며 책임을 지게 되는가?, 그 밖에 저작권자, 설계자, 그리고 알고리즘을 탄생시킨 팀은? 등.

23) 자료의 질적 수준, 정확성, 완결성, 불확실한 부분, 적시성, 대표성, 가정이나 제약점 등. 그리고 자료의 수집·처리·변환·수정 과정, 이 과정이 자동으로 이루어지는지 아니면 인간의 개입이 있었는지, 데이터 레이블링은 어떻게 이루어졌는지 등.

24) 사용된 변수, 가중치, 가정, 제약점, 분석도구 등.

25) 허용되는 오차의 범위, 정확성의 수준, 허위사실과 허위거짓, 찾아낸 오류의 처리 방법, 오류발생 원인(인간의 개입 혹은 알고리즘 자체 오류?) 등.

26) 원자료(raw data)를 쉽고 효율적으로 가공하고 분석할 수 있도록 변환하는 과정으로 데이터 발견(discovering), 데이터 구조화(structuring), 데이터 정제(cleansing), 데이터 강화(enriching), 데이터 유효성 검사(validating), 데이터 출판(publishing) 등의 절차로 세분화된다.

전 과정에 걸쳐 투명성 원칙은 적용되어야 한다.

2) AI 책무성 확보체계 구축

AI 설계 또는 데이터사이언스의 투명성을 강화한다고 하여도 누가 투명성을 확인·검증하고, 어떻게 책임을 물을 것인지에 관한 복잡하고 전문적인 문제가 해결되어야 한다. 이를 위해 AI 책무성의 문제(설명책임, 부담책임)나 프라이버시와 안전을 관리할 수 있는 공공부문의 역량, 구조, 기준과 절차를 확보하여야 한다.

당장 이를 담당할 수 있는 공식 조직의 설치가 용이하지 않다면 다학제적 구성원들이 참여하는 '(가칭)인공지능 책무성 위원회'를 설치하여 인공지능 관련 문제를 다루는 거버넌스 네트워크를 구축할 필요가 있을 것이다. 동 위원회에서는 각 분야에서 운용되고 있는 AI 시스템의 투명성을 확보하기 위한 알고리즘 책무성 보고(algorithmic accountability reporting)[27]를 위한 가이드라인을 제시하고 그 준수 여부를 모니터링할 수 있을 것이다. 더 나아가 디지털 신기술로 인해 발생하는 문제를 해결하기 위한 부담책임기준도 마련하고, 필요하다면 관련법을 개정하거나 제정할 수 있을 것이다. 물론 AI로 인한 문제 발생 시 공정하게 책임을 묻는 것 못지않게 신속하게 문제를 해결하는 것이 중요하기에 결과주의적 부담책임을 제도화하는 노력도 병행되어야 할 것이다.

제 5 절 많은 손과 집단적 결과의 문제

정부의 결정 또는 정책에 많은 행위자가 관여하는 일은 이제 일상적이다. 현대 행정에서는 관료사회 내의 지시·명령 체계의 다수의 의사결정자와 실무자뿐만이 아니라 그 외곽에 자리한 각종 위원회, 분야별 공공·민간 전문가, 영리·비영리 기업 및 사업자, 시민 또는 시민단체는 정책 결정 및 집행에 있어 주요 행위자들이다. 많은 행위자가 관여한 집단적 결과(collective results)를 놓고 도대체 누가 얼마나 행위의 결과에 기여했는지를 밝혀내는 것은 극히 어려운 일이다(많은 손의 문제).

책임을 부여하고, 그 책임을 추궁당할 가능성의 존재는 긍정적인 행위결과를 얻

27) 주요 차원의 알고리즘의 표본을 선정하여 투입과 산출물 간의 관계 조사, 알고리즘의 영향력, 오류, 편견 등을 파악하여 보고하도록 하는 것이다.

기 위해 행위자가 합리적으로, 또 신중하게 행동하도록 독려하는 효과를 지닌다(Jonas, 1984; Hayek, 1960). 그러나 집단적 행위의 결과에 대해서는 그 결과에 대한 개별 행위자의 기여 여부나 그 정도의 규명이 구조적으로 어렵기 때문에, 행위자에 대한 동기부여의 효과가 작아지고, 행위자의 책임 회피와 행위자들 간의 책임전가가능성이 높아 시간적·금전적 책임규명 비용이 커져 책무성 포럼의 책임자 규명 동기 역시 감소하게 된다. 이렇게 되면, 당초에 책임부여를 통해 기대했던 긍정적 효과는 반감될 수밖에 없다.

또한 집단적 행위 결과에 대한 불완전한 책임소재 규명은, 특히 미래에 발생할 유사한 결과에 대한 합리적인 대비를 어렵게 한다(Thompson, 2014). 정부 활동의 부정적 결과의 재발 방지를 위해서는 조직적 실패에 대한 조사를 통해 책임 소재 파악은 필수적이다. 그러나 많은 손들이 관여한 경우, 실제 부정적 결과에 다소 책임이 있는 자조차도 책임을 지려고 하지 않을뿐더러 책무성 포럼조차도 포럼 구성원들의 이해 상충 때문에 개별적인 책임을 추궁하지 않기도 한다. 관여한 기관이 많으면, 행위자 식별은 더 모호해진다. 톰슨(Thompson, 2014)은 2011년 세계무역센터 테러공격, 2010년 심해 원유 채취로 인한 해양 오염, 2007년 금융위기 등 미국에서 발생한 대형사고의 사례에서 미디어와 대중의 엄청난 관심에도 불구하고, 실질적인 책임자 규명 문제가 얼마나 어렵고, 소홀히 이루어졌는지, 그리고 합리적인 재발 방지책 설계에 그것이 어떤 영향을 미쳤는지를 보이고 있다.

이처럼 많은 손의 문제가 해결되지 않으면 행위자의 긍정적 결과에 대한 동기가 약화될 뿐만이 아니라 정부실패에 대한 사후적 대비에도 큰 장애가 될 수 있고, 이는 정부 활동과 공공부문에 대한 신뢰 저하로 이어질 수 있다.

많은 손의 문제는 책무성과 관련하여 다음의 두 가지 방향으로 논의할 수 있다. 첫째, 집단적 행위의 구조적 특성과 책무성 포럼 운영 비용으로 인해 행위 결과에 대한 개별적인 책임규명이 어렵다면, 다수의 행위자의 행위에 기초한 집단적 결과에 대해 책무성 포럼은 현실에서 어떻게 대응하고 있고, 각 대응 방식의 장·단점이 무엇인가를 파악하는 것이다(Bovens, 2003, 2008). 이는 포럼의 책무성 확보전략을 개선함으로써 많은 손의 문제를 완화하려는 노력이다.

둘째, 많은 손의 문제는 책무성 체계의 재설계를 통해 완화하는 방안을 논의할 수 있다(Mulgan, 2003). 책무성 체계를 중앙집중적으로 설계할 것인지, 아니면 분산하는 방식으로 설계할 것인지, 즉 단독(singularity)책임 또는 공동(plurality)책임 방식을 위한 설계 방안이 주로 논의되고 있다.

1 많은 손의 문제에 대한 책무성 포럼의 전략

현실에서 각종 책무성 포럼은 많은 손의 문제의 해결을 위해 기관 단위, 조직 위계상 상위관리자, 기관의 구성원 중 일부, 결과에 책임이 입증된 개인 등을 단위로 책임을 추궁하는 전략을 펴기도 한다(Bovens, 2003).

먼저, 많은 공공기관은 독립적인 법적 지위를 가진 법인이다. 따라서 이들은 책임능력이 있는 행위자로서 활동할 수 있으며, 그에 따른 법적 부담책임을 질 수 있다. 정부부처나 공공기관 내 개별 행위자의 집단적 결과에 관여 여부와 정도를 입증하는 번거로운 문제를 기관 단위의 책임을 추궁하는 전략을 통해 우회할 수 있어, 법원이나 감사기구와 같은 법적 책무성 포럼이나 행정적 책무성 포럼은 단체 책무성(corporate accountability)을 자주 택한다. 그러나 법인은 자연인과는 달리 그 자체로 외부 포럼의 판단이나 제재 등에 반응하고, 과거의 집단적 행위 결과에서 미래에 취할 행위에 대한 교훈을 얻고, 행위를 규율하지 못한다. 조직 리더의 경영철학, 조직의 경영 전략, 동기구조, 내부통제시스템, 조직문화 등 조직 전반에서의 변화를 통해 조직구성원의 행위의 변화를 기대할 수 있다. 외부 규범이 항상 조직 내부로 스며드는 것이 아니며, 스며든다고 해도 다른 목표에 밀리는 경향이 있다. 또한 조직에 대한 제재가 종종 너무 늦게 이루어지거나, 집단적 행위의 결과로 발생한 비용을 공공재원으로 충당한다거나, 관련 조직을 해체하거나, 타조직과 통·폐합 등으로 제재 효과를 발휘할 수 없을 수도 있다(Bovens 1998: 53-73).

계층적 책무성(hierarchical accountability)에서 설명책임은 조직의 최상위 직위가 맡아, 조직의 행위에 대한 대외적 책임은 전적으로 장관, 국장 또는 최고 명령권자가 진다. 이런 유형의 설명책임은 조직적 책무성과 정치적 책무성 체계에서 지배적이다. 특히, 의회에서 장관이 설명책임을 지는 웨스트민스터 체제의 장관 책무성(ministerial accountability)은 계층적 책무성의 한 사례이다. 여기서 장관은 설명책임을 전적으로 지며, 다른 관료들은 포럼 앞에 나서지 않는다. 그러나 내부의 조직상의 책무성 사안은 상급자와 하급자 간의 책무성 관계를 통해 처리된다. 엄격한 위계와 명령체계를 따라 설명책임이 부여되며, 중간관리자는 설명자가 되기도 하고, 피설명자가 되기도 한다. 계층적 책무성 체계는 공공조직의 행동에 대해 누군가에게 책임을 묻고 싶을 때, 누구에게 책임을 물어야 할지 바로 알 수 있다는 그 단순성과 명확성 때문에 매우 매력적이다.

그러나 장관 책무성 체계에는 심각한 한계가 있다. 장관은 선출직 공무원인 의회 의원으로 정치인으로, 정의상 자신이 속한 조직의 외부인이다. 장관까지 보고 경로가 길고, 중요한 정보가 너무 늦게 전달되거나 그 내용이 불완전하며, 구체적인 업무를 수행하는 소속기관은 공식적 또는 비공식적 재량권을 가지고 있다. 의회는 장관이 개인적으로 알고 있고 실제로 영향력을 행사할 수 있는 위치에 있었던 업무로 정치적 책무성을 제한하는 경향이 있어, 현실 정치에서 계층적 책무성은 통제력과 예방 효과가 제한적이다.

포럼은 조직의 구성원 중 한 명을 선정하여 그 사람이 조직의 구성원이라는 이유로 조직 전체의 행동에 대해 개인적으로 책임을 지게 할 수 있다. 집단적 책무성(collective accountability) 전략은 많은 손에 의해 발생하는 문제의 실질적인 측면을 신속하게 처리할 수 있다는 장점이 있으나, 집단으로 설명책임을 특정 개인에게 지우려는 합의는 민주주의의 법적·도덕적 관행 및 직관과 잘 맞지 않아 도덕적 적절성 시비에 휩싸인다. 또한 집단적 책무성이 공공조직에 적용될 경우 학습 과정과 구조적 변화를 가져올 수 있을지도 의문이다. 결국 책임을 지는 사람들이 반드시 변화의 일으킬 능력과 바람직하지 않은 행동을 방지할 수 있는 능력을 갖추지 않을 수 있기 때문이다.

책임 귀속을 위한 가장 구체적인 전략으로, 각 공공관리자가 기관의 잘못된 성과에 개인적으로 기여한 정도에 따라 책임을 지도록 하는 것이다. 이 개별 책무성(individual accountability) 전략은 의회 질의와 의회 청문회에서 흔히 볼 수 있으며, 엄격한 개인책임에 기초하여 운영되는 전문가적 책무성에서도 일반적이다. 포럼은 조직의 총책임자로 제한할 필요 없이 위법 행위에 관여한 것으로 추정되는 각 공무원에게 책임을 물을 수 있다.

그러나 이 전략은 개별 공공관리자가 조직 내에서 자신의 결정을 내리고, 그에 따라 행동할 충분한 기회가 있다고 가정한다. 복잡한 조직 내의 위계적 관계, 조직의 목표와 관행을 따라야 한다는 강력한 조직 내 압력, '집단 사고'와 '동료집단 압력' 등은 도덕적으로 수용가능한 방식으로 일을 처리하려는 공공관리자에게 실질적인 장애물이 될 수 있음을 간과하고 있다. 따라서 내부고발 규정과 같은 이탈 및 항의를 위한 내외부 통로는 중요한 보완책이다. 이러한 조건이 충족되지 않으면 개인 책무성는 공공관리자에게 도덕적으로 너무 많은 것을 요구하고, '작은 조직구성원'에게 불균형적으로 많은 책임을 지우는 상황으로 빠르게 이어진다(Bovens, 1998).

이처럼 책무성 포럼이 추구하고 있는 다양한 책무성 전략에 내재한 장・단점은 현재의 책무성 체계가 많은 손의 문제를 해소하는 데에는 한계가 있음을 보인다. 그러나 책무성 포럼의 전략의 장단점 비교는 책무성 관계(설명자와 피설명자) 설정의 중요성과, 특히 책무성 체계 구축을 통해 동기부여와 개선을 유도하기 위해서는 적합한 설명자의 선정이 결정적임을 시사한다.

2 많은 손의 문제와 책무성 체계 설계

많은 손의 문제를 책무성 체계 자체의 설계를 통해서 완화하려는 노력은 설명책임을 한 곳에 집중시킬 것인가, 아니면 분산시킬 것인가의 논의로 이어지고 있다. 책무성 의무가 정부, 부처, 실무부서를 대표할 수 있는 대통령, 장관 또는 부서 최고관리자나 기관 단위에 부여될 때, 아니면 집단 행위결과에 기여한 공공관리자, 따라서 직접 책임을 져야만 하는 다양한 개인과 그룹에 분산될 때 집단적 행위 결과에 대한 책무성 확보가 더 효과적인가?

밀(Mill, 1964)은 단독책임제를 옹호하면서 "모든 집행 기능은 그것이 상급자든 하급자든 막론하고 특정 개인에게 지정된 의무이어야 한다. 모든 일을 누가 했는지, 그리고 누구의 잘못으로 어떤 일이 미완성으로 남았는지. 누가 책임자인지 온 세상에 명백해야 한다. 그게 누구인지 모른다면 책임은 무효이다. 심지어 그게 누군지 알더라도 책임이 나누어지면 책임은 약해진다. 책임감을 최고로 유지하려면, 잘한 일에 대한 모든 칭찬과 잘못한 것에 대해서 모든 비난을 받는 사람이 있어야 한다"고 주장한다(Mill, 1964: 332).

이와는 대조적으로 최근의 책무성 이론들은 다면적이고 다원주의적인 책무성 접근 방식을 선호한다(Romzek & Dubnick, 1988; Finn, 1993; Stone, 1995; Barberis, 1998). 책무성 지점(accountability points)을 다양하게 확장하는 것이 관료제 내 계층적 책무성 체계의 구조를 축소시키는 것보다 책무성 확보에 더 유익하다고 본다.

책무성 체계의 설계와 관련한 이슈는 제도적 맥락에 따라 다르다. 첫째, 개별 기관이나 정부시스템과 같은 주어진 제도적 환경 내에서 책무성 체계를 설계하는 것이라면, 조직 또는 시스템 내 설명책임 분배 방식이 주요 이슈가 된다. 단독책임제의 옹호자인 밀(J. S. Mill)이 제안한 것처럼 업무 담당자에게만 설명책임을 부여할 것인가, 아니면 다른 조직구성원이나 부서도 설명책임을 부여하는 것이 좋을까? 여기서는 집중된 책임 시스템과 분산된 책임 시스템 사이의 선택가능성이 이슈이며, 모든 설명책임을 지는 중앙 집중식 권한이 있는 조직구조와 설명책임을 공유하도록 하는 다른 요소를 갖춘 조직구조 사이의 선택을 의미한다. 개별 기관이나 정부 시스템과 같은 주어진 제도적 환경에서는 두 가지 구조가 모두 가능하므로, 책임이 집중되어야 하는지 분산되어야 하는지를 묻는 것은 의미가 있다.

여러 조직들이 계층적 구조로 묶여 있거나, 연합과 네트워크 구조로 묶여 있다면 책무성 설계 이슈는 달라진다. 즉, 조직들의 계층적 구조는 적어도 중앙 집중식 책무성의 가능성을 허용하지만, 연방과 네트워크 같은 구조들은 그러한 가능성을 배제하기 때문이다. 예를 들어, 연방 시스템은 단일 시스템보다 책무성을 더 효과적으로 보장하는가?, 네트워크가 계층적 구조보다 책무성 확보에 더 유리한가?와 같은 물음처럼 대안적 구조를 모색하는 것이 아니다. 기관들이 계층적 구조로 되어 있거나, 또는 연합과 네트워크 구조라면 각각의 구조에서 단독책임 방식과 공동책임 방식을 채택했을 때의 상대적인 장단점이 책무성 설계의 주요 이슈가 된다.

3 균형 설계의 필요성과 개인 책무성의 중요성

많은 손의 문제는 복잡한 조직에서는 그것이 공공조직이든 사기업이든 어디서나 고유한 문제이다.

책임을 집중하는 것이 나은가, 아니면 분산시키는 것이 나은가? 전반적으로, 책무성 의무를 한 명의 리더에게 집중해야 하는지 아니면 여러 명의 대변인, 그리고 여러 관계자 그룹에 분산시켜야 하는지에 대해서는 명확하거나 쉬운 답이 없다. 명확한 권한이 부여되어 있어 분명 행동할 것으로 기대되는 한 사람에게 책임을 집중시키면 장점이 있지만, 어떤 이유로 그 사람이 책임을 질 수 없거나, 책임을 지지 않으려는 경우, 대중은 책임을 물을 다른 접근 점이 없게 된다. 반대로, 책임을 조직 내 여러 곳으로 분산시키면, 책임을 물을 여러 접근 지점이 생기고, 여러 곳에서 행위 정보를 얻을 수 있다는 이점이 있지만, 다른 사람에게 책임 회피를 조장하는 비용이 발생한다.

책무성 단계별로 보면, 정보 제공 및 토론의 초기 단계에서는 분산된 책무성 체계가 바람직하다. 직접 관여하거나 연루되지 않았고, 정보공개를 통해 잃을 것이 적은 사람들이 중요한 정보를 공개할 기회를 허용하므로 특히 그렇다.

반면에, 설명책임이 분산되면 최종 수정 단계, 책임자 식별하고 구제책을 부과하는 최종적인 시정 단계에 있어서는 덜 만족스럽다. 일이 잘못되면 관련자들은 자신이 책임에서 벗어나기 위해, 다른 사람을 비난한다. 또한 책임이 분산되어 있어 집단적 결과에 대한 명백한 책임을 요구받지 않으므로 회피하는 행동은 더 쉽다. 게다가 이 설명책임이 여러 기관에 분산되어 있는 경우보다 한 명의 책임자에게 조치 권한과 의무가 있는 경우 책무성 포럼의 판단결과에 대해 만족스러운 조치를 취할 가능성이 더 높다. 따라서 정부 활동에 대한 책무성 확보 목적을 위해서, 책무성 단계(정보제공-설명 및 토론-판단 및 제재)를 세분화하여 책임제도를 설계하는 것도 고민해볼 수 있다.

가능하면 여러 지점에서 정보가 제공되고, 책무성 질의와 토론이 이루어질 수 있도록 정부기관을 개방하는 한편, 활동결과에 대한 조치를 위해 대통령, 자문위원회, 개별장관 등과 같은 정치적 권한이 집중된 단일 지점을 보유할 수 있도록 단독책임 방식과 공동책임 방식을 결합하는 것이 유익하다(Mulgan, 2003: 210). 이와 같은 책무성 체계 설계 목표는 행정 명령이나 지시를 내릴 수 있는 대통령이나 장관의 권한을 침해하지 않고, 공공관리자를 직접 조사 또는 조사에 노출시키는 데에 있다. 이러한 방식으로 대중은 정부의 활동에 대해 훨씬 더 많은 정보를 얻게 되지만, 문제를 바로 잡는 일은 대중의 압력에 따라 행동하는 정치 지도자에게 맡겨진다.

그러나 책무성 현실에서는 지도자급 공공관리자와 일반 공공관리자의 역할이 항상 이상적인 균형 상태에 있는 것은 아니고, 긴장 상태에 있다. 지도자급 공공관리자의 단독책임에 지나치게 의존하면 장관 책임제나 행정적 특권의 잦은 남용 사례에서 보듯이 관련 공공관리자가 조사에서 차단되고 보호되어, 정당한 공개 조사의 길이 막힐 수 있다. 반대로, 공공관리자가 책무성 포럼의 조사에 과도하게 노출되면, 정작 책임을 져야 할 지도자급 공공관리자는 면죄부를 받도록 부추김으로써, 책무성 포럼의 결과시정 노력을 좌절시킬 수도 있다. 책무성 제도가 균형 있게 운영될 수 있는 여건 조성도 동시에 추진할 필요가 있다.

이와 같은 책무성 제도 설계 차원의 대응도 필요하지만, 책무성 제도 안에서 포럼의 전략, 특히 개인 단위의 책무성 확보 전략도 중요하다(Thompson, 2014). 정부의 실패는 대개 그 기여가 사소하고, 의도적이지 않았던 많은 사람들의 의사결정의 결과이다. 그러나 어떤 결과에 대한 책임을 공정하고 효과적으로 할당하고 설명책임을 묻기 위해서는 그 실패에 기여한 행위자를 식별해야 한다. 그 이유는 미래에 반복되는 실패를 막기 위해 과거의 실패를 조사한다고 할 때, 구조적인 결함과 같은 조직 차원의 문제점뿐만이 아니라 가능하면 그 실패에 기여했을 개인적인 행위에 대해서도 파악하여야 하기 때문이다. 이러한 책임 추궁 조치는 실패에서 구조적 결함과 개인적인 실수를 분리할 수 있다는 점에서 필수적이다. 이러한 개인주의적 접근은 그 목적이 개인에 대한 처벌이나 훈육하는 것이 아닐지라도, 미래에 부정적인 결과가 발생할 확률을 줄이기 위해 조직을 변화시키려면 필요하다. 과거 부정적 결과에 대한 책임규명의 결과는 앞으로의 행위 결과와 행위자 감독에 대한 개인 책임을 명확히 하기 위한 가이드로서 사용할 수 있다.

CHAPTER 04

정부 책무성 체계의 사례 연구

제 1 절__사회복지서비스 분야의 책무성 확보체계

제 2 절__연구개발 분야의 책무성 확보체계

제 3 절__원자력안전의 책무성 확보체계

제 4 절__공공감사의 책무성 확보체계

CHAPTER 04

정부 책무성 체계의 사례 연구

제 1 절 사회복지서비스 분야의 책무성 확보체계

1 개요

우리나라에서는 1990년대 중반 이후부터 나타난 저출산 · 고령화 현상, 1997년 IMF 이후 두드러진 소득 양극화와 빈곤 근로자층의 양산, 그리고 1인 가구의 증가 등 가족 관계의 변화와 같이 신 사회적 위험이 대두되면서, 관련한 사회서비스[1] 수요가 급증해왔다. 이에 따라 선별적 기준에 근거한 현금 및 현물급여 같은 기존 복지정책과 사회보험정책과는 다른 보편적 성격의 사회서비스 정책의 필요성이 강조되었고, 현재 보건복지부, 고용노동부, 교육부, 문화체육관광부 등 부처에서 다양한 사회서비스 정책을 추진하고 있다.

한편, 사회서비스에 대한 사회적 수요 증가에 효율적으로 대응하기 위해 세계 각국은 서비스 공급방식에 대한 다양한 변화를 시도하고 있다. 서비스 전달의 조직화

1) 「사회보장기본법」은 "국가 · 지방자치단체 및 민간부문의 도움이 필요한 모든 국민에게 복지, 보건의료, 교육, 고용, 주거, 문화, 환경 등의 분야에서 인간다운 생활을 보장하고 상담, 재활, 돌봄, 정보의 제공, 관련 시설의 이용, 역량개발, 사회참여 지원 등을 통하여 국민의 삶이 향상되도록 지원하는 제도"를 사회서비스로 정의하고 있다(제3조).

측면에서 공공 중심에서 민간 중심으로, 중앙정부에서 지역 또는 지방자치 주도로 전환이 시도되고 있으며, 서비스 제공방식과 재정지원방식을 결합하여, 각각의 환경에 맞는 사회서비스 공급환경을 구축하고 있다. 다음에서는 사회서비스 중 복지서비스 정책(보건복지부가 정책 주체로서 기획하고 추진하는 노인 돌봄 정책) 분야에서의 책무성 체계에 대해 논하고자 한다.

2 노인 돌봄서비스 정책

우리나라에서 노인 돌봄서비스는 2007년에 노인 돌보미 바우처 서비스 제도가 실시되면서 체계적으로 제공되기 시작하였다. 2008년 노인장기요양보험제도가 도입되면서 돌봄서비스체계는 개편되었고, 노인 돌봄서비스는 기본서비스와 종합서비스의 두 가지 형태로 나뉘었다. 기본서비스는 65세 이상 노인으로 요양서비스가 필요 없지만, 소득, 건강, 주거, 사회적 관계 등에서 서비스가 필요한 노인에게 무료로 제공되는 서비스이다. 종합서비스는 2008년 7월 노인장기요양보험제도가 도입된 후 등급 외의 장기요양 등급을 받은 저소득층 노인이 방문서비스[2]와 주거보호서비스[3]를 정부의 지원과 일부 본인 부담으로 받을 수 있도록 종전의 노인 돌보미 바우처 서비스 제도를 확대한 서비스이다.

2020년에 이르러 기존의 여섯 개의 노인 돌봄 사업은 노인 맞춤형 돌봄서비스로 통합・개편되었다. 그동안 각기 다른 전달체계를 통해 제공되던 다양한 노인 돌봄서비스들은 분절적인 운영과 관리・감독으로 서비스의 품질과 생산 효율성 차원에서 지속적인 문제를 안고 있었다. 이에 정부는 돌봄 기본서비스, 종합서비스, 초기 독거노인 자립지원서비스, 독거노인 친구 만들기, 단기 가사서비스, 그리고 지역사회 자원연계를 방문서비스, 주간보호 서비스, 단기가사 서비스로 구성된 맞춤 돌봄서비스로 통합하였다. 개인별 욕구에 부합한 서비스 제공계획을 수립하여 필요한 서비스를 통합 제공하고, 예방적 돌봄 목적의 다양한 서비스를 제공함으로써 홀로 일상생활 영위가 어려운 노인의 생활을 안정시키고, 가족의 경제 사회적 활동을 지원한다는 계획이다.

2) 식사, 세면 도움, 옷 갈아 입히기, 체위 변경, 신체 기능의 유지・증진, 화장실 이용 도움, 외출 동행, 생필품 구매, 청소・세탁 등 서비스 제공.

3) 심신 기능 회복 서비스(여가, 물리치료・작업치료・언어치료 등의 기능 훈련), 급식 및 목욕, 노인 가족에 대한 교육 및 상담 등의 주간 보호 서비스 제공.

대상자	독거노인		장기요양 등급 외	장기요양 등급
서비스명	① 돌봄 기본 서비스	② 초기 독거노인 자립 지원 서비스 ③ 독거노인 친구 만들기 ④ 단기 가사서비스	⑤ 돌봄 종합서비스 ⑥ 지역사회 자원연계	
내용	안전확인, 연계		케어	연계

노인 맞춤 돌봄 종합서비스

그림 4-1 **노인 돌봄서비스 사업 개편 전후**

동시에 서비스 이용자에게 바우처를 지급하여, 스스로 서비스 제공자를 선택하던 수요자 지원방식에서 관할 지자체에서 서비스 제공기관을 지정하고, 그곳에서 서비스를 받는 공급자 지원방식으로 사업 운영방식이 전환되었다. 정부는 이를 통해 민간전달체계의 공공성과 책임성을 강화하고자 하였다.

돌봄서비스와 같은 사회서비스의 품질 유지를 위해서는 서비스 제공기관에 대한 관리, 특히 서비스 제공인력과 돌봄시설과 같은 투입요소와 서비스 제공 과정 관리가 중요하다. 예를 들어, 정부는 서비스 제공기관 허가제를 통해 정해놓은 인력기준과 시설, 그리고 서비스 품질 관리기준을 준수할 수 있는 시설만이 서비스를 제공하도록 하며, 허가된 후에는 품질 관리기준 준수 여부를 수시로 점검할 수 있다. 이와는 대조적으로 서비스 제공기관은 일정 요건을 충족한 경우 신고한 후 서비스를 제공할 수 있도록 할 수 있다. 따라서 시장 진입장벽이 낮아지면서, 허가제 때보다는 더 많은 제공기관이 서비스를 제공하게 된다. 그 결과 소비자로서는 제공기관 선택의 폭이 넓어지는 장점이 있지만, 허가제보다는 덜 엄격한 품질기준이 적용되기 때문에 소비자가 얼마나 서비스 선택권을 잘 행사하는가와 시장에 진입한 제공기관에 대한 정부의 관리도 서비스 품질 수준 결정에 결정적이다. 결국 같은 돌봄서비스라도 품질확보를 위한 책무성 확보체계의 구축 및 운영을 어떻게 하는가에 따라 그 결과는 달리 나타날 것으로 예상한다.

다음에서는 돌봄 종합서비스 사업의 재편을 계기로 수요자에서 공급자 지원방식으로 전환되면서 책무성 체계가 어떻게 변화하였으며, 책무성 체계의 변화는 복지서비스 제공에서 어떤 의미를 지니는지를 고찰하고자 한다.

3 수요자 지원방식에서의 책무성 체계

1) 역할책임

바우처를 매개로 돌봄서비스를 제공한다는 것은 서비스 공급에 정부의 직접적인 통제보다는 구매력을 가진 서비스 수요자가 직접 서비스 제공기관을 선정하게 함으로써, 제공기관 스스로 수요자의 욕구를 충족시키도록 유도하겠다는 의도이다. 즉, 시장 참여자의 자발적인 노력이 궁극적으로는 수요자에 가장 적합한 질적 수준의 서비스를 보장한다는 것이다. 따라서 정부 또는 지방자치단체의 직접적인 제공기관에 대한 통제는 감소하게 된다.

우리나라에서 복지서비스는 보건복지부-지방자치단체-사회복지시설이라는 서비스 전달체계를 통해 제공되는 구조이다. 중앙부처는 정책설계와 총괄 기능을 담당하고, 지방자치단체는 정책집행 기능을 담당하는 가운데, 기초지자체가 선정한 서비스 제공기관(사회복지시설)에 의해 최종적으로 서비스가 제공된다. 현재는 국가적 차원의 복지서비스 정책 방향을 설정하고, 중앙정부와 지방자치단체 간의 정책 조정 · 협의를 위해 사회보장위원회를 비롯하여 서비스 정책 분야별로 다양한 위원회가 설치되어 운영 중이다.

보건복지부는 2007년 노인 돌봄 종합서비스를 바우처 방식으로 도입하면서, 노인정책관 내 노인정책과가 총괄부서로 관련 정책의 설계와 관리, 재정지원을 담당하고, 사회서비스 정책과는 바우처 제도 운영을 관리하도록 하였다. 보건복지부는 국가 차원에서 노인 돌봄서비스가 양적 · 질적으로 안정적으로 제공될 수 있도록 하는 역할을 담당하며, 이를 위해 보건복지부-광역자치단체-기초자치단체-제공기관으로 이어지는 서비스 전달체계를 이용한다. 동시에 복지서비스 비용 정산기관으로 전문기관(사회보장정보원)을 설치하여 운영하였다.

한편, 시 · 도 등 광역자치단체는 돌봄 사업의 집행을 총괄하여 관리하였다. 집행관리 범위는 서비스 이용자 선정, 바우처 제공, 제공기관 관리로 각 지역에서 서비스 수급이 원활하게 이루어지도록 하는 역할이었다. 사업 개시 초기에는 시장 · 군수 ·

표 4-1 노인 돌봄 종합서비스 사업의 행위자별 역할

행위자		역할과 기능
보건복지부	노인정책과	기본계획 수립, 지침 작성 총괄, 국고보조, 사업 총괄 사업평가 및 지도·감독
	사회서비스정책과	바우처 운영계획 수립 및 관리, 전자바우처 시스템 구축 및 관리
한국보건복지정보개발원 (현 사회보장정보원)		바우처 비용의 지급 및 정산
시도	사회복지과 (노인복지과)	바우처 사업 총괄, 시군구별 예산배정, 시군구 및 읍면동 사업관리·감독
시군구	주민생활지원과(사회복지과)	바우처 사업관리 및 예산 예탁 총괄
	노인복지과	노인 돌봄서비스 사업 시행, 대상자 선정 및 자격관리, 제공기관 등록 및 관리·감독, 서비스 제공 지도·감독, 사업홍보
제공기관		서비스 제공 인력 모집 및 교육 서비스 공급 및 모니터링
전담 금융기관(카드사)		국민행복카드 발급 관리

자료: 보건복지부(2013, 2019), 노인돌봄서비스 사업안내.

구청장이 지정한 시설에서 돌봄서비스 제공이 가능했으나(지정제 방식), 2012년 8월부터는 서비스 제공기관이 사업별로 규정한 기준을 갖추어 시군구에 등록하면 서비스 제공이 가능한 등록제로 전환되면서 이용자의 제공기관 선택은 돌봄서비스 시장에서의 품질관리에 중요한 역할을 담당하였다.

2) 책무성 관계

수요자 지원방식에서 돌봄서비스 정책 담당자의 책임은 관리적 책무성과 시장 책무성 관계를 통해 확보된다. 보건복지부, 한국보건복지정보개발원(현 사회보장정보원), 기초자치단체를 각각 축으로 하는 관리적 책무성 관계를 세분화하여 살펴보면 다음과 같다.

보건복지부를 중심으로 하는 관리적 책무성 관계는 복지부가 정책설계와 재정지원의 역할을 담당하고, 지방자치단체에 사업을 집행하는 구조로 운영되면서 정책사업의 권한 위임을 기초로 형성된 관계이다. 돌봄서비스를 포함한 대다수의 복지사업은 지방자치단체 행정조직을 통해 추진되면서, 보건복지부는 사업지침을 통해 정책사업 집행 권한을 지방자치단체(특히, 기초자치단체)로 위임하고 있다. 지방자치단체는 사업

추진, 사업예산의 집행, 제공기관 등록관리와 같은 실질적인 업무를 담당한다. 이에 따라 사업이 집행되면서, 기초지자체→광역지자체→보건복지부로 이어지는 수직적 책무성 관계가 형성된다.

돌봄서비스 제공의 중심이 되는 서비스 제공기관은 정책 총괄기구인 보건복지부, 정책 집행기구인 시도와 시군구 등 지방자치단체와 직접적인 수직적 책무성 관계에 있다.

한편, 사업예산의 집행관리에서는 보건복지부가 시도에 사업예산을 보조금으로 교부하면, 이어 다시 시군구에 재교부되고, 사회보장정보원에 보조금이 최종 예탁된다. 보건복지부 전문기관인 사회보장정보원을 중심으로 서비스 이용 비용 정산이 이루어진다. 여기서 예산집행과 관련해서는 시군구→시도→보건복지부, 정산과 관련해서는 제공기관→사회보장정보원→보건복지부의 수직적 책무성 관계가 존재한다.

이 관리적 책무성 라인은 관련된 각종 위원회(사회보장위원회, 저출산고령사회위원회 등)로 연장되는 추세에 있다. 이들 위원회는 각각 국가적 이슈를 논의하는 기구로 노인 돌봄정책은 다수의 정책 중 하나로 다루어지며, 정책추진 성과의 관리가 주요 책무성 내용이다.

한편, 노인 돌봄서비스 이용자와 제공기관 사이에는 바우처를 매개로 서비스가 교환되는 시장 책무성 관계가 존재한다. 제공기관에 대한 통제는 주로 기초지자체의 감독과 이용자의 선택을 통해서 이루어진다. 시군구는 제공기관에 규제기관으로서 역할을 한다.

다른 모든 행정 분야와 마찬가지로 바우처 사업으로 추진되는 노인 종합돌봄 사업에 대해서도 외부 독립기관에 의한 관리・감독이 이루어지며, 대표적인 기구가 감사원이다. 이로써 보건복지부→감사원(또는 국민권익위원회)으로 이어지는 대각적 책무성 관계가 존재한다. 해당 사업운영의 합법성, 경제성, 효과성, 효율성, 그리고 공무 충실성 등이 책무성의 주요 내용이다.

또한 민주적 책무성 차원으로 예・결산 심사, 국정조사 및 국정감사 등 보건복지부와 국회와의 수평적 책무성 관계도 존재한다. 관련 정책 사업의 계획 및 집행을 재정과 운영 차원에서 중점적으로 검토되며, 행정부의 견제 차원에서 이루어진다.

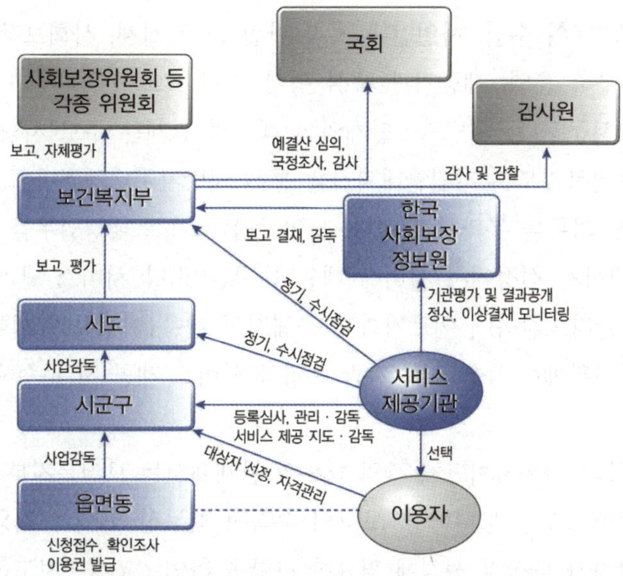

그림 4-2 수요자 지원방식과 책무성 체계(예: 노인 돌봄 종합서비스 사업)

3) 책무성 확보수단

노인 돌봄 종합서비스 사업 관련 책무성 도구는 관리적 책무성 도구와 민주적 책무성 도구로 나누어 살펴볼 수 있다.

보건복지부는 바우처 사업관리를 위한 기본법인 「사회서비스 이용 및 이용권 관리에 관한 법률(사회서비스 이용권법)」과 「사회복지사업법」 등 수요자 지원방식 사회서비스 관련 법령을 관장한다.

「사회서비스 이용권법」 제5조에 따르면 보건복지부 장관은 사회서비스 이용권을 통한 사업의 원활한 추진을 위해 매년 사회서비스 제공계획을 수립하여 시행하여야 한다. 또한 동법 제28조에 따르면 사회서비스 이용권 관리체계를 구축 · 운영하도록 의무화하고 있다. 한편, 이용자를 보호하고 사회서비스의 질을 높이기 위하여 사회서비스 품질기준을 정하고, 그 품질기준에 따라 제공자가 제공하는 사회서비스의 질을 평가하는 등 사회서비스 품질 관리를 수행할 것을 규정하고 있다(제30조). 동시에, 이용자의 사회서비스 선택권을 보장하고 사회서비스의 질을 높이기 위하여 보건복지부 장관은 제공자의 현황, 제공자의 사회서비스의 제공 실적 및 품질 등을 반드시 공개하도록 하고 있다(제29조). 보건복지부 사업부서와 사회보장정보원에 대한 책무성 도구는 사회서비스 계획 수립, 사업안내 지침 관련 보고 결재, 사회보장정보원의 전자바우처 시스템 구축 운영, 제공기관 품질 평가 관련 보고이다.

한편, 시도, 시군구 등 지방자치단체와의 책무성 관계는 주로 사업안내지침을 통해 형성된다. 보건복지부는 사업안내지침을 통해 지방자치단체뿐만이 아니라 서비스 제공기관에 각종 의무를 부과하고 있다. 노인 돌봄서비스 행정업무를 담당하는 지방자치단체에는 대상자 선정에서 서비스 내용과 시간(일)당 서비스 단가, 서비스 이용자와 제공기관 관리 · 감독에 이르기까지 구체적인 내용을 정하여 시행토록 하고 있다. 서비스 제공기관에는 등록의무, 기관 운영과 서비스 제공 시 준수해야 할 각종 의무를 부과한다.

광역자치단체와 기초자치단체 간의 책무성 관계에서는 보건복지부의 지침에 따른 사업집행과 관련한 조사, 모니터링, 보고의 수직적 책무성 도구가 활용된다. 예를 들어, 읍면동 담당자가 대상자 선정에 필요한 사항을 확인 · 조사 · 보고하면, 시군구 담당자는 대상자를 확정한다. 한편, 시군구 담당자는 주기적으로 이용자 모니터링을 통하여 서비스 이용실적 등을 분석하여 수급자를 관리하며, 광역시 · 도 담당자는 시군구의 이용자 추계 자료를 바탕으로 시군구 간 예산조정 등 집행을 관리한다.

「사회서비스 이용권법」 제7조에 따르면 시장 · 군수 · 구청장은 제공기관의 등록 신청에 대해 시설 · 장비기준, 인력 · 자격기준 등 등록기준 충족 여부를 서면과 실사를 통해 심사한 후 등록증을 발급한다. 또한 동법 제32조에 따르면 보건복지부와 자치단체장은 서비스 제공기관에 대해서 각종 자료를 제출하도록 하거나 보고하도록 할 수 있으며, 검사를 할 수 있다. 또한 사업안내지침에서는 지방자치단체가 주기적(반기 1회 이상)으로 현장점검을 하도록 하고 있다. 이때에는 제공기관 운영관리(제공인력기준, 자격, 4대 보험 가입 및 퇴직 적립금 적립, 인건비기준 준수, 제공인력 교육 등), 이용자별 서비스 제공 실태, 사회서비스 이용권법에 의한 제공자 준수사항 준수 여부 등을 점검한다.

그리고 민주적 수평적 책무성 확보 기제는 정부와 국회의 관계 속에서 견제와 균형을 위해 마련된 통제장치로서, 국회의 예결산 심사권은 사회서비스 정책에 관한 국회의 통제 권한에 속한다. 이외에도 사회서비스 정책과 관련하여 필요한 경우 국정조사를 실시할 수 있고, 정기적인 국정감사를 통해 관련 업무 수행을 감시할 수 있다.

한편, 대각적 책무성 기제로서 독립적인 감사기구인 감사원은 고유권한인 직무감

표 4-2 노인 돌봄 종합사업 관련 관리적 책무성 도구

구분	행위	정보 생산		토론 및 평가	포럼 유형
		행위자	포럼	포럼	
수직적 책무성	사업안내지침(담당과)	보고	검토	결재, 공표	복지부
	사회서비스 제공계획 수립 (담당과)	보고	검토	결재, 공표	복지부
	전자바우처 시스템 구축 운영 (사회보장정보원)	보고	검토	확인	복지부
	사업 모니터링 (사회보장정보원)	결과 보고	검토	확인	복지부
	기관 운영(제공기관)	자료제출	조사	평가	사회보장 정보원
	기관 운영(제공기관)	자료제출, 질의응답	검사 (현장점검)	확인	복지부 시도, 시군구
	기관 등록신청(제공기관)	자료제출	검토	심사, 공개	시군구
	인력 관리 및 교육 훈련 (제공기관)	등록	점검	행정처분	시군구
	서비스 자체점검(제공기관)	결과 보고	현장점검	확인, 처분	시군구
	기본계획 및 시행계획 수립 (복지부 담당과)	보고	검토 조정	협의, 확정	사회보장 심의위원회
	자체평가(복지부 담당과)	보고	평가	확인 · 점검	사회보장 심의위원회
대각적 책무성	사회서비스 정책 관련 (복지부 담당과)	자료제출	내부감사	행정처분	자체감사실

찰과 회계검사 권한을 활용하여 보건복지부와 지방자치단체의 사회서비스 관련 정책과 사업을 감사할 수 있다. 마찬가지로 국민권익위원회는 사회서비스 정책 관련 부패행위신고나 공익신고가 접수되면 사실확인을 거쳐 조사기관에 이첩 송부한 후 그 결과를 신고자에게 통보할 수 있다.

표 4-3 노인 돌봄 종합서비스 관련 민주적 책무성 도구

구분	행위	정보 생산		토론 및 평가	포럼 유형
		행위자	포럼	포럼	
수평적 책무성	예 · 결산안 마련, 정책집행(복지부)	예 · 결산안 제출, 자료제출	조사, 연구	심의 · 의결	국회 예결산위원회
	정책집행	자료제출, 출석 답변		감사 및 조사	국회

대각적 책무성	정책집행 (복지부)	자료제출, 답변	감사	확인, 처분	감사원
	정책집행, 신고 (복지부)	자료제출, 답변		사실확인, 이첩	국민권익위원회
시장 책무성	제공기관 운영 (제공기관)	서비스 판매(제시)	품질평가	바우처로 구매	이용자

4) 부담책임

수요자 지원방식에서 부담책임의 가장 두드러진 점은 서비스 이용권과 관련되는 법규 위반 시 법적 책임이 부과된다는 점이다. 법적 책임은 크게 행정법상의 법적 책임과 형법상의 법적 책임으로 구분할 수 있다. 행정법상의 법적 책임은 「사회서비스 이용 및 이용권 관리에 관한 법률」에 규정된 휴폐업 신고, 사회서비스 제공자료의 기록 보존, 사회서비스 제공자료 이관, 보고 및 검사 등 의무사항의 미이행 시 제공기관에 부과되는 과태료 부담책임을 말한다. 형법상의 법적 책임은 사회서비스이용권을 유가증권으로 보아 관련 법규 위반 시 부과되는 벌칙과 서비스 이용권의 발급과 사용과 관련하여 서비스 제공기관과 이용자에게 부과되는 벌칙, 서비스 이용권 정보 보호 관련 법규 위반 시 시군구 공무원에 부과되는 벌칙이 있다. 또한 서비스 이용권 보유자도 이용권의 발급과 사용 시 법규를 위반한 경우 벌금이 부과된다. 수요자 지원방식에서 제공기관은 제공자의 등록취소 사유가 아닌 경우라면 서비스를 제공할 수 있으며, 서비스 품질 저하에 대해 서비스 매출 감소로 인한 경제적 부담의 가중 형태로 부담책임을 진다.

4 공급자 지원방식에서의 책무성 체계

1) 역할책임

수요자 지원방식과 비교해 볼 때 공급자 지원방식의 가장 큰 차이는 소비자의 선택권 행사를 통한 서비스 제공기관의 이용제도가 폐지되고, 이용자는 지방자치단체에서 지정한 시설에서 돌봄서비스를 이용하여야 한다는 점이다. 이와 동시에 공급자 지원방식으로 전환되면서 돌봄서비스 공급체계에 나타난 변화는 중앙정부와 지방자치단체에 각각 서비스 관리 전문기관을 설치한 것이다.

보건복지부는 돌봄서비스 사업에 필요한 사업안내지침을 만들고, 지방자치단체의 사업집행에 필요한 국고보조금을 교부하고 사업을 총괄한다. 또한 사업관리・감독에 필요한 지원을 받기 위해 전문기관(중앙돌봄지원기관)을 설치 운영한다.

광역자치단체는 돌봄 사업 시행에 필요한 시도 사업계획을 수립하고, 사업을 관리・감독한다. 특히, 관리 전문기관(광역지원기관)을 선정하여 기초지자체의 사업계획과 관리에 대한 지원도록 한다. 기초지자체(시군구)는 시군구 사업계획을 수립하고, 서비스 공급기관을 선정・관리하며, 읍면동에서는 수행기관에서 복지서비스를 이용할 수 있는 서비스 대상자를 선정한다. 돌봄서비스 수행기관은 수행기관 사업계획을 수립하여, 사업을 추진한다.

표 4-4 노인 맞춤 돌봄서비스 분야 행위자별 역할

<table>
<tr><th colspan="3">행위자</th><th>역할과 기능</th></tr>
<tr><td colspan="3">보건복지부</td><td>사업안내지침 마련, 사업 총괄, 사업관리・감독, 평가, 정책연구,
중앙노인 돌봄지원기관 운영・관리</td></tr>
<tr><td></td><td colspan="2">중앙돌봄지원기관</td><td>사업지원, 사업실적 및 통계관리, 사업평가 지원</td></tr>
<tr><td rowspan="5">지방
자치
단체</td><td colspan="2">시도</td><td>시도 사업계획 수립, 광역지원기관 선정, 운영지원, 관리・감독
시군구 사업관리, 국고보조금 정산보고</td></tr>
<tr><td></td><td>광역지원기관</td><td>사업계획 수립, 시도 사업추진 지원,
수행기관 운영관리 및 지원</td></tr>
<tr><td colspan="2">시군구</td><td>시군구 사업계획 수립, 수행기관 선정 및 운영지원, 관리・감독, 서비스 대상자 선정, 국고보조금 정산보고</td></tr>
<tr><td colspan="2">읍면동</td><td>서비스 신청 접수, 신규대상자 발굴</td></tr>
<tr><td colspan="3">서비스 제공기관</td><td>수행기관 사업계획 수립, 사업추진 운영</td></tr>
<tr><td colspan="3">사회보장정보원</td><td>노인 맞춤 돌봄시스템 관리</td></tr>
</table>

자료: 보건복지부(2023). 2023년 노인 맞춤 돌봄서비스 사업안내.

2) 책무성 관계

공급자 지원방식에서 행위자의 책임은 관리적 책무성을 통해 확보된다.

보건복지부 내 장・차관과 사회서비스정책관, 그리고 담당 부서 간에는 통상적인 관료적 책무성 관계가 존재한다. 다만, 서비스정책관 내 담당 부서와 중앙지원기관(중앙노인돌봄지원기관) 사이에는 위탁계약 관계가 형성된다. 「노인복지법」(제39조의5)에 따르면 지역 간의 연계 구축 등을 위해 중앙노인보호전문기관을 설치 운영하게 되어 있고, 이를 위탁 운영할 수 있도록 하고 있다. 따라서 현재 전문기관인 중앙노인돌봄지원기관과는 위탁계약을 맺어 위탁계약 범위 내에서 책무성 관계가 있다. 보건복지부의 서비스 관련 업무는 사실상 전문기관에 위탁하여 수행 중이다. 이에 따라 중앙전문기관→보건복지부로 이어지는 수직적 책무성 관계가 존재한다.

보건복지부와 지방자치단체와의 관계에서는 보건복지부가 포괄적인 정책지침(노인 맞춤 돌봄서비스 사업안내지침) 마련하고, 지방자치단체는 이에 근거하여 서비스 수급자격을 부여하며, 정책지침에 따라 수행기관을 관리한다. 중앙-지자체의 이원화된 구조 속에서 정책이 수행되고 있지만, 중앙부처가 관련 사업지침과 수행기관 관리지침을 통해 직·간접적으로 사업부서와 수행기관을 통제한다. 대부분 집행에서 지켜야 할 절차(과정)들을 중심으로 다루고 있어 절차적 책무성이 강조된다. 또한 사전적 책무성보다는 지도·감독·감사 등을 통한 사후적 책무성 기제 중심으로 작동된다. 보건복지부는 시·도의 관련 사업에 대한 관리·감독 및 평가 권한이 있다. 국고보조로 사업이 수행되므로 「보조금 관리에 관한 법률」의 적용을 받는다. 이에 따라 사업이 진행되면서, 기초자치단체→광역자치단체→보건복지부로 이어지는 수직적 책무성 관계가 존재한다.

한편, 보건복지부의 관련 부서의 장은 사회보장위원회에 매년 집행성과를 보고할 의무가 있다. 이외에도 복지서비스 분야별로 만들어진 각종 위원회에도 보고할 의무가 있다. 예를 들어, 노인복지서비스의 경우는 저출산고령사회위원회에서 집행성과를 보고한다. 이들 위원회는 부처별 정책성과를 평가하고, 구체적 사업들의 조정업무를 수행한다. 이로써 수직적 책무성 관계는 돌봄지원기관, 지방자치단체→보건복지부→사회보장위원회로 이어진다.

서비스 이용자는 보건복지부나 지방자치단체 주무부서에 서비스 품질 등에 관한 민원을 제기할 수 있으며, 보건복지부는 지방차치단체 관련 부서에 대한 감사 등을 통해, 광역지자체의 경우도 기초지자체에 대한 평가·감사 등을 통해 이에 대한 필요한 조치를 취할 수 있다.

외부적으로는 보건복지부장관과 사회서비스 정책관은 국회 보건복지위원회에서 정책 전반에 관해 설명할 책임이 있다. 국회에서 지적되고 요구된 사항들에 대한 입장을 표명하고, 정책개선에 대한 요구는 이행할 의무가 있다. 특히, 국정감사의 경우 지적된 사항들에 대해서는 설명과 이에 대한 개선조치를 시행하여야 한다. 정책의 구체적 사항과 현안에 대해서는 감사원 감사에서 소관 부서장과 담당 공무원이 설명책임을 진다.

공급자 지원방식의 서비스 제공에서는 보건복지부가 정책설계, 집행관리, 수행기관 관리 등 복지서비스 정책 전반에 대한 강한 통제 권한을 행사한다. 지방자치단체는 복지부의 지침을 각 지역에서 실행하는 역할만을 수행한다. 따라서 보건복지부장관과 서비스정책관은 대외적으로 전적으로 설명책임을 진다.

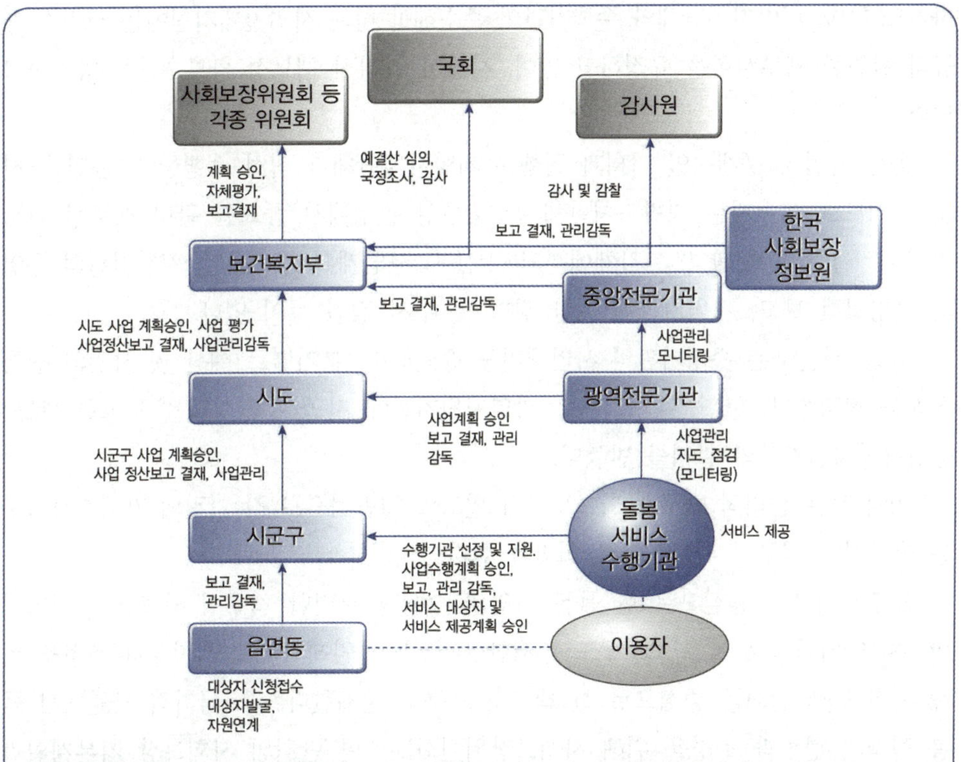

그림 4-3 공급자 지원방식의 책무성 체계(예: 노인 맞춤 돌봄서비스 사업)

3) 책무성 확보수단

공급자 중심의 사회서비스 제공에서 주된 책무성 확보 기제는 〈표 4-5〉에서 보는 바와 같이 관리 책무성 확보 기제이다. 보건복지부는 「노인복지법」, 「사회복지사업법」, 「사회서비스 지원 및 사회서비스원 설립·운영에 관한 법률」, 「사회복지법인 및 사회복지시설 재무·회계규칙」에 근거하여 노인 맞춤 돌봄서비스를 제공한다.

보건복지부는 돌봄 사업의 관리와 관련하여 사업부서-기획조정실-기관장으로 연결되는 책무성 확보 기제 이외에 사업부서-사회보장정보원과 중앙노인돌봄지원기관과의 책무성 확보 기제를 두고 있다. 보건복지부가 포괄적인 내용을 담은 돌봄 사업 안내지침을 만들면, 이에 따라 지방자치단체가 돌봄 사업을 수행하고, 보건복지부는 사회보장정보원의 정보시스템과 중앙노인돌봄지원기관의 보고와 이들 기관에 대한 지도 · 감독을 통해 돌봄 사업을 관리한다. 또한 광역지자체에 대한 사업평가를 직접 하기도 한다. 지방자치단체와 수행기관이 준수해야 하는 사업안내지침에는 서비스 제공과 관련한 세부사항을 규정하고 있어, 사실상 관리적 책무성 확보수단을 망라하고 있다.

돌봄 사업의 구체적인 기획과 집행은 지방자치단체가 직접 수행한다. 읍면동-시군구-시도로 이어지는 지방자치단체 간 책무성 관계에서 중요한 관리 책무성 확보 기제로는 상위(시도 광역) 지자체에서의 (시군구) 사업계획서의 승인, 지원기관의 운영과 운영실적 보고, 지원기관에 대한 정기 및 수시 점검 등이 있다.

한편, 시군구는 수행기관의 사업계획을 승인하며, 분기별로 예산 및 사업의 집행 실적을 점검한다. 한편, 수행기관은 광역지원기관에 사업 수행실적을 보고함으로써 중앙광역지원기관의 관리를 받는다.

이와 같은 관리적 책무성 확보도구와 별도로 일반적으로 각 기관의 자체감사기구는 추가적인 책무성 확보도구로 역할을 한다.

보건복지부를 중심으로 한 돌봄 사업의 수행과 관련한 책무성 확보도구 이외에 범부처 단위의 책무성 확보도구도 존재한다. 국가 차원에서의 정책형성과 조정을 위해 사회보장위원회를 중심으로 한 책무성 도구도 존재한다. 즉, 국가적 차원에서 돌봄 정책의 형성과 조정을 위해 사회보장위원회는 5년 단위의 사회보장 기본계획과 년 단위의 실행계획을 수립하며, 이에 따라 매년 각 부처는 부처 소관의 정책집행 실적을 평가하여 보고하여야 한다. 각 정책은 그 성격에 따라 다수의 위원회를 포럼으로 한 책무성 관계를 형성할 수 있으며, 이에 따라 추가적인 설명책임을 가질 수도 있다.

노인 맞춤 돌봄서비스 사업과 관련한 공공 책무성 도구 중 공직자와 일반국민을 직접 연결하는 수직적 책무성 도구는 알려진 것이 없다. 그러나 수요자 중심의 지원방식과는 달리 공급자 중심의 지원방식에서는 전통적인 관료적 책무성 기제가 작동된다. 즉, 서비스 이용자 또는 일반국민이 제공되는 서비스에 불만이 있는 경우, 지

표 4-5 노인 맞춤 돌봄서비스 관련 관리적 책무성 도구

구분	행위	정보 생산		토론 및 평가	포럼 유형
		행위자	포럼	포럼	
수직적 책무성	사업시행지침 마련(보건복지부 노인정책관)	사업 계획, 결과 보고	검토, 지도・감독, 평가	승인, 확인	결재라인
	기관운영(사회보장정보원)	사업 계획, 결과 보고	검토, 지도・감독	승인, 확인, 처분	보건복지부
	기관운영(중앙노인돌봄 지원기관)	사업 계획, 결과 보고	검토, 지도・감독	승인, 확인	보건복지부
	사업계획 수립(시도)	계획안 제출	심사	변경, 보완, 승인	보건복지부
	광역지원기관 운영	사업 계획, 결과 보고	정기, 수시 점검	변경, 보완, 승인	시도, 중앙
	사업계획 수립(시군구)	사업 계획, 실적 보고	심의, 점검	의결, 승인	시도
	권역설정, 수행기관 선정(시군구)	현황 보고	검토	확인	시도
	기관 운영(수행기관)	사업 계획, 실적 보고	분기별 실적점검	변경, 승인, 확인	시군구
	기본/시행계획 수립(보건복지부)	제출, 보고	실무위원회 검토	심의, 승인	사회보장 심의위원회
	자체평가(보건복지부)	자체평가 보고	실적 점검	평가	사회보장 심의위원회
대각적 책무성	돌봄서비스 예산 및 정책집행(수행기관)	자료제출	내부감사	행정처분	보건복지부, 지방자치단체 자체감사실

방자치단체의 소관 부서나 보건복지부의 소관 부서에 항의하거나 설명요구가 가능하다. 동시에 사업안내서에는 수행기관이 이용자의 민원에 대응할 것을 명시적으로 적고 있다. 그 밖에 수평적・대각적 책무성 도구는 수요자 지원방식에서와 동일하다.

표 4-6 사회서비스 관련 공공 책무성 도구

구분	행위	정보 생산		토론 및 평가	포럼 유형
		행위자	포럼	포럼	
수평적 책무성	예산안 작성 및 집행, 결산안 작성(복지부)	자료제출, 출석 답변	조사, 분석 질의	심의 · 의결	국회 예결산심의 위원회
	정책집행(복지부)	자료제출, 답변	국정감사, 조사	확인, 처분	국회 분야별 위원회
대각적 책무성	정책집행(복지부)	자료제출, 답변	감사	확인, 처분	감사원
	정책집행(복지부)	자료제출, 답변	신고접수, 조사	확인, 처분	국민권익위원회

4) 부담책임

보건복지부와 지방자치단체의 공무원들은 돌봄계획의 승인, 수행기관 선정, 사업의 관리 · 감독 등의 과정에서 도덕적 · 법률적 규범에 따라 주어진 역할과 권한을 다하지 않았을 때 행정상 · 형사상 · 민사상 책임을 진다.

중앙노인돌봄지원기관은 한국 취약노인 지원재단의 산하기관으로 보건복지부의 업무를 수탁하여 관리하고 있다. 광역지원기관의 경우 정책 변경, 위탁계약 미이행, 지도 · 감독 결과, 지원기관 평가결과 등을 고려하여 지속적인 사업수행이 곤란하다고 판단되는 경우 위탁계약 중도해지가 가능하다.

관련 법령에서 돌봄수행기관은 자신의 행위에 대한 행정상 조치뿐 아니라 형사처벌과 함께 손해배상 책임을 진다. 위탁계약자인 시군구는 장기요양 유인실태 확인, 정책 변경, 위탁계약 미이행, 지도 · 감독 결과, 수행기관 평가 결과 등을 고려하여 지속적인 사업수행이 곤란하다고 판단되는 경우 위탁계약을 중도 해지하여, 수행기관을 서비스 제공에서 배제할 수 있다. 특히, 「보조금 관리에 관한 법률」 및 「산업안전보건법」의 적용을 받으며, 이를 위반할 경우 5년 이하의 징역이나 5천만 원 이하의 벌금이 과해진다. 동시에 수행기관은 서비스 제공인력의 안전을 위해 「산업안전보건법」에 따른 조치를 이행하여야 하며, 이를 위반한 경우 과태료를 부과받는다. 수행기관은 거짓이나 그 밖의 부정한 방법으로 보조금을 받거나, 보조금 지급 목적 외의 다른 용도로 사용한 경우, 보조금법에 따라 보조금을 반환하여야 한다.

수급권자는 돌봄서비스 관련 부정수급 등 보조금 관리에 관한 법률을 위반한 경우 그 경중에 따라 형사처벌과 함께 손해배상 책임을 진다.

5 책무성 체계와 사회서비스 품질

수요자 지원방식과 공급자 지원방식에서의 책무성 체계는 각각의 특성을 보인다. 먼저, 수요자 지원방식에서 두드러진 것은 기초자치단체, 서비스 이용자, 사회보장정보원이 각각의 고유한 역할을 수행하도록 되어 있다는 점이다. 시군구는 제공기관 등록심사와 관리·감독 권한 행사를 통해 서비스 제공기관의 기본적인 서비스 제공 여건이 유지되도록 하는 역할을 담당한다. 사회보장정보원은 특히 품질평가를 통해 바우처 시장에 진입한 다양한 제공기관의 품질 수준에 대한 정보를 생산하여, 제공기관의 서비스 품질을 향상하도록 유도하며, 국민에게 제공기관 서비스의 품질에 관한 정보를 공개한다. 서비스 이용자는 제공기관을 직접 선택함으로써 이용자로서 제공기관에 대한 만족감을 표현한다. 즉, 이 책무성 체계 하에서 서비스 품질은 서비스 제공여건에 대한 관리, 품질평가, 소비자의 선택을 통한 제공기관의 품질제고 노력을 통해 유지 개선된다. 무엇보다도 제공기관 운영자의 기관 운영 전략과 이용자 선택의 실효성이 품질 수준 결정에 사실상 핵심적이다.

한편, 공급자 지원방식에서는 보건복지부와 광역지자체의 대리인인 전문기관과 기초지자체의 직·간접적인 수행기관 관리가 서비스 품질을 결정하는 데 핵심적인 역할을 한다. 보건복지부가 사업안내지침을 만들어 시달하면, 시도는 사업계획서를 수립하여 복지부에 제출하고, 시군구는 시도의 사업계획에 준하여 사업계획을 수립하여 시도에 제출한다. 이때 시군구는 서비스 공급기관의 범위를 관내의 비영리법인과 사회복지법인, 사회서비스원, 그리고 시군구 직영 시설 중에서 공모를 통해 일정 요건(시설·인력기준, 지역사회 네트워크, 전문성, 유사사업 수행경험)을 충족한 시설을 선정함으로써 일차적으로 기본적인 서비스 제공여건을 넘어선 기준으로 서비스 수행기관을 선정한다. 수행기관은 시군구의 계획에 따라 수행기관 사업계획을 시군구에 제출하여 승인을 받는다. 이처럼 서비스의 공급은 보건복지부의 사업지침에 따라 시도, 시군구, 그리고 수행기관이 각각 수립하여 상위기관의 관리·감독을 받는다. 서비스 품질은 시군구의 수행기관 선정 과정과 서비스 공급계획에 대한 승인을 통해 우선적으로 관리된다. 한편, 보건복지부와 시도의 대리인인 전문기관은 모니터링, 컨설팅, 인력교육, 운영관리 지원 등을 통해 수행기관 운영과 서비스 품질을 관리한다. 즉, 이 책무성 체계에서는 기초자치단체의 집중적인 수행기관 관리, 전문기관의 직·간접적인 수행기관 지원과 관리·감독이 서비스 품질관리의 핵심을 이루고 있어, 자율적 의사와 이용자 개개인의 선택이 아니라, 관료적·전문가적 관리를 통해 수행기관의 품질향상을 꾀한다.

수요자 지원방식과 공급자 지원방식의 책무성 체계 비교는 서비스를 국가가 직접 생산하지 않고, 공공 또는 민간자원을 이용하여 제공하고자 할 때 서비스 품질관리의 관점에서 바람직한 책무성 체계를 모색하는 데 유용하다.

먼저, 수요자 지원방식의 책무성 체계는 보건복지부-지방자치단체로 이어지는 관리 책무성 도구, 시군구 등 기초자치단체의 서비스 제공기관에 행사하는 관리·감독 권한, 서비스 수요자의 제공기관 선택권으로 구성되어 있다. 보건복지부-시도-시군구로 이어지는 관리 책무성 관계는 일상적인 사업관리 차원의 관계이고, 비록 보건복지부와 시도가 제공기관에 대한 감독권을 행사할 수 있지만, 서비스 제공과 관련하여 특별한 역할을 기대하기 어렵다. 결국 돌봄서비스 제공과 관련한 수요자 지원방식의 책무성 체계를 놓고 볼 때, 노인 돌봄정책의 정책성과는 무엇보다도 시군구의 감독 역량과 이용자의 선택권 행사가능성과 그 효과에 달려 있다. 시군구 담당 부서의 행정력이 부족하거나, 자치단체 간 행정력의 차이가 있는 경우, 제공기관의 근무환경이 열악해지고, 돌봄서비스 인력이나 서비스 품질의 저하가 발생할 수 있다.

이와는 대조적으로 공급자 지원방식은 전통적인 관리적 책무성 도구를 통한 책무성 확보체계에 의존한다. 보건복지부, 시도, 시군구, 서비스 수행기관으로 이어지는 관리·감독체계와 더불어, 보건복지부와 시도에 각각 전문기관을 두어 서비스 수행기관을 지원하고 감독하게 함으로써, 중앙정부와 지방자치단체의 이원화된 서비스 행정체계로 인한 관리의 공백을 메우게 하고 있다. 한편, 기초자치단체는 위탁계약의 체결자로서 서비스 수행기관의 선정과 관리에서 핵심적인 역할을 한다. 그러나 보건복지부가 「사회복지사업법 시행규칙」에서 사회복지시설 민간위탁 규정을 통해 위탁과 관련한 세부사항 규정하고 있고, 「지방자치법」에서도 민간위탁 규정을 두어 지방자치단체가 조례나 규칙으로 민간위탁을 관리할 수 있도록 하고 있으나, 다양한 문제가 끊임없이 발생 중이다. 복지서비스 대부분을 민간위탁 방식으로 제공하고 있지만, 민간위탁 과정이 불투명하고, 수탁자 선정기준이나 배점이 타당하지 않으며, 지도·감독 및 성과평가 등 운영 과정상의 문제가 지속해서 제기되고 있기 때문이다(김정해 외, 2020).

제 2 절 연구개발 분야의 책무성 확보체계

1 개요

우리나라의 과학기술정책은 1967년 과학기술처가 설립되면서 체계적으로 추진되기 시작하였다. 1970년대 중화학 공업화 전략, 1980년대 기술 드라이브 정책, 1990년대 첨단산업 성장 전략, 2000년대 이후에는 차세대 성장 동력 발굴과 육성과 같은 국가차원의 전략이 과학기술 발전에 크게 기여했다. 산업에서 필요로 하는 기술은 1970년대까지는 정부 출연연구기관을 통해 지원해왔다. 그러나 1982년 국가과학기술 역량 제고와 핵심산업기술 고도화를 목적으로 출연연구기관별 연구개발 예산을 통합하여 최초의 "국가연구개발사업"인 특정연구개발사업을 추진하였다.[4] 이후 1987년 상공자원부(현 산업통상자원부)가 공업 기반 기술개발사업을 시작하면서, 다른 중앙부처들도 국가연구개발사업을 추진하였고, 1990년대에 이르러서는 국가연구개발사업이 각 부처로 확산하기 시작하였다. 또한 1992년에는 최초로 일곱 개 부처 공동의 연구개발사업인 선도기술개발사업이 시작되었다. 2000년대부터는 21세기 프론티어 연구개발사업으로 대표되는 신성장동력 창출을 위한 정책적 노력들이 지속적으로 추진되고 있다.[5]

그러나 정부부처별로 연구개발 사업이 추진되면서, 과학기술정책의 수립에 여러 한계가 나타나기 시작하였다. 먼저, 과학기술정책을 둘러싼 부처 간 주도권 다툼이 일어나면서, 연구개발사업의 기획과 집행체계의 일관성과 정합성 문제가 지속해서 대두되었다. 동시에 부처 내 사업뿐만이 아니라 각 부처를 아우르는 국가 전략 및 정책의 통합조정 기능의 강화, 즉 정책적 리더쉽 강화에 대한 요구가 증대되기에 이르렀다.

한편, 이와는 별도로 급속도로 발전하고 있는 과학기술로 인한 위험과 여러 가지 문제점에 대처하고 관리하는 과정에서 기존의 전문가주의적 접근은 한계를 보이기

---

4) "국가연구개발사업"이란 중앙행정기관이 법령에 근거하여 연구개발과제를 특정하여, 그 연구개발비의 전부 또는 일부를 출연하거나 공공기금 등으로 지원하는 과학기술분야의 연구개발사업이다(국가연구개발사업의 관리 등에 관한 규정 제2조의 정의).

5) 국민의 정부는 미래유망신기술, 참여정부는 차세대성장동력, 이명박 정부는 3대 분야 17개 신성장동력, 박근혜 정부는 19대 미래성장동력, 문재인 정부는 4대 분야 13개 혁신성장동력을 지정하여 국가연구개발사업을 추진하였다.

시작하였다. 원자력발전소, 유전자 변형 기술, 생명복제기술, 나노기술, 정보기술 등 신기술의 개발과 활용에서 다양한 사회적 · 문화적 · 윤리적 문제가 제기되었고, 이때 전통적으로 전문가들이 독점하던, 기술 관료적이고 전문가주의적인 위험평가와 위험관리 정책의 한계와 문제점이 드러나면서, 과학기술정책과 관련한 의사결정 과정에 시민참여의 필요성이 제기되었고, 과학기술과 과학기술정책에 대한 민주적 통제가 주장되기 시작하였다.

현재 과학기술정책 거버넌스는 크게 네 개의 층위에서 작동한다(홍형득, 2016). 최상층위에는 국가정책과 전략을 결정하는 대통령, 국회, 과학기술자문회의가 있다. 제2층위에는 과학기술정보통신부, 산업통상자원부, 환경부, 보건복지부, 국방부, 기획재정부 등 과학기술 관련 부처가 각 부처 특성에 맞는 정책을 개발한다. 제3층위에는 한국과학기술기획평가원(KISTEP), 한국과학기술연구회(NST)와 같은 연구관리 및 실행기관들이 세부 정책을 실행하며, 최하위층에는 대학, 정부출연연구소, 민간연구자 등 직접 연구개발 업무를 수행하는 연구 실행 주체가 있다.

현재의 과학기술정책 거버넌스는 한편으로 주무 부처(현 과학기술정보통신부)가 다른 중앙부처(산업통상자원부, 환경부 등)와 함께 과학기술혁신정책을 기획하고, 다른 한편으로는 부처 산하의 연구관리 전문기관이 정책과 국가연구개발사업을 집행하는 이원화된 '분산위임형 구조'를 특징으로 한다. 즉, 제1, 2층위에서는 과학기술정책 기획을 제3, 4층위에서는 연구개발사업 집행 및 관리가 이루어진다.

제1장 제4절에서 거버넌스와 책무성 관계에서 보았듯이 거버넌스는 책무성 체계

표 4-7 연구개발정책 거버넌스

구분	역할과 기능	관련 기구 및 기관
제1층위	국정/전략 기획, 예산배분, 감사/조사	대통령, 국가과학기술자문위원회, 국가과학기술심의회 국회(과학기술정보통신위원회 등) 감사원, 국가권익위원회
제2층위	분야별 정책 수립	과학기술정보통신부(과학기술혁신본부), 기획재정부, 교육부, 산업통상자원부, 중소벤처기업부, 기타 부처(보건복지부, 농림축산식품부, 해양수산부, 환경부 등)
제3층위	사업관리 운영	과학기술정책연구원(STEPI), 국가과학기술연구회(NST), 한국과학기술기획평가원(KISTEP), 한국연구재단(NRF), 한국산업기술진흥원(KIAT), 각종 지원기관
제4층위	연구와 혁신의 수행	과학기술계 정부출연기관, 대학, 연구개발 및 산업협회, 단체 민간연구 개별 행위자: 기업, 병원, 창업가 등

와 밀접한 관계가 있다. 우리나라 과학기술 분야 거버넌스는 경제개발계획이 수립되고 추진되는 동안 정책환경 변화에 맞추어 많은 조정이 이루어졌고, 이에 따라 책무성 체계도 변동을 겪었다. 새로운 거버넌스 하에서 공공부문 행위자들의 효과적인 정책수행을 위해서는 이에 필요한 조직 형성, 권한 및 자원 배분 조정 기제뿐만이 아니라 이에 상응하는 책임을 확보하는 체계 구축은 필수적이기 때문이다.

현재 과학기술 분야에는 다양한 유형의 책무성 확보체계가 작동한다. 먼저, 과학과 기술을 포함한 대부분 학술 분야에는 전통적으로 일련의 엄격한 윤리 규범을 가지고 그 구성원을 내부적으로 통제하는 진리 추구 공동체가 존재한다. 이 과학 공동체(scientific community)는 동료평가(peer review)라는 책무성 메커니즘을 통해 연구행위와 결과에 대한 평가와 검증이 이루어지며, 연구결과를 확산시키고 연구 부정을 억제하는 역할을 한다. 과학계 전반에 걸쳐 작동되는 규범 외에도 연구자가 소속해 있는 정부 연구기관, 고등교육기관 또는 민간기업의 연구소 등은 소속 연구진의 연구 활동을 관리·감독한다. 이러한 기관들은 전문적인 경영과 공식적인 행정구조를 통해 자체 자원을 연구기관, 학교 내 학과 또는 부서 간에 배분하고, 연구 활동과 성과를 관리·감독한다. 또한 대부분의 연구기관의 연구 활동은 정부 또는 지방자치단체의 지원과 규제의 대상이 되며, 공공예산으로 연구 활동을 지원받는 경우는 추가적인 관리 통제를 받게 되므로 책무성 의무가 추가된다.

다음에서는 과학공동체, 기관 자체, 정부 및 지자체의 과학기술 연구개발관련 책무성 체계 중 과학기술정책의 형성 및 재정 지원을 담당하는 정부와 공공관리자들의 과학기술정책 관련 책무성 체계를 분석한다.

2 과학기술정책의 책무성 체계

1) 연구개발정책 및 관련 예산의 기획·조정

국가연구개발 분야에서의 책무성 관계는 주로 관료제적 또는 관리적 책무성을 강화하는 데 초점이 맞추어져 있다.

(1) 역할책임

국가연구개발사업을 총괄하는 기관은 과학기술주무부처인 과학기술정보통신부이며, 독립적인 자문 및 심의(권고)기구로 「헌법」 제127조 제1항에 근거하여 설치된 국가과학기술자문회의(과학기술자문회의)가 있다.

현재의 국가과학기술자문회의는 대통령을 의장, 민간전문가를 부의장으로 하는 회의 기구이며, 대통령 자문 기능을 수행하는 자문회의와 과학기술 분야 정부정책 방향, 연구개발 예산배분 · 조정, R&D 분야별 사업계획 등을 최종 결정하는 심의회의를 합친 전원회의로 구성되어 있다. 대통령을 의장으로 자문과 심의 기능을 통합하여 운영함으로써 과학기술 정책과 예산배분 심의기구로서 심의회의의 위상은 한층 강화된 상태이다. 심의회의는 의장 및 부의장, 기획재정부 · 교육부 · 과학기술정보통신부 · 산업통상자원부 · 중소벤처기업부장관, 대통령비서실 과학기술보좌관, 민간위원 10명 등 총 18명으로 구성되어 있다. 심의회의는 운영위원회와 과학기술기반소위원회, 과학기술혁신소위원회, 과학기술사회소위원회 등 세 개의 전문위원회를 두고 있으며, 심의사항 중 특별한 사안에 대해 집중적으로 논의하기 위한 특별위원회, 특정 분야 추진시책에 대해 지속적인 논의를 위한 협의회를 두고 있다. 운영위원회는 과학기술정보통신부 혁신본부장이 의장을 맡아 국가과학기술자문회의 심의회에서 심의를 위임한 안건을 심의하고, 심의회의 심의사항에 관한 사전검토 및 부처 간 협의를 한다.

과학기술정보통신부는 과학기술정책을 총괄 관리하는 중앙행정기관으로서 「과학기술기본법」, 「국가연구개발사업 등의 성과평가 및 성과관리에 관한 법률(연구성과평가법)」, 「과학기술분야 정부출연연구기관 등의 설립 · 운영 및 육성에 관한 법률(과기출연기관법)」, 「국가과학기술자문회의법」 등 과학기술정책 관련 법령을 관장한다. 우리나라 과학기술정책의 방향과 목표를 정하기 위해 5년마다 과학기술기본계획과 국가연구개발 중장기 투자전략을 수립한다. 아울러 지방의 과학기술진흥을 위한 지방과학기술진흥종합계획도 지자체의 협조를 받아 5년마다 수립한다.

과학기술정보통신부는 과학기술정책의 개발과 자문, 그리고 관리를 위해 산하기관으로 한국과학기술기획평가원(KISTEP)과 과학기술정책연구원(STEPI)을 두고 있다. 관리전문기관과 출연연구기관의 업무 진행에 관해 보고를 받으며, 자료제출 요구, 보고, 평가, 예산 조정, 수정, 보완요구 등 법적 권한을 행사하고, 전문기관 운영과 정책사업을 관리한다. 한편, 과학기술연구개발 관련 부처들은 국가과학기술기본계획의 부문별 시행계획을 수립하고, 연도별 추진실적을 과학기술정보통신부에 제출한다. 지방자치단체들은 지방과학기술진흥계획에 따라 연도별 시행계획을 수립하고, 그 추진실적을 제출한다.

또한 과학기술정보통신부는 국가과학기술자문회의의 심의를 거친 중기사업계획에 따라 예산요구서를 제출함으로써, 국가연구개발사업의 평가결과와 연계하여 예산 편성과 조정 기능을 수행한다. 보통 일반예산의 경우 기획재정부가 편성하지만, 국가연구개발사업 예산은 과학기술정보통신부(과학기술혁신본부)의 예산 배분·조정 절차를 거친다.

(2) 책무성 관계 및 책무성 도구

먼저, 과학기술정보통신부는 과학기술 진흥을 위한 정책목표와 기본방향에 관한 사항을 포함한 과학기술기본계획을 매 5년마다 수립한다(과학기술기본법 제7조의2). 과학기술정보통신부장관과 관계부처의 장은 기본계획에 따라 소관사항에 대하여 매년 부문별 시행계획을 수립·시행하여야 한다(제7조의4). 이 과정에서 과학기술정보통신부, 과학기술자문회의로 연결되는 수직적 책무성 관계와 관계부처, 지방자치단체장, 과학기술정보통신부, 국회로 연결되는 수평적 책무성 관계가 존재한다.

중앙부처 간 정책의 기획 조정에서 중심이 되는 포럼은 2018년 대통령 훈령 제391조에 근거하여 설치된 과학기술장관회의이다. 과학기술장관회의에서는 국무총리가 의장, 과학기술정보통신부장관이 부의장을 맡고 있으며, 기획재정부장관을 포함한 12개 부처의 장관이 당연직 위원으로 활동한다.[6] 의장이 주재하는 회의에서는 부처별·분야별 혁신전략에 관한 광범위한 정책방향이 설정되어, 하향식 의사결정을 내려진다. 이때 광범위한 정책방향이 설정된다. 부의장(과기정통부장관)이 주재하는 회의에서는 장관 간 자유토론을 통해 연구개발 혁신과 범부처 협업에 필요한 과제를 협의·조정한다.

한편, 과학기술정책 전문기관으로 분류할 수 있는 과학기술정책연구원(STEPI)과 한국과학기술기획평가원(KISTEP)은 과학기술정보통신부장관의 권한을 위탁받아 업무를 수행하므로 과학기술전문기관→과학기술정보통신부로 연결되는 수직적 책무성 관계를 맺고 있다. 국가연구개발사업 예산 배분 및 조정에서는 R&D 부처, 과학기술정보통신부, 기획재정부로 이어지는 수평적 책무성 관계가 존재한다. 중심이 되는 포럼은 과학기술정보통신부와 기획재정부 예산협의회이다. 예산기획조정 과정은 크게 투자방향, 지출한도, 배분 조정, 국회 대응의 네 단계로 나뉜다.

먼저, 관계부처는 차차년도 국가연구개발사업 투자 우선 순위 의견과 중기사업

6) 교육부, 국방부, 행정안전부, 문화체육관광부, 농림축산식품부, 산업통상자원부, 보건복지부, 환경부, 국토교통부, 해양수산부, 중소벤처기업부.

계획서를 과학기술정보통신부와 기획재정부에 제출한다. 과학기술정보통신부는 이를 검토하여 3월 15까지 차년도 국가연구개발 투자 방향 및 기준을 수립하여 관계부처와 기획재정부에 통보한다. 이는 차년도 예산배분 조정의 가이드라인이자 관계부처 예산요구의 기준이 된다. 이후 기획재정부의 예산안 편성지침과 중앙관서별 지출한도에 따라 관계부처가 예산요구서를 5월 31일까지 제출하면, 과학기술정보통신부가 배분·조정을 실시하게 된다. 과학기술정보통신부의 배분 조정 시에는 기술 분야별 예산심의를 효율적·전문적으로 지원하기 위하여 국가과학기술자문회의 전문위원회의

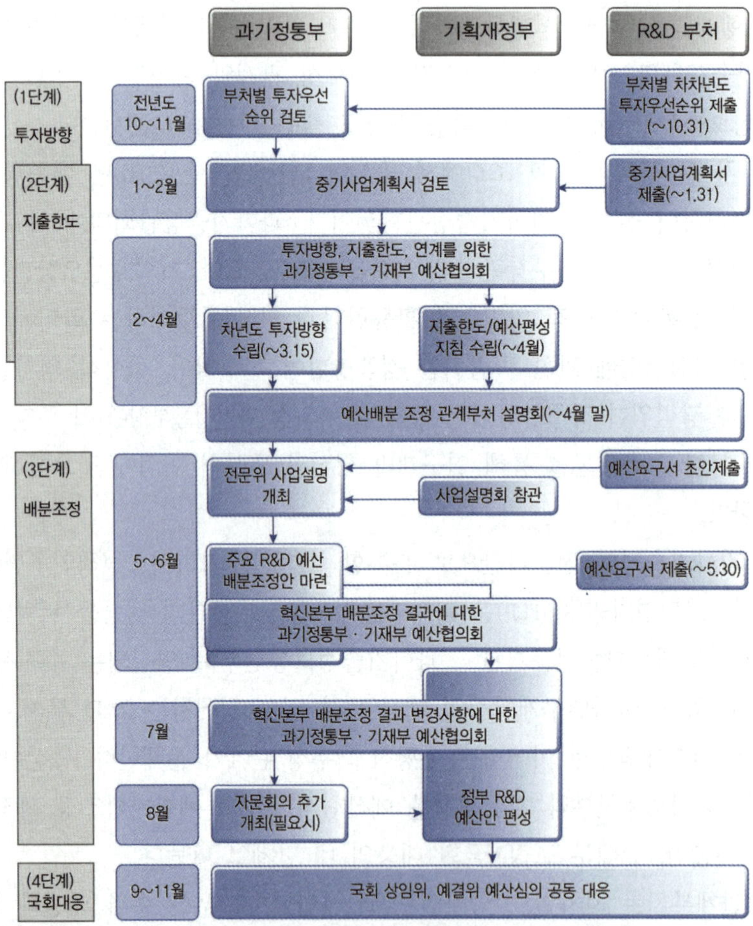

그림 4-4 **국가연구개발사업 예산배분·조정 프로세스**

자료: 김홍용 외(2019: 152).

사전검토를 거친다.

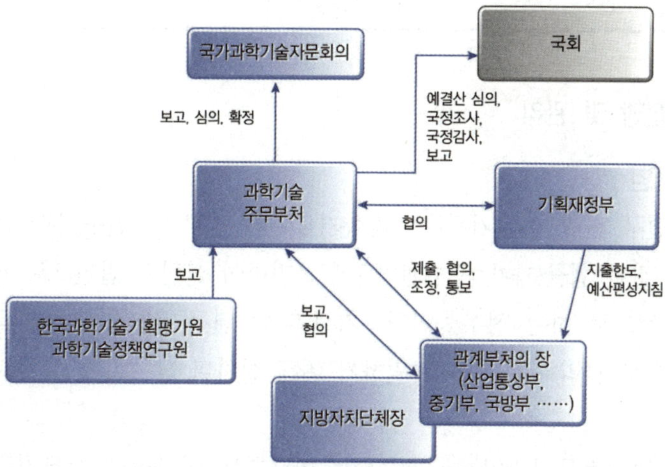

그림 4-5 정책 및 예산의 기획 조정을 위한 책무성 관계

표 4-8 국가과학기술정책 관련 관리적 책무성 도구

구분	행위	정보 생산		토론 및 평가	포럼 유형
		행위자	포럼	포럼	
수직적	과학기술기본계획(안) 수립(과기부)	계획안 제출		심의, 확정, 국회보고	자문회의
	– 시행계획 수립(각 부처)	계획안 제출	점검	심의, 확정	자문회의
	– 추진실적 종합(각 부처)	추진실적 제출	점검	심의, 확정	자문회의
	국가연구개발 중장기 투자전략(과기부)	전략안 제출		심의, 확정	자문회의
	지방과학기술진흥종합계획(5년)	제출		심의, 확정, 통보	자문회의
	중기사업계획서 – 관련 자료 수집 및 작성(각 부처)	자료제출	사전검토, 실태조사	부처 통보	과기부
	– 중기사업계획서(안) 작성(과기부)	제출		심의	자문회의
	예산요구서 작성(과기부)	제출		심의, 배분, 조정	자문회의
	예비타당성 대상사업 선정(각 부처)	제출	기술평가(과기부)	평가	기획재정부
	성과평가 기본계획, 성과평가실시계획	보고		심의, 확정	자문회의
	– 기본계획 확정 후	보고*			국회상임위
	국가과학기술혁신역량 구축	자료제출	조사분석	평가	과기부

수평적	기본계획, 중장기투자전략, 지방종합계획, 시행계획, 추진실적(과기부)	연차보고			국회
	중기사업계획서(각 부처)	제출			과기부
	예산요구서(각 부처)	제출			과기부

2) 연구 집행 및 관리

(1) 역할책임

과학기술연구 관련 전문기관은 「과학기술분야 정부출연연구기관 등의 설립·운영 및 육성에 관한 법률(과기출연기관법)」에 근거하여 설립된 법인으로 과학기술 분야의 연구를 목적으로 하는 정부출연연구기관과 이 연구기관(현재 25개)을 지원·육성하고, 체계적으로 관리하는 것을 지원하기 위해 설치된 연구회(현 국가과학기술연구회)로 나뉜다.

연구기관 관리전문기관인 국가과학기술연구회는 이사회와 사무기구로 구성되어 있으며, 법정자문기구인 기획평가위원회 및 경영협의회가 구성되어 있다. 이사회는 연구회 이사장을 의장으로 하고, 과학기술정보통신부 등 다섯 개 부처 차관, 그리고 관련 분야 전문가로 11명의 민간이사로 구성된다. 특히, 출연연구기관을 대상으로 사업계획서, 예산요구서를 심의하고, 결산을 승인하는 권한을 행사한다. 또한 연구기관에 대한 기관운영평가, 연구실적 평가, 자체감사를 실시한다. 이때 연구회 주관부서에서 안건 검토 및 부처협의 등을 거쳐 관련 이사회 상정안건 최종안을 작성한다. 특히, 사업계획과 예산, 그리고 기관평가와 같은 중요 사안은 예산심의위원회, 기획평가위원회, 경영협의회의 사전심의 과정을 통해 충분한 검토와 자문이 이루어지며, 이사회에 상정 후 심의를 거쳐 안건이 처리된다. 연구회와 출연연구기관에 대해서 최종적인 감독권한은 과학기술정보통신부가 가지고 있다.

(2) 책무성 관계 및 책무성 도구

연구회와 출연연구기관은 독립법인으로 되어 있으나, 감독관청은 과학기술정보통신부장관이므로, 출연연구기관 → 국가과학기술연구회(연구관리전문기관) → 과학기술정보통신부로 연결되는 수직적 책무성 관계가 있다. 전체적으로 관리전문기관과 출연연구기관을 대상으로 한 책무성 확보도구로는 자료제출 요구, 보고, 심의, 평가, 예산조정, 수정, 보완요구 등이 있다.

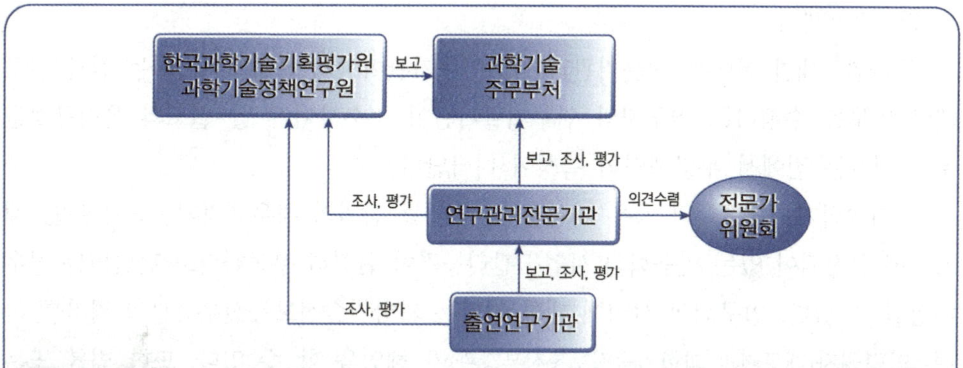

그림 4-6 연구관리 책무성 관계

표 4-9 국가과학기술정책 관련 관리적 책무성 도구

구분	행위(행위자)	정보 생산		토론 및 평가	포럼 유형
		행위자	포럼	포럼	
수직적	o 사업평가: 자체평가(연구회) o 기관평가(연구회) o 과제평가(연구회)	결과제출	상위평가	예산조정 배분, 계획 수정 보완 처우환경 개선	과기부
		자료제출	STEPI		과기부
		자료제출	STEPI		과기부
	o 국가과학기술혁신역량 구축	자료제출	조사분석	평가	과기부
	o 사업계획서 및 요구서 작성(연구회)	제출, 보고	검토	확인	과기부
	o 사업실적 및 세입. 세출 결산 (연구회)	제출, 보고	검토	확인	과기부
	o 연구기관 운영(출연연구기관) – 평가 결과(연구회)	자료제출	점검, 조사	평가	연구회
		제출	–	–	과기부 자문회의 국회 상임위
	o 예산안 및 사업계획서 (출연연구기관) 결산	제출	–	심의, 승인	연구회
		제출	–	–	과기부
대각적	o 국가연구개발사업 추진 및 책임운영기관 운영	–	자체감사 회계감사	처분, 공표	감사실
	o 국가연구개발사업 추진 및 책임운영기관 운영	–	제보, 신고접수	행정처분	연구회 이사장

(3) 부담책임

국가연구개발 분야는 전문기관과 출연연구기관이 책임운영기관이라는 점과 연구개발 업무를 수행하는 연구자와 연구개발기관이 준수하여야 할 별도의 윤리규정을 두고 있다는 점에서 부담책임의 특성이 나타난다.

국가과학기술연구회의 경우 이사장과 이사 등 임원의 경우 「과기출연기관법」 제21조에 규정되어 있는 연구회의 사업[7] 관리능력이 현저히 부족하다고 판단되는 경우 해임될 수 있다. 연구회의 사업에 대한 평가는 과학기술정보통신부장관이 평가를 하며, 임명권자(대통령과 과학기술정보통신부장관)가 해임을 할 수 있다. 또한 법률 또는 연구회 정관을 위반하여 연구회에 현저한 피해를 입힌 경우, 직무 내외를 막론하고 품위를 현저히 손상하는 행위를 하거나 자질이 현저히 부족하다고 판단되는 경우도 해임될 수 있다.

출연연구기관은 「과학기술기본법」, 「연구성과평가법」, 「과기출연기관법」에 따라 기관장 임기 중의 기관 운영실적을 평가한다. 출연연구기관의 기관장의 임기는 2년이나, 우수 등급 이상을 받은 기관의 기관장에 대해서는 차기 기관장 공모 전 이사회에서 연임 여부를 결정할 수 있으며, 성과연봉 등 인센티브의 지급이 가능하다. 이러한 긍정적인 인센티브 구조는 다른 책임운영기관과는 다르다. 책임운영기관을 규율하는 「책임운영기관법」에 따르면 행안부 소속 책임운영기관운영위원회가 책임운영기관에 대하여 종합평가를 시행하고, 그 결과가 2회 연속 특별히 우수하다고 인정하는 기관에 대하여 2년 범위에서 종합평가를 유예한다. 그러나 종합평가 실적이 매우 부진하게 나타나는 등 사업성과가 매우 불량한 경우에는 그 기관장을 면직할 수 있다. 이처럼 책임부담을 감하거나 면하는 방향과는 대조적으로 출연연구기관에서는 우수기관장에 대한 보상하는 방향으로 부담책임이 설계되어 있다.

국가연구개발정책 분야에서 부담책임의 특징은 연구자와 연구개발기관에 대한 연구윤리기준의 엄격한 적용이다. 「국가연구개발혁신법」은 제4장 “국가연구개발사업 관련 연구윤리 확보 및 제재 처분”에서 연구자와 연구개발기관이 준수하여야 할 연구윤리를 규정하고 있다. 연구윤리는 먼저 연구개발자료와 연구개발성과의 위조, 변조,

7) 「과기출연기관법」 제21조는 총 8개의 연구회 고유사업을 열거하고 있다. ① 연구기획과 연구기관의 발전 방향에 관한 기획, ② 연구기관의 기능 조정 및 정비, ③ 연구기관의 연구실적 및 경영 내용에 대한 평가, ④ 연구기관간 협동연구를 위한 지원, ⑤ 연구기관의 연구성과 제고와 성과확산을 위한 지원, ⑥ 국가 과학기술 분야의 혁신 및 경쟁력 강화를 위한 정책의 제안, ⑦ 연구기관에 대한 자체감사 등.

표절을 금하고 있다. 이 밖에 연구개발비의 사용 용도와 연구개발비 사용기준 준수, 연구개발 성과의 소유, 보안문제 등을 다루고 있다. 부담책임의 부과 주체는 중앙행정기관의 장이며, 부담책임의 유형은 국가연구개발 활동에 대한 참여 제한, 지급한 연구개발비의 다섯 배의 범위 내에서의 제재부가금의 부과 등이 있다.

그리고 「국가연구개발혁신법」에 의하면 손해배상의 원칙으로 고의 또는 중과실이 있는 경우에 한해서, 연구개발과제 수행으로 인하여 발생한 유형자산의 손해에 대해 손해배상을 청구할 수 있다. 이 밖에 비밀엄수 의무를 위반한 경우는 2년 이하의 징역 또는 2천만 원 이하의 벌금이 부과된다. 정부업무를 수탁하는 기관에 공통적으로 적용되는 형법상의 벌칙 적용 시 공무원 의제 원칙은 유효하다.

3) 외부통제를 위한 책무성 관계 및 책무성 도구

국가연구개발 분야는 감사원 감사가 활발하게 이루어지는 분야로 과학기술정보통신부나 과학기술 관련 정책전문기관, 연구전문기관이 감사 및 감찰의 대상이므로 과학기술정보통신부, 정책 및 연구전문기관 → 감사원(국민권익위원회)으로 연결되는 대각적 책무성 관계가 있다. 또한 과학기술정보통신부와 국회와는 예결산 심사, 국정조사 및 감사 외에도, 과학기술정책 관련 주요 사항에 대한 국회 보고 의무가 법제화되어 수평적 책무성 관계에 있다.

공공적 수평적 책무성 확보기제는 정부와 국회의 관계 속에서 견제와 균형을 위해 마련된 통제장치로서 국회의 예결산 심사권은 국가연구개발정책에 관한 국회의 통제권한에 속한다. 이외에도 필요한 경우 국정조사를 실시할 수 있고, 정기적인 국정감사를 통해 과학기술정보통신부, 관련 부처, 연구 관련 전문기관의 업무에 대해 통제권한을 행사할 수 있다. 이외에도 국가연구개발사업에 대해서는 기본계획은 국회에 보고를 의무화하고 있으며, 연차보고서는 제출의무가 부여되어 있다.

한편, 대각적 책무성 기제로서 독립적인 감사기구인 감사원은 「감사원법」에 따른 직무감찰과 회계검사 권한 행사를 통해 과학기술정보통신부와 한국과학기술평가원(KISTEP)과 과학기술정책연구원(STEPI) 등 정책관리전문기관, 국가과학기술연구회와 출연연구기관 등에 대해 기관 운영, 정책 및 사업 운영의 합규성, 효과성에 대한 감사를 수행한다. 마찬가지로 국민권익위원회는 국가연구개발정책 관련 부패행위신고나 공익신고가 접수되면 사실확인을 거쳐 조사기관에 이첩·송부한 후 그 결과를 신고

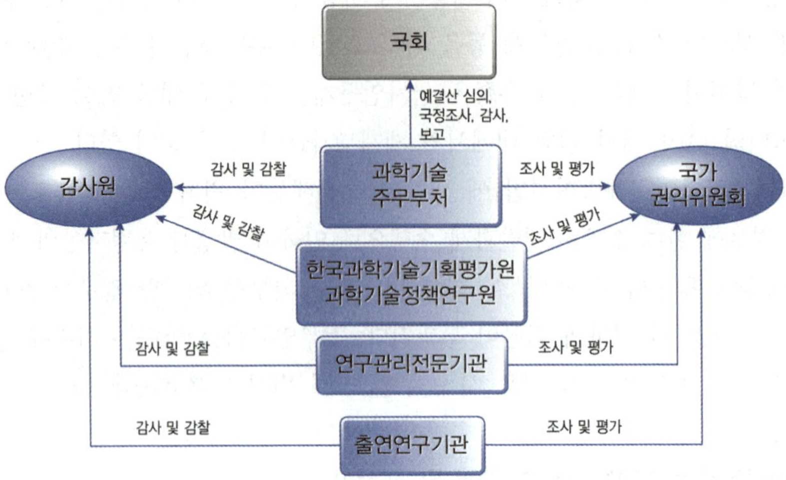

그림 4-7 외부통제와 책무성 관계

표 4-10 국가과학기술정책 관련 공공 책무성 도구

구분	행위	정보 생산		토론 및 평가	포럼 유형
		행위자	포럼	포럼	
수평적	국가연구개발 관련 업무 추진	예결산 자료제출, 출석 답변	설명, 조사	예결산 심의	국회
		보고	검토	확인	국회
		자료제출, 출석 답변	자료수집, 분석	국정감사, 조사	국회
대각적	국가연구개발 관련 업무 추진	자료제출, 답변	자료수집, 조사	행정처분	감사원
		자료제출, 답변	신고접수, 자료수집, 조사	행정처분	권익위원회

자에게 통보할 수 있다.

4) 전문가 및 대국민 책무성 관계, 그리고 책무성 도구

「과학기술기본법」 제5조 제3항은 과학기술정책의 투명성과 합리성을 높이기 위해 정책 형성과 집행에 민간전문가와 단체를 폭넓게 참여시키고, 일반국민의 다양한 의견을 모을 수 있는 방안을 마련할 것을 규정하고 있다. 이에 따라 「과학기술기본법 시행령」 제2조 "민간의 정책참여"에서는 과학기술과 관련한 정책수립에 민간전문가 뿐만이 아니라 법인, 단체 또는 시민단체의 참여를 확대하여 의견을 정책의 형성과 집행에 반영토록 의무화하고 있다.[8] 전문가 집단은 과학기술자문회의, 과학기술정보통신부와 연구관리전문기관, 출연기관 내 각종 위원회에 위원으로 참여하여 정책형성과 집행관리에 참여하고 있다. 이로써 과학기술정책 분야에서는 정부기관 및 위원회→민간전문가, 단체, 협회로 연결되는 대각적 책무성 관계가 두드러진다.

한편, 현대 사회에서 과학기술이 급속도로 발전하면서, 기술의 부작용 등 불확실성의 증대됨에 따라 다양한 기술적 · 사회적 · 윤리적 문제가 대두되고, 과학기술에서 예상되는 각종 위험의 관리와 관련한 책무성 관계가 강조되고 있다. 「과학기술기본법」 제14조는 기술영향평가를 사전적으로 할 것을 의무화하고 있다. 「과학기술기본법 시행령」 제23조 "기술영향평가의 범위 및 절차"에서는 과학기술정보통신부장관은 "일반국민"의 의견을 수렴하여 기술영향평가를 하도록 의무화하고 있다. 이로써 한국과학기술기획평가원→과학기술정보통신부→일반국민으로 연결되는 수직적 책무성 관계가 형성되어 있다.

국가과학기술정책과 관련한 공공 책무성 확보 측면에서 수직적 책무성 관계에서 주로 활용되는 책무성 도구는 전문가들의 위원회 참여를 통한 토론, 자문 등이다. 전문가 위원회 형태의 포럼은 국가과학기술위원회, 과학기술정보통신부 산하기관인 한국과학기술기획평가원과 과학기술정책원에 설치되어 운영 중이다.

또 다른 책무성 도구는 일반시민들로 이루어진 시민 포럼을 통한 의견수렴과 온라인시스템을 통한 의견수렴이 있다. 시민포럼에서는 미래인류의 삶에 영향을 미칠 기술의 영향에 대해 시민 관점에서 평가하고 권고사항을 도출하며, 그 평가결과에 대해서는 기술분야별 전문가와 시민단체 등 추천 전문가로 구성된 기술영향평가위원회와 공동회의에서 의견교환이 이루어진다. 온라인을 통해서는 과학기술정책지원서비스인 한국과학기술평가원(KISTEP) K2Base에서 기술영향평가 자료를 시민들과 공유하고, 의견작성란을 통해 관련 기술에서 예상되는 긍정 및 부정효과를 논하고, 이에 기반한 제언을 할 수 있도록 하고 있다.

8) 한국엔지니어링협회, 한국기술사회, 한국과학기술한림원, 한국방사선진흥협회, 한국과학기술단체총연합회, 한국산업진흥협회 등.

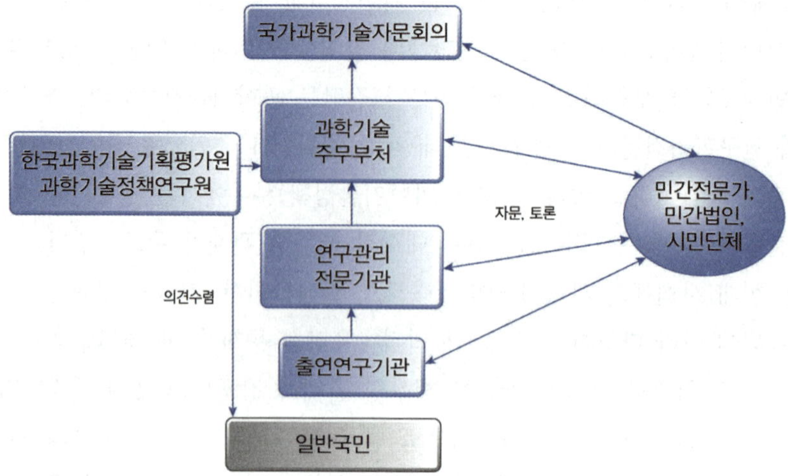

그림 4-8 전문가 및 대국민 책무성 관계

표 4-11 국가과학기술정책 관련 공공 책무성 도구

구분	행위	정보 생산		토론 및 평가	포럼 유형
		행위자	포럼	포럼	
대각적	과학기술정책 수립	자료제출, 보고	토론	토론 후 정책에 반영	과학기술 관련 위원회
수직적	기술영향평가	발표,	토론	참고	공개토론회, 온라인 의견 창구 운영, 시민공개포럼, 시민배심원제

지금까지 설명한 책무성 관계를 종합하면 과학기술정책 추진을 위한 책무성 체계를 다음 [그림 4-9]와 같이 나타낼 수 있다.

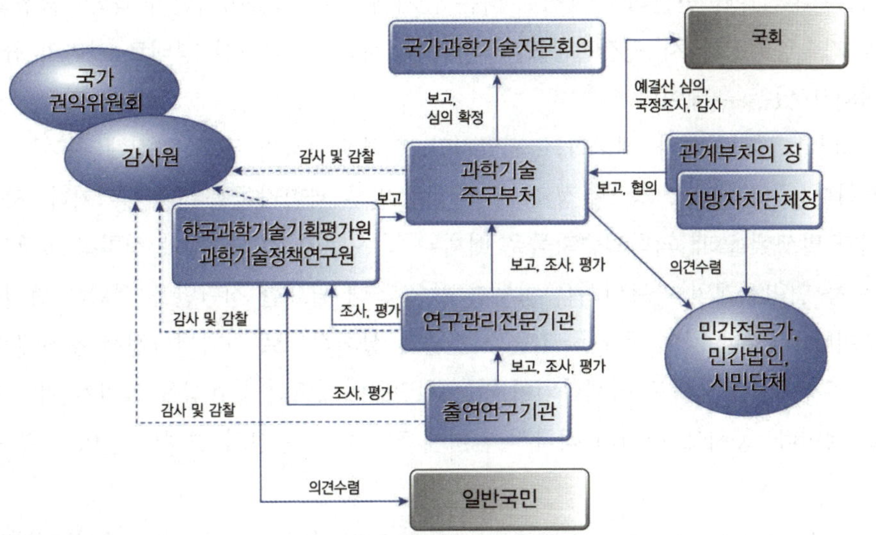

그림 4-9 과학기술정책 추진을 위한 책무성 관계(2024년 현재)

3 도전과제

우리나라에서 과학기술정책의 형성과 집행을 담당하는 과학기술 행정체계는 새 정부가 들어설 때마다 바뀌었고(홍형득, 2016), 그때마다 과학기술 거버넌스와 관련하여 다양한 이슈가 제기되었다. 특히, 최상위 수준에서는 R&D 예산배분, 정책조정, 컨트롤 타워 역할을 할 수 있는 기구(국가과학기술위원회)의 설치 및 기구의 위상, 기능과 역할 강화 문제가 지속적으로 강조되었다. 그 아래 수준에서는 관련 부처 간 주도권 경쟁으로 인한 업무 중복과 갈등, 중복 투자와 같은 부정적 효과의 완화, 그리고 과학기술인력, 산업인력, 전문인력 개발의 연계 문제 해소라는 과제가 지적되었다. 현재는 국가과학기술위원회와 과학기술정보통신부, 과학기술장관회의가 이 사안을 다루고 있다. 그러나 정부가 바뀔 때마다 상위차원의 거버넌스와 책무성 체계가 바뀌고 있어, 거버넌스와 책무성 체계의 불안정성은 가장 큰 문제로 남아 있다.

우리나라에서 과학기술은 1960년대 후반부터 강력한 정부주도로 발전해왔다. 과학기술을 성장의 주요 수단으로 인식하면서 과학기술인 우대와 과학기술 지원제도를 대폭 늘여왔다. 이러한 배경에서 엘리트 중심, 공급자 중시의 정책이 과학기술 분야를 지배하면서, 정책 과정에 시민의 참여는 제한되었다(과학기술부, 2004). 2010년 「과학기술기본법」에 "민간의 정책참여"라는 근거 규정이 만들어지면서 과학기술정책 형성과 기술영향평가 시 민간전문가, 시민단체, 개인 등 다양한 형태로 시민의 참여가 확대되고 있는 추세이다.

그러나 시민참여가 제도화는 되었지만, 이해관계자의 정책 과정에 참여는 아직 미흡하다는 평가이다. 정책결정 초기 과정에 일부 과학자들을 참여시키거나, 사회적 문제가 발생했을 때 과학기술자들은 배제된 채 오로지 시민단체와 정치적 협상을 벌이는 등 협력관계의 파트너십은 정부가 필요할 때 필요한 집단만을 선택해 협의하는 구조이다. 다양한 참여 욕구를 지닌 시민들이 실질적으로 과학기술정책 결정에 참여할 수 있는 방안 모색은 법제화되어 있는 시민참여제도의 실효성을 높이기 위한 첫걸음일 것이다. 동시에 시민의 적극적 참여에 필요한 전문성의 결여도 풀어야 할 숙제이다.

제 3 절 원자력안전의 책무성 확보체계

1 서론

세계적으로 에너지 문제가 심각해지고 있는 가운데 원자력 발전에 대한 시민 인식도 변화하고 있다. 우리나라의 경우 원자력 발전의 필요성에 대해 국민들이 대체로 공감하는 가운데, 원자력 발전의 안전성에 대해서도 일본 후쿠시마 원전사고에도 불구하고 긍정적 인식이 증가하고 있다. 미국의 경우도 원자력 발전에 대한 최근의 여론조사에서 원자력 에너지에 대한 인식의 변화가 확인되었고, 유럽에서도 독일을 제외하고 탄소중립을 위한 원자력 발전의 필요성에 대한 인식 변화가 목격된다.

결국 원자력 에너지를 포함한 에너지 믹스(energy mix)는 전 세계적으로 불가피한 정책적 선택이 되고 있다. 조기에 탈원전이 불가능한 가운데 우리의 시선은 재생에너지 개발과 원자력안전으로 옮겨갈 수밖에 없다. 이 글은 향후 지속적인 국민적 관심사가 될 수밖에 없는 원자력안전과 관련한 책무성 확보에 초점을 맞추었다. 과거에는 정부정책을 사회문제 해결을 위한 효율성 관점에서 분석·평가하는 연구들이 주를 이루었는데, 이는 근대적인 합리성 패러다임이 정책연구에서 지배적이었기 때문이다. 반면에, 최근에는 행정에 대한 공공가치 또는 책무성 접근이 확산되고 있는데, 이는 정부 거버넌스의 변화와 함께 정책 과정에의 시민참여와 공공관리자의 책무성 확보가 그 어느 때보다 중요하게 부각되고 있기 때문이다.

실제로 시민들의 원자력안전에 대한 인식은 주로 직감(直感)에 기반을 두고 있으며 원자력이나 원자력안전에 대한 정확한 정보에 기초한 것은 아니다. 원자력 관련 최근 미국 국민의 인식 변화는 원자력에 관한 정보 접근성 향상에 따른 것이라는 분석 결과가 나오고 있는 가운데, 우리나라도 최근 「원자력안전소통법」의 제정으로 원자력 및 원자력안전 정보에 대한 접근성이 개선될 것으로 기대된다.

따라서 여기서는 우리나라에서 원자력안전정책과 관련하여 공공 책무성 체계(public accountability system)가 어떻게 변화해 왔는지 분석함으로써 원자력안전을 위한 대국민 책무성을 확보하기 위한 정부의 노력을 살펴보고 시사점을 도출해 보고자 한다. 이를 위해 원자력안전정책의 시기를 「원자력법」 시기(2011년 이전)와 「원자력안전법」 시기(2012~2020년)로 구분하여 살펴보고, 「원자력안전소통법」 제정 이후(2021년 이후)의 공공 책무성 체계의 변화를 전망해 보았다.

2 우리나라 원자력안전정책의 책무성 확보체계 변화

1) 원자력안전정책의 변화

1958년 「원자력법」의 제정과 함께 우리나라의 초기 원자력정책은 산업화를 위한 원자력 진흥에 주안점을 두었다. 당시에 원자력은 경제성장뿐만 아니라 과학입국의 목표를 대표하는 상징으로서, 원자력을 도입하고 개발하면 한국 사회는 한 단계 도약할 수 있다는 믿음이 팽배했었다(김성준, 2010). 이러한 상황 속에서 원자력안전은 원자력 진흥의 과정에서 야기되는 문제로서 지속적인 연구개발을 통해 해소될 수 있는 부차적인 문제로 인식되었다.

그러나 시간이 경과하면서 원자력 이용에 따른 장해를 방지하기 위한 안전규제가 강화되었고, 1990년대 후반에 이르러서는 원자력안전 분야가 원자력정책에서 어느 정도 독립적인 위상을 확보하게 되었다.[9] 국제원자력기구(IAEA)의 기본안전원칙 및 「원자력안전에 관한 협약」 등에서 원자력안전기관은 그 책임을 다하기 위해서 원자력진흥조직이나 기구와 효과적으로 독립되어야 한다고 규정함에 따라 원자력진흥과 원자

9) 「원자력법」 하의 행정체제 변화의 구체적 내용에 대해서는 이경희(2003) 참조.

력안전을 분리할 필요성이 제기되었다. 여기에다 2009년 UAE 원전 수출로 인해 원자력 진흥 기능으로부터 안전규제의 분리 필요성이 공감대를 형성하며 2010년 국회에서 신규 발의된 법안들에 대한 공청회가 개최되었으나 여야 간의 논란 속에 의결 없이 종료되었다.

그러나 2011년 후쿠시마 사고는 원자력정책에 대한 사회환경을 근본적으로 변화시키는 계기를 제공하였다. 그동안 원자력안전은 국가안보 및 전문성이라는 준거기준에 입각한 정책공동체 주도의 독점적 정책 영역이었으나 후쿠시마 원전사고(2011. 3.11)는 원자력안전 문제를 사회의 관심사로 부상시켰다(권태형 · 전영준, 2015). 이에 따라 2011년 6월에 비로소 독립적 행정위원회인 원자력안전위원회(이하, 원안위)의 설치를 포함하는 원자력안전법안이 마련되어 국회를 통과하게 되었다.

2011년 「원자력안전법(이하, 원안법)」이 제정된 이후에도 진흥 위주의 정책은 지속적으로 유지되었는데, 후쿠시마 원전 사고 이후 수립된 '제4차 원자력진흥종합계획'에서는 국민의 신뢰를 받을 수 있는 안전 확보를 명시하면서도 여전히 주요 에너지 공급원이자 미래 성장동력으로서 원전을 확대하겠다는 목표를 설정하기도(교육과학기술부, 2012) 하였다. 그러나 시간이 경과하면서 원안법 개정이나 훈령이나 고시 등의 제정을 통해 또는 원안위나 원자력안전 관련기관들의 적극적인 거버넌스 혁신 노력이 뒷받침되면서 원자력안전을 위한 책무성 체계는 모습을 갖추어 갔다.

그리고 탈원전 공약을 천명하며 출발한 문재인 정부 시기에는 원자력안전에 대한 관심이 이전 정부들에 비해 높았으며, 그 결과로서 2021년 5월 23일 「원자력안전 정보공개 및 소통에 관한 법률안(이하, 원자력안전소통법)」이 국회를 통과함으로써 원자력 안전 거버넌스의 새로운 장을 열게 되었다.

2) 시기별 책무성 확보체계 변화 분석

(1) 원자력법[10] 시기(2011년 이전)

① 역할책임

이 시기에 행정부 내 원자력안전을 총괄하는 기관은 원자력 진흥업무를 담당하는 부처(과학기술부, 교육과학기술부 등)였으며, 1996년 원자력안전위원회가 설치되었으

---

10) 1958년 3월에 법률 제483호로 제정된 이후, 2010년까지 20여 차례 개정되었고 여기서는 법률 제10086호(2010.3.17)를 주로 참조하였다.

나[11] 이는 독립적인 행정위원회가 아니라 교육과학기술부장관을 보좌하는 심의·의결기구에 불과하였다.[12] 그리고 교육과학기술부장관의 권한을 위탁받아 원자력통제업무를 수행하는 한국원자력통제기술원(KINAC)과 원자력안전규제업무를 수행하는 한국원자력안전기술원(KINS)[13]이 산하기관으로 존재하였다. 그리고 교육과학기술부 고시[14]에 의해 2002년부터 설치·운영된 원자력안전정보공개센터는 KINS가 제공하는 원자력안전 정보를 정보공개 사이버시스템을 통해 원자력사업자나 일반국민들에게 제공하였다. 이 밖에 원자력안전과 관련된 원자력관계사업자로는 원자로설치·운영자, 핵연료주기사업자, 핵연료물질사용자, 핵원료물질사용자, 방사선동위원소등 허가·신고사용자, 폐기시설 등 건설·운영자 등이 있다.

② 책무성 관계

이 시기의 원자력안전을 위한 책무성 관계는 주로 관료제적 또는 관리적 책무성을 강화하는 데 초점이 맞추어졌다([그림 4-10] 참조). 교육과학기술부(현 과학기술정보통신부)를 중심으로 수직적·수평적·대각적 책무성 관계가 두드러진 반면에, 일반공중을 위한 안전 정보를 제공하고 토론 및 판단을 촉진하는 공공(민주적) 책무성 관계는 2002년 이후 제한적으로 발견된다.

먼저, 교육과학기술부는 원자력안전관리에 관한 정책목표와 기본방향에 관한 사항을 포함한 원자력진흥종합계획을 수립하였다. 교육과학기술부장관과 관계부처의 장은 종합계획에 따라 소관사항에 대하여 5년마다 부문별 시행계획을 수립하고, 부문별 시행계획에 따라 연도별 세부사업추진계획을 수립·시행하여야 한다(원자력법 제8조의3). 이 과정에서 교육과학기술부 → 원자력위원회 → 국무총리로 연결되는 수직적 책무성 관계와 교육과학기술부 → 관계부처의 장으로 연결되는 수평적 책무성 관계가 존재한다. 원자력안전에 관한 중요사항을 심의·의결하는 원자력안전위원회와 교육과학기술부장관의 관계는 동 위원회가 장관 소속이고 장관이 위원장으로 참여하기

11) 1994년 국제원자력기구의 주도로 제정된 원자력안전협약(Convention on Nuclear Safety) 제8조에 원자력이용기관과 원자력안전규제기관을 분리해야 한다는 원칙이 규정되면서 독립적인 원자력안전규제기관의 설치 필요성을 인식하고(황충만, 2019: 56), 「원자력법」 개정을 통해 설치되었다.

12) 1971년 이후 설치·운영되었던 원자로시설 안전심사위원회와 1989년 설립된 원자력안전전문위원회는 1997년 7월 1일 원자력안전위원회가 신설된 이후에도 동 위원회에 소속되어 계속 운영되었다(황충만, 2019: 66).

13) 「한국원자력안전기술원법」의 제정(1989.12.30)으로 1990년 설립된 법인으로 전문적 기술을 지원하는 조직(Technical Support Organization: TSO)이다.

14) 교육과학기술부 고시 제2008-29호(원자력이용시설의 사고·고장 발생 시 보고·공개 규정).

때문에 원자력안전위원회→교육과학기술부로 연결되는 수직적 책무성 관계로 파악된다.

그리고 원자력안전전문기관으로 분류할 수 있는 KINS와 KINAC은 교육과학기술부장관의 권한을 위탁받아 업무를 수행하므로 원자력안전전문기관→교육과학기술부로 연결되는 수직적 책무성 관계이며, 원자력안전정보센터의 경우도 KINS의 지원을 받았으므로 이 책무성 관계에 포함된다고 볼 수 있다.

원자력관계사업자는 관련 사업의 수행을 위해 교육과학기술부장관의 건설허가, 표준설계인가, 검사, 운영허가와 함께 안전성평가,[15] 신고, 등록, 보고 등을 할 의무를 부여받으므로, 원자력관계사업자→(원자력안전전문기관)→교육과학기술부로 연결되는 수직적 책무성 관계에 있었다.

원자력안전을 위한 공공 책무성 확보 측면에서 수직적 책무성 관계로 파악되는 것은 일부 원자력관계사업자→주민으로 연결되는 책무성 관계이다. 원자력관계사업자 중 발전용원자로 설치자와 방사성폐기물처리시설 등 건설·운영자가 방사선환경영향평가서를 작성함에 있어서 주민의견을 수렴하거나 공청회 등을 개최하도록 규

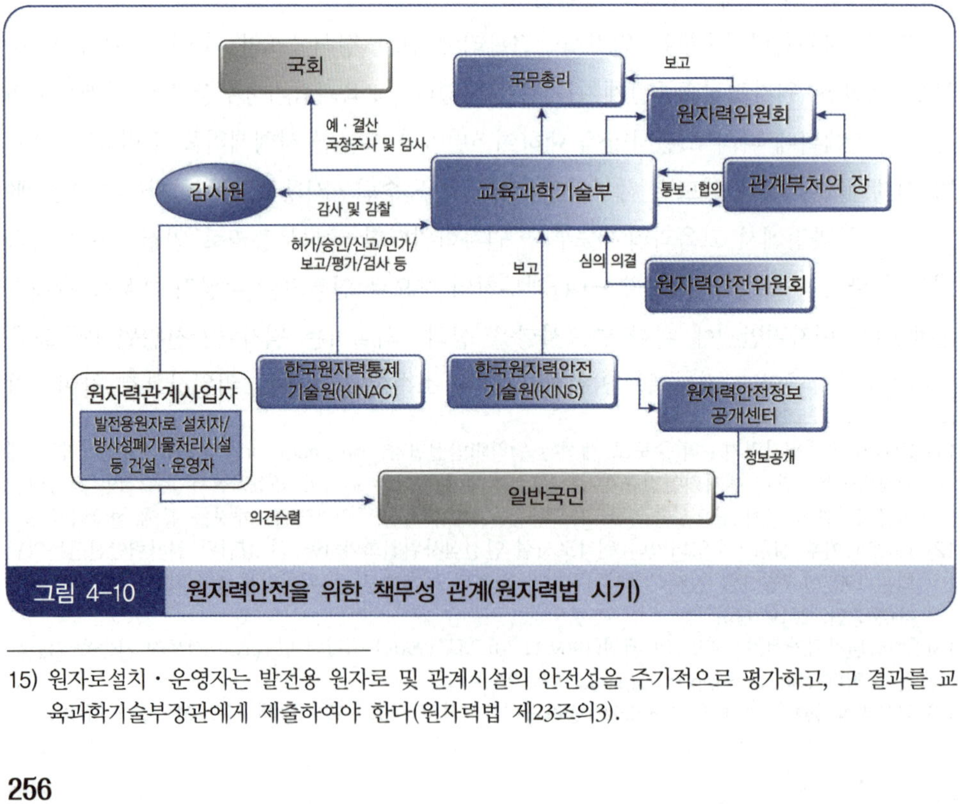

그림 4-10 원자력안전을 위한 책무성 관계(원자력법 시기)

15) 원자로설치·운영자는 발전용 원자로 및 관계시설의 안전성을 주기적으로 평가하고, 그 결과를 교육과학기술부장관에게 제출하여야 한다(원자력법 제23조의3).

정하고 있기(원자력법 제104조의5) 때문이다. 그리고 원자력안전정보센터와 일반국민 간의 책무성 관계 또한 수직적 책무성 관계로 파악할 수 있다.

이 시기에 원자력안전에 대한 감사원의 감사가 활발하게 이루어지지 못하였지만 교육과학기술부나 원자력안전전문기관이 감사 및 감찰 대상이기에 교육과학기술부→감사원(또는 국민권익위원회)으로 연결되는 대각적 책무성 관계는 존재하였고,[16] 교육과학기술부와 국회와의 수평적 책무성 관계도 국회의 권한 강화와 함께 예·결산 심사, 국정 조사 및 감사 등을 통해 점차 강화되었다.

③ 책무성 도구

원자력안전 관련 관리적 책무성 확보기제는 교과부를 중심으로 한 중앙통제 기제와 관련 부처 및 원자력관계사업자에 의한 조직통제 기제로 구분할 수 있으나 여기서는 중앙통제 기제 위주로 살펴보고자 한다. 먼저, 교육과학기술부는 원자력안전을 총괄 관리하는 중앙행정기관으로서 「원자력법」, 「한국원자력안전기술원법」 등 원자력안전 관련 법령을 관장한다. 그리고 5년마다 원자력진흥종합계획을 수립하면서 원자력안전정책의 방향을 설정하였다. 산하에 KINS, KINAC 등을 두고 핵물질 통제업무와 원자력안전규제업무를 수행케 한다. 그리고 원자력사업자 등을 대상으로 각종 인·허가, 승인, 신고, 보고, 검사 등 법적 권한을 행사하며 원자력안전을 직접적으로 통제하였다(〈표 4-12〉 참조). 또한 원자력발전소의 안전성 평가[17]를 관리하고 각종 기술기준[18]을 제시함으로써 원자력안전관리를 규제한다.

한편, 원자력사업자 및 원자력 관련 부처들은 원자력진흥종합계획의 부문별 시행계획을 수립하고 연도별 추진계획을 수립한다. 미래 한국의 추진 원동력으로 원자력의 비전을 제시한 제3차 원자력진흥종합계획(2007~2011)에서 여섯 가지 정책목표 중 원자력안전과 관련된 목표는 '안전성 제고를 통한 국민과 함께 하는 원자력 위상 강

16) 우리나라 감사원이 외부감사 기능과 함께 내부감찰 기능을 수행하고 있기에 감사원과 중앙행정기관 간의 책무성 관계를 행정부 내부의 관료제적 책무성 기제로 파악할 수도 있고, 행정부 외부의 민주적 책무성 기제로 파악할 수도 있다.

17) 「원자력법」 제23조의3(주기적 안전성평가) ① 발전용 원자로운영자는 대통령령이 정하는 바에 따라 발전용 원자로 및 관계시설의 안전성을 주기적으로 평가하고, 그 결과를 교육과학기술부장관에게 제출하여야 한다.

18) 2009년 현재 우리나라 원자력시설 및 활동에 대한 최상위의 기술기준은 「원자로시설 등의 기술기준에 관한 규칙」과 「방사선 안전관리 등의 기술기준에 관한 규칙」 등 2종의 기술기준 규칙, 그리고 원자로시설의 위치에 관한 기술기준 고시 등 87종의 교육과학기술부장관 고시가 존재하였다(교육과학기술부·한국원자력안전기술원, 2009: 55).

화'였고, 부문별 계획으로서 '원자력안전규제 종합계획'을 마련하고 이에 따라 연도별 추진계획을 교과부 및 KINS의 업무계획에 반영하여 추진하였다.

표 4-12 원자력안전 관련 관리적 책무성 도구

구분	행위	정보 생산		토론 및 평가
		행위자	포럼	포럼
수직적	1) 원자력진흥종합계획 수립	보고		심의 · 의결
	2) 원자로 건설	서류제출	검사	심사
	3) 핵물질 계량관리	서류제출	검사	심사
	4) 원자로 운영	서류제출	검사	심사
	5) 안전성 평가	결과제출		심의
	6) 원자로 및 시설 해체	계획서제출		확인 · 점검
	7) 핵연료주기사업	서류제출	검사	심의 · 의결
	8) 핵연료물질 사용	서류제출	검사	심사
	9) 기술기준 준수		검사	검사보고서 작성
	10) 핵원료물질 사용	신고서제출	검사	–
	11) 방사성동위원소 등 사용	서류제출	검사	심사
	12) 방사선발생장치 등의 설계	서류제출	검사	심사
	13) 폐기시설 등의 건설 · 운영	서류제출	검사	심사
	14) 방사성물질 등 포장 · 운반	신고서제출	검사	–
	15) 운반용기의 설계	서류제출	검사	심사
	16) 판독업무자 등록	서류제출	검사	심사
	17) 운전 및 취급 면허			면허시험
	18) 장해방어조치	보고		확인 · 점검
	19) 사업폐지등에 따른 조치	신고		확인 · 점검
	20) 방사성물질 도난 등	신고		확인 · 점검
	21) 방사선환경영향평가 등	보고	조사	심의
	22) KINS 사업계획 및 예산	자료제출		심의
	23) KINS 사업 및 결산보고	실적 보고		심의
	24) 원자력이용시설의 사고 · 고장	보고	조사	평가
수평적	1) 계획 수립	통보	통보	협의
	2) 위해시설 설치			협의
대각적	1) 원자력안전 관련	자료제출	내부감사	감사관회의

자료: 원자력법(2010), 한국원자력안전기술원법(1989), 원자력이용시설의 사고 · 고장 발생 시 보고 · 공개 규정(2008) 등 참조 재작성.

「원자력법」, 「한국원자력안전기술원법」 등에 규정되어 있는 원자력안전 관련 관리적 책무성 도구는 〈표 4-12〉에서 제시한 바와 같다. 관리적 책무성 확보를 위한 도구의 유형은 크게 두 가지, 즉 행위자의 행위에 대해 서류를 제출받아 일정한 기준에 부합하는지 여부를 심사하여 인·허가, 승인 등을 하고 후속적으로 검사를 통해 점검하는 방식과 보고·신고를 받고 심의 또는 확인·점검을 하는 방식으로 구분할 수 있다. 전자의 경우는 원자력관계사업자의 원자로 건설 및 운영, 핵연료주기사업, 핵연료물질 사용, 폐기시설 등의 건설·운영 등 원자력안전에 상당한 영향을 미치는 행위를 대상으로 한 책무성 확보도구인 반면, 후자는 핵원료물질 사용, 방사성물질 등 포장·운반 등 상대적으로 원자력안전의 위험 정도가 낮은 행위에 대한 관리적 통제 수단이라 할 수 있다.

한편, 「원자력법」 시기에는 법규명령에 기반한 원자력안전을 위한 공공 책무성 확보기제는 미미한 실정이었다. 원자력안전을 총괄하는 교과부와 일반국민을 직접적으로 연결하는 수직적 책무성 고리는 『원자력안전백서』 발간 등 일부 정보제공 활동에 그치고 있다. 반면에, 발전용원자로 설치자와 방사성폐기물처리시설 등 건설·운영자는 환경영향평가서 작성을 위해 주민 의견을 수렴하여야 하고, 주민 요구 시 공청회 등을 개최하도록 법에서 규정하고 있다. 다만, 2002년 교과부 고시에 의해 설치·운영된 원자력안전정보센터가 KINS의 협조 하에 정보공개 사이버시스템 등을 활용하여 일반국민, 원자력사업자 등에게 다양한 원자력안전정보를 제공하기 시작한 것은 고무적이라 할 수 있다.

그리고 공공적·수평적 책무성 확보 기제는 정부와 국회의 관계 속에서 견제와 균형을 위해 마련된 통제장치로서 국회의 예·결산 심사권은 원자력안전에 관한 국회의 통제 권한에 속한다. 이외에도 원자력안전과 관련하여 필요한 경우 국정조사를 실시할 수 있고, 정기적인 국정감사를 통해 교과부, 관련 부처, 원자력사업자에 대한 원자력안전 관련 업무 수행을 감시할 수 있다.

한편, 대각적 책무성 기제로서 독립적인 감사기구인 감사원은 고유권한인 직무감찰 및 회계검사 권한을 활용하여 교과부와 KINS 등의 운영이나 원자력안전 관련 정책 및 사업의 합규성, 효과성 등을 감사할 수 있다. 마찬가지로 국민권익위원회는 원자력안전 관련 부패행위신고나 공익신고가 접수되면 사실확인을 거쳐 조사기관에 이첩·송부한 후 그 결과를 신고자에게 통보할 수 있다.

민주화가 진전되면서 1990년대부터 시민단체 활동이 활성화되기 시작하였으나,

표 4-13 원자력안전 관련 공공 책무성 도구

구분	행위	정보 생산		토론 및 평가
		행위자	포럼	포럼
수직적	1) 원자로 환경영향평가(사업자)	의견수렴		공청회 등
	2) 폐기시설 환경영향평가(사업자)	의견수렴		공청회 등
	3) 원자력이용시설의 사고·고장(사업자)	공개		–
	4) 원자력안전정보(정보센터)	공개		
	5) 지역주민 정례회의(KINS)	질의응답		토론
수평적	1) 원자력손해 발생(정부)	보고		
	2) 국회 예·결산 심의	자료제공		심의
	3) 국정감사 및 조사	자료제출, 출석답변		감사 및 조사
대각적	1) 감사원 감사	자료제출, 답변		감사
	2) 국민권익위원회 신고	자료제출, 답변		사실 확인
사회적	1) 원자력안전 모니터제도		모니터링 참여	
	2) 원자력 반대활동 등		반대집회 등	공청회 등

자료: 원자력법(2010), 한국원자력안전기술원법(1989), 원자력이용시설의 사고·고장 발생 시 보고·공개 규정(2008), 원자력안전백서(2009) 등 참조 재작성.

원자력정책은 다른 정책 영역과는 달리 시민사회단체나 지역주민들의 자발적인 참여와 정책수렴이 제한적이었다(김길수, 2016: 75). 그럼에도 불구하고 1980년대 후반을 지나면서 원자력 피해보상, 방폐장 반대, 신규원전 입지 반대 등과 관련하여 시민단체와 주민들의 참여적 활동이 증가하는 경향을 보인다.

④ 부담책임

원자력안전과 관련하여 발생하는 부담책임은 행위자가 초래한 결과에 대한 정당한 처벌이나 보상을 받을 도덕적·법적 책임을 포함한다. 행위자의 유형을 원자력사업자, 정부, 이해관계자로 구분할 때 공직자를 포함한 정부와 이해관계자의 부담책임에 비해 원자력사업자의 부담책임은 막중한 편이었다. 원자력 관련 법령에서 원자력사업자는 자신의 행위에 대한 행정상 조치뿐 아니라 형사처벌과 함께 손해배상 책임을 진다. 「원자력법」에서 교과부가 위탁한 업무에 종사하는 기관 또는 관계전문기관의 임원 및 직원은 형법과 기타 법률에 의한 벌칙의 적용에 있어서는 공무원으로 의

제된다. 그리고 원자력손해배상법에 의하면 손해배상의 원칙으로 무과실책임이 적용되고 개인적 책임뿐 아니라 집단적 책임도 병과된다. 이는 원자력의 운전 등에 의한 원자력손해[19]가 사회에 미치는 영향이 중대하기 때문일 것이다.

반면에, 공직자를 포함한 정부의 경우 원자력 사업의 인・허가, 승인 등의 과정에 문제가 발견된 경우 시정, 보완, 정지 등 행정명령을 발동할 수 있고, 등록 및 면허 취소 등을 통해 직접적인 규제권한을 행사한다. 물론 원자력안전 관련 공무원이 도덕적, 법률적 규범에 따라 주어진 역할과 권한을 다하지 않았을 때 행정상・형사상・민사상 책임을 진다. 「원자력법」상 특징 중 하나인 비밀누설금지 의무는 이를 위반할 경우 10년 이하의 징역 또는 금고에 처하도록 규정하고 있는데, 이는 공무원의 관리적 책무성을 확보하는 데는 도움이 되지만 국민이나 국회를 대상으로 한 공공 책무성을 확보하는 데는 오히려 장애요인이 될 가능성이 높다.

지역주민을 포함한 이해관계자의 경우도 원자력안전과 관련하여 위해를 가하는 행위를 했을 때 그 경중에 따라 형사처벌과 함께 손해배상 책임을 진다. 그리고 원자력 관련 직무에 종사하거나 종사하였던 원자력위원회 및 원자력안전위원회의 위원인 민간전문가의 경우도 비밀누설금지 의무가 적용되고, 이를 어겼을 경우 형사처벌을 받게 된다. 투명성 제고를 통해 원자력안전을 위한 공공 책무성을 확보하기 위해서는 금지사항을 명시하는 네거티브 방식의 접근이 필요한 것으로 보인다.

(2) 원자력안전법[20] 시기(2011~2020년)

① 역할책임

이 시기에 원자력안전을 총괄하는 기관은 합의제 행정기관인 원자력안전위원회로 「원자력안전법」, 「원자력안전위원회운영법」 등 원자력안전 관련 법령을 관장한다. 그리고 위원회 산하에 KINS, KINAC, 한국원자력안전재단(KOFONS)[21] 등을 두고 원자력안전 연구, 핵물질 통제, 원자력안전 홍보 및 교육 등을 위탁・관리하였다. 동 위원회는 5년마다 원자력안전종합계획, 부문별 시행계획 등을 수립하여 원자력안전정책의

19) "원자력손해"라 함은 핵연료물질의 원자핵분열과정의 작용 또는 핵연료물질이나 그에 의하여 오염된 것의 방사선 작용 또는 독성적 작용에 의하여 생긴 손해와 비용을 말한다(원자력손해배상법 제2조 제1항).

20) 2011년 10월 26일 법률 제10911호로 제정된 후, 여러 차례 개정 과정을 거치면서 현재 시행 중.

21) 원자력안전재단은 원자력, 방사선의 예방적 안전관리 및 지원을 통해 방사선 위해로부터 국민을 보호할 목적으로 2012년 11월 한국방사선안전재단으로 설립되었다가 2015년 원자력안전재단으로 개칭하여 현재에 이르고 있다.

방향을 설정하고 연구개발사업계획 등을 수립하여 원자력안전 관련 연구개발을 지원하였다. 그리고 「원자력법」 체제 하에서와 마찬가지로 원자력사업자 등을 대상으로 각종 인·허가, 승인, 신고, 보고, 검사 등 법적 권한을 행사하며 원자력안전을 직접적으로 통제한다. 또한 원자력발전소, 원자로, 방사선폐기물처리시설 등의 안전성 평가를 관리하고 각종 안전관리기준을 제시함으로써 원자력안전관리를 규제한다. 사후적으로는 연차보고서 작성 및 국회 보고, 관할 정책 및 사업에 대한 자체평가 및 성과보고서 작성 등을 통해 원자력안전관리 성과를 자체적으로 관리하고 원자력안전 실태조사, 방사선 건강 영향조사 등을 통해 원자력이 국민에게 미친 영향을 모니터링하고 관리한다. 또한 원자력안전정보공개센터 운영 개선을 통해[22] 원자력안전정보를 적시에 체계적으로 제공하고 있다.

한편, 원자력사업자 및 원자력안전 관련 부처들은 원자력안전종합계획의 부문별 시행계획을 원자력안전위원회와 함께 수립하고, 연도별 추진계획을 수립하여 원자력안전 관련 업무를 수행하였다. 원자력안전과 관련된 자체적인 정책 및 규정을 마련하여 운영하기도 하고, 원자력안전기술원 등은 원자력안전 관련 정보시스템을 별도로 운용하였다. 관련 부처나 공공기관인 원자력사업자의 경우 원자력안전 관련 업무에 대한 자체평가 및 성과보고서 작성을 통해 사후적으로 성과를 관리한다.

② 책무성 관계

원안법 시기에도 원자력안전을 위한 책무성 체계가 여전히 관리적 책무성 확보에 초점이 맞추어져 있었다. 즉, 원자력안전의 관리 목적으로 원자력안전위원회 중심의 내부통제시스템 구축에 중점이 두어졌던 것이다. 2012년 기준으로 원자력안전을 위한 책무성 관계는 [그림 4-11]에서 제시한 것과 같다.

「원자력법」 시기와 비교할 때 교과부를 대체한 원안위 중심의 관리 책무성 체계는 큰 변화를 찾아보기 어렵다. 원자력진흥종합계획의 일부가 아니라 원자력안전종합계획을 별도로 수립하는 과정에 원안위→국무총리로 연결되는 책무성 관계와 원안위→관계부처의 장으로 연결되는 수평적 책무성 관계가 존재한다. 그리고 원자력안전전문기관으로 분류할 수 있는 KINS, KINAC, KOFONS는 원자력안전전문기관→원안위로 연결되는 수직적 책무성 관계이다.

22) 「정보공개법」에 근거하여 정보공개 대상 선정 절차, 신청 및 이의신청 절차를 표준화하였으며, 정보공개대상 선정에서 검토, 승인, 연계, 공개 과정 및 폐기까지 공개정보 생애주기 관리 프로세스를 개발하여 적용하였다.

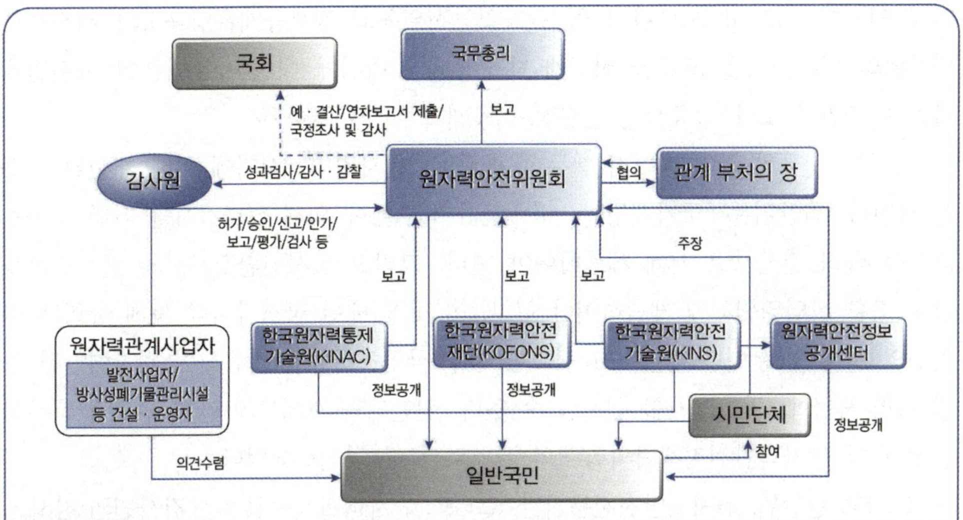

그림 4-11 원자력안전을 위한 책무성 관계(원자력안전법 시기)

원자력관계사업자는 원안법 하에서도 사업 수행을 위한 건설허가, 표준설계인가, 검사, 운영허가와 함께 안전성평가, 신고, 등록, 보고 등을 할 의무를 부여받으므로 원자력관계사업자 → (원자력안전전문기관) → 원안위로 연결되는 수직적 책무성 관계에 있는 행위자이다.

한편, 원자력안전을 위한 민주적 책무성 관계는 「원자력법」 시기보다 다소 개선되는 양상을 보이고 있다. 먼저, 원자로 및 폐기시설 설치 · 운영자와 주민을 연결하는 책무성 관계, 원자력이용시설의 사고 · 고장의 공개와 관련한 원자력관계사업자와 일반국민 간의 책무성 관계는 여전한 가운데, 원자력안전전문기관의 정보공개가 활성화되면서 「원자력법」 시기에 비해 원자력안전전문기관 → 일반국민으로 연결되는 책무성 관계가 두드러지게 나타났다.

이와 함께 교과부와 일반국민 간 수직적 책무성 관계가 미약했던 「원자력법」 시기와는 달리 원안위 → (원자력안전정보공개센터) → 일반국민으로 연결되는 수직적 책무성 라인이 현저하게 개선되는 모습을 보인다.[23] 원안법의 제정과 함께 원안위는 일반국민들에게 원자력안전에 관한 실태조사 결과나 원자력이용시설에 대한 건설허가 및 운영허가 관련 심사와 원자력안전관리에 관한 검사 결과를 공개할[24] 법적 의무를

23) 「공공기관의 정보공개에 관한 법률」이 1998년 시행되었으나 공공 및 행정기관의 정보공개가 활성화되는 데는 어느 정도의 기간이 소요되었다.

지게 되었다. 그리고 2011년 11월 원자력안전위원회 정보공개운영규정의 제정으로 원안위의 업무성격을 고려한 비공개 대상정보의 범위에 대한 세부기준이 마련됨에 따라 원안위의 보다 적극적인 안전정보 공개가 이루어졌다.[25)]

원안위와 국회 간의 수평적 책무성 관계도 「원자력법」 시기에 비해 개선된 모습을 보인다. 원안위는 「국가재정법」 및 「국가회계법」에 의해 성과검사를 거친 성과보고서를 국회 결산보고 시에 제출하여야 한다. 그리고 방사선환경조사의 실시결과를 국회 소관 상임위원회에 제출하여야 한다. 이 밖에 매년 국정감사를 통해 국회는 원안위의 정책 및 운영을 점검하고 필요한 경우 국정조사권을 발동하여 원자력안전 관련 특정 사항에 대해 조사를 실시할 수 있다. 원안위와 관계부처 간의 수평적 책무성 관계 또한 원자력안전정책협의회[26)]의 설치로 보다 공식화되었다.

그리고 원안위, 원자력안전전문기관, 그리고 원자력관계사업자는 감사원의 감사·감찰과 국가권익위원회의 조사 대상이 될 수 있기에 원안위·전문기관→감사원 또는 권익위로 연결되는 대각적 책무성 관계 또한 존재한다. 다만, 지난 10년 간(2012~2021)의 감사원 감사결과를 검색한 결과[27)] 다섯 건의 감사사항만 발견되므로 원자력안전에 대한 감사가 활발하게 이루어지지는 않은 것으로 판단된다.

한편, 후쿠시마 원전사고 이후 다양한 주체들이 참여하는 탈핵운동이 전개됨으로써, 시민사회의 연대와 협력을 강화하기 위한 위해 42개 시민·사회단체가 참여하는 '핵 없는 사회를 위한 공동행동'이 출범하였고, 2012년 2월 1일 현재 참여단체가 70여 개에 이르렀다(윤순진, 2015a). 원자력안전에 대한 시민단체의 관심이 증가하는 가운데 시민단체→일반국민으로 연결되는 사회적 책무성 관계도 중요한 책무성 관계로 부각되기 시작하였다.

③ 책무성 도구

원자력안전을 위한 관리적 책무성 도구는 원안법 제정 이후 안전규제 장치가 계속 추가됨에 따라 자기강화의 양태를 보여준다. 「원자력법」 시기의 수직적 통제 도구에 더해 원자력환경의 변화에 부응하여 일부 제도적 보강이 이루어졌다(〈표 4-14〉 참조).

---

24) 이 공개의무 조항은 후쿠시마 원전사고 발생 후 4년이 경과한 2015년 6월에 신설되었다. 그러나 이마저도 국가의 중대한 이익을 현저히 해칠 우려가 있는 경우에 공개하지 않도록 규정하고 있다(원자력안전법 제103조의2).
25) 이에 대해서는 원안위가 매년 발간하는 원자력안전연감을 참조하기 바란다.
26) 국무총리훈령(원자력안전정책협의회 규정)에 의해 2015년부터 운영.
27) https://www.bai.go.kr/bai/result/branch/list 참조.

표 4-14 원자력안전 관련 관리적 책무성 도구(원안법 시기)

구분	행위	정보 생산		토론 및 평가
		행위자	포럼	포럼
수직적	1) 원자력안전종합계획 수립	보고		심의·의결
	2)~24)	〈표 4-12〉와 동일		
	25) 안전관련설비 설계 등 계약(2014)	신고(보고)		
	26) 발전용원자로 및 관계시설의 해체 상황 및 완료(2015)	보고		확인·점검
	27) 안전재단 정관 제정·변경	인가신청		심의·의결
	28) 안전재단 임원 선임	승인요청		심의·의결
수평적	1) 종합계획 수립 및 변경	자료협조		협의
	2) 부문별 시행계획 수립	통보		협의
	3) 위해시설 설치			협의
	4) 원자력안전정책 협의조정	보고	의견제시	협의(협의회)
대각적	1) 원자력안전 관련 내부감사	자료제출	감사 및 조사	감사관회의
	2) 안전 관련 비리 등(옴부즈맨)(2013)	제보	조사	검증

자료: 원자력안전법(2011; 2014; 2015; 2018; 2021), 원자력안전위원회의 설치 및 운영에 관한 법률(2011; 2019), 원자력안전기술원법(2020), 원자력이용시설의 사고·고장 발생 시 보고·공개 규정(2012), 원자력안전정책협의회규정(2014) 등 참조 재작성.

이외에도 원자력안전종합계획의 시행과 관련하여 관계부처와의 수평적 책무성 장치가 보완되었고, 2013년 옴부즈맨의 설치로 비리 등 위험요인을 완화하기 위한 대각적 책무성 기제도 개선되었다.

한편, 「원자력안전법」 시기에는 원자력안전을 위한 공공 책무성 확보기제가 차츰 그 틀을 형성해 가는 것을 볼 수 있다. 먼저, 원안위와 일반국민을 연결하는 수직적 책무성 확보장치는 연차보고서의 공개뿐 아니라 법규명령에 따른 직접적인 정보 제공이 이루어졌다. 원안법 개정(2015; 2016)을 통해 원안위가 원전 관련 정책을 수립하는 경우 원전 인근 주민의 의견수렴을 강화하도록 하였고, 원자력이용시설에 대한 건설허가 및 운영허가 관련 심사결과와 원자력안전관리에 관한 검사결과 등을 적극적으로 공개하도록 하였다. 그리고 원안위 정보공개운영규정에 따라 홈페이지나 원자력안전정보센터를 통해 안전관련 정보를 적극적으로 제공하기 시작하였다.

한편, 원자력관계사업자(발전용원자로 및 관계시설의 건설자, 방사성폐기물 처분시설 또는 사용후핵연료 저장시설의 건설·운영자)는 환경영향평가서의 공람과 함께 공청회를 개최하여 의견을 수렴토록 하였다.

이와 함께 국회와의 수평적 책무성 확보 기제도 강화되었는데 기존의 결산심사, 국정감사 및 조사, 원자력손해 발생 보고 등 외에도 매년 연차보고서를 국회에 제출토록 하였고(원안위법 제16조), 방사선환경조사의 실시결과를 국회 소관 상임위원회에 제출토록 하였다(2021년 원자력안전법). 지방자치단체와 관계에서도 원전 관련 정책의 수립 시 지방자치단체장이 공청회 개최를 요구할 수 있도록 법 개정(2015)이 이루어졌다.

한편, 대각적 책무성 도구 면에서 특징적인 변화는 「국가회계법」 개정에 따른 성과검사제도의 도입으로 국회 결산심사를 위해 원안위 성과보고서에 대한 감사원의 검사가 매년 이루어졌다는 점이다. 그리고 원자력안전에 대한 감사가 제한적으로 이루어지고 있는 가운데, 국회감사청구에 의한 원전 감사[28]가 이루어진 것도 특징적이다.

표 4-15 원자력안전 관련 공공 책무성 도구(원안법 시기)

구분	행위	정보 생산		토론 및 평가
		행위자	포럼	포럼
수직적	1)~5)	〈표 4-13〉과 동일		
	6) 연차보고서(원안위)	공표		
	7) 원전 관련 정책 수립	자료제공		공청회 등
	8) 원자력이용시설 건설 · 운영 심사결과	공개		
	9) 원자력안전관리 검사결과	공개		
	10) 발전용 원자로 해체	계획서 공개		의견수렴
수평적	1)~3)	〈표 4-13〉과 동일		
	4) 출석 · 답변(위원장)	보고, 답변	질의	
	5) 연차보고서	보고		
	6) 방사선환경조사 결과	제출		
대각적	1)~2)	〈표 4-13〉과 동일		
	3) 성과보고서 검사	제출	검사	감사위원회
사회적	1)~2)	〈표 4-13〉과 동일		
	3) 탈핵운동	주장	참여	각종 행사

자료: 원자력안전법(2011; 2014; 2015; 2018; 2021), 원자력안전위원회의 설치 및 운영에 관한 법률(2011; 2019), 원자력안전기술원법(2020), 원자력이용시설의 사고 · 고장 발생 시 보고 · 공개 규정(2012), 원자력안전정책협의회규정(2014), 원자력안전연감 등 참조 재작성.

28) 2019년 국회의 감사청구로 월성 1호기 경제성 평가에 대한 감사가 이루어졌다.

④ 부담책임

원자력안전법 제정 이후에도 원자력안전과 관련하여 발생하는 행위자의 부담책임은 계속 가중되고 있는 것으로 보인다. 2014년 원안법 개정을 통해 안전 관련 설비에서 허가기준에 적합하지 않은 사항의 보고 의무를 위반할 시 벌칙이 신설되었고, 과징금 및 과태료 부과 상한액은 증액되었으며, 금고형을 징역형으로 통일시키고, 위반행위 신고자에 대한 포상금제도를 신설하였다.

3 분석 종합

「원자력법」 시기와 「원자력안전법」 시기로 구분하여 책무성 체계의 변화를 분석한 결과를 종합하여 제시하면 다음과 같다.

첫째, 「원자력법」 시기에는 원자력안전에 대한 관리적 책무성 확보에 중점이 두어졌으며 이러한 경향은 원안법 시기에도 계속 강화되는 경향을 보인다.

둘째, 「원자력법」 시기의 초기에는 국민에 대한 공공 책무성 확보장치가 미흡했으나 민주화가 진행되면서 점차적으로 확대되었고, 원안법 시기에는 민주적 책무성 확보장치가 더욱 강화되는 경향을 보이고 있다.

셋째, 「원자력법」 시기의 초기에는 수직적 공공 책무성 관계가 원자력사업자→원전지역 주민 간 관계 위주였으나, 후기에는 교과부·원자력안전전문기관·원자력사업자→일반국민 간 관계로 확대되는 경향을 보였다. 그리고 원안법 시기에는 교과부→일반국민, 원자력안전전문기관→일반국민, 원자력사업자→원전지역 주민으로 수직적 책무성 관계가 다양화되는 양상을 보였다.

넷째, 「원자력법」 시기에는 국회와의 수평적 공공 책무성 관계가 미흡하였으나 원안법 시기에는 국회의 권한 강화와 함께 국회에 대한 설명책임을 확보하는 책무성 도구가 증가하였다.

다섯째, 「원자력법」 시기에는 내부감시기구에 의한 대각적 관리 책무성 위주였으나, 원안법 시기에는 독립적 감시기구(감사원, 권익위 등)와의 대각적 책무성 관계가 강화되었다.

여섯째, 「원자력법」 시기에는 원전사고, 방폐장 설치 등과 관련하여 간헐적인 반대운동이 목격되지만 원자력안전을 위한 사회적 책무성 관계가 뚜렷하지 않았으나 원안법 제정 이후에는 탈핵운동에 관여한 시민·사회단체의 증가 등으로 사회적 책무성 관계가 강화되었다.

일곱째, 책무성 확보도구의 경우 「원자력법」 시기에는 일방적 관리통제 도구 위주였던 반면에, 원안법 시기에는 관계를 뒷받침하는 법규 명령 및 자발적 혁신에 의한 민주적 책무성 확보 장치가 속속 도입되었다.

여덟째, 책무성 확보를 위한 부담책임의 측면에서는 시간이 경과함에 따라 원자력안전총괄기관, 원자력안전전문기관, 원자력관계사업자, 원자력관계전문가들의 도덕적・법적 책임이 강화되는 경향을 보이고 있다.

4 향후 책무성 메커니즘의 변화

2022년을 기점으로 원자력안전을 위한 책무성 체계에 더 많은 변화가 일어날 것으로 예상된다. 2021년 5월 23일 국회를 통과한 「원자력안전소통법」은 원자력안전에 관한 사회적 합의의 결과물로서 원안법 시기보다 더욱 원자력안전을 위한 민주적 공공 책무성을 강화시키는 방향으로의 책무성 혁신을 촉진할 것이다.

원안위는 사실 「원자력안전소통법」 제정 이전에도 원자력안전에 대한 국민 신뢰를 제고하기 위해 다양한 시민참여제도를 도입・운영하였다. 그 대표적인 사례가 제3차 원자력안전종합계획(2022~2026) 수립을 위해 '원자력안전 국민참여단'을 구성・운영한 것이다(원자력안전위원회 외, 2021). 이러한 노력은 법규명령에 의한 것이라기보다 자발적인 거버넌스 혁신 노력의 결과이다. 그러나 책무성 확보 메커니즘이 법규명령에 의해 뒷받침되지 않으면 지속가능한 제도적 운영을 담보할 수 없기 때문에 원자력안전소통법의 제정은 자체 규정이나 지침 등에 의해 운용되고 있던 책무성 확보장치의 법적 근거를 제공하고 지역주민 등 국민을 대상으로 한 원자력안전정보의 공개주체 및 방식 등을 개선하였다는 점에서 그 의의가 크다고 할 것이다.

「원자력안전소통법」의 구체적인 내용을 살펴보면, 먼저 정부와 원자력안전정보관계기관[29]의 원자력안전정보 공개원칙을 천명하고(동법 제4조), 원자력안전정보를 네거티브 방식으로 비공개 대상 정보를 제외하고 공개 대상으로 하였다(동법 제6조). 그리고 원자력안전정보를 효율적으로 공개하기 위하여 원자력안전정보공유센터를 원자력발전소 주변 지역을 관할하는 지방자치단체 내에 설치하거나 필요한 전문인력과

29) 원자력사업자, 원자력안전정보공유센터, 한국원자력통제기술원, 한국원자력안전재단, 한국원자력안전기술원을 말한다(원자력안전소통법 제2조).

시설을 갖춘 기관 또는 단체를 원안위가 지정하여 운영하도록 하였다(동법 제5조). 원자력안전정보관계기관이 지역주민에 원자력안전정보를 공개할 의무를 부여하고(동법 제9조), 원자로 및 관계시설의 주변지역을 관할하는 지방자치단체 및 지역주민과의 정보공개 및 소통을 위하여 해당 기초자치단체, 광역자치단체, 주민대표 등이 참여하는 원자력안전협의회를 구성 · 운영하도록 하였다. 그리고 원자력안전과 관련된 중요 정책을 수립할 때 원안위가 직접 공청회를 개최하도록 하였다(동법 제15조).

이러한 내용의 「원자력안전소통법」 제정으로 시행령 및 시행규칙이 마련되면 [그림 4-12]와 같은 원자력안전 책무성 확보체계를 갖춤으로써 원자력안전을 위한 공공 책무성 체제의 혁신이 더욱 진전될 것으로 예상된다.

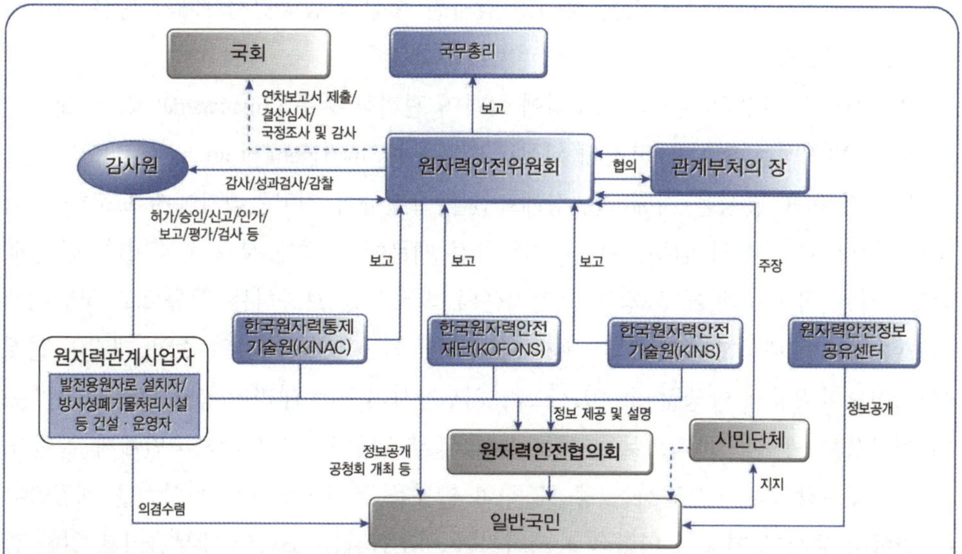

그림 4-12 원자력안전소통법 이후의 원자력안전 책무성 확보체계

그러나 그동안의 원자력안전 책무성 체계의 변화를 살펴보면 자발적인 거버넌스 혁신노력을 법규명령에 의한 공공 책무성 확보기제가 소환하는 방식으로 변화해 온 것을 볼 수 있다. 원자력 정보의 복합적 성격 때문에 여전히 전문가주의와 비밀주의가 엄존하고 있지만 안전가치는 중요한 공공가치로 부상하고 있는 상황에서 시민참여의 활성화로 원자력안전 책무성 체계의 혁신은 계속 진화될 것이다.

제 4 절 공공감사의 책무성 확보체계

1 서론

공공감사는 공공부문의 감사(public sector auditing)를 의미한다. 따라서 공공감사는 공공부문의 내·외부 감사를 포괄하는 개념으로 우리나라의 경우 감사원 감사와 자체감사를 통칭한다고 본다. 공공감사기준에 따르면 자체감사는 감사원의 감사를 받는 기관·단체의 장이 당해 기관·단체, 그 하급기관·단체 또는 산하기관·단체 등에 대하여 실시하는 감사로서 감사원의 피감기관에 의한 내부 및 외부감사를 의미하며, 다른 나라에서는 사용하지 않는 용어로 감사원 중심의 공공감사체계가 낳은 산물이 아닌가 생각한다.

일반적으로 내부감사는 해당 조직에 속하여 관리적 책무성(managerial accountability) 관계를 뒷받침하는 역할을 하기에 위험관리감사(risk management audit)라 부르기도 하는데, 조직 목표 달성을 저해하는 장애요인을 발견하여 최고관리자에게 보고하여 시정케 함으로써 조직의 임무 수행을 지원하기 때문에 그렇게 부르는 것이다. 반면에, 외부감사는 국민(고객)에게 정부 재정지출의 적정성을 보증하는 활동으로 국민에게 정확한 정보를 제공하는 것이 그 존재 목적이다. 국민과 정부 간의 주인-대리인 관계에서 정보비대칭이 발생할 수 있으므로, 외부감사기구는 대리인(공직자, 공공기관 등)의 책무성을 확보할 목적으로 감사를 통해 정부 활동의 적정성을 국민에게 알린다. 따라서 내부감사와 외부감사는 공공조직의 활동을 조사·평가하여 확인을 제공한다는 점에서 유사한 기능적 역할을 수행하지만 내부감사는 조직의 내부관리를 위한 관리적 책무성 확보의 수단이고, 외부감사는 국민(고객)을 위한 책무성 확보의 수단이라는 점에서 서로 다른 책무성 체계 하에서 작동하고 있음을 알 수 있다.

이러한 차이에도 불구하고 내·외부 감사기구는 공통적인 업무 영역에서 역할분담을 통한 협력 기회를 가진다. 이에 따라 공공부문 외부감사 운영에 있어 가장 기본이 되는 원칙을 수록한 리마선언(1977)에서는 최고감사기구와 내부감사의 협력 관련 원칙을 규정하고 있다. 국가별로도 미국, 영국, 독일, 캐나다 등 선진국 감사기구들은 효율적 감사 활동을 위해 감사기구 간 효과적인 조정과 협력의 필요성을 관련 법령에서 밝히거나 단일감사, 공동감사 등 구체적인 감사정책을 규정하고 있다(박희정 외,

2023). 특히, 우리나라의 경우 감사원이 「헌법」 및 「감사원법」에 의해 자체감사 총괄 기능을 보유하고 있으며, 「공공감사에 관한 법률(이하, 공공감사법)」에서 감사기구 간 협력을 통한 감사 효율화로 공공감사 활동체계를 개선할 수 있도록 구체적으로 그 내용을 제시하고 있다(공병천, 2020).

공공감사의 책무성 체계에 관한 연구는 외부감사기구, 내부감사기구를 각각 구분하여 별도로 수행될 수 있으나 여기서는 지면 관계상 감사원을 중심으로 감사기구 간 관계에 초점을 맞추고 책무성 체계를 살펴보고자 한다. 책무성은 관계에 의해 발생하고 어떠한 관계인지에 따라 역할책임, 설명책임, 부담책임이 작동하는 책무성 체계가 달라질 수 있는데, 우리나라에서는 이러한 책무성 체계 관점에서 감사기구 간 관계를 다룬 연구들이 희소하기에 이 책에서는 공공감사의 책무성 체계 분석을 통해 책무성 결함(accountability deficiency)을 파악하고 개선과제를 제시하였다는 점에서 그 의미가 있다고 생각한다.

2 책무성 체계 분석틀

책무성에 관한 많은 정의가 존재하지만, 그 핵심은 어떤 권한 보유자(authority)에게 자신의 행위를 알리고 정당화해야 할 의무이다(Bovens, 2007; Lindberg, 2013; Mulgan, 2000; Thynne & Goldring, 1987). 책무성은 대리인 A(accountor)와 포럼 F(forum) 사이의 관계로 설명할 수 있는데, 이는 A가 F에게 자신의 행위를 정당화해야 하고, F는 그러한 정당화에 근거하여 A를 감독하고, 질문하고, 판단을 내리게 된다(Bovens, 2007: 450). A와 F는 반드시 자연인이거나 집단구성원일 필요는 없으며, 집단이나 법인일 수도 있다.

어떤 관계에 기반한 책무성은 논리적으로 선행하는 또 다른 관계, 즉 A가 권한을 대행하는 일부 과업 T(조치, 서비스 또는 행할 수 있는 권한 등)를 주인 P(principal)가 (경우에 따라 암묵적인) 대리인 A에게 위임하는 관계를 보충하는 것이기도 하다(Lindberg, 2013; Mulgan, 2003). 여기서 P와 A가 다를 수 있음에 주목해야 하는 바, A는 P에 의해 T를 위임받지만 T에 대해 F에게 책임을 질 수도 있다. 따라서 책무성은 두 변수 또는 세 변수 간의 관계가 될 수 있다. 여기서 우리의 관심은 책무성 그 자체를 이해하는 것이므로 F=P라고 가정하고, 따라서 필요에 따라 포럼과 주인을 호환적으로 사용하고자 한다.

이러한 용어 정의에 따르면, 책무성 관계는 내용상으로 보아 응답가능성(answer-ability)을 내포하는 것으로 모델링할 수 있다(Akpanuko & Asogwa, 2013; Olsen, 2017). 응답가능성은 권한 인정(authority recognition), 심문(interrogation), 권한의 제한(limitation of power) 등 응답가능성 실현을 위한 필요조건을 갖추어야 하는데 이에 대해 살펴보면 다음과 같다.

권한 인정은 과업의 위임에서 비롯되며 상호적이다. P(예컨대, 시민)는 A(예컨대, 공직자)에게 자신의 이익을 위해 봉사할 권한을 부여하는 반면, A는 F(P)가 그러한 이익을 위해 봉사해 온 방식에 대해 책임을 물을 것임을 인식한다. 권한 인정이 없다면 책무성은 단지 '신중하고 호의적인 보고 또는 정보 제공'에 불과할 것이다(Mulgan, 2003: 11). 그러나 권한 인정만으로는 충분하지 않은데, 이는 책무성 관계의 기준과 절차의 정당성 또한 인정될 필요가 있기 때문이다(Grant & Keohane, 2005).

심문(혹은 설명 및 토론)은 A가 F의 감시에 노출되어 있다는 사실을 말하는데, 만약 그렇지 않다면 '책무성'과 '도의적 책임'의 전통적 구분이 무너질 것이다. 실제로 책무성은 외부적 관점의 정밀 조사를 전제하는 반면, 도덕적 책임은 내부적 관점, 즉 '자신의 임무와 의무에 대해 자유로운 선택과 정당한 관심을 가지고 행동할 수 있는 능력'을 전제로 하는 해당 기관의 자기 판단만을 의미할 수 있다(Mulgan, 2003: 15). 자신에게 책임을 진다는 것은 전혀 책임을 지지 않는다는 것을 의미한다.

권한의 제한은 F가 A의 업적을 모니터링하고 그 결과를 평가할 수 있도록 함으로써 위임받은 T의 전횡을 억제하는 것이다(Lindberg, 2013; Mulgan, 2003). 민주주의 체제하에서 위임받은 권력에 대한 효과적인 억제장치로서의 책무성은 해당 권력 자체의 정당성을 위한 전제조건이다. 실제로 민주주의 그 자체의 개념 정의는 책무성에 근거한 것이라 여겨진다. 이에 대해 슈미터와 칼(Schmitter & Karl, 1991)은 "현대의 정치적 민주주의는 공공 영역에서 통치자들이 그들의 행동에 대해 시민들에게 책임을 지는 통치 체계이다 […]"라고 피력하고 있다(Schmitter & Karl, 1991: 76).

응답가능성 관점으로 책무성을 이해하는 것과 그것의 세 가지 필요조건을 이해하는 것은 진일보한 일이지만, 응답가능성을 포함하는 책무성이 어떻게 구성되고 적용되는지를 파악하기 위해서는 더 많은 분석이 필요하다.

응답가능성을 포함하는 책무성 관계의 특징적 요소들은 다음과 같이 정리할 수 있(〈표 4-16〉 참조). 즉, ① 역할범위(무엇에 대한 책무성인가?), ② 대리인(누가 책임을 지는가?), ③ 포럼(누구에게 설명을 제공해야 하나?), ④ 평가기준(무엇에 따라 책임을 지나?),

표 4-16 책무성 체계의 구성요소

요소	설명
1. 역할범위(무엇에 대해?)	책임 있는 대리인에 의한 행위, 서비스, 결정 등 주어진 과업
2. 대리인(누가?)	위임된 권한을 행사하는 실체(개인, 조직 등)
3. 포럼(누구에게?)	실제 심사와 감독에 참여하는 실체; 과업의 위임을 통해 이익을 제공받는 자
4. 평가기준(무엇에 따라?)	책임 있는 대리인의 행위가 평가받는 원리, 규칙 등
5. 설명 과정(어떻게?)	대리인이 설명하도록 요청받는 절차
6. 평가 결과(제재나 보상은?)	책무성 평가에 의해 촉발되는 공식적·비공식적 결과

자료: Novelli, Taddeo, & Floridi(2023) 참조 재작성.

⑤ 설명 과정(어떻게 책임을 지나?), ⑥ 평가 결과(그래서 어떤 제재나 보상이 뒤따르는가?) 등이다.

3 공공감사 책무성 체계 분석 결과

1) 한국 정부의 책무성 체계와 감사원의 역할

공공 자원에 대한 제1차적 관리책임은 수입, 지출, 공공서비스 제공을 담당하는 행정부 소속기관들이 지며, 이 기관들이 어떻게 과업을 수행하는지에 대한 설명책임은 수직적·수평적 책무성 관계 속에서 이루어져 왔다. 정부재정 및 정책·사업에 대한 책임은 전통적으로 ① 국민-행정관료 및 의회 의원, ② 의회 및 감사기구-행정부 간의 관계 속에서 설명되고 추궁되었다. 즉, 정기적인 선거를 통해서 집권 정부의 성과에 보상·제재하거나(수직적 책무성), 독립적인 국가기관, 즉 전형적으로 의회와 외부감사기구 등에 의한 감시(수평적 책무성)를 통해 이루어져 왔다. 이러한 수직적·수평적 책무성 관계는 정부 책무성 체계의 기본모형이라 할 수 있다.

그러나 우리나라의 경우는 최고감사기구인 감사원이 대통령 직속으로 대통령과 국회에 보고하는 혼종적(hybrid) 책무성 기구로 작동하고 있기 때문에 대다수 선진국의 사례에서 보는 것처럼 국회를 위해 일하는 수평적 책무성 기구의 역할뿐 아니라 행정부 내부의 관리적 책무성 체계 속에서 기능하는 대각적(diagonal) 책무성 기구로서의 역할까지 수행한다. 헌법 기구로서 감사원의 이러한 위상은 1987년 헌법에 기초하고 있으며,[30] 이러한 위상은 제6공화국에서 입법부의 권한이 지속적으로 확대되는

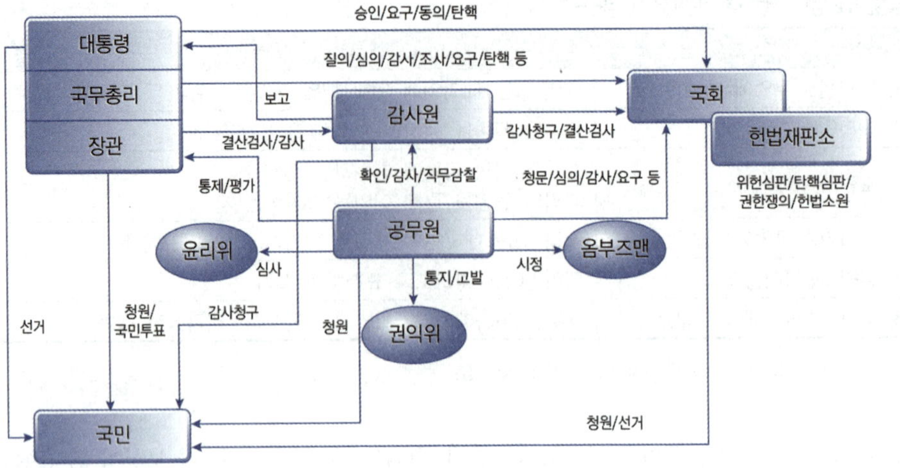

그림 4-13 한국 정부의 책무성 체계(제6공화국)

가운데서도 큰 변화가 없었다([그림 4-13] 참조).

이러한 혼종적 책무성 기구로서의 성격에 의해 감사원은 행정부의 내부감사기구(직무감찰)와 외부감사기구(결산 및 회계검사)로서 두 가지 기능을 동시에 수행하여야 하는 난제를 떠안고 있다. 감사원이 자체감사기구 총괄기관으로서 공공감사 체계 내에서 조정자 역할을 수행하는 것도 이러한 제도적 맥락에 기인한 것이다. 정부 책무성 체계 내에서 감사원의 이중적 역할은 국가발전 과정에서 공직사회의 부정부패를 척결하는 데 상당히 기여한 부분이 있고, 이 점은 개발도상국이 효율적인 국가감사 체계를 구축하는 데 모범사례가 될 수 있을 것이다.

그러나 이러한 혼종적 책무성 관계는 입법부의 권한이 확대되면서 책무성 결함(accountability deficiency)을 노정하기도 한다. 제왕적 대통령제를 비판하는 국민적 우려 속에서 국회는 지속적으로 그 권한을 확대해 왔는데, 그 결과 국회는 선진국에서는 찾아보기 힘든 행정부에 대한 국정감사권, 감사청구(요구)권(2003년) 등을 가지고 행정부를 압박할 수 있게 되었다. 특히, 국회의 국정감사권은 감사원의 외부감사 기능을 침식하면서 삼권분립을 훼손하는 측면이 있고, 감사요구권은 최고감사기구의 독립성을 제약하는 부작용을 낳을 수 있다. 더 나아가 독립적인 반부패기구의 성장도

30) 1963년 이후 감사원의 헌법적 위상은 변화가 없으나 행정부, 입법부, 사법부, 국민 등의 관계는 변화해 왔기 때문에 1987년 제6공화국 헌법을 기준으로 정부의 책무성 체계를 살폈다.

감사원의 직무감찰 기능과 길항관계를 심화시킨다. 김대중 정부 말기(2002년)에 부패방지위원회로 출범한 국민권익위원회는 반부패 총괄기관으로 행정심판, 고충처리, 부패방지 등의 업무를 비교적 독립적으로 수행할 수 있는 합의제 행정기관으로 자리매김하고 있다.

이러한 위험요인에 대응하여 감사원도 적극적인 혁신 노력을 경주하였는데, 국민감사청구제도(2002년), 국회감사청구(요구)권(2003년)[31) 등 시민사회와의 협력을 통한 감사를 지향하는 제도적 정비가 이루어졌고, 결산검사 및 성과감사를 내실화하기 위한 일련의 조치들이 이루어졌다. 특히, 2004년에는 기존의 성과감사를 보다 발전시킨 감사접근방법으로 시스템감사를 도입하기도 하였다. 앞으로도 정부 책무성을 확보하기 위한 다양한 제도적 장치들이 도입될 것이고 이러한 경향은 앞으로 더욱 강화될 것으로 판단되며, 향후 헌법 개정 시에는 새로운 시대에 부합하는 보다 체계적인 정부책무성 체계의 구축과 함께 감사원의 역할과 정체성 또한 새롭게 규정될 것으로 예상된다.

2) 감사원의 책무성 체계

앞서 정부 책무성 체계 내에서 감사원의 책무성 체계는 혼종적 책무성 관계로 특징지어진다고 하였는데, 이는 감사원이 수행하는 주요 업무별로 역할분담이 어떻게 이루어지고 있는지를 보여주는 RASCI 모델(〈표 4-17〉 참조)을 통해서도 알 수 있다.

RASCI 모델은 조직의 역할책임을 4~5개 유형으로 구분하여 역할 배분이 어떻게 이루어졌는지 보여주는 매트릭스를 제공한다(박희정 · 오윤섭, 2023). 해당 모형에서 R(Responsible)은 누가 수탁받은 해당 업무를 수행할 책임을 가지는지? 즉, 업무책임자를 의미하고, A(Accountable or Approver)는 누가 그 결과에 대해 책임을 지는지? 즉, 최고승인권자(피보고자)를 의미하며, S(Support)는 누가 해당 업무 과정에서 지원을 제공하는지? 즉, 지원자를 의미하고, C(Consulted)는 누가 해당 업무에 대해 조언이나 컨설팅을 제공하는지? 즉, 조언자를 의미하며, 마지막으로 I(Informed)는 누가 해당 업무의 진행 상황이나 결과에 대해 정보를 제공받는지? 즉, 정보수요자를 의미한다. 여기

31) 2003년 개정 「국회법」에서는 국회가 감사원에 대하여 사안을 특정하여 감사청구를 할 수 있도록 하고, 감사원은 3월 이내에 그 감사의 결과를 국회에 보고하도록 하며, 감사원이 특별한 사유로 그 기간 이내에 감사를 마치지 못할 경우에는 2월의 범위 이내에서 연장할 수 있도록 하였다. 국회감사청구제도는 2010년 「국회법」 개정을 통해 감사요구제도로 변경되었다.

표 4-17 감사원의 주요 업무별 역할분담

구분	감사원	대통령	국회	공공부문/공무원	일반국민
결산확인	R	A	A	I	I
회계검사	R	A (수시보고)		I(시정요구)/ I(처분요구, 변상판정, 고발)	I
직무감찰	R	A (수시보고)		I(통보)/ I(처분요구, 고발)	I
성과감사	R 성과감사	A (수시보고)		I(개선요구, 권고, 통보)	I
재심의	R			I(기관, 본인)	
심사청구	R			I(통지)	
감사청구	R (공공, 국민, 국회)		A (국회감사 요구)	I(통지)	I

서 정보수요자는 해당 업무와 관련된 고객뿐 아니라 수혜자, 일반 공중 등을 포함하는 것이다. 우리가 공직자나 공공조직이 수행하는 업무나 활동에 대한 역할책임을 RASCI 모델을 적용하여 분류하게 되면 책무성 관계를 특징짓는 내부적 · 외부적 책무성 라인을 확인할 수 있다.

감사원의 결산확인 업무는 대통령과 국회에 결산검사보고를 하고 결산검사보고서를 행정부에 송부하고, 일반국민에 공개된다는 점에서 정부재정에 대한 수평적 책무성 확보를 위한 과정 속에서 작동한다. 반면에, 회계검사의 경우는 대통령에게 수시보고를 할 수 있고 감사결과가 소속기관장이나 회계관계직원에게 처분(요구) 형식으로 전달되고, 해당 감사결과가 공개된다는 점에서 내부감사기구에 의한 대각적 책무성 확보기제로 파악되며, 또한 회계검사 결과가 결산검사보고서에 포함되므로 수평적 책무성 관계의 성격도 함께 갖는 것으로 판단된다.

직무감찰 업무의 경우는 행정기관 등의 사무와 그 소속 공무원 등의 직무 및 이와 관련된 행위에 대한 감찰을 통해 잘못을 시정하는 내부통제 기능으로 대각적 책무성 확보를 위해 작용하는 것으로 파악할 수 있다. 성과감사의 경우는 직무감찰이나 회계검사의 연장선에서 이루어지는 활동으로 대각적 책무성 관계로 파악할 수 있으며, 정부의 정책 · 사업이 제대로 이루어지고 있는지 확인하고 국민(국회)에게 이를 알리는 민주적 · 수평적 책무성 관계를 담보하기 위한 장치로 인식하는 데는 한계가 있어 보인다. 재심의나 심사청구의 경우도 계층제적(관리적) 책무성 체계 내에서 이루어지는 대각적 책무성 관계로 파악할 수 있다.

다만, 감사청구 업무의 경우는 청구인에 따라 다소 차이가 있으나 기본적으로 민주적 책무성 체계 내에서 국민(국회)이나 주민에게 책임을 지기 위한 수직적 및 수평적 책무성 확보장치로 작동하는 것으로 파악된다.

(1) 결산확인

감사원의 결산확인 업무의 책무성 체계를 「헌법」(제97조, 제99조), 「국회법」, 「감사원법」(제21조, 제41조~제42조), 「국가재정법」(제59조~제61조), 「국가회계법」(제13조~제15조) 등 관련 법령에 근거하여 살펴보면 [그림 4-14]와 같다.

결산확인 업무의 책무성 관계는 공공 책무성(public accountability) 측면에서 중앙행정기관→국회 간의 수평적 책무성, 그리고 계층제적(관리적) 책무성 측면에서는 중앙행정기관→기획재정부→대통령 간의 상향적 책무성으로 특징지어진다. 감사원은 중앙행정기관→국회 간의 수평적 책무성 관계를 지원하는 중간 포럼(외부감사기구)의 역할과 중앙행정기관→기획재정부→대통령 간의 상향적 책무성을 지원하는 중간 포럼(내부감사기구)의 역할을 동시에 수행하고 있다.

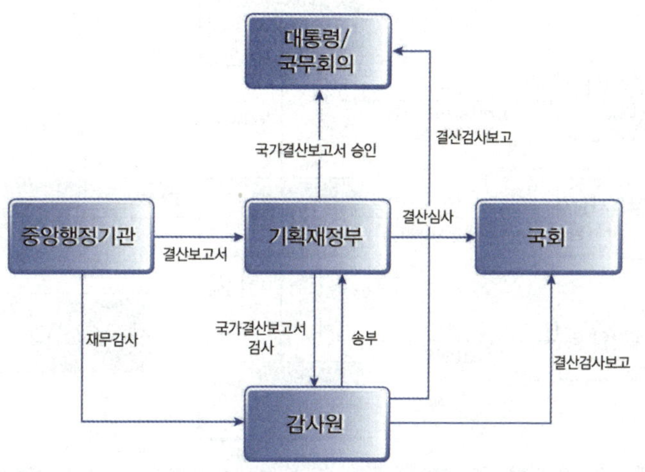

그림 4-14 결산확인 업무의 책무성 체계

(2) 회계검사

감사원의 회계검사는 회계의 적정성을 확보하고 회계부정과 예산낭비, 예산집행의 비효율성 등을 개선·시정하기 위하여 국가 등의 회계 관련 사무와 이를 수행하는 공무원 등의 직무에 대하여 조사·점검·확인·분석·검증하는 것이다. 이 회계검사 업무의 책무성 체계를 「헌법」(제97조), 「감사원법」(제2절, 제4절, 제6절), 「감사사무처리규칙」(제4조), 「회계관계직원 등의 책임에 관한 법률」 등 관련 법령에 근거하여 살펴보면 [그림 4-15]와 같다.

회계검사의 대상은 주요 감사대상기관만 하여도 1,680개 기관(2022년 12월 31일 기준)이며, 선택적 감사대상까지 포함하는 경우에는 66,315개 기관(2017년 12월 31일 기준)에 이른다. 회계검사 업무의 책무성 관계는 감사 대상기관(필요적 및 선택적 감사 대상)→소속 장관 및 대통령으로 이어지는 상향적 책무성 라인과 감사대상기관→국회 및 국민으로 이어지는 수평적 또는 수직적 책무성 라인이 발견되며, 이 책무성 관계 속에서 감사원은 감사대상기관→국회 및 국민 간의 수평적·수직적 책무성 관계를 지원하는 중간 포럼(외부감사기구)의 역할과 감사대상기관→소속 장관 및 대통령 간의 상향적 책무성을 지원하는 중간 포럼(내부감사기구)의 역할을 수행하고 있다.

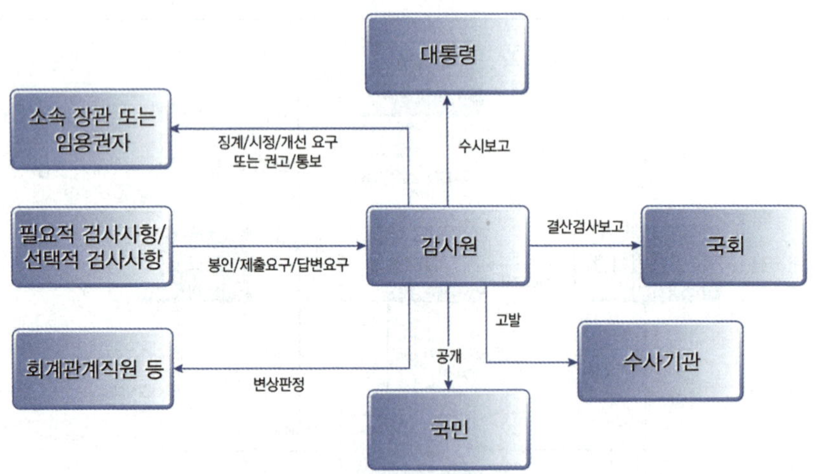

그림 4-15 회계검사 업무의 책무성 체계

(3) 직무감찰

감사원의 직무감찰은 행정기관 등의 사무와 그 소속 공무원 등의 직무 및 이와 관련된 행위에 대하여 조사, 평가 등의 방법으로 법령상, 제도상 또는 행정상의 모순이나 문제점을 추출하여, 이를 시정・개선하기 위한 행정사무감찰과 공무원 등의 위법・부당행위를 적발하여 이를 바로잡기 위한 대인감찰로 구분된다.

직무감찰은 행정부의 내부통제 활동으로서 회계 관련 사무와 이를 수행하는 공무원 등의 직무는 회계검사의 대상인 동시에 직무감찰의 대상으로서 불가분의 관계에 있으므로, 감사원이 감사를 실시할 때에는 원칙적으로 회계검사와 직무감찰을 같이 실시하고 있는 실정이다. 직무감찰의 책무성 체계는 「헌법」(제97조), 「감사원법」(제3절, 제4절, 제6절), 「감사사무처리규칙」(제5조) 등 관련 법령에 기초하며 책무성 확보 메커니즘은 [그림 4-15]의 회계검사 업무 책무성 체계와 대동소이하다.

(4) 감사청구

감사청구제도는 감사원이 헌법 개정을 통하지 않고 관료제적(또는 관리적) 책무성 체계로부터 민주적 공공 책무성 체계로 이행하는 데 기여하고 있는 제도이다. 감사원의 혼종적 책무성 체계 하에서는 상대적으로 계층제적(관리적) 책무성 체계가 더 강하게 작용할 수밖에 없는데, 이는 상급기관의 지위에서 감찰 활동을 수행하는 것이 독립기관으로서 피감기관의 협조를 구하는 것보다 용이하기 때문이다. 그리고 그러한 감찰기구로서의 권한은 행정부 수반으로부터 위임받은 것이기에 수시보고 등을 통해 대통령이나 국무회의에 보고하는 상향적 책무성 라인이 더 현저하였던 것이다.

그러나 제6공화국 출범 이후 민주화의 진척과 함께 국회의 권한이 확대되면서 감사원은 민주적 공공 책무성 체계를 강화함으로써 환경 변화에 적응적으로 대처하기 시작하였다. 1996년 '감사청구제 시행방안'을 마련하여 공익감사청구제도가 도입되었고, 2002년에는 「부패방지법」 제정과 함께 국민감사청구제도가 도입되었으며, 2003년에는 「국회법」 개정을 통해 감사청구제도를 도입하였고, 2010년에는 이를 감사요구제도로 변경하였다.

국민감사청구제도는 공공기관의 사무가 법령위반 또는 부패행위로 인하여 공익을 현저히 해하는 경우 18세 이상의 국민 300명 이상의 연서로 감사원에 감사를 청구할 수 있도록 한 제도로서, 이 제도를 통해 공직사회→국민 간의 수직적 책무성 관계에 감사원이 중간 포럼으로서 역할을 강화하는 계기가 되었다([그림 4-16] 참조).

한편, 국회감사요구제도는 「국회법」 제127조의2와 국회감사요구사항처리요령에 따르면 감사요구사항이 접수되었을 때에 특별한 사유가 없는 한 감사요구를 받은 날부터 3개월 내에 감사실시 및 결과처리를 완료하여야 하고, 감사결과보고서를 국회사무처에 제출하고 국회 상임위원회 등에 출석하여 설명하게 하고 있다. 동 제도는 공직사회→국회 간의 수평적 책무성 관계를 감사원이 지원하는 중간 포럼의 역할을 수행하는 것으로 볼 수 있다([그림 4-16] 참조).

공익감사청구제도는 1996년 감사원이 마련한 '감사청구제 시행방안'과 2006년 제정한 「공익사항에 관한 감사원 감사청구처리에 관한 규정」(감사원훈령 제282호)에 의해 도입한 제도로서, 18세 이상 300명 이상의 국민, 시민단체 등 일정 자격을 갖춘 자가 공익을 목적으로 특정 사항에 대하여 감사를 청구하면 이를 심사하여 감사의 필요성이 인정되는 경우 감사를 실시한 후 그 결과를 청구인에게 통보하는 제도로서 공직사회→국민 간의 수직적 책무성, 공직사회→시민단체 간의 사회적 책무성을 확보하는 데 감사원이 중간 포럼의 역할을 수행하고 있다.

최근에는 국무총리에게 공익감사청구권을 부여하고 감사청구 시 감사원과 사전협의를 하도록 청구인의 대상 범위를 확대하려 하였으나 행정조직 내부에 발하는 명령인 훈령을 통해 총리의 감사청구권을 규정한 것은 감사원의 직무범위 등을 법률로 정하도록 한 「헌법」 제100조에 저촉된다는 지적이 제기되고 있다.

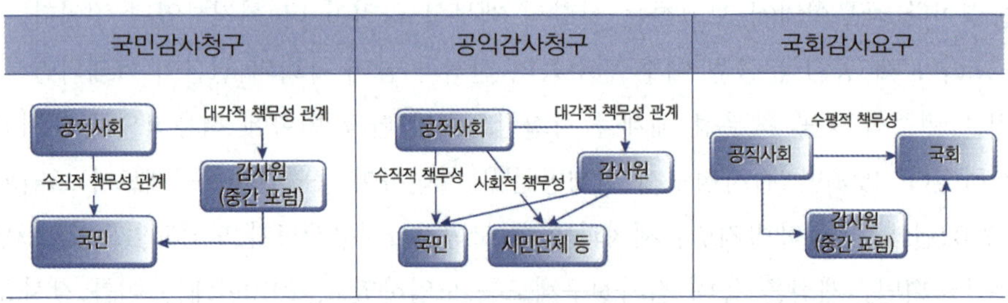

그림 4-16 감사청구 업무의 책무성 체계

3) 감사원과 자체감사기구 간 책무성 체계

우리나라의 자체감사는 '감사원의 감사를 받는 기관・단체, 그 하급기관・단체 또는 산하기관・단체 등에 대하여 실시하는 감사'로 자기 조직에 대한 내부감사와 하급기관이나 산하기관에 대한 외부감사를 포함하는 개념이다. 자체감사기구의 책무성 체계는 중앙행정기관, 지방자치단체, 공공기관 등 기관 유형에 따라 다소 차이가 있다. 여기서는 자체감사기구의 책무성 체계를 기관 유형별로 살피지 않고 자체감사기구(특히, 중앙행정기관과 지자체 소속)를 중심으로 감사원과 자체감사기구 간 책무성 체계에 초점을 맞추고자 한다.

그리고 앞서 감사원의 책무성 체계를 책무성 확보 메커니즘을 중심으로 개략적으로 살펴보았으나 감사원과 자체감사기구 간 책무성 체계는 이 글에서 제시한 책무성 체계 분석틀을 적용하여 보다 구체적으로 살펴보고자 한다.

(1) 역할책임

자체감사기구의 감사 활동 및 감사기구 간 협력과 관련된 역할책임은 중앙행정기관 및 지방자치단체 자체감사기준, 공공감사법, 동법 시행령 등을 주로 참조하였다. 자체감사의 이해관계자를 자체감사기구의 장, 자체감사기구 소속기관의 장, 자체감사 대상기관, 감사원, 감사활동조정협의회 등으로 구분할 때 각 이해관계자의 역할책임은 다음 〈표 4-18〉에서 제시한 것과 같다.

현행 공공감사법에서는 감사기구 간 협력을 통한 감사 효율화로 공공감사 활동체계를 개선하기 위한 내용들이 잘 제시되어 있다(공병천, 2020). 감사기구의 장은 감사 활동에 필요한 경우에 다른 행정기관 등(중앙행정기관, 지방자치단체 및 공공기관 포함)의 자체감사기구 장에게 협조를 요청할 수 있고, 요청받은 기관의 감사기구 장은 이에 협조하도록 노력해야 하며(제30조; 자체감사기구 간의 협조), 중앙행정기관 등의 장은 효율적인 자체감사제도의 운영과 자체감사 성과 제고를 위한 자체감사 개선대책을 수립・시행하도록 하고 있다.

이때 감사원은 이를 종합하여 감사활동조정협의회(제31조; 감사활동조정협의회의 설치)의 협의・조정을 거쳐 감사활동개선 종합대책을 수립・시행하여야 하며, 중앙행정기관 등의 장은 이를 준수하도록 노력해야 한다(제32조; 감사활동개선 종합대책 등). 이외에도 감사원 감사 등이 실시된 사안에 관하여 일정한 경우를 제외하고는 중복감사를 금지(제33조; 중복감사 금지)하여 수감기관의 감사부담을 완화하려 하고 있고, 감사원과 중앙행정기관 등의 장이 중복감사 방지 및 감사 효율성 제고를 위한 감사계획 등에 관한 협의가 이루어지도록(제34조; 감사계획 협의) 하였으며, 감사원 감사의 효율성 제고 및 중복감사 방지를 위한 감사대행 및 감사생략이 이루어지도록(제35조; 감사원 감사의 대행) 하였다. 한편, 감사정보 공동활용을 위하여 감사원으로 하여금 자체감사기구와 감사관련 지식과 경험을 공유하고, 중복감사 방지 및 자체감사체계 효율화를 위한 감사정보시스템을 구축·운영하도록(제36조; 감사정보시스템) 하고 있다.

여기서 공공감사법에 의거하여 감사원에 설치된 감사활동조정협의회는 국가감사제도의 개선·발전에 관한 사항의 협의·조정을 담당한다. 감사활동조정협의회는 공공감사법이 제정된 이래 매년 1회 내지 2회 개최되고 있으며, 회의에서는 주로 감사계획 협의·조정 결과 보고와 자체감사활동 심사계획·개선안 보고가 이루어지고 있다.

자체감사활동 관련 이해관계자들 간의 책무성 관계는 주로 관리적 책무성 관계를 중심으로 이루어져 있으나 국민, 국회 등과의 일부 민주적(공공) 책무성 관계도 발견된다([그림 4-17] 참조). 관리적 책무성 관계는 상향적(자체감사기구 → 소속기관의 장; 대

표 4-18 자체감사활동 관련 이해관계자의 역할책임

구분	자체감사기구의 장	소속기관의 장	자체감사 대상기관	감사활동조정 협의회	감사원
감사 준비	• 연간감사계획 수립 • 자료수집/예비조사 • 의견수렴 • 감사계획 협의 • 중복감사 금지	• 감사예산 편성 • 자체감사 개선대책	–	〈협의·조정〉 • 자체감사기구 간의 협조 • 감사활동개선 종합대책 • 중복감사 금지 및 감사계획 협의 • 감사기준 등에 관한 사항 • 그 밖에 자체감사 기구 운영 및 자체감사활동의 추진 관련	• 자문 및 인력지원 • 감사활동조정협의회 • 감사계획 협의 • 감사활동개선종합 대책 • 자체감사활동 지원 • 감사의 대행 • 감사의 위탁 • 감사정보시스템 • 자체감사활동심사
감사 실시	• 감사계획 통보 • 자료제출 요구 • 실지감사 • 감사증거 확보 • 협조 요청	• 자료 및 정보 요청 • 조사개시 통보	• 자료제출 협조		
결과 처리 및 공개	• 감사결과보고서 • 이행결과 확인	• 감사결과 통보 • 이행결과 통보 • 재심의사건 처리	• 조치사항 이행 및 통보 • 재심의 신청		

자료: 중앙행정기관 및 지방자치단체 자체감사기준, 「공공감사에 관한 법률」, 「공공감사에 관한 법률 시행령」.

상기관→소속기관의 장), 대각적(자체감사기구→대상기관; 대상기관→자체감사기구), 수평적(자체감사기구→타 자체감사기구, 타 행정기관), 혼종적(자체감사기구, 소속기관장 → 감사원; 감사원→자체감사기구) 책무성 관계 등 다양한 상호작용 관계를 보여준다. 그리고 민주적 책무성 관계는 수직적(자체감사기구→국민; 소속기관→국민), 수평적(감사원→국회) 책무성 관계 등이 발견되나 다소 제한적인 성격을 갖는 것으로 보인다.

자체감사기구의 역할책임이나 책무성 관계를 중심으로 볼 때 자체감사기구가 감사결과를 자체감사기구 소속기관의 장에게 보고·통보한다는 점에서 여타 선진국에서와 같이 자체감사기구는 관료제 내에서 상향적 책무성 관계를 지원하는 중간 포럼의 역할을 수행한다. 다만, 우리나라의 경우 감사원이 자체감사를 총괄하는 기능을 수행하기 때문에 자체감사기구→감사원 간의 책무성 관계도 병존한다. 그렇지만 자체감사기구와 감사원 간의 관계는 대행감사를 예외로 하고 감사결과를 보고하고 승인받는 수직적 관계라기보다 감사계획을 협의하고 감사 활동을 상호 지원하는 수평적·협력적 관계에 더 가깝다고 볼 수 있다.

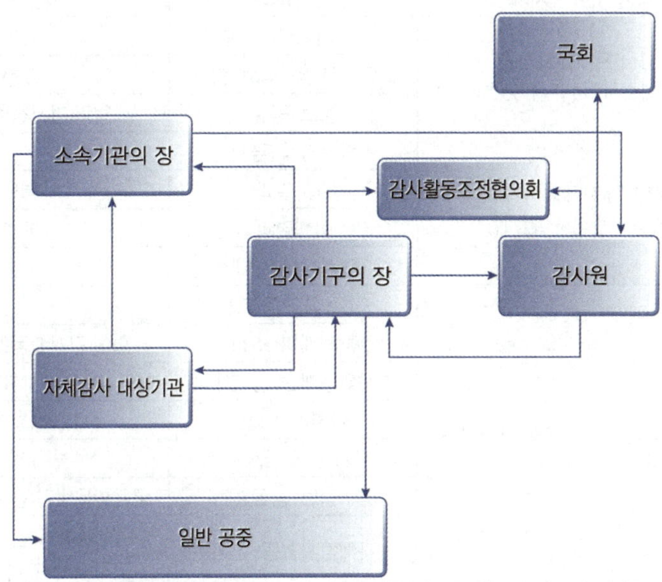

그림 4-17 자체감사활동 관련 책무성 관계

(2) 설명책임

자체감사기구의 책무성 관계 유형별로 책무성 확보를 위한 행정도구, 즉 제도적 장치를 살펴보면 〈표 4-19〉에 제시한 것과 같다. 먼저, 자체감사기구→소속기관장,

표 4-19 자체감사활동 관련 책무성 확보도구

<table>
<tr><th colspan="2">구분</th><th>행위</th><th>책무성 확보도구</th></tr>
<tr><td rowspan="27">관리적 책무성</td><td rowspan="3">상향적
(자체감사기구 → 소속기관장)</td><td>감사계획</td><td>승인</td></tr>
<tr><td>감사(중간)결과</td><td>보고</td></tr>
<tr><td>일상감사 처리</td><td>보고</td></tr>
<tr><td rowspan="2">상향적(대상기관 → 소속기관장)</td><td>적극행정면책</td><td>신청</td></tr>
<tr><td>재심의</td><td>신청</td></tr>
<tr><td rowspan="5">대각적
(자체감사기구 → 대상기관의 장)</td><td>감사계획</td><td>통보</td></tr>
<tr><td>자료제출 요구</td><td>요청서</td></tr>
<tr><td>감사결과</td><td>설명; 통보(처분요구)</td></tr>
<tr><td>일상감사 처리</td><td>통보</td></tr>
<tr><td>이행결과 확인</td><td>독촉</td></tr>
<tr><td>대각적(대상기관 → 자체감사기구)</td><td>감사결과</td><td>의견 진술</td></tr>
<tr><td rowspan="3">수평적(자체감사기구 →
타 자체감사기구, 타 행정기관)</td><td>자체감사기구 간 협조</td><td>요청</td></tr>
<tr><td>필요자료 및 정보 협조</td><td>요청</td></tr>
<tr><td>정보 공유</td><td>입력(감사정보시스템)</td></tr>
<tr><td rowspan="4">혼종적(자체감사기구,
소속기관장 → 감사원)</td><td>중복감사 금지</td><td>–</td></tr>
<tr><td>감사결과</td><td>통보</td></tr>
<tr><td>이행결과</td><td>통보</td></tr>
<tr><td>자체감사 개선대책</td><td>제출</td></tr>
<tr><td rowspan="7">혼종적(감사원 → 자체감사기구)</td><td>자문 및 인력지원</td><td>–</td></tr>
<tr><td>감사계획 조정</td><td>협의(감사활동조정협의회)</td></tr>
<tr><td>감사활동개선 종합대책</td><td>협의, 조정(감사활동조정협의회)</td></tr>
<tr><td>감사의 대행</td><td>활성화계획</td></tr>
<tr><td>감사기준 및 활동수칙</td><td>협의</td></tr>
<tr><td>정보 공유</td><td>공동활용방안(감사정보시스템)</td></tr>
<tr><td>자체감사활동 심사</td><td>우수기관 표창; 감사생략;
감사기구의 장 교체 권고</td></tr>
<tr><td rowspan="3">민주적
책무성</td><td>수직적(자체감사기구 → 국민)</td><td>감사계획</td><td>의견수렴</td></tr>
<tr><td>수직적(소속기관 → 국민)</td><td>감사결과</td><td>공개</td></tr>
<tr><td>수평적(감사원 → 국회)</td><td>자체감사활동 심사</td><td>보고</td></tr>
</table>

감사대상기관→소속기관 간의 상향적 책무성 관계를 확보하기 위한 책무성 도구는 주로 승인, 보고, 신청 등의 감독 및 보고 권한과 관련된 공식적 도구들이다. 그리고 대상기관(의 장)→자체감사기구 간의 대각적 책무성 관계에서는 통보, 요구, 요청서 등 공식적 도구 외에 설명, 의견진술 등 비공식적 도구도 발견된다. 또한 타 기관이나 감사기구와의 수평적 책무성 관계는 요청 등 자발적 협력을 위한 도구로 이루어져 있다.

자체감사기구→감사원 간의 관계는 혼종적 관계로 정의할 수 있는데, 이는 독립적 외부감사기구와의 수평적 관계와 직무감찰 총괄기구와의 수직적 관계가 혼재되어 있기 때문이다. 공공감사법 제정으로 다양한 강제적·자발적 책무성 도구들이 도입되었지만, 일부 행위(중복감사 금지, 자체감사 개선대책, 자문 및 인력지원 등)와 관련하여 책무성 확보도구가 제대로 마련되어 있지 않은 경우도 발견된다.

공공감사법 등 관련 법령에서 감사기구 간 협력을 촉진하기 위해 도입된 책무성 확보도구들은 감사원에 설치된 감사활동조정협의회, 자체감사활동 심사, 대행감사, 위탁감사, 자체감사책임자 회의, 공공감사정보시스템, 감사실무자 워크숍 등이 있으며, 이외에도 감사계획이나 감사방법에 대한 자문, 교육훈련 지원, 감사원과 자체감사기구 간 인력지원, 자체감사기구 간 협조 등이 존재한다.

그러나 최근의 전문가조사 결과(박희정 외, 2023)에 따르면 이들 감사기구 간 책무성 확보도구들이 실효성 면에서 차이가 있는 것이 드러났다. 〈표 4-20〉에서 보는 것처럼 감사교육지원, 자체감사활동 포상, 공공감사정보시스템 운영, 감사실무자 워크숍의 순으로 실효성이 높은 것으로 나타난 반면에, 위탁감사, 대행감사, 감사원의 감사인력지원, 자체감사 직원의 감사원 파견 등은 상대적으로 실효성이 낮은 것으로 조사되었다.

특히, 감사원과 자체감사기구 간 책무성 관계에서 핵심적 역할을 수행하여야 하는 감사활동조정협의회의 실효성이 낮은 편인데, 운영실태를 분석한 결과 감사활동조정협의회는 연간 1회의 협의에 그치고 있어 감사계획 조정을 통해 감사중복을 제거하는 수준에 머무르고 있을 뿐이어서 감사사각 해소나 감사활동지원 영역에서는 협력 및 조정이 제대로 이루어지지 않아 감사원과 자체감사기구 간의 역할분담 및 협력을 촉진하는 기능이 미흡한 것으로 조사되었다(박희정 외, 2023). 또한 중복감사를 방지하기 위해 도입한 대행·위탁감사의 경우도 실효성이 높지 않은 것으로 조사되었는데 공공감사법 제정 이후 최근까지 감사원이 실시한 대행감사의 횟수는 연평균 1개

표 4-20 현행 감사기구 간 협력 제도의 실효성에 대한 인식조사 결과

현행 협력 · 연계 제도	평균	중위값	표준편차	최솟값	최댓값
감사교육지원	4.22	4	0.83	1	5
자체감사활동 포상	4.10	4	0.80	1	5
공공감사시스템 구축 · 운영	3.84	4	0.88	1	5
감사실무자 워크숍 개최	3.73	4	0.92	1	5
연간감사계획의 협의 · 조정	3.63	4	0.85	1	5
자체감사책임자 회의	3.59	4	0.84	1	5
감사활동조정협의회 운영	3.54	4	0.82	1	5
자체감사활동 심사	3.48	4	0.95	1	5
대행감사 실시	3.46	4	1.09	1	5
자체감사 직원의 감사원 파견	3.41	4	1.16	1	5
위탁감사 실시	3.38	4	1.08	1	5
감사원의 감사인력지원	3.35	3	1.12	1	5

자료: 박희정 외(2023).

사항 이하로서 지극히 저조한 실정이며, 감사 권한을 자체감사기구에 위임한 위탁감사는 더욱 심각한데 공공감사법 제정 이후 단 1회만의 사례를 찾아볼 수 있는 실정이다. 그리고 매년 실시되고 있는 자체감사활동 심사의 경우 자체감사의 품질개선 효과가 제한적이고 심사결과에 따른 실효성 있는 인센티브 및 페널티가 미흡한 것으로 드러났다.

한편, 공공기관의 책무성 관계는 상임감사, 감사위원회 등 독립적인 자체감사기구의 존재와 함께 「공공기관 운영에 관한 법률(이하, 공운법)」 등 별도의 법률 적용을 받기 때문에 중앙행정기관, 지방자치단체와는 다소 다른 형태의 책무성 관계와 책무성 확보도구를 확인할 수 있다. 특히, 공운법에 의해 기재부(공공기관 운영위원회)가 자체감사를 포함한 공공기관 운영을 총괄하는 기능을 수행하고 있기 때문에 중앙행정기관에 비해 자체감사기구→감사원 간의 관계가 더욱 복잡하고 공공기관의 입장에서는 중복적이라고 여겨질 수 있는 상황이다.

(3) 부담책임

자체감사 활동과 관련한 부담책임을 살펴보면 감사 거부, 자료제출 거부, 감사활동 방해 등 설명책임을 담보하기 위한 벌칙 규정이 존재한다.

그러나 감사원 감사의 경우 3년 이하의 징역 또는 2천만 원 이하의 벌금 등 형사

처벌 수준이 높은 반면, 자체감사의 경우 비밀유지 위반의 경우 3년 이하의 징역 또는 2천만 원 이하의 벌금이지만 자료제출 및 출석답변 거부 등 감사활동을 방해한 경우 500만 원 이하의 과태료를 부과하는 데 그치고 있어 자체감사활동의 책무성을 담보하는 데 한계가 있어 보인다.

그리고 공무원 징계령 시행규칙(별표 1)에서 징계기준이 제시되어 있으나 자체감사 활동의 실효성과 예측가능성을 담보하기 위해서는 자체감사에 의한 징계양정기준을 보다 구체적으로 마련할 필요가 있어 보인다.

표 4-21 감사활동 관련 벌칙 규정

감사원법	공공감사에 관한 법률
제51조(벌칙) ① 다음 각 호의 어느 하나에 해당하는 자는 1년 이하의 징역 또는 1천만 원 이하의 벌금에 처한다. 〈개정 2014.1.7〉 1. 이 법에 따른 감사를 받는 자로서 감사를 거부하거나 자료제출 요구에 따르지 아니한 자 2. 이 법에 따른 감사를 방해한 자 3. 제27조 제2항 및 제50조에 따른 정보 또는 자료의 제출이나 출석하여 답변할 것을 요구받고도 정당한 사유 없이 이에 따르지 아니한 자 ② 제27조 제4항을 위반한 자는 3년 이하의 징역 또는 2천만 원 이하의 벌금에 처한다. ③ 제2항의 징역과 벌금은 병과할 수 있다.	제40조(벌칙) 제29조에 따른 비밀유지 의무를 위반한 사람은 3년 이하의 징역 또는 2천만 원 이하의 벌금에 처한다. 제41조(과태료) ① 다음 각 호의 어느 하나에 해당하는 사람에게는 500만 원 이하의 과태료를 부과한다. 1. 자체감사를 받는 사람으로서 정당한 사유 없이 감사를 거부하거나 자료의 제출요구에 따르지 아니한 사람 2. 정당한 사유 없이 자체감사활동을 방해한 사람

4 공공감사의 책무성 확보를 위한 제언

1) 책무성 결함의 상황

이상의 분석 결과를 참조하여 우리나라 공공감사체계의 책무성 결함(accountability deficiency) 요소들을 정리하면 다음과 같다.

첫째, 감사원이 행정부 내에서 관리적 책무성을 확보하는 역할과 정부재정에 대한 민주적 책무성을 확보하는 역할을 동시에 수행하고 있다. 이는 국가형성 초기에 공직사회의 부정부패를 감시하는 데는 효과적이었으나 경제성장 및 민주화의 진전과 함께 행정이 복잡다단화되면서 감사원의 대응성을 떨어뜨리는 요인으로 작용할 수 있다.

둘째, 이러한 감사원의 역할모순(내부감사 기능과 외부감사 기능 동시 수행)과 역할긴장(행정부 수반과 국회에 대해 동시에 책임; 부정비리를 적발함과 동시에 불합리한 제도개선 등)은 감사원의 업무부담 가중과 함께 비효율과 감사 사각을 초래할 수 있다.

셋째, 이러한 감사원의 역할갈등은 자체감사기구(내부감사기구)에도 영향을 미치는데, 행정부 내의 직무감찰 기능을 감사원이 수행함으로써 자체감사기구는 본부(본청)에 대한 감사는 소홀히 하고 소속 및 산하단체 감사에 치중하게 되어 내부 위험요인을 발견하고 시정하는 내부감사 본연의 역할을 충실히 수행하지 못하는 결과를 초래할 수 있다.

넷째, 감사원이 자체감사 총괄 기능을 수행하고 있으나 이는 근본적으로 재정총괄기관인 기획재정부의 역할과 중복됨에 따라 중앙 및 지방의 행정기관과 공공기관의 책무성 과다 현상을 초래함으로써 행정부담을 가중시킬 수 있을 것으로 우려된다.

다섯째, 여기에다 반부패 총괄기관을 표방하고 있는 국민권익위원회, 공직복무를 관리하고 있는 국무조정실(정부합동부패예방추진단 및 공직복무관리관) 등과 역할이 중복되고 있는 점도 감사원의 효율적 역할수행을 저해할 것으로 우려된다.

여섯째, 이러한 문제에 감사원이 효과적으로 대응하기 위해서는 역할분담을 통한 감사기구 간 연계 · 협력이 필요한데, 앞서의 분석에서 볼 수 있듯이 감사기구 간 협력을 위한 책무성 체계가 제대로 작동하지 못하고 있는 것으로 나타났다.

일곱째, 중복감사를 완화하는 데 핵심적인 역할을 수행하여야 하는 감사활동조정협의회는 보고 안건인 감사계획 협의 · 조정 결과만 처리하고, '감사제도 개선 · 발전을 위한 의결기구'로서의 활동은 소홀히 하고 있는 것으로 나타났다.

여덟째, 자체감사 개선과 관련해서 감사원은 공공감사법 제정 이후 종합개선대책을 두 차례(2011.5 및 2018.1) 수립하였지만 자체감사기구의 감사전략계획 및 개선대책을 정기적으로 수렴하거나 종합개선대책의 이행실태를 점검하는 노력을 소홀히 하고 있다.

아홉째, 감사기준 제정 및 자체감사활동 지원과 관련해서도 감사원이 효과적인 책무성 확보도구를 마련하여 운영하고 있다고 보기 어려운데, 기존의 감사기준은 감사원리에 기반한 것으로 자체감사기구의 감사활동을 보증하는 데 한계가 있으며(기획재정부는 공공기관을 위한 감사기준을 별도로 마련), 자체감사활동 지원을 위한 적극적인 대응책 마련에도 소홀한 것으로 나타났다.

2) 책무성 확보를 위한 방향

앞서 살핀 첫 번째부터 세 번째까지의 책무성 결함은 헌법 개정을 통한 국가감사 체계의 재정립으로 해결할 수 있는 문제인데, 현재로서는 일부 법령 개정(부패방지법, 국회법 등)으로 접근할 수 있으나 이는 근본적인 책무성 확보 접근이 아니며 오히려 감사원의 독립성을 훼손하거나 업무 가중을 초래할 수도 있다.

실행가능하고 타당한 책무성 확보 접근방법은 넷째에서 여섯째까지의 책무성 결함을 해소하기 위한 감사원의 실질적 노력이다. 즉, 감사원이 자체감사 총괄기구로서 현저(visible)하면서도 효과적(effective)인 컨트롤타워 역할을 수행하는 것이다. 이를 위해서는 기재부와의 협력이 필수적이며 국민권익위원회나 국무조정실이 감사원이 수행하여야 역할을 침범하는 데 보다 적극적으로 대응할 필요가 있어 보인다.

일곱째부터 아홉째까지의 책무성 결함은 감사원이 주어진 역할을 충실하게 수행함으로써 해소할 수 있으며, 이를 통해 감사원은 실질적으로 자체감사 총괄기관으로서의 위상을 재정립하고 효율적인 공공감사체계를 구축할 수 있을 것이다. 이를 위해서는 감사기구 간 협력을 위한 구체적인 역할분담의 방향을 고민하고, 실행가능한 협력모델 및 사례를 개발하여 전파함과 더불어 감사기구 간 연계·협력을 촉진하기 위한 조직·제도적 개선 노력을 경주하여야 할 것이다.

5 결론

이 글은 감사원과 자체감사기구 간 관계에 초점을 맞추어 감사기구 간 책무성 체계에 관해 살펴보았다. 이를 위해 먼저 감사원의 책무성 체계에 관해 살펴보았고, 자체감사기구의 책무성 체계는 감사원과의 관계를 중심으로 살펴보았다.

외국의 사례를 보면 감사원은 민주적 책무성 체계, 즉 공공 책무성 체계 속에서 (중간)포럼의 역할을 담당하고, 자체(내부)감사기구는 소속기관을 위한 계층제적(관리적) 책무성 체계 하에서 중간 포럼의 역할을 담당한다. 따라서 최고감사기구인 감사원과 자체감사기구는 서로 다른 책무성 체계 하에서 작동하기에 내·외부 감사기구 간 관계는 공식적이기보다는 비공식적이다. 물론 이 가운데서도 감사중복 해소 등 공공감사의 효율성을 제고하기 위한 공식적 제도적 장치(단일감사, 공동감사 등)들이 존재하고 감사기구 간 협력활동이 이루어지고 있다.

그러나 우리나라의 경우는 「감사원법」과 「공공감사법」에 의해 감사원이 자체감사 총괄 기능을 보유하고 있는 독특한 공공감사체계를 갖고 있다(박희정, 2010). 즉, 감사원과 자체감사기구의 관계가 공식적 관계로서 자체감사기구의 감사계획을 조정하고, 필요한 경우 감사를 대행케 할 수 있으며, 자체감사기구의 감사활동을 교육 등을 통해 지원하고, 매년 자체감사활동을 심사하고 있다.

감사원의 책무성 체계, 그리고 감사원과 자체감사기구 간 책무성 체계를 살펴본 결과 감사원은 우리나라 공공감사의 책무성 체계가 안고 있는 책무성 결함의 중심에 놓여 있는 것을 알 수 있다. 감사원의 역할갈등에 따른 책무성 결함이 헌법적 근원에 따른 것이라면 감사기구간 협력을 위한 감사원과 자체감사기구 간 책무성 결함은 감사원이 자체감사활동 지원을 소홀히 한 탓이 크다.

감사기구 간 협력은 상호신뢰에 기반하여야 하기에 감사원-자체감사기구 간의 책무성 관계는 수직적 관계에서 수평적 관계로 변화하여야 하고, 이를 위해 기존의 자체감사활동 심사, 감사활동조정협의회 운영, 대행·위탁감사 등의 운영방식이 변화하여야 한다. 이 밖에 소통을 위한 수평적 책무성 확보장치(자체감사기구협의체, 워크숍 및 포럼 정례 개최 등)를 활성화하여야 한다. 또한 감사기구 간 협력 노력에 대한 다양한 인센티브를 강구하여야 하고 협력을 통한 성공 경험을 계속 축적해 가야 한다. 인센티브의 경우 일차적으로 협력감사활동의 성과를 공유토록 하는 것으로부터 시작하여 인사·재정적 인센티브를 강화하여야 할 것이다. 물론 감사기구 간 연계·협력 노력에 대해 자체감사활동 심사에서 높은 가중치를 부여하는 것도 필요할 것이다.

마지막으로, 감사원은 감사기구 간 연계·협력을 촉진하기 위해 제도적 정비에 착수하여야 하는데, 무엇보다도 공공감사기준의 유효성을 제고하는 것이 필요하다. 외국의 경우 감사기구 간 협력을 통해 감사중복에 따른 비효율을 개선하고자 할 때 타 감사기구의 감사결과를 활용하는 것이 일반적이다. 그렇게 하기 위해서는 각 감사기구의 감사활동이 공인된 감사기준을 준수함으로써 일정한 감사품질을 확보하여야 한다. 따라서 감사원은 각 감사기구의 감사업무가 공공감사기준에 따라 수행될 수 있도록 공공감사기준을 정비하고, 주요 감사결과에 대해 해당 감사기준을 준수하였는지 점검하는 활동을 강화하여야 한다.

결론적으로 최고감사기구인 감사원이 자체감사 총괄기관으로서 실질적인 컨트롤타워 역할을 수행하여야 한다. 감사원이 필요할 때만 조정 권한을 사용하는 것이 아니라 공공감사의 효율성 및 효과성을 제고하기 위한 전략계획을 수립하고 개별 감사기구들이 해당 전략계획에 따라 연간 감사계획을 수립하도록 가이드하고 정기적으로 점검하여야 할 것이다.

마지막으로, 이 글에서는 감사기구 간 협력의 관점에서 공공감사 책무성 체계를 살펴보았기 때문에 감사원의 책무성 체계와 자체감사기구의 책무성 체계를 보다 심층적으로 분석함으로써 감사원과 자체감사기구의 감사 거버넌스 개선과제를 제시하지는 않았다. 이는 별도의 연구과제로 후속 연구에서 다룰 수 있기를 기대해 본다.

CHAPTER

05

책무성의 미래

CHAPTER

05 책무성의 미래

제 1 절 복잡성에 기인한 책무성 체계의 결함

책무성은 건강한 민주주의의 핵심이자 정부에 대한 신뢰의 토대이기도 하다. 좋은(good) 책무성 체계의 작동 없이는 공직자들이 자신에게 부여된 권한을 남용하거나, 비효율과 공금 부실 관리로 자원을 낭비할 위험이 있다.

정책을 수립 및 집행하고 현대 국가를 운영할 수 있는 정부의 능력이 뛰어난 경우에만 국제적으로 경쟁력을 갖게 되지만 실제로 그 정도에 미치지 못하는 경우가 많으며, 우리나라 정부는 그 대처 능력을 테스트하는 도전과제들에 둘러싸여 있다. 안보적 문제가 여전히 심각한 가운데 세계는 신냉전의 시대로 접어들고 있고 보호무역 기조의 증가로 경제적 상황이 녹록지 않은 가운데 저출산에 따른 잠재 성장률 저하는 미래를 어둡게 만들고 있다. 이런 와중에 코로나 팬더믹은 그 어떤 시기보다 정부의 역할 한계를 시험하고 있다.

작금에 정부는 인프라로부터 연금까지 다루어야 하는 문제의 복잡성과 함께, 청와대로부터 국회, 사법부에 이르기까지 정부 권력구조 또한 복잡해지고 있다. 게다가 빈번해지는 각종 인재와 자연재해는 이러한 맥락에서 누가 책임을 져야 하는지를 결정하는 데 어려움을 가중시키고 있다. 이처럼 환경, 업무, 권력구조 등 행정의 복잡성은 우리의 책무성 체계를 뒷받침하는 많은 관례들을 부담에 빠뜨리고 있다. 책무성이 약한 경우에는 만성적인 실적 부진, 부족한 재정 가치, 그리고 완전한 실패(outright failure)로 이어질 수 있다. 그것은 정부에 대한 국민의 신뢰를 손상할 수 있으며, 따라서 우리는 복잡성에 대처하면서 현행 책무성 체계의 결함에 주목하여야 한다.

여기서는 현대 정부가 겪고 있는 공공 책무성 체계의 결함이 정부가 정치 및 행정시스템을 둘러싼 외부환경의 급변과 복잡화에 적시에 대응하지 못함에 따른 것으로 이해하고자 한다. 따라서 여기서는 공공 책무성 체계를 복잡하게 만드는 요인들을 살펴보고, 이에 대응하기 위한 향후 도전과제에 관해 살펴본다.

1 복잡성의 수준과 원인

스노든과 분(Snowden & Boone, 2007)은 어떤 상황의 수준을 단순(simple), 난해(complicated), 복잡(complex), 혼돈(chaos) 등 네 가지로 구분하여 제시하였다. 그리고 단순한 상황은 원인과 결과가 명확하여 예측이 가능하고 기존에 알려진 사실을 활용하여 이를 해결할 수 있지만, 난해한 상황은 원인과 결과가 숨겨져 있어 예측하기 위해서는 분석을 통해 사실(facts)을 발견해내야 한다고 하였다. 반면에, 복잡한 문제는 시스템의 내생 및 외생변수들의 상호작용이 변화하기에 예측이 어렵고, 따라서 패턴을 확인하고 사용하는 방식으로 접근하여야 한다. 더 나아가 혼돈스런 상황은 원인과 결과가 알려지지 않은 가운데 변화가 불안정하여 단기적 개입밖에 할 수 없는 상황을 말한다. 한편, 최근에는 혼돈적 상황을 분석적으로 설명하고 대응책을 마련하기 위해 격변(turbulence) 개념을 도입하기도 한다. 격변적 상황은 사건, 니즈 및 지원이 상호작용하고 매우 가변적이고 일관성이 없으며, 예상치 못한 또는 예측할 수 없는 방식으로 변경되는 상황으로 정의할 수 있다(Ansell & Trondal, 2017).

표 5-1 상황 및 문제의 유형

단순(simple)	난해(complicated)	복잡(complex)	혼돈(chaos)
예측가능	예측을 위해 분석 필요	예측불가능한 변화	불안정한 변화
명확한 원인과 결과	숨겨진 원인과 결과	변화하는 상호작용	원인과 결과 알 수 없음
알려진 사실 활용	사실을 발견하여 사용	패턴을 확인하여 사용	단기적 개입

자료: Snowden & Boone(2007: 73).

1) 복잡성의 수준

지금까지 복잡성에 대한 대부분의 설명은 조직 또는 시스템의 대응을 촉발하는 외부환경적 속성으로 보았다. 즉, 행정환경이 복잡다단해짐에 따라 행정의 대응성이 떨어지게 되었다는 식이었다. 그러나 몇몇 학자들은 복잡성이 환경의 속성일 뿐만 아니라 내부 조직의 속성이기도 하다고 지적한다(Fisher, 2012). 복잡성은 공공조직에 대해 내생적일 수도 있으나 외생적이라고 볼 수도 있다는 것이다.

따라서 우리는 복잡성의 차원을 환경 차원, 조직 차원, 문제 차원으로 구분하여 살펴볼 수 있다. 먼저, 환경 차원의 복잡성은 조직 외부 요인에 의해 발생하는데, 법원(헌법재판소 포함)의 판결, 사건 · 사고, 급속한 기술 변화, 전쟁, 시위, 당파 갈등, 경제 위기 등이 이에 해당한다. 그리고 조직 차원의 복잡성은 조직 내부 요인, 즉 분파 갈등, 직원 교체, 상충되는 규칙, 내부 개혁, 복잡한 운영 등을 통해 발생한다.

마지막으로, 공공조직이 해결하여야 할 문제의 복잡성 또한 복잡성의 중요한 차원이다. 기존의 복잡성 논의에서 복잡한 문제(complex problem) 또는 사악한 문제(wicked problem)는 첨예하게 이해관계가 다른 개인 또는 집단 간의 가치 갈등을 포함하기 때문에 해결하기 어려운 것으로 보았다. 최근 문헌(Ansell & Trondal, 2017)에서는 문제의 규모에 착안하여 규모의 격변(turbulence of scale)을 복잡성의 또 다른 차원으로 제시하고 있다. 코로나 팬더믹에서 볼 수 있듯이 과거의 감염병 수준이나 규모에서 잘 작동했던 솔루션이 더 이상 '좋은' 솔루션으로 간주될 수 없는 상황이 이에 해당한다.

그러나 서로 다른 복잡성의 차원이나 수준은 종종 상호 영향을 미치기도 한다. 환경적 복잡성이 공공조직 내에서 복잡성을 촉발할 수 있으며, 이는 다시 가치 갈등이나 규모에 따른 결과를 초래할 수 있다.

2) 복잡성의 원인

복잡성을 살펴본다는 것은 과학에 대한 '뉴턴적' 관점[1])을 넘어서는 것을 의미한다. 결국 외부환경, 조직 또는 시스템, 해결하여야 할 문제 등이 복잡하다는 것은 기존의 지식체계, 접근방법, 거버넌스 등으로는 설명 · 예측 · 해결하는 것이 불가능해졌

1) 뉴턴적 관점은 "① 시스템의 개별 구성요소 간의 관계는 상호작용하는 부분을 분리하여 이해할 수 있고, ② 부분들 간의 관계에 대한 예측가능성이 존재하고, ③ 상호작용의 결과와 작동하는 전체(working whole)는 부분들을 단순히 합계함으로써 결국 이해될 수 있다는 것으로 요약될 수 있다."

음을 말한다. 복잡성은 예측할 수 없는 변화를 초래하는데, 이는 특정한 내·외부 요인에 의한 것일 수도 있고 이들 요인 간의 상호작용에 의한 것일 수도 있다. 일반적으로 복잡성을 생성하는 요인은 상황적 또는 맥락적이어서 복잡 현상에 대한 일반적인 지식체계를 구성하는 것은 쉽지 않다. 그러나 이러한 분석적 구성 노력은 매우 다른 종류의 상황에서 공공조직과 기관이 직면하는 공통적인 도전에 주의를 환기시킨다는 점에서 유익하다고 할 수 있다.

먼저, 공공조직이 직면하는 복잡성은 예산, 정치적 지원 또는 기술 등 조직 및 제도가 의존하는 안정적인 매개변수의 변화 때문에 발생한다. 이 경우 해당 조직이 계획 및 운영을 위한 새로운 계류장을 설정하기 어렵게 된다. 로즈노(Rosenau, 1990: 8-10)는 글로벌 문제의 복잡성을 세 가지 매개변수적 변화를 중심으로 설명하고 있는데, 글로벌 정치의 전반적인 구조의 변화(다극화), 권한구조의 변화(정치적 권한의 근본적 재배치), 시민 기술의 혁명 등이 글로벌 문제의 불확실성을 초래한다고 하였다.

또 다른 요인으로는 제도, 조직 및 거버넌스의 세계에서 작동하고 있는 독립적 또는 구획화된 하위 시스템, 제도적 논리 또는 지배 규범 간에 또는 관할 경계를 넘어 예기치 않은 상호작용이 발생하는 경우이다. 제도주의 이론에서 오렌과 스코우로넥(Orren & Skowronek, 1996)은 이러한 예상치 못한 제도적 얽힘을 포착하기 위해 '병발(intercurrence)'이라는 용어를 사용했다. 여러 이해관계자가 관여된 복잡한 문제와 관련하여 각 행위자들은 서로 다른 제도적 기반 위에서 행동하고 상이한 정보와 상황인식 하에서 상대방의 전략적 움직임에 따라 대응하므로 이러한 상호작용의 결과를 예측하는 것은 어렵다.

여기에 시간적 복잡성까지 더해지면 문제의 복잡성은 가중된다. 시간적 복잡성은 조직이 일상적인 업무처리에서 신속한 대응으로 전환해야 할 때(Laporte & Consolini, 1991; Bigley & Roberts, 2001), 서로 다른 시간 범위가 충돌할 때(Snook, 2002) 또는 경쟁 일정과 같이 다중 또는 변화하는 템포에서 종종 발생한다.

2 복잡성과 책무성 체계

1) 다극화 또는 대규모화에 따른 책무성 체계의 문제

어떤 문제를 해결하는 데 책임을 지는 행위자의 증가는 정부의 역할과 규모가 확대되면서 발견되는 공통의 현상이다. 이는 조직의 대규모화로 나타나거나 수행조직의 다원화로 나타날 수 있다. 소위 '복잡한' 문제를 다루는 '복잡한' 조직의 문제는 공공책무성 문헌에서 '많은 손'의 문제로 다루어진다.

9·11테러에 관한 미국 의회의 보고서는 그 원인과 대책에 관한 잘 작성된 보고서로 베스트셀러가 되었지만 정작 해당 사태에 대한 책임규명은 제대로 하지 못하였다(Tompson, 2017). 현대 사회에서 각종 심각한 피해는 대개 큰 조직들에 의해 발생한다. 다극화된 조직들과 대규모 조직 내의 많은 다른 개인들이 결정과 정책에 여러 다른 방식으로 기여하기 때문에, 그 결과에 대한 책임자가 누구인지 확인하기는 쉽지 않다. 우리가 제3장에서 확인하였듯이 공공부문에서 대리인의 과잉은 행위 발현(agency)의 위치를 흐리게 한다.

특히, 공공부문에서 신공공관리 접근이 성급하게 이루어지면서 정부의 역할을 위임한 비정부 공공기관이나 공기업을 효과적으로 감시할 수 있는 책무성 설계가 제대로 이루어지지 못하였고, 민간 및 NGO 등이 공공서비스를 제공하고 있지만, 이들과의 계약 성과와 재정가치를 면밀히 조사하는 효과적인 메커니즘도 마련되지 못하고 있다. 지방자치의 실시에도 불구하고 지방의 책무성을 확보할 수 있는 제도적 설계는 미흡한 실정이며, 잦은 정권 교체로 인해 정부 활동과 서비스를 감독하는 규제기관, 감시기관 등이 자주 변화를 겪으면서 불안정성과 비효과적인 결과를 초래하고 있는 것도 문제이다.

2) 민주화 또는 권력구조 변화에 따른 책무성 체계의 문제

한편, 정보과학에서 라이너스의 법칙[2]은 많은 사람들이 감시하고 정보를 공유함으로써 잠재적인 문제를 식별하고 빠르게 이를 해결할 수 있다는 진실에 관한 것이다. 이는 공공문제를 해결하기 위한 정책 및 사업의 경우에도 해당하는 것으로 투명성과 개방성의 증가는 정부가 일을 제대로(doing things right) 하거나 옳은 일을 하도록(doing right things) 하는 데 기여한다.

민주주의 및 디지털화의 진전으로 인해 정부업무에 대한 공중의 참여가 확대되었고, 행정국가화 현상이 약화되면서 의회와 법원의 역할이 확대되고 독립적인 감시기구가 속속 등장하면서 우리가 제2장에서 살펴보았듯이 책무성 체계가 복잡화되는 '많

2) 라이너스의 법칙(Linus's law)은 많은 사람(many eyeballs)이 살피면 컴퓨터 버그가 줄어든다는 것으로, 이 책에서 사용하는 많은 눈(many eyes)의 문제와는 다른 개념이다.

은 포럼'의 문제를 경험하고 있다. 책무성과 성과 사이에는 긴장관계가 존재하고 결국 책무성을 지나치게 추구하면 기능 장애를 낳을 수 있다는 것이다. 책무성 체계가 지나치게 촘촘하게 구축되면 공공관리자를 절차주의나 소극행정으로 내몰 가능성 또한 증가하는 것이 현실이다.

이러한 문제에 효과적으로 대응하기 위해서는 비난의 문화를 넘어 학습의 기회를 창출하는 책무성 문화를 정착시키는 노력과 함께 사회적 책무성 제고를 위한 논의(Boydell et al., 2019)가 필요할 것이다. 이와 함께 정부의 관료적 및 위계적 구조에 뿌리를 둔 기존의 책무성 개념을 재검토하고 증가하고 있는 복잡한 수평적 시스템에 유용하게 적용할 수 있는 책무성 설계의 개념화를 발전시킬(Conteh, 2016) 필요가 있을 것이다.

3) 사회문제의 복잡화에 따른 책무성 체계의 문제

여기서 거론하는 '많은 손'의 문제나 '많은 포럼'의 문제는 현대 사회가 그만큼 복잡해졌고, 이에 따라 기존의 관료제적 거버넌스로 사회문제를 해결하기 어려워졌기 때문이기도 하다. 앞서 살핀 바와 같이 정부가 다루어야 하는 문제가 복잡하거나 혼돈스런 문제라면 관련된 이해관계자가 많아질 수밖에 없고, 많은 손과 포럼들이 상호작용하는 네트워크 거버넌스적 접근을 취할 수밖에 없을 것이다.

복잡한 문제를 해결하기 위해서는 관련 지식이 점점 더 전문화되고 권한이 분산되고 제도적 인프라가 더욱 복잡해져 상호의존적으로 대응해야 하기에 이해관계자 간의 협력이 더욱 긴요해지고 있다. 이는 결국 공공 책무성 체계의 복잡성을 초래하고 제도적 얽힘 현상을 낳을 가능성을 증가시킨다. 따라서 앞으로 책무성 체계와 관련해서는 결과에 대한 부담책임을 따지기보다 발생가능한 해악을 방지할 수 있는 조직의 설계에 대한 책임으로 관점을 전환할 필요성이 제기된다(Thompson, 2017)고 할 것이다.

제 2 절 공공 책무성의 순기능 제고

1 공공 책무성의 기능

민주주의 체제 하에서 국민(공민)은 정부와 정부기관이 무엇을 계획하고, 무엇을 달성하기를 희망하며, 비용이 얼마나 들 것인지를 알 권리가 있다. 그리고 이외에도 목표를 달성하였는지, 해당 목표 달성이 예산 범위 내에서 이루어졌는지를 알 권리가 있다. 결국 정부 재정을 메우는 것은 우리의 세금이며, 책무성 정보를 통해 시민들과 그들의 대표자들은 공적 자금이 낭비되지 않도록 할 수 있다. 책무성은 또한 시민들에게 효과성, 충실성(integrity), 민주주의, 투명성과 같은 바람직한 거버넌스의 중요한 가치에 근거하는지 여부를 평가하는 데 필요한 정보를 제공한다. 책무성을 확보함으로써 얻게 되는 정보는 시민과 그 대리인들에게 시민과 정부 간의 권력의 균형을 유지할 수 있는 능력을 부여하고, 따라서 권력의 남용을 방지할 수 있게 한다(Behn, 2001: 8-10).

책무성은 시민의 이익만을 위한 것이 아니라 잠재적으로 공공조직 및 공직자에게도 도움을 준다. 그들의 행동에 대한 설명을 제공함으로써, 정부기관들은 그들의 정당성을 증명할 수 있다. 책무성은 공공조직에 거울을 들어 비춤으로써 해당 조직은 과거의 행동을 성찰함으로써 그들의 실수와 성공으로부터 배울 수 있고, 따라서 미래의 성과를 향상시킬 수 있으며, 이는 다시 시민의 지지를 증가시킬 수 있다.

그러나 이처럼 이론적으로 책무성은 중요한 민주적 목적에 기여하지만, 실제로는 책무성 확보를 위해 많은 돈과 시간, 에너지를 필요로 하므로 종종 정기적인 의례에 불과한 것을 초래할 수 있다. 즉, 책무성의 순기능이 발현되기보다 부작용을 노정할 수 있다는 것이다. 책무성의 짐은 더 많은 번문욕례(red tape)를 낳고, 고정된 측정 가능한 산출물에만 집중케 함으로써 역효과를 초래할 수 있다(Behn, 2001; Halachmi, 2002). 이러한 전통적인 형태의 책무성이 갖는 부작용은 굿거버넌스를 잠식할 우려가 있고, 이에 따른 책무성의 실효성에 대한 의심은 정부기관에 대한 국민의 신뢰를 오히려 훼손시킬 수 있다. 공공 책무성이 굿거버넌스의 핵심으로 자리매김하기 위해서는 그 민주적 순기능을 제고하여야 하며, 이는 책무성 확보 노력이 학습과 개선으로 연결됨으로써 가능해진다.

2 책무성과 학습의 관계

이론적 관점에서 보면 책무성 메커니즘은 아지리스와 쇤(Argyris & Schön, 1978)이 "듀테로 학습"이라고 부르는 것, 즉 조직 내에서 배울 수 있는 제도화된 능력의 필수적인 요소들이다. 책무성은 정부, 기관 및 개별 공직자들이 약속을 이행하도록 촉구할 수 있는 도구로 간주된다(Behn, 2001; Bovens, Schillemans, & 't Hart, 2008). 공공 책무성의 목적은, 이러한 관점에서 공공조직과 공직자가 학습하도록 유도하는 것이다. 책무성 메커니즘은 그대로 두면 내향적이고 폐쇄적일 수 있는 정치 · 행정 시스템에 개방성과 성찰성을 촉발한다. 또한 책무성 메커니즘은 정책입안자들을 불러 당초에 그들의 정책을 가이드하였던 규칙, 약속, 이상을 되돌아보고 그들이 취한 선택과 행동의 의미를 비판적으로 평가하게 한다. 이러한 회고적 초점은 책무성이 잠재적으로 조직학습의 중요한 촉진자가 될 수 있는 주된 이유다(Aucoin & Heintzman, 2000).

책무성 메커니즘은 원칙적으로 책무성의 3단계 모두에서 학습에 기여할 수 있다. 또한 책무성도 학습 효과를 제도화하기 위해 조직의 실제 행동에 의미 있는 방식으로 영향을 주어야 한다. 제1장에 있는 [그림 1-1]은 책무성의 과정이 정보 단계→토론 단계→제재 단계로 이루어지는 순환적 사이클로 이루어져 있음을 보여준다.

첫째, 책무성의 정보 단계에서 책임 있는 기관은 공식적인 평가, 연차 보고서, 구두 커뮤니케이션, 또는 기타 의사소통 수단을 통해 자신의 행동과 성과에 대한 정보를 제공한다. 제공된 정보의 품질은 피드백 정보가 조직 활동의 효과와 관련 이해당사자의 평가와 관련해서만 중요한 것이 아니고 학습 프로세스에도 필수적이다. 정보 단계에서 책무성 데이터의 여러 가지 특징은 학습을 위한 중요한 전제조건이 된다.

- 데이터의 정확성, 적시성 및 명확성은 학습의 초점과 시기에 기여한다(Bovens et al., 2008).
- 다양한 소스 정보는 정책행위자에게 인지 자극을 제공하고 신뢰성을 향상시킨다(Strøm, 2000: 278).
- 데이터 및 통찰력의 참신함은 학습의 기회를 연다(Schillemans, 2011).
- 유연한 정보 시스템을 통해 정보가 책무성 포럼의 실제 요구에 더 잘 대응할 수 있다(Ebrahim, 2005: 78-80).

둘째, 책무성의 토론 단계에서 책임 있는 기관의 행동에 대한 설명은 책무성 포럼에 의해 비판적으로 평가된다. 이상적인 학습 환경에서, 공공조직은 관련 이해관계자들과 함께 과거의 선택과 행동을 비판적으로 재검토할 것이다; 역기능적 환경에서는 이해관계자들은 주로 비난의 배분에 초점을 맞추는 반면, 책임 있는 대리인은 책임을 회피하고 비난을 피하기 위해 최선을 다할 것이다(Hood, 2011). 그러므로 토론 단계에서는 다음과 같은 노력을 통해 학습을 자극하여야 한다.

- 오류는 학습기회로서 수용되며, 직원들은 평가를 업무의 중심으로 간주한다(Ebrahim, 2005).
- 토론은 성찰적이며, 내용은 개선에 초점을 맞춘다(Schillemans, 2011).
- 책무성의 위협이 너무 높으면, 조직은 비판을 학습 기회로 이용하기보다는 부정할 것이다(Ron, Lipshitz, & Popper, 2006: 1070). 그러나 어느 정도의 위험은 효과적인 변화를 촉진하기 때문에 긴요하다.

셋째, 책무성의 제재 단계에서 책임 있는 기관의 업무처리와 행동은 결과적으로 책무성 포럼에 의해 판단된다. 책무성 포럼은 해당 조직을 처벌, 교정 또는 보상하기 위해 공식적 또는 비공식적 제재에 의존할 수 있다. 책무성의 제재 단계에서는 제재의 사용이 처벌이 아닌 개선을 지향하는 다음과 같은 다양한 방법을 통해 학습을 자극할 수 있다.

- 판단이 개선을 위한 구체적인 특정한 교훈에서 나올 때(Rose, 2005: 22)
- 판단이 다른 관련 이해관계자들의 경험을 요약하여 나올 때(Aucoin & Heintzman, 2000: 52-54)
- 판단이 조직의 사명에 기초하고 이에 관련되는 경우(Ebrahim, 2005)

3 혁신적 책무성을 통한 학습과 개선

실러맨즈 등(Schillemans et al., 2013)은 학습과 개선을 이끌어냄으로써 책무성의 순기능을 제고할 수 있도록 전통적인 책무성과 다른 새로운 유형의 혁신적 책무성이 필요함을 주장하며, 다음과 같이 전통적 책무성과 혁신적 책무성의 차이를 설명하였다(〈표 5-2〉 참조).

우선, 전통적인 책무성 체계는 대부분 수직적인 통제라인의 방향을 따라 작동하며, 매년 혹은 매월 일정한 간격으로 명령체계상 하부에 있는 업무 수행자들이 상부

표 5-2 전통적 책무성과 혁신적 책무성의 차이

전통적 책무성	혁신적 책무성
표준적, 영속적 구조	측정이나 평가를 위한 임시적 구조
광범위, 일반적, 종합적	심층적, 특정적, 선별적
순환적	우발적
재정적 초점	정책성과에 초점
수직적 방향	수평적 방향
정보제공에 초점	토론과 숙의에 초점
제재: 판단과 시정	제재: 학습과 개선

출처: Schillemans, Van Twist, & Vanhommerig(2013).

의 관리자들에게 (주어진 업무에 대해) 책임을 지게 되는 구조로 작동한다. 이러한 수직적 책무성은 대개 법에 규정되어 있어서, 부여된 책임에 대해 정치적 주인이 부여한 책임을 대리인이 규정에 따라 제대로 수행했는지를 정기적으로 보고하고 설명해야 한다.

책무성에 대한 전통적 관점에서는 정보의 수집도 표준화된 체계에 따라 정해진, 그리고 오랜 시간 동안 여러 차례 검증된 방법으로 수집된다. 더구나 전통적 책무성에서는 재정정보와 지출의 적정성에 우선적인 초점을 두어서 때로는 수입과 지출명세서를 확인하는 회계적인 역할과 크게 다르지 않을 수 있다. 일방향적이면서 연간 단위로 이루어진다는 특성으로 인해 학습의 목적에는 적합하지 않을 수 있다.

그러나 혁신적 책무성의 체계에서는 이와 다른 양상을 보이는데, 실러맨즈 등(Schillemans et al., 2013)은 상호작용적 책무성(interactive accountability), 역동적 책무성(dynamic accountability), 그리고 시민주도적 책무성(citizen-initiated accountability)을 세 가지 모델로 제시하고 있다. 첫 번째, 상호작용적 책무성은 정보기술의 발달과 함께 기관의 성과에 대해 실시간으로 모니터링이 가능하도록 하는 것이다. 이를 통해 책무성 체계를 통해 수집된 정보가 실제로 업무나 계획을 개선하는 데 유용하게 사용되며 학습을 통한 변화를 가져올 수 있다. 또한 설명자와 피설명자 간의 논의나 청문회 등을 보다 빈번하게 가짐으로써 함께 문제점을 찾아내고 상호 간의 긴밀한 대화를 통해 해결책을 모색해 나갈 수 있게 된다. 영국의 총리실의 Delivery Unit, 그리고 PerformanceStat이 그 예가 될 것이다.

두 번째, 역동적 책무성은 시민과 이해관계자들이 정부가 책임을 지도록 데이터를 사용하는 개방형 데이터 시스템에 기초한다. 그 예로는 Recovery.gov와 다양한 트위터 데이(Twitter days)가 있다.

세 번째, 시민주도적 책무성은 시민들의 관찰과 자료를 이용하여 관계 당국들이 조치를 취하도록 소환하거나 자신들의 정책에 대해 책임을 지도록 시민들이 주도권을 갖는 것이다. 예를 들면, 카프카 여단(Kafka Brigade)과 위키노믹스(Wikinomics)가 그 예가 될 수 있다.

이러한 세 가지 유형의 책무성 혁신은 모든 유형의 공공업무에 다 적용될 수 있는 것은 아니지만 다양한 상황에서 시험되고 시도될 수 있을 것이다.

제 3 절 공공 책무성의 부작용 완화

책무성 체계의 중층화 현상과 책무성의 학습 기능의 제고 노력과 더불어 책무성 논의에서 주목하는 현상은 책무성 과다로 인한 부작용이다. 롬젝과 두브닉(Romzek & Dubnick, 1994)이 제시하고 있는 계층적 책무성, 법적 책무성, 전문가적 책무성, 정치적 책무성과 같은 책무성 유형은 공공관리자가 직면하고 있는 책무성 중첩현상을 잘 나타낸다. 책무성 포럼이 다양해지면서, 공공관리자는 각각의 행위에 대해 상관의 명령·지시, 각종 법규뿐만이 아니라, 전문가 집단의 기준, 고객의 욕구 등을 행위의 준거로 삼아야 한다.

그러나 책무성의 중첩현상은 책무성 과다로 인식되면서, 학계에서는 책무성 과다에 따른 문제점들을 다양하게 포착하고 있다. 책무성으로 인한 부담은 이미 순편익을 체감시키는 선까지 가중되었으며(책무성 딜레마), 책무성을 더욱 강화한다고 하더라도 더 나은 정부가 만들어지는 것은 아니다(책무성 패러독스), 공공관리자는 책무성 포럼의 요구사항은 더욱 충실히 충족시키려고 하지만, 이러한 노력이 반드시 정책결정과 공공서비스 전달에서 성과로 이어지는 것은 아니다(책무성 트랩). 책무성 관련 논의도 한층 활발히 이루어지지만, 파편화되어 진행되면서, 책무성 관련 실무는 오히려 약화한다(책무성 위기). 책무성 중첩현상과 관련하여 제기되는 이슈는 책무성 강화 노력이 다양한 층위의 공공관리자에 부담을 가중시키면서 오히려 부정적으로 작용할 수 있음을 시사한다.

책무성 과다로 나타나는 부작용은 무엇보다도 행위자가 설명책임을 이행하는 과정에서 지는 다양한 부담에서 비롯된다. 공공부문에서는 직무수행 과정에서 발생하는 손실이 기대되는 편익보다 더 높게 평가되는 부정편향(negative bias)이 존재하기 때문에 공공관리자의 행위부담은 더욱 커지는 경향이 있다. 공공관리자들은 서로 다른 포럼에 행위의 정당성을 주장하기 위해 많은 노력과 시간을 투여하여야 한다. 때로는 불명확하고, 때로는 비현실적·비실용적이며, 그래서 계속 바뀌는 포럼별 판단기준과 게임의 법칙에 반응하여야 하기 때문에 이에 따르는 불확실성과 비용이 적지 않다. 특히, 대중매체가 민감하게 반응하는 주제나 범죄, 건강, 사회정책과 같이 정치적으로 논란이 큰 영역에서의 행위는 더욱 그렇다.

공공관리자 입장에서는 설명자의 범위도 실제 담당자에서 상위 관리자, 조직의 장에 이르기까지 광범위해지고, 행위가 초래하게 될 비난의 유형과 그 강도 또한 예측하기 어렵다. 이처럼 다양한 포럼으로부터 설명책임의 요구가 강화되면서, 공공관리자의 행위에 수반하는 부담은 커간다. 이런 환경에서 공공관리자는 자신이 수행한 특정 행위에 대한 긍정적인 반응을 기대하기보다는 비난(blame) 같은 부정적 반응을 피하려는 동기가 강하다(Weaver, 1986).

책무성이 중첩되는 가운데 공공관리자로서는 다중적 부담에 대한 대응이 중요한 과제로 등장하며, 예상되는 비난에 대처하는 다양한 전략을 고민하게 된다. 비난에 대한 대처는 문제가 부각되기 이전에 선제적으로 대응하면서 비난을 사전에 차단(예견적 anticipatory 전략)할 수도 있고, 문제로 부각되어 이미 비난에 직면할 때 대응(반응적 responsive 전략)할 수도 있다(Sulitzeneanu, 2006).

후드(Hood, 2011)는 공공관리자의 대응 전략을 표현적 전략(presentational strategy), 대리인 전략(agency strategy), 정책전략(policy strategy)으로 구분한다. 표현적 전략에서는 잠재적 비난자의 주의를 다른 데로 돌리기 위한 주장과 방법을 이용한다. 즉, 대중의 인식을 형성함으로써 비난을 피하는 전략이다. 대리인 전략은 공적 업무를 여러 조직에서 실행하도록 책임을 분산하여 업무를 수행하는 방식으로, 비난에 대한 책임을 전가하거나, 최소화할 수 있다. 정책전략은 행위자가 잠재적인 비난이 대상이 되는 것을 최소화할 수 있는 정책대안, 의사결정 루틴/절차를 선택하는 방식이다. 표현적 전략은 반응적 전략이며, 분산전략과 정책전략은 예견적 전략에 해당한다. 그러나 예견적 또는 반응적 비난회피 전략은 공공관리자가 업무를 수행하면서 예상되는 비난에 대비하기 위해 업무 수행 전후 일반적으로 고려할 수 있는 전략이지 책무성 과다에 따른 회피 전략으로 보기는 어렵다.

다수의 포럼에 설명책임을 지는 공공관리자의 행태와 문제점을 설명하는 데는 딜레마 이론이 좀 더 적합하다. 여기서 딜레마란 "비교불가능한 가치나 대안이 선택상황에 나타날 때, 한 가치의 선택으로 인해 다른 가치가 가져올 기회손실(opportunity loss)이 크기 때문에 선택이 어려운 상황"(이종범 외, 1992)을 말한다. 딜레마 상황에서는 선택이 어려울 뿐만이 아니라, 어떠한 선택이 이루어지더라도 그에 대한 반발 내지는 가치의 훼손으로 커다란 사회적 비용이 발생한다.

책무성 중층화와 책무성 중첩 현상은 딜레마 상황을 초래하여, 공공관리자가 사회적 비용의 증가에도 불구하고 자신의 비용을 줄이는 회피적 결정을 내리도록 할 가능성이 크다.[3] 계층적 책무성은 공공관리자가 상사/상급기관에 대해 부하로서 역할을, 법적 책무성은 법과 정책을 결정하는 주인에 대해 집행의 대리인으로서 역할을, 전문가적 책무성은 일반인/비전문가에 대해 전문가로서 역할을, 정치적 책무성은 시민(납세자)에 대한 대변자로서 역할을 강조한다. 이 역할 갈등이 잠재적 상태로 끝나는 것이 아니라 특정한 선택을 해야 하는 상황에 놓이면, 법적 책임, 계층적 책임, 전문가적 책임, 정치적 책임은 상충하면서 공공관리자는 선택해야 하는 딜레마에 직면할 수 있다. 즉, 조직의 구성원 및 부하로서 역할 수행(계층적 책임성), 법규의 충실한 집행자로서의 역할 수행(법적 책임성), 업무의 전문가로서 역할 수행(전문가 책임성), 국민에 대한 공익 봉사자 및 대변자로서 역할 수행(정치적 책임성)에서 공공관리자는 동시에 그 의무를 충족시키기 어려운 상황에 놓일 수 있기 때문이다. 이처럼 담당해야 할 역할이 다면적인 상황에서 공공관리자가 어떤 역할은 중요시하는 반면에, 다른 역할을 경시하는 경우 부작용이 발생한다. 보통 관료의 성공과 직업적 생존은 법령의 엄격한 준수와 지시에 대한 복종에 좌우되므로, 관료는 법적 책임과 계층적 책임의 이행을 더 우선시하기 쉽다. 전문가적 요구나 시민의 요구에 대한 대응보다는 대체로 조직 내에 법령과 지침, 상사의 명령과 지시를 따르는 것만으로 자신의 공적 책무를 다하였다고 자족하며, 법규 준수 및 지시 복종으로 자신의 책임을 좁게 인식할 가능성이 크다.

책무성 과다 상황이 일종의 딜레마 상황으로 인식될 경우 공공관리자는 책무성

3) 주재현 외(2015)는 롬젝과 두브닉(Romzek & Dubnick, 1994)의 책무성 유형의 예를 통해 계층적 책무성과 법적 책무성, 계층적 책무성과 전문적 책무성, 계층적 책무성과 정치적 책무성, 법적 책무성과 전문가적 책무성, 법적 책무성과 정치적 책무성, 전문가적 책무성과 정치적 책무성 등 여섯 가지 유형의 딜레마 상황을 제시하고 있다.

부담에 대해 이탈(exit), 항의(voice), 순종(loyalty), 태만(neglect)과 같은 대응 전략을 보일 수 있다(주재현 외, 2015). 이탈의 경우 딜레마 상황을 포기하는 것으로 공공관리자는 이직, 보직변경, 업무변경, 결정권 전가를 추구한다. 항의는 딜레마를 해소하려는 대응 전략으로 상황 해소에 필요한 자원을 요구하거나, 새로운 정보를 투입하고, 설득 노력을 한다. 순종은 딜레마 상황을 수용하고 침묵하거나, 대안 중 하나를 일방 선택하는 전략이다. 태만은 딜레마 상황에서 조직에서 이탈은 하지 않지만, 결과적으로 조직에 부정적인 영향을 주는 행위로서, 주어진 일을 형식적으로 처리하거나 추가적 노력을 투입하지 않는 행태를 보인다. 이론적 대응 전략 가운데 실제 공공관리자가 어떤 선택을 할지는 실증의 문제로 남아 있다. 지방자치단체 공무원을 대상으로 한 조사 결과에 따르면 법적 책임과 계층적 책임, 정치적 책임과 전문가적 책임이 각각 충돌할 때는 이탈을, 법적 책임과 정치적 책임, 법적 책임과 전문가적 책임이 각각 충돌하는 경우 항의를 선택하는 경향을 보였다(주재현 외, 2015).

한편, 공공관리자는 직무 해태에 이르지 않는 정도로 최소한의 노력만을 기울이는 업무처리 행태를 보일 수 있다. 물론 공공관리자의 소극적 행정 가능성은 보유한 재량권한의 정도와 관련이 있다. 소극적 재량행위는 기준적용이 모호하거나 법규를 다의적으로 해석할 수 있는 상황에서 가급적 재량적 판단을 하지 않거나 불가피하게 재량행위가 필요하더라도 최소한에 머무르는 행위이다. 소극적 행위는 주어진 업무만 반복 처리하기, 현행 규정의 테두리 내에서 업무개선 노력 안 하기, 비합리적인 규정 개선 노력 안 하기, 규정이 없다는 이유로 행정조치를 거부하거나 다른 행정기관에 업무 미루기, 이해조정을 위한 노력 없이 이해관계인의 합의만을 기다리기, 현장 조사와 같은 적극적인 노력 없이 당사자의 주장이나 추측에 근거하여 사실을 인정하기, 정당한 사유 없는 업무처리 지체, 직무 태만 등 다양한 형태로 나타날 수 있다(박정훈, 2009).

또한 공공관리자가 책무성 과다에 따른 부담을 피하고자 한다면, 특히 미래위험에 대응하는 예견적 책임(anticipatory responsibility)을 회피하게 될 가능성이 크다. 한승수 외(2020)는 제4차 산업혁명과 같은 과학과 산업기술의 대전환과 저출산·고령화가 급격히 진행되는 사회에서 예상되는 문제를 선제적으로 대응하는 예견적 행정의 중요성을 강조한다. 문제의 사전 인지 가능성이 크고, 동시에 그 예비책 마련 가능성이 높은 사안의 경우, 사회적 비용 최소화를 위해 예견되는 문제를 방치하는 것이 아니라 미리 대비하는 예견적 책임성이 요구된다. 그러나 이러한 예견적 책임의 수행은 공공관리자 입장에서는 큰 부담이 될 수 있다(한승수 외, 2020). 지금까지 따르던 익숙한 규정을 버리고 관성과 관행을 거스르면서, 새로운 방안을 모색한다면, 상당한 매몰 비용과 해결책 탐색에 필요한 추가비용이 발생하지만, 동시에 예상되는 문제 해결을 위한 사전적 노력에서 예상할 수 있는 기대 편익은 매우 불확실하다. 이 같은 상황에서 미래위험에 대한 공공관리자의 선제적이고 적극적인 행동을 기대하기는 어렵다. 또한 현 제도 하에서는 사전적 행동이 잘못된 경우는 법적 책임을 질 가능성이 크지만, 사전적 행동을 하지 않아 실패한 경우는 법적 책임을 묻기 어려워, 공공관리자의 예견적 책임의 회피 행태는 제도적으로도 충분히 합리화될 수 있다. 그러나 복잡해지고, 불확실한 행정환경에서 한층 강조되고 있는 재량 행정과 예견적 행정에서 책무성 과다의 부작용으로 소극적인 행정이 두드러진다면, 다변화되고 있는 책무성 체계가 지향하는 방향은 아닐 것이다. 책무성 과다에 대한 논의는 향후 책무성 연구에서 몇 가지 과제를 남긴다.

먼저, 공공관리자가 딜레마 상황에서 선택하는 전략 중 항의(voice)는 숙고해볼 필요가 있다. 항의는 일선 공공관리자가 선호하는 전략이지만, 이 전략이 조직 내에서 잘 받아들여지지 않는다면 순종으로 쉽게 돌아서는 것이 일반적이다. 따라서 행위의 정당성을 둘러싸고 설명자와 피설명자가 의사소통적 대결을 벌인다는 차원에서 설명자인 공공관리자가 항의의 태도를 선택하고 유지하게 하려면, 포럼이 그들의 항의를 진지하게 받아들일 수 있어야 한다. 책무성 기제를 강화한다는 것은 여러 유형의 책무성 기제를 중첩적으로 운영한다는 것뿐만이 아니라, 각각의 제도 내에서 의사소통적 대결이 원만하게 이루어질 수 있는 여건을 조성한다는 의미도 포함된다. 적극적인 항의와 문제 해결을 위한 노력을 하는 책임있는 행정인을 만들기 위해서는 그러한 항의 노력을 초기부터 진지하게 수용할 제도가 필요하다(주재현 외, 2015).

공공관리자들은 의사소통의 장애요인으로 자신의 문제의식과 이견 표출이 어려운 조직의 분위기, 시간적 압박, 성과평가기준의 문제 등을 꼽는다. 자신의 우려를 사전에 밝히고, 대책 마련을 요구할 수 있는 조직 분위기가 아니므로 소통이 어렵다고 한다. 지시 내용에 이견을 밝힐 수 있는 분위기를 조성하고, 예견되는 문제에 대한 자유로운 논의를 끌어내기 위해서는 무엇보다도 고위관리자의 태도 변화가 중요하며, 소통의 리더쉽으로 상호 신뢰하고 발언할 수 있는 환경을 보장해야 한다.

동시에 이러한 의사소통적 대결이 설명자에 대한 과도한 비난으로 이어지는 것은 경계해야 한다. 공공행정에서 책무성 기제의 실천적 기능을 활성화하려면 설명자에 대한 비난보다는 문제 규명과 해결을 위한 소통 방식을 발전시켜야 할 것이다.

한편, 공공관리자가 비난 회피 전략을 선택하기보다는 문제 해결을 위해 재량권을 도전적·적극적으로 행사할 수 있는 제도적 여건을 조성하는 것도 필요하다. 공공부문의 위험관리 시스템(risk management system)을 체계화하여 공공관리자가 의사결정 시 직면하는 다양한 위험에 대처할 수 있도록 지원하고, 적극적 대처 과정에서 발생한 문제에 대해서 책임을 경감해주는 제도(적극행정 면책제도) 등 제도적 환경을 마련하는 것도 필요하다.

특히, 책무성이 중첩되면서 나타나는 딜레마 상황은 공공관리자를 유능한 문제해결자이기보다는 성찰과 반성이 필요한 존재로 부각시킨다. 상관의 명령과 법규만을 우선시하면 관료주의가 팽배해지고, 고객의 요구만을 배려하게 되면 고객 지상주의나 시장 만능주의가 만연하게 되고, 전문 직업적 경험과 신념만을 강조하면 할거주의가 나타나고, 선출직 공직자의 요구에 맹종하게 되면 행정의 정치 도구화 현상이 심화되기 때문이다(윤건수, 2017). 각각의 책무성 포럼이 기대하는 다양한 역할과 이에 따라 공공관리자가 직면하는 딜레마 상황은 재량을 행사하는 과정이 맹목적이고, 기계적인 과정이 아니라. 고민과 성찰을 수반하는 과정이 되어야 함을 함축한다.

제 4 절 공공 책무성 측정의 문제

1 공공 책무성 측정의 의의

공공 책무성을 확보하고자 하는 주요 목적은 대리인인 공공조직이나 공직자가 조직 운영이나 업무 수행과 관련하여 주인인 일반 공중(또는 포럼)에게 정보를 제공하고 필요한 경우 일의 경과를 구체적으로 설명함으로써 포럼으로 하여금 필요한 조치를 강구하도록 하는 것이다. 따라서 공공 책무성의 궁극적 목적은 설명책임을 작동시킴으로써 민주주의를 구현하고 더불어 정부 신뢰를 제고하는 데 있다고 할 것이다.

따라서 공공부문이 구축하여야 할 공공 책무성 체계는 일을 효율적으로 하기(doing things right) 위한 것이라기보다 정부가 국민을 위해 해야 할 일을 하기(doing right things) 위한 협력적 통제시스템이라 할 것이다. 정부를 비롯한 공공부문은 공공 책무성 체계를 구축함으로써 공중으로부터 정치적 정당성과 지지를 획득할 수 있으며, 이는 정부의 업무역량과 맞물려 국민의 정부신뢰를 제고하는 데 일조할 것이다.

그러므로 공공 책무성 체계가 제대로 작동하는지를 모니터링하고 평가하는 것은 규범적으로나 실질적으로 그 의미가 크다고 할 것이다. 보벤스(Bovens, 2007)는 공공 책무성에 관한 논의에 있어서 책무성의 결핍과 과잉(deficit and overloads)에 관한 비판을 빈번하게 접할 수 있으나 실제로 측정이 가능할 정도로 책무성의 개념이 명확히 정의되지 않았고, 결핍이나 과잉에 대한 대부분의 평가는 선언적이거나 선행적인 비판의 수준에 머무르고 있으며, 제대로 계량적으로 평가된 바가 없음을 지적하면서 책무성을 평가할 수 있는 측정도구 개발의 중요성을 강조한 바 있다.

따라서 여기서는 공공 책무성 또는 책무성 체계를 측정하기 위한 평가설계에 대해 살펴보고 앞으로 고민하여야 할 공공 책무성 측정을 위한 과제에 대해 논의해 보고자 한다.

2 공공 책무성 측정의 이슈

1) 측정 목적(왜 측정하는가?)

실증주의에 기반한 계량적 접근방법을 선호하는 학계의 분위기는 학자들로 하여금 제대로 정의되지 않은 문제를 섣부르게 관련 데이터를 수집하여 측정하도록 추동하는 경향이 있다. 게다가 신공공관리적 패러다임에 경도된 일부 학자들은 해당 제도나 시스템의 존재 이유를 충분히 성찰하지 않은 채 제도 도입에 따른 성과를 측정하려고 한다.

그러나 책무성 개념은 민주주의 가치를 기반으로 하는 실천적 성격을 갖기에 효율성이나 효과성 기준으로 성과를 측정하려 하는 것은 연목구어의 행태라 할 수 있다. 따라서 책무성을 측정하기 위해 평가설계를 할 때 평가자는 '어떤 목적으로 평가하는가?' 즉, 평가의 목적을 충분히 고민하여야 한다.

적어도 책무성 또는 책무성 체계를 평가하는 최우선 목적은 결함을 찾아내어 개선하는 데 있다. 성과를 측정하여 줄세우기를 하고 저성과 조직이나 공직자를 비난할 목적이라면 책무성 과다에 따른 부작용을 가중시킬 뿐이다. 굳이 책무성 확보장치나 시스템의 도입에 따른 영향을 실험설계나 준실험설계를 통해 측정하고자 한다면 관리 효율성이나 업무 효과성과 관련된 지표보다는 그 처리효과에 해당하는 변수는 학습효과나 정부신뢰와 관련된 지표가 적절할 것이다.

2) 측정 내용(무엇을 측정하는가?)

그 다음으로 책무성 측정을 위한 평가설계에서 중요한 것은 무엇을 측정할 것인지, 즉 측정의 내용적 범위에 관한 것이다. 보벤스 등(Bovens et al., 2008)은 책무성의 개념에 대해 규범적 관점(책무성을 바람직한 상태로 보는 관점)과 도구적 관점(포럼과 행위자 간의 설명책임을 확보하는 체계로 보는 관점)으로 나누어 설명하는데, 책무성에 대한 규범적 관점의 평가는 공공 책무성의 수준에 대한 측정에 초점을 두고 있다면, 도구적 관점의 평가는 책무성과 정부신뢰 또는 책무성과 업무 성과 간의 인과관계에 관심을 둔다고 할 수 있다. 즉, 도구적 관점의 평가는 행위자들이 책무성을 제대로 실천하는지보다는 사후적으로 해당 책무성 확보장치나 책무성 체계가 정부신뢰나 정부업무 실행에 미친 영향에 보다 큰 관심을 둔다.

일반적으로 측정 내용은 측정 목적에 의해 좌우된다. 먼저, 책무성 측정 목적이

표 5-3 책무성 체계의 모니터링 분석틀

구분	초점	분석 내용/기준		착안사항(지표)
역할책임	이해관계자 간 역할분담	책무성 관계		• 관리적 · 민주적 책무성 관계 • 수직적 · 수평적 · 대각적 · 사회적 책무성 관계
			역할 명확성	• 주어진 역할이 명확한가?
			독립성	• 임무수행과 관련하여 외부의 부당한 간섭으로부터 자유로운가?
설명책임	설명책임 확보를 위한 과정 및 도구	설명 과정 및 도구		• 설명 과정 • 설명도구
			절차 투명성	• 설명 과정이 투명한가?
			도구 적정성	• 설명을 위한 수단이 적정한가? • 제공되는 정보에 대한 고객 접근성은?
			내용 적정성	• 설명이 명확한가? • 설명이 논리적이고 증거에 기반하였나?
부담책임	시정을 위한 절차 및 제재조치	시정절차 및 제재		• 판단절차 • 판단기준 및 제재
			판단의 적정성	• 포럼에 의한 토론이 적정한가? • 포럼에 의한 판단이 적정한가?
			제재의 효과성	• 부과되는 제재가 효과적인가? • 제재가 개선에 기여하였나?

모니터링(monitoring)을 통해 책무성 결함을 발견하여 시정하는 것에 있다면 책무성을 확보하기 위한 체계나 제도적 장치가 제대로 작동하는지를 살펴보아야 한다. 이를 위한 평가 내용은 책무성 체계를 구성하는 요소별로 그 적정성을 평가하는 기준이나 착안사항(측도)을 포함하여야 한다.

이 책에서는 이미 제1장 제5절에서 책무성 체계 분석틀에 대해 기술하였다. 이를 요약하여 제시하면 〈표 5-3〉과 같다.

그리고 책무성 체계나 제도적 장치의 도입 효과를 측정하는 것이 목적이라면 해당 체제나 제도 도입에 따른 효과나 영향을 평가(evaluation)하여야 한다. 보벤스 등(Bovens et al., 2008)은 책무성 체계의 효과성이 세 가지 유형별로 나타나는 것으로 보았는데, ① 공권력에 대한 국민의 모니터링과 통제의 민주적 수단으로서의 효과, ② 권력남용과 부패를 막기 위한 헌법적・법치적 수단으로서의 효과, 그리고 ③ 공공행정의 효과성을 제고하는 학습의 수단으로서의 효과로 나누어 설명하였다. 그리고 책무성 효과의 유형별 성과측정을 위한 지표들을 〈표 5-4〉에서와 같이 구체적으로 정의하였다.

표 5-4 책무성 효과의 유형 및 측정지표

효과의 유형	측정의 차원	세부 측정 내용
민주적 효과	도덕적 해이 등 대리인 문제 해결	– 책무성 체계가 주인에게 대리인의 행위나 성과를 충분히 파악할 수 있는 정도의 정보를 제공하는지 – 책무성 체계가 대리인들이 민주적으로 선출된 주인에 대해 충실하게 역할을 수행할 수 있을 만큼의 인센티브를 제공하는지
헌법적・ 법치적 효과	책무성 포럼의 효과성/통제가능성	– 책무성 포럼이 대리인들이 통제를 회피하려는 경향이나 자신들의 권한을 계속 확장하고자 하는 경향을 견제할 정도로 가시적이면서 실질적으로 강력하게 작동하는지 – 책무성 포럼이 대리인의 부패나 관리실패를 드러낼 만한 역량이나 권한이 있는지 – 결과에 대한 제재 조치들이 향후 실수나 실패에 대한 예방적인 영향력을 가지고 있는지
학습효과	행정기구의 학습역량, 효과성 제고가능성	– 책무성 체계가 피드백을 충분히 제공하는지 – 대리인인 관료나 정부기관이 학습과 개선에 대한 적절한 인센티브를 제공할 수 있는 정책을 가지고 있는지

자료: Bovens et al.(2008).

3) 측정방법(어떻게 측정하는가?)

책무성 체계에 대한 모니터링 평가를 위해서는 〈표 5-3〉의 모니터링 분석틀을 활용하여 측도(measure)를 구성하고 해당 측도의 실적자료를 수집하여 적정성을 평가할 수 있다. 다만, 이 경우에 설명자와 피설명자로부터 데이터를 수집할 필요가 있으며 따라서 행정자료, 인터뷰, 설문조사 등 다양한 정보원으로부터 자료수집이 필요하며, 양적 평가와 질적 평가를 병행하는 혼합방법(mixed method)을 사용하는 것이 바람직할 것이다. 특정 영역의 책무성 체계에 대한 성과감사를 실시하는 경우도 모니터링 분석틀을 활용할 수 있을 것이다.

책무성 체계나 제도적 장치의 심층평가(indepth evaluation)를 위해서는 실험설계나 준실험설계에 의한 처리효과를 측정하는 방식을 사용할 수 있다. 일반적으로 무작위 통제 실험은 인과관계의 존재를 인정하는 가장 강력한 도구로 알려져 있는 데, 실험집단(사업활동을 수행하거나 정책을 실행하는 집단)과 통제집단(아무런 조치를 하지 않는 집단) 간의 계량적 성과의 차이를 측정함으로써 효과에 관여할 수 있는 요소들의 영향력을 최대한 제거 혹은 통제한 후 실험적 개입으로 발생한 순수한 효과의 차이를 측정하고자 하는 방법이다. 그러나 특정한 책무성 체계는 해당 영역이나 조직이 갖는 역사성과 맥락을 반영하고 있기에 실험집단과 유사한 특성을 가진 대조군을 찾는 것은 거의 불가능할 것이다. 따라서 이 경우에는 단일집단에 대한 단절적 시계열설계(interrupted time-series analysis)나 비동등 통제집단 설계(nonequivalent control group design)가 대안으로 고려될 수 있을 것이다.

그러나 책무성 체계의 효과를 제대로 이해하기 위해서는 인과관계의 존재 여부만이 아니라 그러한 결과가 발생되는 작동기제를 이해할 수 있도록 하는 정성적인 연구가 병행되어야 한다(Joshi, 2011: 13). 즉, 실험설계에 의한 성과평가는 책무성 기제가 최종 성과(지표)에 영향을 미치는지는 알려줄 수 있으나 왜, 어떠한 과정을 거쳐 그러한 결과가 나타났는지 혹은 나타나지 않았는지 그 원인을 알려주지는 않는다.

4) 측정 주체 및 대상(누가 누구를 측정하는가?)

개별 국가의 공공 책무성 체계는 역사적 경험의 축적물로 상대적 비교의 대상이랄 수는 없다. 그럼에도 불구하고 세계은행(World Bank)은 발언 및 책무성 지수(Voice and Accountability Index)를 사용하여 책무성에 대한 국가 간 비교에 활용하고 있다. 이

지표는 1996년부터 전 세계 150개 국가의 자료를 수집하여 생성되었는데, 주로 응답자의 인식을 파악하는 설문조사를 활용하고 있다. 그러나 그 자료의 축적 기간이 한정적이고 개념적으로도 불분명하고 일관성이 결여되어 있다는 지적을 받고 있다(Lührmann et al., 2013).

세계은행은 국가를 분석단위로 하여 책무성 지수를 국가 간 비교에 활용하고 있으나 개별 국가 수준에서 여러 영역의 책무성 체계가 제대로 작동하는지 평가를 하기 위해서는 법령에 의해 권한을 부여받은 포럼이 이를 담당하는 것이 바람직할 것이다. 감사원 등 감찰이나 감사 기능을 부여받은 독립적인 감시기구가 그 대표적인 예이다. 물론 제3자로서 객관적인 평가가 가능한 학계에서도 특정 공공조직이나 정부업무를 대상으로 책무성(체계)이 제대로 작동하는지 또는 해당 책무성 체계가 기대했던 결과를 낳았는지 평가할 수 있을 것이다.

3 공공 책무성 측정의 과제

1) 측정방법의 문제

책무성의 장기적인 효과에 대한 증거는 아직 매우 부족하다. 대부분의 연구들이 단기간의 프레임 안에서 진행되어 장기적인 성과를 판단하기 어려운 한계를 드러내고 있다. 분석 기간이 길지 않은 상황이라면 추적(follow up) 조사 등을 통해 장기적으로 성과정보를 누적되거나 새로이 발생하는 효과 및 예기치 못한 부대 효과를 측정해 볼 수 있다.

2) 측정 내용의 문제

정보수집 → 토론 → 제재 및 보상의 과정으로 구분된 책무성 과정에 대한 연구 경향을 메타 분석한 연구(Bransma & Shillemans, 2012)에 따르면, 정보수집 단계에서는 어떠한 유형의 자료와 문서가 수집되는지를 살펴보고, 토론 단계에서는 행위자와 포럼 간의 실제적인 토론에 초점을 맞추는 반면, 책무성 판단에 따른 제재 및 보상 단계에서는 책무성 관계에 따른 제재의 효과를 측정할 수 있다.

따라서 공공 책무성 수준을 평가하거나 책무성 체계를 평가하기 위해 사용되는 파라미터는 어떤 관계에서 어떤 절차를 거쳐 공공조직과 공직자의 책무성을 확보할 수 있는지를 설명할 수 있는 변수들이며 앞서 제시한 〈표 1-5〉의 책무성 판단기준이나 〈표 5-3〉의 모니터링 분석틀에서 제시한 기준이나 측정지표가 이에 해당한다.

3) 측정 결과의 문제

실제로 학자들은 책무성이 정부 거버넌스의 질적 수준에 미치는 효과를 측정한 결과를 살펴보면 그다지 긍정적이지 않은 결과들이 나타나고 있다. 먼저, 벤(Behn, 2001: 11-13)은 책무성의 증가가 정부의 거버넌스 성과 제고로 이어지지 않는 '책무성의 딜레마' 현상에 대한 우려를 표명하였다. 그리고 관리자들에 대한 책무성 평가 주기가 잦아지고 그 강도가 셀수록 실제적인 성과를 제고하기 위한 노력보다는 평가기준에 맞추고자 하는 '책무성의 덫' 현상이 발생하는 것으로 나타났다(Van Thiel & Leeuw, 2002). 그뿐 아니라 다양한 포럼의 이해관계에 맞추게 되어 분절적이고 신속하게 일을 처리하면서 나타나는 혼란스럽고 일관성이 없는 거버넌스 시스템으로 인한 '책무성의 위기'(Dowdle, 2017: 197)도 그러한 현상 중 하나이다.

이러한 위험요인을 감수하면서 책무성 측정의 유효성(efficacy)을 제고하기 위해서는 책무성 결핍이나 과잉, 책무성의 위기나 책무성의 덫과 같은 현상이 실제로 발생하는지, 이러한 현상으로 인해 정부 거버넌스의 질적 수준은 어떠한 영향을 받게 되는지에 대해 판단할 수 있는 평가설계를 하여야 하고, 책무성(체계) 측정을 통해 발견된 책무성 결함을 해소할 수 있도록 평가결과를 활용하여야 할 것이다.

참고 문헌

[국내 문헌]

강인옥(2010). 『회계관계직원의 책임』. 파주: 광문각.

공동성 · 윤기웅(2018). 공공 거버넌스의 유형: 모델링을 위한 메타분석을 중심으로. 『국정관리연구』, 13(1): 29-58.

공병천(2020). 감사원과 자체감사기구 간의 협력관계. 『행정포커스』, 143: 52-57.

과학기술정보통신부(2017a). 『과학기술 50년사. 제1편 과학기술의 시대적 전개』.

______(2017b). 『과학기술 50년사. 제2편 과학기술 정책사』.

______(2022). 『2021 과학기술 연감』.

곽채기(2004). 지방재정의 성과관리와 책임성확보를 위한 재정평가제도 도입방안. 『지방재정』, (3): 33-52.

교육과학기술부 · 한국원자력안전기술원(2009). 『2009 원자력안전백서』. 서울: 신진기획.

국무조정실(2023). 『2023년도 정부업무평가 시행계획(안)』.

권태형 · 전영준(2015). 후쿠시마 원전사고와 국내 원자력정책의 변화: 정책옹호연합모형의 적용. 『행정논총』, 53(4): 245-269.

김길수(2015). 원자력 안전규제체제의 독립성에 관한 연구. 『한국자치행정학보』, 29(4): 157-176.

______(2016). 원자력 안전규제정책의 변동에 관한 연구: 단절적 평행이론의 적용을 중심으로. 『한국자치행정학보』, 30(2): 57-80.

김대인(2005). 행정기능의 민영화와 관련된 행정계약 민관협력계약과 민간위탁계약을 중심으로. 『행정법연구』, 14: 347-376.

김도형(2016). 재정제도 개선을 통한 재정책무성 제고. 윤희숙(편저), 『재정책무성 강화를 통한 재정건전성 제고방안』, 63-123. KDI.

김병섭 · 김정인(2016). 위험사회와 관료책임: 세월호와 메르스 사태 비교를 중심으로. 『한국사회와 행정연구』, 26(4): 379-407.

김성준(2010). 한국 원자력의 역사와 담론. 한양대학교 과학철학교육위원회(편저), 『과학기술의 철학적 이해』, 303-324. 서울: 한양대학교 출판부.

김성한 · 장욱(2013). 원자력안전행정체계에 관한 법제 고찰: 원자력안전위원회를 중심으로. 『법학연구』, 23(4): 241-274.

김순양(2011). 『예산편성 단계에서의 국회의 역할』. 국회예산결산특별위원회.

김승렬(2000). 정부업무 민간위탁의 한계와 공정성 확보방안. 『법제』, 58-77.

김영종(2012). 한국 사회서비스 공급체계의 역사적 경로와 쟁점, 개선방향. 『보건사회연구』, 32(2): 41-76.

김영준 · 이찬구(2018). 다중흐름모형을 적용한 원자력 규제정책의 의제설정과정 분석: 2011년 원자력안전법안 형성을 중심으로. 『한국행정연구』, 27(4): 233-276.

김정해 · 오윤경(2020). 『민간위탁 문제 사례 분석』. 한국행정연구원.

김종일(2020.10.23). 흔들리는 국가회계, 감사원 제 역할 하고 있나. 『시사저널』, 1619. https://www.sisajournal.com/news/articleView.html?idxno=206773

김지영(2019). 예산집행과정에서의 예산책임성 강하를 위한 공법적 검토. 『유럽헌법연구』, 29: 177-220.

김찬수(2016). 예산거버넌스 확립을 위한 감사원의 역할 연구. 『한국정책학회보』, 25(1): 329-355.

김태일(2021). 재정 운용의 책무성 강화를 위한 국회의 역할: 국가재정운용계획의 실효성 확보를 중심으로. 『한국행정연구』, 30(3): 29-60.

김홍영 · 김승규 · 김주희 · 권장호 · 강주현(2019). 『정부 R&D 사업 예산구조 및 예산배분 조정 체계 개선방안 연구』. KISTEP.

문병호(2021). 민간위탁의 공공성확보방안과 재공영화 논의. 『강원법학』, 64: 15-66.

민경세 · 김주찬(2016). 원자력 안전분야에서의 위험규제 거버넌스에 관한 탐색적 사례연구. 『한국공공관리학보』, 30(1): 27-52.

박병원 · 정기철 · 양현채 · 윤정현 · 최수민 · 오승희(2016). 『신과학기술혁신체계 마련』. 국가과학기술자문회의.

박병원 · 정장훈(2016). 정부 R&D 책무성 제고방안. 윤희숙(편저), 『재정책무성 강화를 통한 재정건전성 제고방안』, 174-252. KDI.

박정수(2007). 『선진국 재정개혁에 있어 입법부의 역할변화와 시사점』. 국회예산결산특별위원회.

______(2018). 한국 국회와 정부 간 재정권한에 관한 연구. 『한국행정연구』, 27(2): 37-58.

박정수 · 김진아(2019). 재정책임성과 감사원의 역할. 『감사논집』, 33: 189-213.

박정훈(2009). 적극행정 실현 법적 과제: '적극행정법'으로의 패러다임 전환을 위한 시론. 『공법연구』, 38(1-1): 329-353.

박종수(2021). 공공부문 종사자는 어떻게 딜레마를 느끼는가? 딜레마 인지 과정에 관한 경험적 연구. 『정부학연구』, 27(3): 193-229.

박현(2016). 공공투자관리 개선을 통한 SOC 분야 재정책무성 강화방안. 윤희숙(편저), 『재정책무성 강화를 통한 재정건전성 제고방안』, 323-379. KDI.

박형준 · 김춘순(2013). 예산의 책임성 강화를 위한 재정거버넌스 제도 고찰: 국회 기능강화의 관점에서. 『예산정책연구』, 2(1): 43-69.

박희정(2010). 감사원과 내부감사기구 간의 관계에 관한 연구. 『국정관리연구』, 5(1): 1-28.

______(2017). 정부업무평가의 성찰과 새로운 방향 모색. 『한국정책분석평가학회 2017년도 하계학술대회 발표논문집』, 467-484.

박희정 · 문호승 · 김성준 · 전미선(2023). 『감사원과 자체감사기구 간 협력 · 연계 방안 및 사례 연구』. 감사원.

박희정 · 오윤섭(2023). 한국의 재정 책무성 체계에 관한 연구. 『한국지방재정논집』, 28(1): 37-77.

배인명(2011). 지방자치단체의 재정책임성에 대한 연구. 『국정관리연구』, 6(1): 57-83.

법제처(2022). 『법령입안 심사기준』.

보건복지부(2009). 『2009년 노인돌봄서비스 사업안내』.

______(2013). 『2013년 노인돌봄서비스 사업안내』.

______(2017). 『2017년 노인돌봄서비스 사업안내』.

______(2019.10.8). 『오늘부터 「노인맞춤돌봄서비스」를 시작합니다』. 보도자료.

______(2023). 『2023년 노인맞춤돌봄서비스 사업안내』.

서민승(2021). 『원자력 안전정책의 공공가치 창출과정 연구』. 미출판 박사학위 논문. 부산대학교 대학원.

소영진 · 안성민(2021). 딜레마 예방을 위한 제도적 설계. 『정부학연구』, 27(1): 53-79.

손희두 · 김영진(2013). 『국가사무의 위임 · 위탁에 관한 법제 개선 연구』. 한국법제연구원.

양기용(2000). 신공공관리이론의 한계와 책임경영제 도입방안. 『경기논단』, 2(3): 81-98.

양난주(2020). 사회서비스원은 공공성을 강화하는가?: 사회서비스원 시범사업 초기성과 분석. 『한국사회정책』, 27(4): 107-135.

양천수(2009). 책임구상의 다양한 지평: 한스 요나스의 책임원칙을 예로 하여. 『안암법학』, 30: 141-181.

옥동석(2017). 예산법률주의와 재정사업의 책임성. 『예산정책연구』, 6(1): 1-39.

원자력안전위원회 외(2008~2010). 『원자력안전백서』. 원자력안전위원회.

______(2011~2021). 『원자력안전연감』. 원자력안전위원회.

윤견수(2017). 공직 수행의 딜레마와 의사결정의 어려움. 『정부학연구』, 23(3): 1-35.

윤순진(2015a). 반핵운동에서 탈핵운동으로: 후쿠시마 핵발전사고 이후 한국 탈핵운동의 변화와 과제. 『시민사회와 NGO』, 13(1): 77-124.

______(2015b). 우리나라 원전 거버넌스의 과제와 방향. 『환경법과 정책』, 14: 1-48.

이경재 · 이장재 · 이정재 · 정동덕 · 도계훈 · 엄익천 · 황인영 · 강경탁 · 이설기 · 조혜실(2020). 『국가혁신체계 고화를 위한 의제 탐색연구』. 과학기술정보통신부.

이경희(2003). 평화목적의 원자력 행정체제 구축을 위한 원자력법 개선방안. 『과학기술법연구』, 9(1): 95-112.

이광희 · 이은종 · 강은숙(2014). 『민간 위임 · 위탁 안전점검 실태분석 및 개선방안』. 경제인문사회연구회.

이상수(2017). 행정사무의 대행에 관한 행정법적 고찰. 『서울법학』, 24(4): 255-292.

이상용(2003). 『지방재정의 책임성 강화방안: 인센티브, 페널티제도를 중심으로』. 한국지방행정연구원.

이영욱(2016). 세제를 통한 사회정책적 목표 추구 시의 책무성 개선: 소득세 조세지출을 중심으로.

윤희숙(편저), 『재정책무성 강화를 통한 재정건전성 제고방안』, 15-62. KDI.

이종범 · 안문석 · 이정준 · 윤견수(1992). 정책분석에 있어서 딜레마 개념의 유용성. 『한국행정학보』, 25(4): 3-22.

이창원 · 권기창 · 김상묵 · 박희봉 · 김명환 · 배귀희(2004). 『과학기술정책에 대한 민간참여 확대방안 연구』. 과학기술부.

이창준(2023.4.9). 8개월째 표류 '재정준칙 법제화. 『경향신문』. https://m.khan.co.kr/economy/economy-general/article/202304092155015

임석진(2009). 행정의 책임성: 행정이론간 충돌과 논쟁. 『한국행정학보』, 43(4): 19-45.

임성일(2012). 『지방자치 선진화를 위한 지방재정건전성 강화방안』. 한국지방행정연구원.

______(2017). 『지방재정의 책임성 제고 방안』. 한국조세재정연구원.

전용호 · 이민홍(2018). 사회서비스의 시장화에 대한 지방정부의 평가에 관한 연구: 지역사회서비스 투자사업의 등록제를 중심으로. 『보건사회연구』, 38(3): 521-554.

정윤석 · 주창범(2018). 공적기능의 사적집행과 책임성, 환경부산하 특수법인 협회를 중심으로. 『한국행정논집』, 30(4): 835-864.

주만수(2016). 지방재정의 연성예산제약과 재정책무성. 윤희숙(편저), 『재정책무성 강화를 통한 재정건전성 제고방안』, 381-459. KDI.

주재현 · 한승주(2015). 공무원의 책임성 딜레마 인지와 대응: 지방자치단체 공무원을 중심으로. 『정부학연구』, 21(3): 1-33.

최용옥(2016). 기금제도의 책무성 제고방안: 사업성 기금 여유자금 통합운용을 통하여. 윤희숙(편저), 『재정책무성 강화를 통한 재정건전성 제고방안』, 124-173. KDI.

최철호(2008). 행정권한의 민간위탁에 관한 법적기준의 설정과 한계. 『법학논총』, 20: 267-296.

한국원자력안전기술원(2012). 『국내외 방사능누출 사고 대응 위기관리 매뉴얼 개발』. 교육과학기술부.

한승수 · 이철주 · 최홍석(2020). 정부관료제의 예견에 대한 책무성 고찰. 『행정논총』. 58(2): 35-72.

홍근석 · 김성찬(2018). 『재정분권 확대에 따른 지방자치단체 재정책임성 제고방안』. 한국지방행정연구원.

홍근석 · 임정빈(2019). 주민참여를 통한 지방정부의 재정책임성 확보방안 연구: 외국사례 비교를 중심으로. 『한국비교정부학보』, 23(3): 169-201.

홍성주 · 이정원 · 엄미정 · 이상엽 · 오승환 · 홍창의(2015). 『전환기의 한국형 과학기술혁신 시스템』. 과학기술정책연구원.

홍형득(2016). 『과학기술정책론, 거버넌스적 이해』. 도서출판 대영문화사.

황충만(2019). 원자력안전위원회의 전문성과 독립성에 관한 연구: 전문성과 독립성 조화의 관점에서. 『가천법학』, 12(2): 51-88.

[국외 문헌]

Abbott, A.(1988). *The System of Professions: An Essay on the Division of Expert Labor*. Chicago: University of Chicago Press.

Acosta, A. M., Joshi, A., & Ramshaw, G.(2013). *Democratic Accountability and Service Delivery:*

A Desk Review. Stockholm: Institute of Development Studies.

Adams, S., Arel, I., Bach, J., Coop, R., Furlan, R., Goertzel, B., Hall, J. S., Samsonovich, A., Scheutz, M., Schlesinger, M., Shapiro, S. C., & Sowa, J.(2012). Mapping the landscape of human-level artificial general intelligence. *AI Magazine*, 33(1): 25-42.

Adelberg, S., & Batson, C. D.(1978). Accountability and Helping: When Needs Exceed Resources. *Journal of Personality and Social Psychology*, 36(4): 343-350.

Akpanuko, E. E., & Asogwa, I. E.(2013). Accountability: a synthesis. *International Journal of Finance and Accounting*, 2(3): 164-173.

Almquist, R.(2012). Public sector governance and accountability. *Critical Perspectives on Accounting*, 24(7-8): 1-9.

Ananny, M., & Crawford, K.(2018). Seeing without knowing: Limitations of the transparency ideal and its application to algorithmic accountability. *New Media & Society*, 20(3): 973-989.

Anechiarico, F., & Jacobs, J. B.(1996). *The Pursuit of Absolute Integrity: How Corruption Control Makes Government Ineffective*. Chicago: University of Chicago Press.

Ansell, C., & Trondal, J.(2017). *Governing Turbulence: An Outline for an Organizational-Institutional Approach*. Paper Prepared for the EUSA fifteenth biennial conference.

Argyris, C., & Schön, D. A.(1978). *Organizational learning: A theory of action perspective(Vol. 173)*. Reading, MA: Addison-Wesley.

Aucoin, P., & Heintzman, R.(2000). The dialectics of accountability for performance in public management reform. *International Review of Administrative Sciences*, 66(1): 45-55.

Bach, T., & Wegrich, K.(2019). The politics of blame avoidance in complex delegation structures: The public transport crisis in Berlin. *European Political Science Review*, 11(4): 415-431.

Barberis, P.(1998). The New Public Management and a New Accountability. *Public Administration*, 76: 451-470.

Behn, R. D.(2001). *Rethinking Democratic Accountability*. Washington, DC: Brookings Institution.

Bellamy, C., & Taylor, J.(1995). The New Right Conception of Citizenship and the Citizen's Charter. *Government and Opposition*, 30(4): 469-491.

Bevir, M.(2009). *Key Concepts in Governance*. London: Sage.

Bigley, G. A., & Roberts, K. H.(2001). The incident command system: High-reliability organizing for complex and volatile task environments. *Academy of Management Journal*, 44(6): 1281-1299.

Blackman, D., Buick, F., O'Donnell, M., O'Flynn, J., & West, D.(2012). Developing High Performance: Performance Management in the Australian Public Service. *Crawford School Research Paper No. 12-09*. Available at SSRN: https://ssrn.com/abstract=2130232 or https://dx.doi.org/10.2139/ssrn.2130232

Borning, A.(1987). Computer System Reliability and Nuclear War. *Communications of the ACM*, 30(2): 112-131.

Borowicz, M.(2019). Accountability versus blame. Great Green Bay Chamber. Retrieved from https://www.greatergbc.org/news-and-resources/blog/accountability-versus-blame/

Boston, J., Martin, J., Pallot, P., & Walsh, P.(1996). *Public Management: The New Zealand Model*. Auckland: Oxford University Press.

Bovens, M.(1998). *The Quest for Responsibility: Accountability and Citizenship in Complex Organisations*. Cambridge: Cambridge University Press.

______(2005a). From Financial Accounting to Public Accountability. In H. Hill(Ed.), *Bestandsaufnahme und Perspektiven des Haushalts-und Finanzmanagements*. Baden Baden: Nomos Verlag.

______(2005b). The Concept of Public Accountability. In Ferlie, E., Lynn Jr., L. E. & Pollitt, C. (Eds.), *The Oxford Handbook of Public Management*. Oxford: Oxford University Press.

______(2007). Analyzing and assessing accountability: A conceptual framework. *European Law Journal*, 13(4): 447-468.

______(2008). Public Accountability. In E. Ferlie, L. E. Lynn, Jr., & C. Pollitt(Eds.), *The Oxford Handbook of Public Management*, 182-208. Oxford: Oxford University Press.

______(2010). Two Concepts of Accountability: Accountability as a Virtue and as a Mechanism. *West European Politics*, 33(5): 946-967.

______(2014). Public Accountability. In Mark Bovens, Robert Goodin, & Thomas Schillemans (Eds.), *The Oxford Handbook of Public Accountability*, 182-207. Oxford Academic. Retrieved 15 Oct. 2022. from https://doi.org/10.1093/oxfordhb/9780199641253.013.0012

Bovens, M., Hart, P. 't., Dekker, S., & Verheuvel, G.(1999). The Politics of Blame Avoidance: Defensive Tactics in a Dutch Crime-Fighting Fiasco. In H. K. Anheier(Ed.), *When Things go Wrong: Organizational Failures and Breakdowns*, 123-147. Thousand Oaks, CA: Sage.

Bovens, M., Schillemans, T., & Goodin, R. E.(2014). Public Accountability. In M. Bovens, T. Schillemans, & R. E. Goodin(Eds.), *The Oxford Handbook of Public Accountability*, 1-20. Oxford: University Press.

Bovens, M., Schillemans, T., & Hart, P. 't.(2008). Does public accountability work. An assessment tool. *Public Administration*, 86(1): 225-242.

Boydell, V., McMullen, H., Cordero, J. et al.(2019). Studying social accountability in the context of health system strengthening: Innovations and considerations for future work. *Health Research Policy and System*, 17(34). https://doi.org/10.1186/s12961-019-0438-x

Brandsma, G. J., & Schillemans, T.(2013). The accountability cube: Measuring accountability. *Journal of Public Administration Research and Theory*, 23(4): 953-975.

Broadbent, J., Dietrich, M., & Laughlin, R.(1996). The development of principal-agent, contracting and accountability relationships in the public sector: Conceptual and cultural problems.

Critical Perspectives on Accounting, 7(3): 259-284.

Butler, J.(2005). *Giving an Account of Oneself.* New York: Fordham University Press.

Cambell, C., & Halligan, J.(1992). *Political Leadership in an Age of Constraint: The Experience of Australia.* Pittsburgh: University of Pittsburgh Press.

Campos. E., & Pradhan, S.(1996). Budgetary Institutions and Expenditure Outcomes. *Policy Research Working Paper* 1646. World Bank, Washington, DC. https://documents.worldbank.org/curated/en/481221468774864173/

Christensen, T., & Lægreid, P.(2001). New Public Management. The effects of contractualism and devolution on political control. *Public Management Review*, 3(1): 73-94.

Colley S. K., Lincolne J., & Neal, A.(2013). An examination of the relationship amongst profiles of perceived organizational values, safety climate and safety outcomes. *Safety Science*, 51(1): 69-76.

Conteh, C.(2016). Rethinking accountability in complex and horizontal network delivery systems. *Canadian Public Administration*, 59(2): 224-244.

Cooper, D.(2001). Treating Safety as a Value. *Professional Safety*, 46: 17-21.

Corbett, D. C.(1991). *Australian Public Sector Management.* St Leonards, New South Wales: Allen and Unwin.

Davis, M.(2009). "No one here but us chickens." Some thoughts on the professional responsibility of engineers. In N. Doorn, N. A. Vincent & J. Nihlén Fahlquist(Eds.), *Moral responsibility, neuroscience, organization,* and *engineering.* Book of abstracts. Delft, The Netherlands: Delft University of Technology.

Day, P. & Klein, R.(1987). *Accountabilities: Five Public Services.* London: Tavistock.

de Bruijn, H.(2002). *Managing Performance in the Public Sector.* London: Routledge.

de Renzio, P., & Bouchez, N.(2016). *Creating Incentives for Budget Accountability and good financial Governance Through an Ecosystem approach, What Can External Actors Do?*, IBP.

DFID(2005). Working with Supreme Audit Institutions. *How to note.* July 2005.

Diakopoulos, N.(2016). Accountability in algorithmic decision making. *Communications of the ACM*, 59(2): 56-62.

Dickinson, L. A.(2011). Privatization and Accountability. *The Annual Review of Law and Social Science*, 7: 101-120.

Doorn, N.(2012). Responsibility ascriptions in technology development and engineering: three perspectives. *Science and Engineering Ethics*, 18(1): 69-90.

Dowdle, M. W.(2006). Public Accountability: Conceptual, Historical, and Epistemic Mappings. In M. W. Dowdle(Ed.), *Public Accountability: Designs, Dilemmas and Experiences*, 1-32. UK Cambridge: Cambridge University Press.

______(2017). Public accountability: Conceptual, historical and epistemic mappings. *Regulatory*

Theory: Foundations and Applications, 197-215.

Dubnick, M. J.(2003a). Accountability And Ethics: Reconsidering the Relationships. *International Journal of Organization Theory and Behavior*, 6(3): 405-441.

______(2003b). *Accountability and the Promise of Performance.* Paper presented at the 2003 Annual Meeting of the American Political Science Association, Philadelphia.

Dubnick, M. J., & Frederickson, H. G.(2011a). Public accountability: Performance measurement, the extended state, and the search for trust. Washington, DC: National Academy of Public Administration & The Kettering Foundation.

______(2011b). Introduction: The Promises of Accountability Research. In M. J. Dubnick, & H. G. Frederickson(Eds.), *Accountable Governance. Problems and Promioses*, xi-xiii. London: Talor & Francis Group.

Duggett, M.(1998). Citizen's Charter: A People's Charter in the UK. *International Review of Administrative Sciences*, 64(2): 327-330.

Ebrahim, A.(2005). Accountability myopia: Losing sight of organizational learning. *Nonprofit and Voluntary Sector Quarterly*, 34(1): 56-87.

Elchardus, M.(2002). *De dramademocratie.* Lannoo: Tielt.

Elcock, H.(1991). *Change and decay? Public administration in the 1990s.* Harlow: Longman.

______(1998). The Changing Problem of Accountability in Modern Government: An analytical agenda for reformers. *Public Policy and Administration*, 13(3): 23-37. https://doi.org/10.1177/095207679801300303

Ellis, R. J.(1994). *Presidential Lightning Rods.* Lawrence: University of Kansas Press.

Eshleman, A.(2008). Moral responsibility. *Stanford Encyclopedia of Philosophy.* https://stanford.library.sydney.edu.au/archives/fall2008/entries/moral-responsibility/

European Commission(2014). *Compendium of the Public Internal Control Systems in the EU Member States.* https://www.ec.europa.eu/budget/pic/lib/book/compendium/HTML/index.html

______(2019). *Liability for Artificial Intelligence and Other Emerging Digital Technologies.* Report from the Expert Group on Liability and New Technologies.

European Commission, Directorate-General for Budget(2017). *Compendium of the public internal control systems in the EU Member States 2014*, Publications Office of the European Union.

Feinberg, J.(1985). Sua Culpa. In D. G. Johnson & J. W. Snapper(Eds.), *Ethical Issues in the Use of Computers.* Belmont, CA: Wadsworth.

Feldman, F.(2016). *Distributive Justice: Getting What We Deserve From Our Country.* Oxford: Oxford University Press.

Fertakis, J. P.(1989). *The Design and Implementation of Administrative Controls.* New York: Quorum Books.

Fimreite, A., & Lægreid, P.(2009). Reorganizing the welfare state administration. *Public Management Review*, 11(3): 281-297.

Finn, P.(1993). Public trust and public accountability. *The Australian Quarterly*, 65(Winter): 50-59.

Fischer, J. M., & Ravizza, M.(1998). *Responsibility and Control: A Theory of Moral Responsibility*. Cambridge: Cambridge University Press.

Foelscher, A.(2006). A Balancing Act: Fiscal Responsibility, Accountability and the Power of the Purse. OECD *Journal on Budgeting*, 6(2): 1-20.

Forte, Francesco(1999). Government Policies and the Budget Process. In S. Schiavo-Campo (Ed.), *Governance, Corruption, and Public Financial Management*, 21-46. Asian Development Bank.

Fox, J. A.(2015). Social Accountability: What does the Evidence Really Say? *World Development*, 72: 346-361.

Freidson, E.(2001). *Professionalism: The Third Logic*. Cambridge: Polity Press.

Friedman, L. M.(1985). *Total Justice*. New York: Russell Sage.

Goddard, A.(2005). Accounting and NPM in UK local government: Contributions towards governance and accountability. *Financial Accountability & Management*, 21(2): 191-216.

Goetze, A. M., & Jenkins, R.(2001). Hybrid Forms of Accountability: Citizen Engagement in Institutions of Public-sector Oversight in India. *Public Management Review*, 3(3): 363-383.

Goodin, R. E.(1985). *Protecting the vulnerable. A reanalysis of our social responsibilities*. Chicago: Chicago University Press.

Grant, R. W., & Keohane, R. O.(2005). Accountability and abuses of power in world politics. *American Political Science Review*, 99(1): 29-43.

Gray, A., & Jenkins, W. I.(1985). *Administrative Politics in British Government*. New York: St. Martin's Press.

______(1993). Codes of accountability in the new public sector. *Accounting Auditing & Accountability Journal*, 6(3): 52-67.

Greimann, D.(2012). A Typology of Conceptual Explications. *Disputatio*, 4(34): 645-670.

Guerin, B., McCrae, J., & Shepheard, M.(2018). *Accountability in modern government: What are the issues?* A Discussion Paper. London: Institute for Government. https://www.instituteforgovernment.org.uk/publications/accountability-modern-government-issues

Halachmi, A.(2002). Performance measurement: A look at some possible dysfunctions. *Work Study*, 51(5): 230-239.

Han, Y.(2020). The impact of accountability deficit on agency performance: Performance-accountability regime. *Public Management Review*, 22(6): 927-948.

Han, Y., & Hong, S.(2019). The impact of accountability on organizational performance in the US federal government: The moderating role of autonomy. *Review of Public Personnel Administration*, 39(1): 3-23.

Harlow, C.(1979). *Administrative liability: A comparative study of French and English Law*. PhD thesis, London School of Economics and Political Science.

______(2002). *Accountability in the European Union*. Oxford: Oxford University Press.

Hart, H. L. A.(1968). *Punishment and Responsibility*. Oxford: Oxford University Press.

Hart, H. L. A., & Honoré, T.(1985). *Causation in the Law*. Oxford: Oxford Academic.

Hart, P. 't.(2001). *Verbroken verbindingen: Over de politisering van het verleden en de opkomst van een inquisitiedemocratie*. Amsterdam: De Balie.

Hayek, F. A.(1997). 『자유헌정론 I』 [The Constitution of Liberty]. 김윤 역. 서울: 자유기업원. (원본 출판 1960)

Hinterleitner, M.(2017). Reconciling Perspectives on Blame Avoidance Behavour. *Political Studies Review*, 15(2): 243-254.

______(2018). Policy failures, blame games and changes to policy practice. *Journal of Public Policy*, 38(2): 221-242.

Hinterleitner, M., & Sager, F.(2016). Anticipatory and Reactive Forms of Blame Avoidance: Of Foxes and Lions. *European Political Science Review*, 1(4): 1-20.

Hladchenko, L.(2016). *Government Financial Accountability and Transparancy in the Digital World*. Kyiv, Ukraine: ICTERI.

HM Treasury(2013). Managing Public Money. Retrieved from https://www.gov.uk/government/publications/managing-public-money

Hodge, G. A., & Coghill, K.(2007). Accountability in the Privatized State. *Governance: An International Journal of Policy, Administration, and Institutions*, 20(4): 675-702.

Hodges, R.(2012). Joined-up Government and the Challenges to Accounting and Accountability Researchers. *Financial Accountability & Management*, 28(1): 26-51.

Holmquist, L. E.(2017). Intelligence on tap: Artificial intelligence as a new design material. *Interactions*, 24(4): 28-33.

Hood, C.(1983). *The Tools of Government. Public Policy and Politics*. London: Macmillan Press LTD.

______(2002). The Risk Game and the Blame Game. *Government and Opposition*, 2002(1): 15-37.

______(2006). Gaming in Targetworld: The Targets Approach to Managing British Public Services. *Public Administration Review*, 66(4): 515-521.

______(2010). The Blame Game: Spin, Bureaucracy, and Self-Preservation in Government (Course Book ed.). Princeton: Princeton University Press.

______(2011a). Blame avoidance and accountability: Positive, negative, or neutral? In M. J. Dubnick, H. G. Frederickson, & D. Mathews(Eds.), *Accountable Governance: Problems and Promises*, 167-179. Armonk, NY: M.E. Sharpe.

______(2011b). *The Blame Game: Spin, Bureaucracy and Self-Preservation in Government*. Princeton, NJ: Princeton University Press.

Howlett, M.(2005). What is a policy instrument? Tools, mixes, and implementation styles. In P. Eliadis, M. M. Hill, & M. Howlett(Eds.), *Designing Government: From Instruments to Governance*, 31-50. McGill-Queen's University Press.

IAEA(2010). *The Interface Between Safety and Security at Nuclear Power Plants.* INSAG-24. Vienna: IAEA.

______(2021). *The Nuclear Safety and Nuclear Security Interface: Approaches and National Experiences.* Technical Reports Series No. 1000. Vienna: IAEA.

International Budget Partnership(2020). Open Budget Survey 2019. Retrieved from www.internationalbudget.org/open-budget-survey

INTOSAI(2019). ISSAI 3000: Performance Audit Standard. https://www.issai.org/wp-content/uploads/2019/08/ISSAI-3000-Performance-Audit-Standard.pdf

Jackall, R.(1988). *Moral Mazes: The World of Corporate Managers.* New York and Oxford: Oxford University Press.

Jelmin, K.(2011). *Democratic Accountability in Service Delivery: A Synthesis of Case Studies.* International Institute for Democracy and Electoral Assistance.

Jonas, H.(1994). 『책임의 원칙: 기술시대의 생태학적 윤리』 [Das Prinzip Verantwortung. Versuch einer Ethik für die technologische Zivilisation]. 이진우 역. 경기도: 서광사. (원본 출판 1984)

Joshi, A.(2010). Service Delivery. Prepared for the Transparency and Accountability Initiative Workshop October 14-15, 2010. Institute of Development Studies. https://www.ids.ac.uk/download.php?file=files/dmfile/IETAAnnex1ServicedeliveryJoshiFinal28Oct2010.pdf

Kang, M., & Park, H.(2020). Public Accountability System in Korea and Role of Board of Audit and Inspection. *Global Encyclopedia of Public Administration, Public Policy, and Governance.* DOI: https://doi.org/10.1007/978-3-319-31816-5

Kelsen, H.(1948). Collective and Individual Responsibility for Acts of State in International Law. *The Jewish Yearbook of International Law*, 226(1): 226-239.

______(1957). *What Is Justice? Justice, Law, and Politics in the Mirror of Science. Collected Essay.* Berkeley & Los Angeles: University of California Press.

Kemper, J., & Kolkman, D.(2019). Transparent to whom? No algorithmic accountability without a critical audience. *Information, Communication & Society*, 22(14): 2081-2096.

Keohane, R. O.(2003). The Concept of Accountability in World Politics and the Use of Force. *Michigan Journal of International Law*, 24(4): 1-21.

Kitchin, R.(2017). Thinking critically about and researching algorithms, *Information, Communication & Society*, 20(1): 14-29.

Klaas, K., Marcinkowski, L., & Lazarević, M.(2018). Managerial accountability in the Western Balkans: A comparative analysis of the barriers and opportunities faced by senior managers in delivering policy objectives. *SIGMA Papers*, No. 58, Paris: OECD Publishing.

https://doi.org/10.1787/88be2112-en

Klenk, T., & Lieberherr, E.(2014). Autonomy in Public Service Provision and the Challenge of Accountability: Insights from German Policy Fields. Jerusalem Papers in Regulation & Governance, Working Paper No. 66.

Klenk, T., & Reiter, R.(2019). Post-New Public Management: Reform ideas and their application in the field of social services. *International Review of Administrative Sciences*, 85(1): 3-10.

Klijn, E. H.(2012). Public Management and Governance: A comparison of two paradigms to deal with modern complex problems. In D. Levi-Faur(Ed.), *The Oxford Handbook of Governance*, 201-214. Oxford: Oxford University Press.

Kooiman, J.(2003). *Governing as Governance*. London: Sage.

Koppell, J. G. S.(2005). Pathologies of Accountability: ICANN and the Challenge of "Multiple Accountabilities Disorder." *Public Administration Review*, 65(1): 94-107.

Kristensen, J. K., Bowen, M., Long, C., Mustapha, S., & Zrinsik, U.(2019). *PEFA: Public Financial Management, and Good Governance*. World Bank Group.

Kutz, C.(2000). *Complicity: Ethics and law for a collective age*. Cambridge: Cambridge University Press.

Lægreid, P.(2014). Accountability and New Public Management. In M. Bovens, R. E. Goodin, & T. Schillemans(Eds.), *The Oxford Handbook of Public Accountability*, 324-338. Oxford: Oxford University Press.

Lægreid, P., & Verhoest, K.(Eds.).(2010). Governance of Public Sector Organizations: Proliferation, Autonomy and Performance. London: Palgrave Macmillan.

Lane, J. E.(2000). *New Public Management*. London: Routledge.

LaPorte, T. R., & Consolini, P. M.(1991). Working in practice but not in theory: Theoretical challenges of high-reliability organizations, *Journal of Public Administration Research and Theory*, 1(1): 19-48.

Lazer, D., Kennedy, R., King, G., & Vespignani, A.(2014). The Parable of Google Flu: Traps in Big Data Analysis. *Science*, 343, 14 March, 1203-1205. Publisher's Version Copy at https://tinyurl.com/y3r58os2

Lerner, J. S., & Tetlock, P. E.(1999). Accounting for the effects of accountability. *Psychological Bulletin*, 125(2): 255-275.

Leveson, N.(1986). Software Safety: Why, What, and How. *Computing Surveys*, 18(2): 125-163.

Leveson, N., & Turner, C.(1993). An Investigation of the Therac-25 Accidents. *Computer*, 26(7): 18-41.

Lewis, J. P.(1998). *Mastering Project Management*. New York: McGraw-Hill.

Lieberherr, E., Hansson, L., Leiren, M. D., & Schmid, J.(2019). Adapting Accountability and Emerging Challenges: Contracting-Out in the Transport Sector in Switzerland, Norway and Sweden. *Scandinavian Journal of Public Administration*, 23(2): 57-77.

Lindberg, S. I.(2013). Mapping accountability: Core concept and subtypes. *International Review of Administrative Sciences*, 79(2): 202-226.

Littlewood, B., & Strigini, L.(1992). The Risks of Software. *Scientific American*, 267(5): 62-75.

Löfmarck, E., Uggla, Y., & Lidskog, R.(2017). Freedom with what? Interpretations of "responsibility" in Swedish forestry practice. *Forest Policy and Economics*, 75: 34-40. https://doi.org/10.1016/j.forpol(2016.12.4)

Lonsdale, J.(1999). Impacts. In C. Pollitt, X. Girre, R. Mul, H. Summa, M. Waerness, & J. Lonsdale(Eds.), *Performance or compliance? Performance audit and public management in five countries*, 171-193. Oxford: Oxford University Press.

Lucas, J. R.(1995). *Responsibility*. Oxford: Clarendon Press.

Lührmann, A., Marquardt, K. L., & Mechkova, V.(2020). Constraining Governments: New Indices of Vertical, Horizontal, and Diagonal Accountability. *American Political Science Review*, 114(3): 1-10.

Lynch, W. T., & Kline, R.(2000). Engineering practice and engineering ethics. *Science Technology & Human Values*, 25(2): 195-225.

Mackie, J. L.(1978). *Ethics: Inventing right and wrong*. Harmondsworth: Penguin Books.

Magnette, P.(2003). Between Parliamentary Control and the Rule of Law: The Political Role of the Ombudsman in the European Union. *Journal of European Public Policy*, 10(5): 677-694.

Malena, C.(2004). Social accountability: An introduction to the concept and emerging practice. Social Development Papers, 76. Washington, DC: World Bank. https://documents.worldbank.org/curated/en/327691468779445304/Social-accountability-an-introduction-to-the-concept-and-emerging-practice

Marshall, G.(1987). *Constitutional Conventions: The Rules and Forms of Political Accountability*. Oxford: online edn, Oxford Academic. https://doi.org/10.1093/acprof:oso/9780198762027.001.0001

Mashaw, J. L.(2006). Accountability and institutional design: Some thoughts on the grammar of governance. In M. W. Dowdle(Ed.), *Public accountability: Designs, dilemma and experiences*, 115-156. Cambridge: Cambridge University Press.

McCarthy, J., Minsky, M. L., Rochester, N., & Shannon, C. E.(2006). A proposal for the Dartmouth summer research project on artificial intelligence, August 31, 1955. *AI Magazine*, 27(4): 12-14. [Web of Science ®], [Google Scholar]

Mcgarvey, N.(2001). Accountability in Public Administration: A Multi-Perspective Framework of Analysis. *Public Policy and Administration*, 16(2): 17-29.

McGee, M. C.(1980). The Ideograph: A link between rethoric and ideology. *The Quarterly Journal of Speech*, 66(1): 1-16.

McGee, R., & Gaventa, J.(2010). *Review of impact and effectiveness of transparency and accountability initiatives: Synthesis report*. Londres: Institute of Development Studies.

McLaughlin, J. B., & Riesman, D.(1986). The Shady Side of Sunshine. *Teachers College Record*, 87(4): 471-494.

Michler, C.(1999). Government By Contract-Who is accountable? *Queensland University of Technology Law Journal*, 15(1999): 135-154.

Mill, J. S.(1964). *Utilitarianism, Liberty and Representative Government*. London: Dent.

Mohammadi, J., & Heidari, K.(2013). Characteristics of a good criterion of the performance audit. *European Online Journal of Natural and Social Sciences*, 2(3): 527-533.

Mucha, J.(2006). The concept of "social relations" in classic analytical interpretative sociology: Weber and Znanieck. In J. Malinowski, & A. Pietruszak(Eds.), *Essay in Logic and Ontology(Poznan Studies in the Philosophy of the Science and the Humanities)*, 91: 110-142.

Mulgan, R.(1997). Contracting Out and Accountability. *Australian Journal of Public Administration*, 56(4): 106-116.

______(2000). 'Accountability': An Ever-Expanding Concept? *Public Administration*, 78(3): 555-573.

______(2003). *Holding power to account: Accountability in modern democracies*. London: Palgrave Macmillan.

Neale, A., & Anderson, B.(2000). Performance reporting for accountability purposes: Lessons, issues, future. *International Public Management Journal*, 3(1): 93-106.

Nelson, E. J.(1998). Safety commitment redefined. *Professional Safety*, 43: 41-43.

Neumann, P. G.(1994). Inside Risks. *Communications of the ACM*, 37(12): 154.

Nihlén Fahlquist, J.(2006). Responsibility ascriptions and public health problems. Who is responsible for obesity and lung cancer? *Journal of Public Health*, 14(1): 15-19.

______(2009). Moral responsibility for environmental problems-individual or institutional? *Journal of Agricultural and Environmental Ethics*, 22(2): 109-124.

Nissenbaum, H.(1996). Accountability in a computerized *society. Science and Engineering Ethics*, 2: 25-42. https://doi.org/10.1007/BF02639315

Normanton, E. L.(1971). Public Accountability and Audit: A Reconnaissance. In B. L. Smith, & D. C. Hague(Eds.), *The Dilemma of Accountability in Modern Government: Independence Versus Control*. New York: St. Martin's Press.

Novelli, C., Taddeo, M., & Floridi, L.(2003). Accountability in artificial intelligence: What it is and how it works. *AI & Society*. https://doi.org/10.1007/s00146-023-01635-y

Nozick, R.(1974). *Anarchy, State, and Utopia*. New York: Basic Books.

O'Connell, L.(2005). Program Accountability as an Emergent Property: The Role of Stakeholders in a Program's Field. *Public Administration Review*, 65(1): 85-93.

O'Connor, T. F., & Morgan, S. L.(2012). *CGAP Exam Study Guide*. Altamonte Springs: The IIA Research Foundation.

O'Donnell, Guillermo A.(1998). Horizontal Accountability in New Democracies. *Journal of Democracy*, 9(3): 112-126.

Ojeda, T., Murphy, S. P., Bengfort, B., & Dasgupta, A.(2014). *Practical data science cookbook*. https://doi:10.5326/50.5.toc

Olsen, J. P.(2017). *Democratic accountability, political order, and change: Exploring accountability processes in an era of European transformation*. Oxford University Press.

Orren, K., & Skowronek, S.(1996). Institutions and intercurrence: Theory building in the fullness of time. *Nomos*, 38: 111-146.

O'Toole, L. J., Meier, K. J., & Nicholson-Crotty, S.(2005). Managing upward, downward and outward. *Public Management Review*, 7(1): 45-68.

Parnas, D., Schouwen, J., & Kwan, S. P.(1990). Evaluation of Safety-Critical Software. *Communications of the ACM*, 33(6): 636-648.

Pasquale, Frank A.(2015). The Black Box Society: The Secret Algorithms that Control Money and Information. *Book Gallery*, 96. https://digitalcommons.law.umaryland.edu/books/96

Pate, Z., & Ellis, J.(2011). *The Evolution of Nuclear Safety*. London: WNA.

Pearson, W. M., & Wigginton, V. A.(1986). Effectiveness of Administrative Controls: Some Perceptions of State Legislators. *Public Administration Review*, 46(4): 328-331. https://doi.org/10.2307/976306

PEFA(2005). *PFM Performance Measure Framework*. The Public Expenditure and Financial Accountability(PEFA).

Peruzzotti, E.(2012). Broadening the Notion of Democratic Accountability: Paticipatory Innovation in Latin America. *Polity*, 44(4): 625-642.

Peters, B. G.(2007). Performance-Based Accountability. In A. Shah(Ed.), *Performance Accountability and Combating Corruption*, 15-32. World Bank Publications.

Pielke, R. A.(1999). Who decides? Forecasts and responsibilities in the 1997 Red River flood. *Applied Behavioral Science Review*, 7(2): 83-101.

Pollitt, C.(2003). *The Essential Public Manager*. Buckingham, UK: Open University Press/McGraw-Hill.

______(2011). Performance blight and the tyranny of light? Accountability in Advanced Performance Measurement Regimes. In J. M. Dubnick, & H. G. Frederickson(Eds.), *Accountable Governance: Problems and Promises*, 81-97. New York: ME Sharpe.

Pollitt, C., Bathgate, K., Caulfield, J., Smullen, A., & Talbot, C.(2001). Agency Fever? Analysis of an International Fashion. *Journal of Comparative Policy Analysis: Research and Practice*, 3: 271-290.

Pollitt, C., & Bouckaert, G.(2011). *Public Management Reform*. Oxford: Oxford University Press.

Pollitt, C., & Summa, H.(1997). Reflexive Watchdogs? How Supreme Audit Institutions Account for Themselves. *Public Administration*, 75(2): 313-336.

Power, M.(1994). *The Audit Explosion*. London, England: Demos.

______(1997). *The Audit Society: Rituals of Verification*. Oxford: Oxford University Press.

Premchand, A.(1999). Public Financial Accountability. *Asian Review of public Administration*, XI(2): 45-64.

Pyper, R., Miller, K., & McTavish, D.(2010). Changing modes of official accountability in the UK. In T. Brandsen, & M. Holzer(Eds.), *The Future of Governance*, 187-206. Newark: National Center for Public Performance.

Rabrenovic, A.(2009). *Financial Accountability as a Condition for EU menbership*. Institute of Comparative Law.

Radin, B. A.(2011). Does performance measurement actually improve accountability. In J. M. Dubnick, & H. G. Frederickson(Eds.), *Accountable Governance: Problems and Promises*, 98-110. New York: ME Sharpe.

RASCI Responsibility Matrix. In: ManagementMania.com [online]. Wilmington (DE) 2011-2023, 09/06/2020 [cit. 03/04/2023]. https://managementmania.com/en/rasci-responsibility-matrix

Reichborn-Kjennerud, K.(2013). Political accountability and performance audit: The case of the auditor general in Norway. *Public Administration*, 91(3): 680-695.

Responsible Data Science Initiative(2016). Responsible data science. https://www.responsibledata science.org/

Rhodes R. A.(1997). Understanding governance. Policy networks, governance, reflexivity and accountability. Maidenhead: Open University Press.

Rich, E., Knight, K., & Nair, S. B.(2009). *Artificial intelligence*(3rd ed.). New Dehli, India: Tata McGraw-Hill. [Google Scholar]

Roberts, A.(2011). *The Logic of Discipline: Global Capitalism and the Architecture of Government*. Oxford: Oxford University Press.

Roberts, J., & Scapens, R.(1985). Accounting systems and systems of accountability-understanding accounting practices in their organisational contexts. *Accounting Organizations and Society*, 10(4): 443-456.

Rocha Menocal, A., & Sharma, B.(2008). *Joint Evaluation of Citizens' Voice and Accountability: Synthesis Report*. London: DFID.

Romzek, B. S.(2000). Dynamics of public sector accountability in an era of reform. *International Review of Administrative Sciences*, 66(1): 21-44.

______(2014). Accountable Public Services. In M. Bovens, R. E. Goodin, & T. Schillemabs(Eds.), *The Oxford Handbook of Public Accountability*, 307-323. Oxford: Oxford University Press.

Romzek, B. S. & Dubnick, M. J.(1987). Accountability in the public sector: Lessons from the Challenger tragedy. *Public Administration Review*, 47(3): 227-238.

______(1994). Issues of Accountability in Flexible Personnel Systems. In P. W. Ingraham & B. S. Romzek(Eds.), *New Paradigms for Government*, 263-294. San Francisco: Jossey-Bass.

______(1998). Accountability. In J. M. Shafritz(Ed.), *International Encyclopaedia of Public Policy and Administration*, 1: 6-11. Boulder, CO: Westview Press.

Ron, N., Lipshitz, R., & Popper, M.(2006). How organizations learn: Post-flight reviews in an F-16 fighter squadron. *Organization Studies*, 27(8): 1069-1089.

Rosa, A., Feyereisl, J., & Team, T. G.(2016). A framework for searching for general artificial intelligence. CoRR abs/1611.00685, 1-54. Retrieved from https://arxiv.org/abs/1611.00685 [Google Scholar]

Rosenau, J. N.(1990). *Turbulence in World Politics*. Princeton: Princeton University Press.

Rose, R.(2005). *Learning from comparative public policy: A practical guide*. New York: Routledge.

Ruffner, M., & Sevilla, J.(2004). Public Sector Modernisation: Modernising Accountability and Control. *OECD journal on Budgeting*, 4(2): 123-141.

Russel, Stuart & Norvig, Peter(2010). *Artificial intelligence: A modern approach*(3rd ed.). Englewood Cliffs, NJ: Prentice Hall. [Google Scholar]

Salamon, L. M.(2002). *The Tools of Government: A Guide to the New Governance. The New Governance and the Tools of Public Action: An Introduction*. Oxford: Oxford University Press.

Salminen, S., Ratilainen, H., Aaltonen, M., & Perttula, P.(2015). *Literature Review on the Value of Safety and Safety as a Value*. SAF RA. DOI: 10.13140/RG.2.2.15582.84805

Sandvig, C., Hamilton, K., Karahalios, K., & Langbort, C.(2016). Automation, Algorithms, and Politics When the Algorithm Itself is a Racist: Diagnosing Ethical Harm in the Basic Components of Software. *International Journal of Communication*, 10: 19. Retrieved from https://ijoc.org/index.php/ijoc/article/view/6182

Saner, M., & Wilson, J.(2003). Stewardship, Good Governance and Ethics. *Policy Brief*, 19. Ottawa: Institute On Governance.

Santisco, C.(2015). Why budget accountability fails? The elusive links between parliaments and audit agencies in the oversight of the budget. *Brazilian Journal of Political Economy*, 35(3): 601-621.

Saylor Academy(2012). Risk Management for Enterprises and Individuals. https://saylordotorg.github.io/text_risk-management-for-enterprises-and-individuals/

Schedler, A., Diamond, L. J., & Plattner, M. F.(Eds.)(1999). *The Self-restraining State: Power and Accountability in New Democracies*. Lynne Rienner Publishers.

Schick. A.(1998). Why Most Developing Countries Should Not Try New Zealand's Reforms. *The World Bank Research Observer*, 13(1): 121-131.

Schillemans, T.(2011). Does horizontal accountability work? Evaluating potential remedies for the accountability deficit of agencies. *Administration & Society*, 43(4): 387-416.

Schillemans, T., Van Twist, M., & Vanhommerig, I.(2013). Innovations in accountability: Learning through interactive, dynamic, and citizen-initiated forms of accountability. *Public Performance & Management Review*, 36(3): 407-435.

Schmitter, Philippe & Karl, Terry(1991). What Democracy Is … and Is Not. *Journal of Democracy*, 2(3): 75-88.

Scott, C.(2000). Accountability in the Regulatory State. *Journal of Law and Society*, 27(1): 38-60.

______(2006). Spontaneous Accountability. In M. W. Dowdle(Ed.), *Public accountability: Designs, dilemma and experiences*, 174-194. Cambridge: Cambridge University Press.

Sevilla, Joaquin(2005). Accountability and Control of Public Spending in a Decentralised and Delegated environment. *OECD Journal on Budgeting*, 5(2): 7-21.

Shah, A.(Ed.)(2013). *Performance Accountability and Combating Corruption. Public Sector Governance and Accountability Series*. Washington, DC: World Bank.

Shaoul, J., Stafford, A., & Stapleton, P.(2012). Accountability and corporate governance of public private partnerships. *Critical perspectives on Accounting*, 23(3): 213-229.

Sinclair, A.(1995). The chameleon of accountability: forms and discourses. *Accounting Organizations and Society*, 20(2/3): 219-237.

Snook, S. A.(2002). *Friendly Fire: The accidental shootdown of US Black Hawks over northern Iraq*. Princeton: Princeton University Press.

Snowden, D., & Boone, M.(2007) A Leader's Framework for Decision Making. *Harvard Business Review*, 2007(Nov): 69-77.

Stanbury, W. T.(2003). *Accountability to Citizens in the Westminster Model of Government: More Myth Than Reality*. Vancouver: The Fraser Institute.

Stapenhurst, F., & O'Brien, M.(2005). Accountability in Governance. World Bank. https://siteresources.worldbank.org/PUBLICSECTORANDGOVERNANCE/Resources/AccountabilityGovernance.pdf

Steets, J.(2010). *Accountability in Public Policy Partnerships*. London: Palgrave Macmillan.

Stone, B.(1995). Administrative Accountability in the 'Westminster' Democracies: Towards a New Conceptual Framework. *Governance: An International Journal of Policy and Administration*, 8(4): 505-526.

Stone, Bernell K.(1973). A Linear Programming Formulation of the General Portfolio Selection Problem. *Journal of Financial and Quantitative Analysis*, 8(4): 621-636.

Stoyanovich, J., Howe, B., Abiteboul, S., Miklau, G., Sahuguet, A., & Weikum, G.(2017). Fides: Towards a Platform for Responsible Data Science. In Association for computer Machinery. *SSDBM '17: Proceedings of the 29th International Conference on Scientific and Statistical Database Management*(1-6).

Strøm, K.(2000). Delegation and accountability in parliamentary democracies. *European Journal of Political Research*, 37(3): 261-290.

Sulitzeneanu-Kenan, R.(2006). If They Get It Right: An Experimental Test of the Effects of UK Public Inquiries "Appointment and Reports." *Public Administration*, 84(3): 623-653.

Tetlock, P. E.(1983). Accountability and the Perseverance of First Impressions. *Social Psychology Quarterly*, 46(4): 285-292.

______(1985). Accountability: A Social Check on the Fundamental Attribution Error. *Social Psychology Quarterly*, 48(3): 227-236.

Tetlock, P. E., Skitka, L., & Boettger, R.(1989). Social and Cognitive Strategies for Coping with Accountability: Conformity, Complexity, and Bolstering. *Journal of Personality and Social Psychology*, 57(4): 632-640.

Thatcher, M.(2002). Delegation to Independent Regulatory Agencies: Pressures, Functions and Contextual Mediation. *West European Politics*, 25(1): 125-147.

Thierer, A., O'Sullivan Castillo, A., & Russell, R.(2017). Artificial intelligence and public policy. Mercatus research. Edited by Mercatus Center at George Mason University. Retrieved from https://www.mercatus.org/system/files/thierer-artificial-intelligence-policy-mr-mercatus-v1.pdf [Google Scholar]

Thompson, D. F.(1980). The moral responsibility of public officials: The problem of many hands. *American Political Review*, 74(4): 905-916.

______(2014). Responsibility for Failures of Government: The Problem of Many Hands. *American Review of Public Administration*, 44(3): 259-273.

______(2017). Designing Responsibility: The Problem of Many Hands in Complex Organizations. In J. van den Hoven, S. Miller, & T. Pogge(Eds.), *The Design Turn in Applied Ethics*, 32-56. Oxford: Oxford University Press.

Thompson, G., Frances, J., Levacic, R., & Michell, J.(Eds.)(1991). *Markets, Hierarchies and Networks: The Coordination of Social Life*. London: Sage.

Thynne, I., & Goldring, J. L.(1987). *Accountability and control: Government officials and the exercise of power*. Law Book Company.

Tofan, M., Onofrei, M., & Anca-Florentina, V.(2020). Fiscal Responsibility Legal Framework-New Paradigm for Fiscal Discipline in the EU. *Risks*, 8(3): 1-18.

Van Thiel, S.(2000). *Quangocratization: Trends, Causes and Consequences*. Utrecht: ICS.

Van Thiel, S., & Leeuw, F. L.(2002). The performance paradox in the public sector. *Public performance & management review*, 25(3): 267-281.

Wallace, R. J.(1996). *Responsibility and the Moral Sentiments*. Cambridge, MA: Harvard University Press.

Waring, C. G., & Morgan, S. L.(2007). Public sector performance auditing in developing countries? In A. Shah(Ed.), *Performance Accountability and Combating Corruption. Public Sector Governance and Accountability Series*, 323-357. Washington, DC: World Bank.

Watson, G.(1996). Two Faces of Responsibility. *Philosophical Topics*, 24(2): 227-248.

Weaver. R. K.(1986). The Politics of Blame Avoidance. *Journal of Public Policy*, 6(4): 371.

Wiener, N.(1954). *The Human Use of Human Beings: Cybernetics and Society*(2nd ed.). Doubleday Anchor.

Willems, T., & Van Dooren, W.(2012). Coming to terms with accountability: Combining multiple forums and functions. *Public Management Review*, 14(7): 1011-1036.

Wirtz, B. W., Weyerer, J. C., & Geyer, C.(2019). Artificial intelligence and the public sector-applications and challenges. *International Journal of Public Administration*, 42(7): 596-615.

Wirtz, B. W., Weyerer, J. C., & Sturm, B. J.(2020). The dark sides of artificial intelligence: An integrated AI governance framework for public administration. *International Journal of Public Administration*, 43(9): 818-829.

World Bank(2010). Special Focus: Public Financial Accountability in East Asia. https://www1.world bank.org/publicsector/pe/specialfocus.pdf

Zegans, M. D.(1992). Innovation in the Well-Functioning Public Agency. *Public Productivity & Management Review*, 16(2): 141-156.

Zimmerman, M. J.(1988). *An Essay on Moral Responsibility*. Totowa, NJ: Rowman and Littlefield.

Zwetsloot, G. I. J. M., van Scheppingen, A. R., Bos, E. H., Dijkman, A., & Starren, A.(2013). The core values that support health, safety, and well-being at work. *Safety and Health at Work*, 4(4): 187-196.

찾아보기

ㄱ

ㅂ

ㅅ

ㅇ

ㅊ

기타

저자 소개

박희정(朴熙正)

[경력]

- 국립부산대학교 행정학과(행정학 학사)
- 성균관대학교 대학원 행정학과(행정학 박사)
- 한국지방행정연구원 수석연구원, 연구부장
- 뉴욕주립대학교 연구교수
- 감사원 감사연구원 연구총괄팀장, 연구부장
- 한국정책분석평가학회 부회장
- 감사원 감사연구원장
- 부산대학교 행정학과 학과장

[저서 및 논문]

- 한국의 재정 책무성 체계에 관한 연구(공저, 2023)
- 감사원과 자체감사기구 간 협력·연계 방안 및 사례 연구(공저, 감사원, 2023)
- 간선급행버스체계의 도입 효과에 관한 연구(공저, 2022)
- 원자력안전정책의 책무성 확보체계 변화에 관한 연구(공저, 2022)
- 준공영제 시내버스 정책 시행에 따른 무료환승요금제 정책효과 분석(공저, 2021)
- Public Accountability System in Korea and Role of Board of Audit and Inspection (공저, 2020)
- 『성과관리: 한국제도편』(공저, 대영문화사, 2013) 외 다수

오윤섭(吳允燮)

[경력]

- 한국외국어대학교 경제학과(경제학 학사)
- 독일 Trier 대학교(경제학 디플롬 및 박사)
- 보건복지부 의료급여과 전문위원
- 서울여자대학교, 한국외국어대학교 강사
- 감사원 평가연구원 및 감사연구원 연구관
- 한국보건사회연구원 사회보장평가단 단장
- 보건복지부 재정사업자율평가 평가위원회 평가위원
- 사회보장위원회 평가전문위원회 평가위원
- 감사원 감사연구원 사회감사연구팀장

[저서 및 논문]

- 『주요국의 사회보장제도』(공저, 나남, 2018)
- 한국의 재정 책무성 체계에 관한 연구(공저, 2023)
- 사회정책 효과성 평가를 위한 정책실험 도입방안 연구(공저, 2018)
- 사회보장 성과관리체계 정립방안 연구(공저, 2017)
- 공공부문 유사중복사업 식별 · 관리 실태와 주요 이슈(공저, 2013)
- 건강보험재정 위험요인 분석(2011)
- 식품안전관리에 관한 효과적인 감사 개선방안 연구(2009) 외 다수

강민아(姜敏娥)

[경력]

- 이화여자대학교 영어영문과(영어영문학 학사)
- 미국 하버드대학교 케네디스쿨 Master in Public Policy(정책학 석사)
- 미국 하버드대학교 Ph.D. in Health Policy(보건정책학 박사)
- 이화여자대학교 사회과학대학 행정학 교수
- 감사원 감사위원
- W20(G20 자문기구) 한국대표
- 국제개발협력학회 회장, 한국정책학회 부회장
- 대통령 직속 4차산업혁명위원회 위원, 국무총리 직속 국제개발협력위원회 민간위원 등
- Harvard Kennedy School Board member
- BMC Public Health 저널 Associate Editor,
  Journal of Health Systems & Reform 저널 편집이사

[논문]

- Public Accountability System in Korea and Role of Board of Audit and Inspection (공저, 2020)
- Korean Resident Registration System for Universal Health Coverage. Health, Nutrition and Population: World Bank Group(공저, 2019)
- New development: Unified scores of governance capacity using a Bayesian latent variable analysis(공저, 2018)
- Korea: An integrated system of civil registration and vital statistics, World Bank Group (공저, 2016)
- Universal but Precarious: A Case Study of the South Korean Health Care System (공저, 2017)
- Corruption and population health outcomes: An analysis of data from 133 countries using structural equation modeling(공저, 2015)

공공 책무성

펴낸날 제1판 제1쇄 2024년 8월 12일
지은이 박희정 · 오윤섭 · 강민아
펴낸이 임춘환
펴낸곳 도서출판 **대영문화사**
주소 (본사) 사무실: 경기도 고양시 일산서구 주화로 70
우신프라자 307호 (우) 10387)
(본사) 물류센터: 경기도 고양시 일산서구 덕산로
107번길 68-50 (우) 10205)
등록 1975년 12월 26일 제3-16호
전화 (031) 913-3062, (031) 914-3884~5
팩스 (031) 913-3839
홈페이지 http://www.dymbook.co.kr

ISBN 978-89-7644-954-2
값 23,000원